힘쎈 ✦ 훈 쎈

캄보디아 근대 40년사

편저 권태인

1945

문예림

힘센•훈센

편저 권태인

초판 1 쇄 인쇄_2008 년 8 월 10 일
초판 1 쇄 발행_2008 년 8 월 15 일

펴낸이_서덕일
펴낸곳_도서출판 문예림

출판등록_1962 년 7 월 12 일 제 2-110 호
주소_서울 광진구 군자동 1-13 호 문예하우스 101 호
전화_02-499-1281~2 팩스_02-499-1283
http://www.bookmoon.co.kr
E-mail_book1281@hanmail.net

ISBN 978-89-7482-438-9(13790)

순 서

부록

序 言

캄보디아 역사

1953 년 프랑스로부터 독립한 이래 많은 캄보디아 정치꾼들이 프놈펜의 정치판에 몰려들었지만 훈센이야말로 2008 년인 지금까지 23 년이란 최장기간 동안 그리고 가장 탄탄하게 정권을 잡고 있다. 건강하고 또 확고한 정부의 통제력을 가지고서 더 긴 세월 동안을 수상 자리를 버틸 수 있을 것으로도 믿어진다.

약간의 차이는 있으되, 한 때 국가 원수였던 노로돔 시아누크 국왕과 같이 그는 자신의 정치 업적을 세련되게 선전하고 다듬어가며 확고하게 정권을 유지하고 있는 것이다.

시아누크의 정치 경력을 살펴보자면 국가 원수로써 15 년의 세월을 누렸었는데, 정치를 위하여 1955 년 왕위를 부왕에게 넘겨주고부터 정치판에 뛰어들어 1960 년 6 월의 선거에 의하여 국가 원수의 자리에 앉은 뒤 1970 년 쿠데타에 의하여 축출될 때까지 그 자리를 고수 하였었다.

또 1955 년 스스로 왕위를 거꾸로 부친에게 넘겨줄 때까지 왕으로도 14 년간을 군림하였다.

그 외의 다른 캄보디아 지도자들은 모두 단명하였는데 론놀은 5 년을, 폴폿과 라나릿드는 각각 4 년이 못되는 기간을 지도자로 지냈었다.

1985 년 초 베트남군이 주둔하고 있을 때 국호인 State of Cambodia (SOC)의 수상으로 임명되면서부터 1 단계로 시작하여 23 년간 (1985-2008)의 권력 기간 동안 훈센은 4 단계로 나누어 영향력을 집요하게 확장해 나갔다.

2 단계는 1993 년 5 월 유엔 감독 하의 총선거 때부터 1997 년 사이로 선거에 그만 지는 바람에 제 2 수상을 지냈던 기간인데 당시에는 제 1 수상인 라나릿드가 더 많은 권력을 행사하였다.

3 단계는 1997-1998 년 사이로 라나릿드를 축출한 뒤 권력을 통합하는 기간이었으며 4 단계는 1997 년 내전을 치르고 기선을 잡은 뒤 1998 년 재선거에서 CPP 당이 완전 승리를 하여 훈센이 단독 수상으로 피선 되면서부터 지금까지이다.

캄보디아를 꽉 거머쥐고 통치를 하고 있는 이 쟁점(爭點)의 사람과 혼란했던 이 나라를 이해하기 위해서는 지난 2 천년의 과거를 거슬러 올라가 크메르 역사의 급류 속에서 그를 다시 조명 해볼 필요가 있다. 처음 천년 남짓한 역사는 동쪽의 "참" 왕족(지금의 베트남 중남부) 및 서쪽의 "시암"족(지금의 태국)과의 피비린내 나는 전쟁의 연속이었고 그 이후 천년 중의 8 세기 동안은 크메르 왕국의 정치적 전환기마다, 통치자들 간의 내전의 시련 속에 휘말렸던 수수께끼 같은 역사이었다.

전쟁은 세계에서 가장 큰 단일 종교 건물이며 또 세계 7 대 불가사의의 하나인 "앙코르" 같은 거대한 건축물을 축조하게 하였고 온 도시를 사원화(寺院化)하는 이 대 역사(役事)는 분명 수천 명의 국민들을 노예처럼 쉴 새 없이 중노동을 시켰을 것이다.

힌두교가 동남아시아에 전파되면서 독재성이 매우 짙은 크메르의 왕들은 힌두 신전의 신들과 불교 신앙을 위한 제사를 지내기 위하여 인구와 국력에 비해 볼 때 기적같은 거대한 사원들을 축조하였다.

또 전설 속의 황금의 땅(수바르나부미)을 찾기 위한 인도인 선원들의 모험심에 의해 동남아시아의 여러 무역항에는 인도인들의 이민 정착이 끝없이 이어졌다.

그들은 캄보디아 동남쪽 끝단의 메콩델타 남부와 "후난"(나중에 캄보디아 어의 산이란 뜻의 "프놈"의 어원인) 으로 알려진 베트남의 남부 땅 여러 곳에 도착하였다. (지금 베트남의 사이공 이남은 과거에는 사실 캄보디아의 땅이었다)

때로 인도의 선원들은 예기치 않은 풍랑이나 계절풍을 조우하여 낯선 곳에 한 달 이상을 정박하여야 하는 경우도 있었다.

지금도 그렇지만 오랫동안 항해를 하던 선원들은 그러한 새로운 곳에서 토착민 여자들을 만나 하선하여 살기도 했던 것이다.

캄보디아에 인도인의 이민이 들어오기 시작했다는 사실은 다른 인도지나 반도에서와 마찬가지로 거의 잊혀졌었지만, 이러한 사실이 아직도 토속 전설과 민족 전통 속에 많이 남아있음을 볼 수 있다.

편안하게 살아갈 수 있을 만큼 충분한 쌀과 물고기가 생산되는 비옥한 강하구의 삼각주에서 선원들은 현지 여인들과 결혼하여 정착을 하기 시작했고 그러면서 수백 년의 세월이 흐르는 동안 서서히 그들의 사회 관습, 종교, 문화등을 정착지에 유전시켰다.

힌두교 및 불교는 또 새로운 언어인 팔리어와 산스크리트어를 전파했다.

캄보디아 역사에서 보는 산스크리트어 문학, 사원의 의식, 법제도, 천문학 등과 (또 우리가 현재 캄보디아로 알고 있는 복잡하게 얽힌 이 민족 속에 굵직한 흔적을 남기고 있는) 크메르인들의 역사 기록 등이 인도의 영향을 받았다는 증거이다.

크메르(Khmer), 캄푸치아(Kampuchea), 캄보찌(Cambodge), 캄보디아 (Cambodia)는 모두 캄보디아를 뜻하는 같은 말들이다.

캄보디아에 인도의 영향이 스며들었다는 최초의 증거는 앙코르 보레이 지역에서 발견된 서기 612 년 경의 산스크리트 비문에서 볼

4

수 있다.

캄보디아의 시조에 관한 전설은 3 세기 경 이 곳을 다녀 간 한 중국인의 기록에 나와 있는데 이 것을 영국의 외교관 "말콤 맥도날드" 경이 정리를 하여 세상에 알리게 되었는데 "앙코르와 크메르"라는 그의 책을 보면, 힌두신에게 매우 믿음직한 신앙심이 두터운 "카운디냐"라는 왕자가 있었는데 1 세기쯤의 어느 날 왕자는 꿈을 꾸게 되었고 그 꿈에 신이 나타나 신성(神聖)한 활을 주면서 항해를 떠나라고 하였다.

새벽에 사원에 가보니 과연 꿈속에서 받았던 그 활이 있었으며 그는 곧바로 배를 타고 항해를 시작하였다.

신은 뱃머리를 동쪽으로 돌려 배가 "후난"땅에 도착하도록 하였다.

"리우예"(또는 버드나무 잎의 뜻)는 "후난"국의 공주였는데 이 왕자를 보자 그만 그에게 마음을 빼앗겨 버린다.

"카운디냐" 왕자는 신성의 활로 화살을 쏘아 여왕의 배를 맞히고 항복토록 권하였다.

그 때의 복장은 거의 옷을 입지 않았으므로 여왕은 거의 나체이었으며 공주는 아예 실오라기 하나 걸치지 않은 상태이었다.

왕자는 미개함을 탄식하며 포로인 공주에게 옷을 입혀주었다.

이것을 인연으로 왕자는 공주의 매력에 빠지고 둘은 결국 결혼을 하게 되었다고 전한다.

이 "카운디냐" 왕자의 후손인 바라문 교인이나 승려들에 대한 이야기가 2 세기경의 인도 남부 "미소르" 비문에 나와 있는 것은 매우 흥미로운 이야기이다.

중국의 기록에는 화려하고 풍요로웠던 이 "후난"국의 역사가 6 세기까지 내려왔다고 한다.

그러나 인근 국가인 "첸라"의 영토 확장에 대한 야망과 이 지역의 다른세력들 사이에서 "후난"의 역사는 서서히 쇠퇴하기 시작하였다. 당시 7-8 세기 사이에 이 지방의 세력을 장악했던 여러 왕족들 사이에 내분이 계속되었으며 결국 "첸라"가 이 지역을 통치하게 되는데 흥미로운 사실은 모두 중국과 꾸준하면서도 깊은 관계를 가지고 있었고 또 조공을 바치고 있었다는 사실이다.

한 가지 증거 될만한 기록이 중국의 역사에 있는데 송나라 때 "자야바르만 1 세"라는 이 곳의 왕 (아마 "카운디냐"의 후손)이 서기 420-478 년 사이에 광동 지방에 상품을 보내면서 교역을 꾀하였다고 기록이 되어있다.

크메르 민족의 조상에 관한 학설은 많이 있는데 "후난"국에 관한 비문도 몇 개가 발견이 되었다.

5 세기 이후의 기록 중 하나인 – 인자한 마하라쟈디라쟈(왕 중의 왕) "데바니카" 왕은 크메르 "후난"국 이전의 "첸라"국의 왕이며 "첸라"국은 부족들이 연합해서 살고 있던 형태의 국가였다– 는 것이 학자들 간의 공통된 정의이다.

"바-바 바르만", "치트라세나마헨드라 바르만", "이사나 바르만", "자야바르만 1 세" 등의 왕들의 이름은 7-8 세기의 비문과 기록 등에 뚜렷이 나타나고 있는 이름들이다.

번성하던 "후난"국에 대한 기록은 중국의 기록에서 엿볼 수 있는데, "후난 왕국은 린이(참파 왕국)에서부터 서쪽으로 3 천리쯤 있는데 큰 바다를 끼고 마을과 궁전과 집들은 담이 둘러져 있고 사람들은 모두 은식기로 밥을 먹었다.

세금은 금, 은, 진주 및 향료로 내었으며 책이 많이 있었고 인도에서 배운 글을 쓰고 있었다.

그들의 장례식과 결혼식은 참파 왕국과 비슷하였다"라고 기록이 되어있다.

때로는 험난했으면서도 크게 번성했던 앙코르의 운명은 "자야바르만 2 세"의 출현으로 시작이 되었다고 볼 수 있는데 그의 혈통의 순수성은 크메르 왕조의 직계 족보에 있어 논쟁의 쟁점이 되고 있기도 한데 "자야바르만 2 세"에 대한 내용은 아주 적은 부분만 발견되었기 때문이다.

또 그 시대에 관한 비문 등은 거의 없다.

일반적으로 믿고 있는 것은 그가 서기 802 년에 "마헨드라" 산에서 왕국을 일으켰다는 것인데 가장 가능성이 있는 것은 그가 서기 790 년경에 지금의 "쁘레이벵" 지역에서 도읍을 했을 것이라는 것이다.

11 세기 때의 "스독 칵 톰"의 비문에는 "자야바르만 2 세"가 캄보디아에 오기 전에 인도네시아의 "사이렌드라" 왕국과 관계가 있다고 되어있다.

또 가능한 추측은 "사이렌드라" 왕국이 캄보디아에 쳐들어 와서 부왕을 죽이고는 왕자를 포로로 잡아 자바로 데려갔다는 설이다.

그가 다시 캄보디아로 되돌아 와서 왕국을 세우고 영토를 서쪽으로는 지금의 태국 "칸찬타부리"까지, 동쪽으로는 베트남의 "통킹"만까지 넓히었다는 것은 대단히 역사적인 사실인 것이다.

신왕(神王-데바라쟈)으로 군림했던 "자야바르만 2 세" 시대 동안 신앙 숭배는 의식주의(儀式主義)의 형태로 최고도로 번창하였는데 "시바" 왕을 뜻하는 남근 형태의 석상인 "링가"를 바라문 승려들이 사원에 설치하고 이를 신성시하며 바라문교 의식을 행하고 산스크리트 어의 특별한 주문을 외움으로써 지상에 내려온 신(神)인

왕의 권력을 유지할 수 있다고 믿었던 것이다.

"자야바르만 2세"에 의하여 왕가의 승려 가족들에게 나누어진 권력은 나중에 왕궁 안에서 서로 왕족을 흉내 내는 생활의 습관으로 되어 버렸다.

산의 형태로 축조한 사원들은 신왕을 숭배하는 장소로 쓰였으며 신성한 왕 자신은 "링가"로 묘사되어 예배의 대상이 되었다.

왕이 죽으면 사원은 왕의 묘소로 바뀌기도 했는데 이집트의 "람세스 파라오"의 것과는 개념이 다르다.

정치적인 권력과 영적인 힘을 합쳐놓은 "링가"는 통치자인 신왕의 모습이며 신성함의 상징이었다.

전설적인 사원들을 짓겠다는 크메르인들의 집착은 매우 컸는데 한편으로는 많은 신들에게 예배를 드림으로서 생존을 할 수 있다는 깊은 믿음에 있었다.

그들의 일상생활에는 꼭 다스려야하는 자연적 요소가 있었는데 물과 농작물 추수가 그런 것이었다.

그래서 농업이 주업인 크메르인들은 이러한 비옥함과 풍요로운 수확 등 중요한 것들은 신들이 다스려주어야 한다고 생각했다.

12세기에 들어서서 "비쉬누" 신을 철저히 모시는 "수리야바르만 2세"가 앙코르 왓의 성소에 "비쉬누" 상을 만들어서 "비쉬누" 신의 힘을 지상의 왕에게 전하여 왕을 신화(神化)시킴으로써 신왕에 대한 숭배는 완벽함을 이루게 된다.

앙코르의 왕들은 의심의 여지없이 그들의 권세를 영원히 유지하기 위해서는 더 많은 사원을 지어야 한다고 믿었다.

그래서 이러한 집착은 "자야바르만 7세"로 하여금 그의 인상을 신왕의 숭배 속에 퍼뜨리기 위하여 불과 40여 년만에 12개가 넘는 사원 (그 유명한 "앙코르 톰"과 "타 프롬"을 포함한)을 축조케 하였다.

802 년에서 1431 년 사이에 태국이 여러 번에 걸친 침략으로 결국 앙코르를 점령하여 버렸는데 고대 캄보디아에 위대한 통치를 하였던 크메르 왕들의 계보를 살펴보면 "자야바르만 2 세"로 앙코르 왕조를 시작하여, "라젠드라바르만"(944-968), "우리아바르만"(1020-1050), "우다이티야 바르만 2 세" (1050-1066), "수리야바르만 2 세" (1113-1150), "자야바르만 7 세" (1181-1219) 그리고 마지막에는 허약해버린 "톰모소카락" 왕과 "뽀나얏" 왕들이 15 세기를 겨우 연명하였다.

크메르 왕국을 지금의 태국 "칸찬타부리"까지 넓힌 왕은 "자야바르만 7 세" 이었다.

왕들은 때로는 3 모작까지도 해냈던 푸르고 비옥한 땅을 지배하였고 국토의 한가운데 있는 "똔레삽"호수에는 많은 물고기가 잡혔으며 그로써 거대한 사원을 피땀을 흘리며 축조하는 수천 명의 인부들을 먹일 수가 있었고 또 한편으로는 수시로 "참"족과 "시암"족을 상대로 전투를 벌인 군인들을 먹일 수가 있었던 것이다.

씩씩하고 용감한 크메르군인들이 나라를 지키기 위하여 한 쪽에서는 "참"족과 또 한쪽에서는 "시암"족과 싸우는 활기찬 장면들이 "바이욘" 사원과 "앙코르 왓" 사원의 벽화에 잘 묘사되어 있다.

수세기 동안 계속된 이러한 정복의 역사는 거대한 축조물, 조각, 소품 등에 단편적으로 나타나고 있으나 가장 중요한 것은 900 여 개의 팔리어, 산스크리트 어 및 크메르어로 된 앙코르 시대 비문들이다.

"시암"족의 군대가 앙코르를 점령해 버리고 나서 캄보디아인들은 1440 년 대에 도읍을 프놈펜 근처로 옮기었는데 1860 년 대까지의

p.001 웅장한 앙코르 왓 사원의 전경

기록은 매우 미미하다.

그래서 앙코르의 멸망으로부터 이 때까지 약 420 년의 역사는 어둠에 묻혀 있었고 또 15-16 세기 사이에는 태국의 실질적인 지배를 받고 있었다.

그리고는 1860 년까지 150 여 년을 서로 캄보디아를 차지하려는 태국과 안남(베트남)간의 분규 사이에 끼어 고통을 당했다.

캄보디아의 왕권이 1848 년에 "앙두옹" 왕에게 계승되자 전례 없이 약 12 년간의 평화로운 시절을 누릴수도 있었다.

수년간 태국에 볼모로 잡혀가서 고통을 당하기도 했던 앙두옹 왕은 풀려난 뒤에도 캄보디아가 태국의 보호 하에 있었으므로 태국에 계속 조공을 바쳐야만 했다.

동시에 앙두옹 왕은 또 베트남의 움직임에도 겁을 내고 있었다.

태국과 베트남 두 강대국의 시달림을 받던 앙두옹 왕은 프랑스의 보호를 받는 것 이외에는 아무런 뾰족한 방법이 없다고 생각했다.

불안한 앙두옹 왕은 싱가폴에 있는 프랑스 대사를 통하여 프랑스의 나폴레옹 3 세 황제에게 선물을 보냈다.

물론 태국은 두옹 왕의 이러한 대 프랑스 접촉을 괘씸하게 생각하였다.

두옹 왕의 생각은 만약 프랑스가 도와준다면 캄보디아를 베트남으로부터 보호하고 또 태국의 보호령 하에 있는 굴욕을 피할 수 있다고 보았다.

프랑스는 이 기회를 재빨리 낚아챘다.

보호의 대가로 두옹 왕에게 티크 나무와 무역 특혜를 요구하였다.

1863 년, 드디어 캄보디아는 스스로 프랑스의 보호국이 되었다.

두옹 왕은 안도의 한숨을 내 쉬었고 프랑스는 단계적으로 베트남과 캄보디아의 통제를 강화해 나갔다.

식민통치 초기에는 캄보디아인들은 프랑스에 감사를 했는데 즉 1907 년에 1 세기 이상 바탐방과 시엠립 지역을 점령하고 있던 태국을 철수하게 하였던 것이다.

호화로운 왕궁에서는 프랑스의 보호 하에 여유를 즐기고 있었지만 반면에 시골에서는 갑자기 늘어난 세금 때문에 고통을 받기 시작하자 불만이 폭발하였다.

불만의 폭발은 1920 년 초 쁘레이벵 지역의 총독 대리인으로 있던 프랑스인 "루이 발데즈"가 세금 액을 크게 인상하여 징수하고는 콤퐁치낭 성의 총독 대리인으로 진급을 하였는데 이 프랑스인 총독 대리 와 캄보디아인 공무원을 성난 주민들이 살해해 버린 것이었다.

1925 년 4 월에 총독 대리인은 장기간 동안 세수가 극히 저조했던 콤퐁치낭 성으로 부임해 갔다.

그는 세금 미납자들을 소환하여 수갑을 채우고는 투옥을 하고 투옥자들이 보는데서 식사를 하면서 투옥자들에게는 식사를 주지 못하게 하였다.

주변에 운집해 있던 군중들은 "발데즈"의 오만함에 자극을 받아 그만 "발데즈"와 통역과 몇 명의 군인들을 죽여 버렸다.

이 사건은 프놈펜의 지식층들의 가슴에 아픔을 주었고 곧 반식민통치 정서를 뿌리내리게 했다.

팍치은, 심바, 손눅탄 같은 민족주의자들은 1936 년 캄보디아에서 처음으로 "나가라 밧"이라는 신문을 발행하였다.

그들은 프랑스 총독부로부터 신문 발행 허가를 받는다는 것이 아무 의미가 없다고 생각했는데 설사 발행 허가를 신청하더라도 수년이 걸려서는 결국 불가 판정이 날것이었기 때문이다.

그래서 프랑스에 정면 대항하는 위험을 감수하기보다는 때를 기다리고 있었다.

1941 년 5 월 일본군이 캄보디아에 진주하자 드디어 프랑스 총독부에 대항할 수 있는 절호의 기회가 왔다.

신문은 열 개가 넘는 검열을 당하면서 친일적인 기사와 반 프랑스적인 기사를 실었다.

신문은 또 두개의 현실을 교묘하게 이용하였는데 하나는 프랑스군의 취약점을 최대한 이용하였고 또 하나는 반 식민통치 운동을 동정하는 일본군의 분위기를 이용한 것이었다.

노로돔 시아누크를 왕으로 책봉할 때 프랑스는 사실 식민지 캄보디아를 다 걸고 도박을 한 것과 같았다.

프랑스의 결정에 드디어 1941 년 4 월 25 일 시아누크는 사이공 고등학교에서 돌아와 19 세에 왕으로 책봉되었다.

프랑스 총독부는 고분고분한 젊은 시아누크 왕을 예절 바르게 보았고 서구 문명에 물든 플레이보이로 프랑스의 이익을 보호하는데 믿고 이용 할 수 있다고 보았다.

그래서 할아버지 격인 모니봉 왕으로부터 반 프랑스 사상이 짙은, 시아누크의 아버지인 수라마릿을 제치고 손자 격인 시아누크를 왕으로 즉위케 한 것이다.

익살스럽고 낭만적인 성격으로 알려진 시아누크 왕은 갑자기 독립을 해야겠다고 마음먹었다.

1953 년 2 월 프랑스를 방문한 시아누크 왕은 프랑스 대통령에게 "나는 프랑스를 믿지만 많은 캄보디아인들은 프랑스 국기를 존중하지 않고 있다"고 하였다.

그리고 그는 캐나다, 미국, 일본 등을 여행하면서 조국의 미래에 대한 문제를 던지기 시작 하였고 프랑스가 독립 을 시켜 주지 않을 것 같다고 불평을 해 대었다.

귀국 길에 시아누크 왕은 공개적으로 독립 을 요구 하였다.

그는 정말 화난 것 같이 하여 태국 으로 망명하고는 프랑스 관리들과 대화를 끊고 1953 년 6 월 과감히 왕실 군대의 독립 을 공포 하였다.

p.002 일본군 복장을 하고 독립 영화의 제작, 주연을 한 노로돔 시아누크 왕자의 모습

당시 베트남 북부 딘빈푸 전투에서 호치민에게 대패 하고 힘든 전쟁을 치르고 있던 프랑스는 캄보디에서 또 다른 전쟁이 발발하는 것을 내심 꺼려하여 마침내 1953년 11월에 캄보디아의 독립을 승인하였다.

월맹의 딘빈푸 전투 승리를 최대한 이용한 시아누크의 비폭력 독립운동이 승리 하였던 것이다.

그는 수년 전 비폭력 독립운동으로 영국으로부터 독립을 한 인도의 마하트마 간디와 같이 자신이 또 다른 간디와 같다고 자부하였다.

나중에 프놈펜 중심가에는 마하트마 간디의 흉상이 세워진 공원이 만들어졌다.

시아누크는 1955년 3월 왕위를 부친 노로돔 수라마릿에게 내어 주고는 야심적인 정치 일정에 뛰어들었다.

바로 그 다음달에 그는 자신이 이끄는 정당 "상쿰 레스터 니움"을 창당하여 소위 "상쿰" 시대를 시작하였는데 농사는 풍년이 계속되었고 시아누크 자신이 경공업을 앞장서서 일으켰다.

그러나 시아누크는 민족주의를 너무 강도 높이 추진하면서 연속적으로 터무니없는 실책을 저지르는데 자신과 국가를 미국과 정면으로 충돌하게 놓은 것이었다.

그 중 가장 큰 실책이라면 미국과 남베트남과 전쟁을 하던 월맹군에게 공공연히 협조를 한 것인데 월맹군이 캄보디아 영토를 소위 호치민 루트로 사용할 수 있게 허락한 것이었다.

미국은 베트남 전쟁을 수행 중인 미국에 의도적으로 해를 주는 이러한 전략과 또 워싱턴과 관계가 좋았던 일부 캄보디아 정치인들을 의도적으로 따돌리는 시아누크의 처신에 매우 기분이 언짢았다.

또 시아누크의 반 서방 기질은 1961년과 1963년에 미국의 우방인 태국과 남베트남과 외교 단절을 함으로써 확실해져 버렸다.

사이공 정부와 단교를 하고 3개월 뒤 시아누크는 11월에 미국의 원조를 거절하는 실책을 또 저지르고 반미 기사를 자신이 통제하는 잡지 "Kambuja Monthly Illustrated Review"등에 싣기 시작하면서 캄보디아의 중립적 입장을 주장하였다.

1964년에 미국과 남베트남군은 캄보디아의 국경 마을을 공격하게 되고 그로써 1965년 5월에 캄보디아와 미국의 외교는 단절이 되면서 캄보디아의 중립 정책도 휴지 조각이 되고 만다.

1969년부터 미국은 또 캄보디아 영토 내의 월맹군 은신처에 비밀 폭격을 감행하기 시작한다.

미국의 폭격에 의해 무고한 수천 명의 캄보디아인들이 죽고 있는 사이에 시아누크는 1970년 1월에 프랑스로 년 휴가를 떠났다.

이 때, 시아누크의 정치 고문이었던 "시소왓 시릭 마탁" 왕자 등은 시아누크에 반기를 들었다.

시아누크가 없는 사이, 마탁과 몇몇 장교들은 "론놀" 수상의 관저로 가서 권총을 겨누며 다음날 시아누크를 축출하기 위한 국회 투표를 지지해 달라는 요청을 한 것이다.

쿠데타는 정확히 진행되어 3월 18일 국회는 86대 3으로 시아누크의 통치 능력 불신임을 결의하고 시아누크를 축출하였다.

론놀은 수상직을 그대로 맡았고 마탁은 부수상을 맡았다.

친미 노선을 지향하며 새로 탄생한 캄보디아 공화국은 즉시 워싱턴 정부의 승인을 받았고 또 엄청난 재정 지원을 받기 시작했다.

휴가 중에 망명자의 신세가 되어 버린 시아누크는 할 수 없이 북경에서 정착을 하였다.

p 003 시소왓 시릭 마탁 왕자   p 004 론놀 수상

당시 시골에서는 공산주의 운동이 서서히 고개를 들기 시작하였다.
이 운동은 프랑스 유학을 갔다온 지식인인 "사롯사"가 이끌고
있었는데 나중에 그는 이름을 "폴폿"으로 바꾸었다.

사롯사는 라디오 전기학을 배우기 위하여 유학을 갔지만 결국
학위를 따지 못하고 대신 프랑스 공산당원이 되어 귀국을 하였다.

곧 파리에 있던 사롯사 및 다른 동료 유학생 공산당원들은
시아누크의 절대 군주가 독재임을 알게 되고 또 사롯사는 왕권을
없애자는 강력한 글을 학교 신문에 쓰기 시작하였다.

시아누크는 대노하여 유학생들의 장학금을 중단시켰다.

사롯사는 1953 년 학교를 졸업하지 못하고 프놈펜으로 돌아와서
월맹이 이끄는 인도차이나 공산당(ICP)에 가입을 하고는 새로이
조직된 크메르 인민혁명당을 맡게 된다.

사롯사의 이러한 공산주의자로서의 시작 동기는 프랑스의 영향력,
미국의 지배, 그리고 시아누크의 독재 등이 주원인 이었다.

16

p 005 캄보디아 영내 몬돌끼리 성에서 미군 그린베레의 기습을 받아
    궤멸된 베트콩 보급부대의 현장

시아누크의 경찰은 시아누크가 비웃으며 공산당에게 붙인 이름인
크메르 루지(붉은 크메르)를 상대로 무력을 행사하기 시작하였다.
폴폿은 모택동 식의 공산주의에서 영감을 얻고 모택동 식의
계급투쟁, 집단농장 조직 등을 만들어 나갔다.
그 때에 시아누크는 이미 론놀에 의해 축출되어 버렸고 크메르
루지의 영향력은 맹렬히 전 시골로 퍼져 나갔다.
론놀이 이끄는 새 캄보디아 공화국은 1970 년 5 월에 태국과
남베트남 과 외교 관계를 재개하였으며 시아누크는 자신이 탄압했던
크메르 루지의 지도자인 폴폿과 키우삼판에게 론놀을 물리치고
자신을 다시 통치자의 자리에 앉게 해 달라고 부탁을 했다.
1973 년 4 월 시아누크는 론놀의 군대와 여러 곳에서 전투를 벌이고

있는 크메르 루지의 점령 지역을 직접 방문하기도 하였다.

크메르 루지군이 앞당겨 프놈펜을 공격하자 미국 대사관은 1975년 4월 12일 문을 닫고 서둘러 프놈펜을 철수하여 버렸다.

사이공 함락보다 13일 먼저인 4월 17일 크메르 루지군은 프놈펜을 점령하고는 첫날부터 시작하여 4년간 대량 학살을 자행하였다.

결국에는 170여만 명의 무고한 캄보디아 국민들이 고문, 처형, 중노동, 기아 등으로 숨져갔다.

크메르 루지는 1975년 12월에 시아누크가 프놈펜에 돌아올 수 있게 허락을 하였지만 사실상 왕궁 안에서 구금 상태로 있게 하였다.

시아누크는 그의 동맹군인 크메르 루지들이 도시를 소개시키고 화폐를 없애고 전국을 집단 농장으로 만들어 버린 것에 놀라움을 감출 수가 없었다.

캄보디아인들끼리 서로 죽이고 있는 이러한 혼탁한 시기에 훈센이 자라고 있었던 것이었다.

학비를 낼 형편이 못되어 부모는 훈센을 프놈펜의 국립 중등 학교로 보냈다.

어린 훈센은 시아누크를 존경하였었는데 그가 쿠데타로 축출 되자 매우 슬펐다.

1970년 시아누크가 론놀을 축출하기 위해 국민이 힘을 합쳐 달라는 방송을 하자 훈센은 즉각 이에 응하기로 결심을 하였다.

p 006 폴 폿 (본명 ; 사롯 사)

18

훈센은 학업을 포기하고 크메르 루지군에 입대하기 위하여 밀림으로 들어갔다.

물론, 당시에는 그들의 잔악한 면을 알 수가 없었다.

결국은 1977 년 그는 크메르 루지군을 이탈하여 베트남으로 탈출을 하게 되고 거기서 포로로 구금되어 있다가는 1979 년에 베트남의 도움으로 극히 비인도적이었던 폴폿 정권을 축출한다.

이 책에는 아직 알려지지 않은 훈센과 그 시대에 대한 이야기가 실려 있다.

또 시아누크의 잘못된 외교정책과 냉전 시대 의 정책, 그리고 그로 인하여 발생하였던, 즉 크메르 루지의 득세 등 여러 상황 등이 어우러져 희생된 한 국가의 이야기이며 또 무명의 훈센이 정치 판도에 튀어 나와 학살 시대를 축출하고 전쟁으로 망가 진 조국을 이끌어 나가는 이야기 이기도 하다.

P 007 혼자만 배를 저어야 한다는 정치사공 훈센

19

제 1 장 상경

보름 밤에 태어난 아기

"툴크로상" 마을은 오늘따라 유달리 조용했다.

타크마우 시 근처의 잘 알려지지 않은 이 작은 마을은 예로부터 벼농사를 하던 농부들의 보금자리였으며 또 많은 새떼들이 몰려들어 지저귀는 아름답고 아늑한 마을이었다.

1989 년에 훈센이 이 마을 옆으로 이사를 할 때 이 작은 마을은 헬리콥터의 엔진 소리, 날개 돌아가는 소리와 군인들의 떠드는 소리로 시끌벅적하였다.

막 꽃이 피기 시작한 크로상 나무 사이로 또 망고와 바나나, 야자나무 사이로 마을 사람들은 넓은 풀밭 넘어 새로 만들어 놓은 헬기 착륙장에 엉성하게 생긴 헬리콥터가 앉고 뜨는 모습을 바라보고 있었다.

사람들은 이웃이 된 훈센이 왔다는 것을 알 수 있었다.

그들은 갑작스레 출세를 한 이 시골 소년에 대해 매우 어리둥절 하였다.

두려움과 존경이 뒤섞인 마음으로 사람들은 인제 그가 가장 강한 사람이라는 것을 알고 있었고 또 1970 년대 중반에 170 여만 명을 기아와 고문과 살인으로 죽인 크메르 루지로부터 그들을 해방시켜 준데 대해 깊은 고마움도 느끼고 있었다.

시아누크 왕의 아들이며 제 1 수상이었던 노로돔 라나릿드를 축출 해 버리고 난 1 년 뒤 1998 년 중반 훈센은 "나는 강한 학생들 중에서도 더 강한 학생이었고, 강한 군인들 중에서 나는 또 더 강한 군인이었고 인제 정치에서도 나는 강자 중의 강자다."라고 자찬했다.

가끔 비교하기를 좋아했던 또 하나의 강자였던 인도네시아 수하르토 전 대통령의 사진이 표지에 실린 타임지를 들어 보이며 "그는 갔지만 나는 아직 건재하다"라고도 했다.

수하르토가 축출되기 전에 훈센은 "나는 다른 동남아시아 국가들의 강자들처럼 조국을 재건 하겠다"는 굳은 의지를 나타내기도 했다.

2008년인 지금 만 56세가 되는 이 캄보디아의 강자는 부자 집안도, 관직의 집안도 아닌 농부의 집안에서 태어났다.

어렸을 때 부모들이 얼마 안 되는 재산을 다 날려버리게 되자 그는 빈농의 자식이나 다름없었다.

부모들은 훈센의 장래를 위해 아무것도 할 수가 없었고 단지 그가 착실한 농부가 되어 주기만 기대하였다.

1952년 8월 5일 화요일 자정, 음력 보름의 만월 아래 훈센은 태어났다.

훈센은 "캄보디아의 토속 믿음에는 용띠의 해에 특히 화요일에 태어나면 고집이 세다고 해요. 또 내 생일은 메스콤에서 1951년 4월 4일로 잘못 알려져 있는데 이거 고쳐야 합니다"라고 했다.

나중에 알게 된 그의 인생에서 완고함과 또 불굴의 정신은 고대 크메르의 옛말이 옳다는 것을 증명하였다.

그가 태어난 고향은 메콩강 동쪽에 있는 콤퐁참 성의 한 지역인 "스뚱뜨랭" 구의 "뻬암 코스날" 마을이었다.

가족 중에 출산이 있으면 항상 그랬듯이 중년의 외할머니께서 집에서 출산을 도왔다.

가난한 이 나라에서 그래도 이 마을은 저 거대한 메콩강의 도움으로 벼농사를 충분히 할 수 있었다.

우기에 마을이 거의 물에 잠기면 물에 잠긴 시골길을 철벅거리며 다녔다.

마을 사람들은 강에서 어업으로 또 농사로 생활을 해 나갔다.

그의 가족들이 살던 집은 탁 트인 단층의 전형적인 크메르식 주택으로 기둥 위에 지은 목조 건물이었는데 세 칸으로 나누어 두 칸은 거실 겸 침실이었고 한 칸은 주방으로 썼다.

부모님들은 그의 이름을 '훈 분날"로 지었는데 50여 년이 지난 지금도 아는 마을 사람들은 그를 분날로 부르고 있다.

"부모님들은 내 이름으로 아버님의 함자 훈냉과 비슷한 이름을 지으려고 하셨지요.

그래서 이름을 훈(분)날로 지으셨고 어릴 때 나는 조금 뚱뚱한 편이었는데 뚱뚱한 아기를 시골에서는 "날"이라고 부르기도 했어요".

소년이 되자 그는 학교에 다니기 위하여 프놈펜으로 갔다. 이때 이름을 또 바꾸어 "센" 또는 "룻티 센" 등으로도 불렸는데 재미있게도 크메르의 옛날이야기 중에 열 한 명의 계모에게 구박을 받는 아이의 이름이 룻티 센이었다.

그는 1970년에 게릴라군에 가입하면서 세 번째로 이름을 바꾸었다.

"밀림에 들어가서는 나는 센이나 분날의 이름을 쓰지 않고 대신 "훈 삼락"으로 이름을 바꾸었지요.

삼락은 인생의 모든 업을 다 해낸 자를 뜻합니다.

그러나 이 이름은 나한테 매우 불길하였는데 이 이름을 쓰는 동안에 나는 여러 번 부상을 당했어요".

1972년 콤퐁참에서 크메르 루지군의 첩보 임무를 마치고 나서는 그는 "삼락"이라는 이름을 버리고 "훈센"으로 개명했다.

"그래도 우리 친척들은 아직도 나를 분날로 부릅니다".

이름 바꾸는 것이 가족 사이에 또 유행이 되어 버렸다.

그의 두 형인 "훈롱산"과 "훈롱냉"은 모두 중간 이름을 빼 버렸다.

또 훈센에게는 어려웠던 시절을 같이 고생한 세 여동생이 있었는데 "훈 생니", "훈 시낫" 그리고 "훈 터은"이었다.

그리고 형 하나는 훈센이 태어나기 전에 이미 죽었었다.

1941년 인도지나 반도를 침략하기 시작한 뒤 1945년에 일본군이 캄보디아의 요충지를 모두 점령하였을 때 아버지 훈냉은 콤퐁참의 우나롱 절에서 승려로 있었다.

물론 이미 결혼하였으므로 어머니인 "디욘"이 있을 때였다.

아버지 훈냉은 당시 성직자였던 "삼덱 추낫"의 제자로 있었는데 그만두고 독립을 위해 프랑스 식민통치에 대항하여 싸우던 "이싸락" 운동에 참가하였다.

그런데 이싸락 운동의 일부 대원들이 몸값을 받기 위해 어머니인 디욘을 납치하게 되자 가정은 풍비박산 되어 버렸다.

인질범들은 훈센의 할아버지가 부자인 줄 알았던 것이다.

그런 대로 생활을 꾸릴 수 있었던 가족들은 어머니의 몸값 마련을 위하여 전 재산을 다 팔아야 했다.

다행히도 어머니는 안전하게 돌아올 수 있었다.

그러나 얼마 안 되는 논을 팔아 버린 이 가족들은 그 때부터 소작으로 연명하여야 했다.

생각다 못해 아버지 훈냉은 정부군에 입대를 하였다.

그리고 프랑스군에 의해 군사 교육을 받고는 이제는 반대로 이싸락 운동 단체를 공격하게 되었다.

1953년 독립이 되자 훈냉은 지역 자위대 대장이 되었다.

p 008 훈센 부친이 가담했었던,월맹 지원하의 이싸락 독립운동 단체

"아버지는 군인 기질이 있었어요".라고 훈센은 아버지를 기억한다.

훈센의 외할머니는 가족의 생계를 이어가기 위해 많은 노력을 하였다.

비록 중년의 부인이었지만 외할머니는 법을 좀 알고 있었고 마을 사람들의 시비를 중재해 주기도 했다.

또 훈센의 어머니는 문맹자였지만 산술에 재능이 있었다.

어머니가 쓸 수 있는 글은 겨우 가족들의 이름 정도였다.

1989 년에 훈센이 타크마우로 이사를 가고 나서도 부모들은 프놈펜 시내 독립기념탑 옆 "수라마릿"가에 있는 경비가 잘 된 저택에서 살았다.

1997 년 7 월 5-6 일 사이 훈센과 라나릿드 군대 간에 무력 충돌이 발생하고 시가전이 벌어질 때 충격을 받은 어머니의 건강이 극도로 나빠져 "칼멧"병원으로 옮겨졌다.

이 때 어머니는 77 세였고 아버지는 연하인 75 세였다.

"의사는 어머니가 앞으로 6 개월을 더 살 수 없다고 했어요, 많은 치료를 했는데도 의사는 어머니한테 6 개월 밖에 주지 않았어요" 라고 언성을 높이기도 했다.

결국 훈센의 어머니는 파란 많은 인생을 1998 년 초에 마감, 눈을 감았다.

"칼멧"병원에 근무하던 훈센의 어릴 적 친구인 침유택 박사는 훈센의 어머니가 만성 간염이라 했다.

아들은 어머니를 잃은 슬픔 속에 한 달 간의 상제 기간을 보냈다.

모든 약속을 취소하고 중요한 일도 미루었다.

배고픔과 고통의 생활 속에서 훈센은 생존의 기술을 배웠다.

마을의 "뻬암 코스날" 초등학교를 졸업한 뒤 부모들은 어려운 가운데서도 프놈펜의 "인드라 데비" 중등학교에 보내어 1965-1969 년까지는 공부를 할 수가 있었다.

"사실 나는 고등학교를 졸업하지 못했지만 나중에 일하면서 계속 틈틈이 고등학교 전 과정을 공부했으며 또 공부하기를 좋아하는 편입니다".

어머니의 지도를 받아 산수는 매우 뛰어 났었다고 하며 크메르 문학을 매우 좋아하였다.

또 운동도 좋아하여 육상과 배구를 수상이 된 후에도 즐겨 하였다.

학교에서는 캄보디아의 고전시(古傳詩)에 빠져서 앙두옹 왕이 쓴 시나, "끄롬 뇨이"의 가르침, 그리고 "팁얼"의 교육 서적 등을 좋아하였다.

그는 또 서서히 "파일린 장미", "지는 꽃", "로미오와 줄리엣"등의 문학과 또 고대 힌두 서사시, 라마야나 전설 등의 감상적인 이야기에 이끌려 갔다.

그리고 "치나봉", "틴나봉", "스덱 칸"등의 캄보디아 왕들의 업적 기록도 즐겨 읽었고 말린 야자수 잎에 기록된 캄보디아의 고대 이야기인 "크메르 사스트라스"도 좋아했다고 한다.

그는 일반 대중적인 영화는 별로 즐기지 않으나 고대 크메르 이야기를 주제로 한 영화는 즐겨 보는 편이다.

젊었을 때에도 정치 분야에 예리한 면이 있었다.

그러한 본능은 너무 일찍, 또는 조숙하다 할 정도로 계발(啓發)되었는데 당시 캄보디아 사회에 널리 퍼진 뿌리 깊은 사회적 경제적 불평등이 원인일 수도 있었다.

어렸을 때부터 그는 국가 원수인 노로돔 시아누크는 존경하였으나 부패한 공무원들과 국회의원들은 미워하였다.

"이 사람들은 한번도 시골에 가서 사람들과 가까이 하려하지 않으며 또 아무도 선거 때 내세운 공약을 지키는 일이 없어요".

어린이 때도 그는 부자나 권력이 있는 사람들은 믿지 않았던 것이다.

"나는 권력이 있는 집안이나 부자 집안 출신의 건방진 학생들을 싫어 했는데 그들은 가난한 학생들을 멸시하였으며 또 책을 잘 읽거나 열심히 공부를 하지도 않는데 이상하게 항상 시험에 합격을 하거든요".

또 일찍이 그는 크메르 루지나 "크메르 세레이"(반정부 해외 교민 단체) 또 미국의 지원을 업은 반 왕정 운동 등을 싫어하였다.

"나는 미국과 남베트남이 캄보디아를 침략하고 폭격을 해 대는 데에 너무 충격을 받았습니다".

재학 중 그는 나중에 교사가 되고 싶다는 생각을 했었다.

그러나 1970 년에 론놀에게 축출 당한 시아누크 왕자가 이끄는"민족 해방 전선"에 가입을 한 뒤에는 공군 조종사가 되고 싶기도 했다.

"내 포부와 꿈은 전쟁과 대학살 시절에 의해 좌절되어 버렸지요"

"정치적 사건들이 나의 의지를 바꾸었으며 원하지도 않던 정치판에 뛰어들게 강요하였다고 봅니다".

"나는 어려서 부모님 곁을 떠나 고통과 슬픔의 시절을 보냈습니다".

세월에 의해 인제 상처는 아물었지만 아직도 그 흉터는 남아있었다.

"결혼한 뒤에도 나는 아내와 아이들을 만날 기회가 드물었습니다.

1979년까지는 가족과 재회할 수가 없었습니다.

그러나 좋은 일을 하면 대가가 있듯이 비록 부모님과 가족들과 떨어져 있었어도 나는 나를 돌봐주는 사람들과 친구들의 사랑과 인정 속에 행복할 수 있었습니다.

그들 때문에 나는 생존할 수 있었던 것입니다".

훈센이 살던 마을에서 그리 멀지 않은 곳에 콤퐁참 성 끄록치마의 "록카카나우" 마을에 한 소녀가 자라고 있었다.

조그만 언덕이 마을 경계를 이루고 있는 이 작은 그림 같은 마을에는 은빛으로 빛나는 실개천이 흐르고 있었고 인제 일곱 살 된 피부가 흰 한 소녀가 발꿈치까지 물이 찬 실개천의 돌다리를 폴짝거리며 뛰어 건너는 모습을 쉽게 볼 수가 있었다.

1961년의 어느 여름날, 분 라니는 아버지의 농가에 가까워지자 부엌에서 끓이는 쁘라혹(젓갈류의 음식) 냄새를 맡을 수 있었다.

그녀는 막 밥과 튀긴 생선을 요리하고 난 할머니의 미소에서 곧 밥을 먹을 수 있다는 것을 알아차렸다.

우기 때는 매우 힘들었다.

왜냐하면 지금은 작은 실개천이 우기 때는 작은 나룻배를 타고 뒤뚱대며 강을 건너야 학교에 갈 수 있기 때문이었다.

집이 가까워지자 라니는 매우 즐거웠다.

오늘 학교에서는 매우 힘들었었는데 농구 연습을 하며 상대가 팔꿈치로 라니의 옆구리를 세게 쥐어 박았기 때문이었다.

우물에서 찬물을 길어 마실 생각을 하자 걸음은 더욱 빨라졌다.

끄록치마 마을은 그런대로 부유한 마을로 라니의 아버지인 "린끄리" 같은 농부들이 때로는 적을 때도 있지만 비옥한 농토에서 나는 소출로 편하게 살고 있었다.

원래 중국의 광동 지방에 조상을 둔 이 중국계 크메르 가족들은 무리 없이 캄보디아 사회에 융화하여 나갔다.

당시 몇 년간은 훈센이 분 라니를 만날 기회가 없었지만 그가 라니를 만난 때부터 그의 세상은 바뀌어 버렸던 것이다.

동자승

바람이 부는 콤퐁참 부두에서 인제 열세 살 된 훈센은 어머니를 꼭 껴안고는 기어 들어가는 목소리로 이별을 했다.

둘 다 울고 있었다.

어머니는 서두르듯 12 리엘을 훈센의 손에 쥐어 주었다.

12 리엘은 당시 미국 돈 34 센트쯤 되었다.

어머니는 또 잊지 않고 쌀 한줌을 그의 끄라마(수건)에 싸주었다.

여객선은 미끄러지듯 콤퐁참 부두를 떠나 하류로 뱃머리를 돌렸다.

옷은 입고 있는 옷이 전부였다.

이렇게 가난하게 아들을 떠나보내는 어머니의 마음은 너무 아팠다.

재산과 땅을 다 잃어버린 가족은 겨우 프놈펜 학교의 입학금만은 마련 하였으나 하숙비나 식비는 마련할 방법이 없었다.

그래서 부모들은 훈센을 프놈펜의 "나가밧"사원의 스님에게 맡기기로 한 것이었다.

여객선은 흐느끼는 어머니를 뒤로 한 채 풍요와 굶주림과 사치와 소비의 프놈펜에서 새 생활을 시작할 젊은이를 싣고 하류로 향했다.

학교로 향하는 여행 중에 아직 어린 그는 좋은 부모들 밑에서 잘 입은 급우들 생각을 떨 쳐버릴 수가 없었다.

여객선 안에 혼자, 걸친 것이라고는 끄라마 한 장뿐인 그는 앞으로의 일을 곰곰이 생각했다.

그는 또 아버지의 말대로 시아누크 정부가 콤퐁참에 중등학교를 세워주지 않아 그가 가족과 떨어져서 멀리 힘들고 궁핍한 생활을 해야 하는 곳으로 가게 된 것에 크게 실망하지 않을 수 없었다.

그러나, 훈센은 아직 느낄 수 없었겠지만, 대다수의 국민들이 밥 한 공기와 말린 생선 한 조각으로 연명하고 있을 때 시아누크의 궁전에서는 매일 밤 샴페인 파티가 벌어지고 있었으며 도시의 지식층들은 무도장에서 스윙 댄스를 즐기고 있었던 것이었다.

새벽 3 시의 어둠 속에 여객선은 프놈펜 부두에 정박을 했다.

사람들은 서둘러 인력거를 타고 뿔뿔이 흩어졌지만 훈센은 3 리엘을 아끼기 위해 절까지 걸어가기로 했다.

인드라 데비 중등학교에서 학비를 거의 받지 않는 것은 정말 행운 이었다.

"분필값과 운동에 필요한 돈만 내었는데 단지 입학금이 1,800 리엘 이었어요.

그 돈은 미국 돈 51 달러와 같아서 가난한 학생들은 입학할 엄두도 못 내었지요..

당시 캄보디아의 화폐인 '리엘'은 미국 달러에 대해 매우 강세였는데 1958-1968 년 사이에 미화 1 달러는 35 리엘이었다.

1971 년 11 월 론놀 정권 때는 중앙은행이 150% 평가절하를 하였다.

나가밧 절에서 동자승의 생활은 새벽 5 시에 시작을 하였는데 학교 시험기간 중에는 새벽 4 시에 일어나야 했다.

물론 이 때는 이름이 "훈 분날"이었다.

기상을 하면 스님들을 위해 쌀죽을 끓였고 그리고 나서 책을 읽었다. 때로는 시간을 아끼기 위하여 죽을 저으면서도 책을 읽었다.

그리고 나면 큰 나무 두 그루가 잎과 꽃잎을 흩뿌리는 마당을 쓸었다.

"가끔 나는 이 나무 두 그루 때문에 벌을 받았는데 내가 죽을 들고 승방으로 가면 스님들은 자연히 마당을 보게 되고 만약 나뭇잎과 꽃잎이 많이 떨어져 있으면 그 날은 벌을 받는 날이었지요".

아침 6 시 반이면 학교로 향했는데 시주 당번 날은 빈 그릇을 많이 가지고 갔다가 학교를 파하고 돌아오는 길에 집집을 다니며 시주를 얻어 왔다.

남방 불교에서 스님들은 오후에는 아무것도 먹을 수가 없기 때문에 12 시가 되기 전에 많은 시주를 얻어서 절로 돌아와야 하는 촉박감에 항상 고통을 받았다.

"어떤 스님들은 남의 고통을 이해하지 못해요. 때로는 시주를 늦게 가져 왔다고 야단을 치고 일찍 가져오면 떠들면서 잘 먹고, 그러나 나는 스님들이 다 먹을 때까지 기다려야 되니 배가 쪼르륵거리기 일쑤 였지요".

스님들을 기분 좋게 하기 위하여 그는 가능하면 12 시 가까이에 시주를 얻어 와서 제시간에 공양을 할 수 있게 하였다.

스님들이 공양을 마치고 나야 남은 음식을 먹을 수 있었다.

설거지를 마치기가 바쁘게 또 오후 학교를 가야했다.

오후 학교를 마치면 또 "캄푸챠 크롬"거리에서부터 물을 길어와야
했다.

질그릇으로 만든 물독은 너무 무거워서 물을 다 옮기고 나면 거의
저녁 7 나 되었고 그리고 나면 또 저녁 예불 시간이 되었다.

예불은 하루 두 번 올렸는데 아침 예불은 죽 끓이는 시간이었고 저녁
예불은 잠자기 전이었다.

동자승에게는 휴일이 없었을 뿐 아니라 일요일에는 더 일찍 시주를
나가야했는데, 사실 스님들도 매일 먹어야 사니 일주일 7 일간 매일
시주를 얻어 와야 했다.

일요일에는 시주 다니는 길목에 있는 이발소에서 체스를 두는 것을
어깨 너머로 배웠다.

p 009 툴꼭에 있는 나가밧 사원

31

이발소 주인은 항상 시주를 했는데 그는 기다리는 손님들을 위하여 체스 판을 만들어 두었던 것이다.

나중에 훈센은 순서를 기다렸다가 한 판씩 두기도 하였다.

동자승들은 단순한 승려 사회의 말단 졸병에 불과하였다.

물론 방도 별로 없었지만, 동자승들에게는 크메르 전통대로 방이 배당 되지 않았다.

"나는 이동식으로 잠을 잤는데 빈자리가 있으면 매우 좋았고 날씨가 싸늘할 때면 스님들 침대 밑으로 들어가서 잤으며 모기가 많으면 스님들 모기장을 침대 밑으로 늘어뜨려 달래서 모기를 피했지요".

"폭우가 퍼붓는 우기 철에는 비가 새지 않는 곳을 찾아다니기도 했는데 사실 그 때는 아무 데서나 잘 수 있었어요".

증조부가 부자였던 훈센에게 절 생활은 충격 요법과 같았다.

옛날에는 콤퐁참에 15 핵타(약 45,000 평)나 되는 땅을 가지고 있었다.

p 010 툴꼭의 인드라 데비 중등학교. 현재는 밍유 문화재단에 운영한다.

외할아버지 네는 부자는 아니었어도 지역 사회에서 인정받는 집안이었다.

외할머니는 법에 밝아 많은 마을사람들 이 찾아와 법적 자문을 받기도 했다.

그러나 할아버지 때 메콩강의 범람으로 많은 땅이 유실되자 지금의 고향 근처로 이주를 하였다.

가족에게 갑작스런 재난이 생기고 또 콤퐁참에 중등학교가 없었던 것 때문에 훈센은 어려운 생활을 겪게 된 것이다.

기아가 전국을 휩쓸자 많은 어린이들이 집을 떠나 절에 모여 격리된 생활을 하게 되었다.

"나는 캄보디아 어린이들이 나처럼 고생하게 하지 않기 위해 과거 그 누구보다도 많은 학교를 세울 계획입니다".

"나는 그 당시가 매우 싫었습니다. 시아누크 시대도 싫었습니다.

그 때는 득표를 위해서 사람들을 속이던 그런 부정한 시절이었습니다.

당시 아버지가 정치인을 위해 운동도 하였으나 그들이 국회의원에 당선되고 나면 국민들을 위해 아무것도 해 준 것이 없었습니다".

훈센은 매우 공부를 잘 했던 것으로 보이는데 남의 원서를 써주기도 하고 가족과 친구들을 위해 애정의 편지를 쓰기도 했다.

인드라 데비 중등학교의 교사를 지냈던 "팟삼"선생은 훈센의 담임이 그가 매우 영리하면서도 침착했다는 애기를 들은 적이 있다고 했다.

훈센은 승복을 입지도 않았고 삭발을 하지도 않았으며 불적(佛籍)에도 오르지는 않았다.

이 소년은 우스개 소리도 매우 좋아했다.

다른 동자승이었던 "에아삼낭"의 말은 하루는 훈센이 인력거와 모자를 빌려서 절 주위를 한바퀴 돌다가 그만 모자를 잃어 버렸다.

인력거 주인이 모자 값 30 리엘을 내 놓으라고 하자, 하는 수 없이 동전이 가득 찬 돼지 저금통을 깨서 물어주었다고 한다.

훈센이 13 살 때 에아삼낭은 20 살이었지만 둘은 매우 친하게 지냈다.

나중에 프놈펜의 박툭 고등학교 교사를 지낸 에아삼낭은 훈센의 어머니가 가끔 절에 찾아왔었다고 한다.

삼낭의 말에 의하면 훈센의 어머니는 "우리는 가난하니 열심히 공부를 해야 된다"고 하셨다고 한다.

나중에 훈센이 수상이 되고 나서 올림픽 스타디움에서 열린 기념 대회에 간 에아삼낭은 쪽지를 써서 훈센에게 건넸다.

쪽지를 본 훈센은 반가워하며 그를 집으로 초대하였다.

그리고 그들은 시간 가는 줄 모르게 정담을 나누었다.

훈센은 절에서 축구를 하다가 친구 땜에 다리가 부러졌던 기억도 했다.

또 다른 동자승이었던 침유택은 훈센이 매우 열심히 일도 하고 시주도 잘 받아왔었다고 기억한다.

훈센은 그가 메콩강 건너편에 살았던 기억을 했다.

침유택은 또 "나는 시주 담당이어서 동자승들이 시주를 해 오면 스님들 에게 갖다 드렸다"고 한다.

훈센은 여덟 명의 시주 동자승 중의 한 명이었다.

시주를 나가면 주로 시큼한 국, 생선, 바나나 등을 가져왔다.

침유택의 말은 동자승들은 거의가 목욕을 싫어했다고 한다.

또 우물이 깊어서 두레박질을 할 수 없었으므로 그가 물을 길어 강제로 동자승들을 목욕시켰다고도 했다.

절의 동자승들은 또 숨바꼭질을 좋아했다.

그러면서 힘든 생활을 잠시나마 잊기도 했다.

그 당시 동자승들을 잘 돌보아주던 "킴쯔랭" 스님이 1990년에 열반하시자 훈센은 매우 슬펐지만 당시 북서쪽 파일린 지역에서 "이친"이 이끄는 크메르 루지군과 격전을 벌이고 있던 터라 갈 수가 없었다.

그래서 겨우 장례식 비만 보내드릴 수밖에 없었다.

훈센은 고등학교 입학시험 직전인 1969년에 인드라 데비 중등학교를 중퇴하였다.

"절에서 갑자기 사고가 생겨서 학교를 그만둘 수밖에 없었어요".

시아누크의 비밀 정탐원이 1967-1969년 사이에 절에 잠입하여 반 시아누크 사상을 가진 승려들의 명단 작성을 하였다고 한다.

"나의 사촌 중 한사람인 "니우케안"이 구속되었지요.

그래서 무서워서 절을 떠나기로 마음먹었지요. 절을 떠나야 했지만 다시 절에 가고 싶은 마음이 많아요. 1970년 1월에 사촌이 풀려나자 다시 절로 가려고 했어요.

그런데 1970년 3월 18일 론놀의 쿠데타가 일어나서 정말 갈 수가 없게 되어 버렸지요".

쿠데타는 결국 그의 학업을 중단 시켜 버린 셈이 되었다.

이 한 사건으로 해서 동자승이 게릴라가 되어 버린 것이다.

그의 모든 불교 교육과 종교에 대한 흥미는 정치적 목적 속에 파묻어 렸다.

그 당시는 그냥 시아누크 왕자가 다시 통치를 했으면 좋겠다고 생각 했다.

그는 내전으로 포연이 자욱한 밀림을 보고 무조건 그쪽으로 걸어 갔다고 했다.

끄록치마 마을에서 분 라니는 내전도 모르고 또 훈센이라는 사람도 물론 모르는 채 그냥 즐겁게 어린 시절을 보내고 있었다.

2 남 4 녀의 자식을 가진 집안에서 라니는 어릴 적을 매우 행복하게 보냈었다고 기억하였다.

분 라니는 "무서울 일도 없었으며 우리 모두가 아름다운 정상적인 가정 이었어요.

외할아버지와 외할머니 께서 특히 나를 사랑 했는데 내가 알아듣지 못해도 많은 얘기를 해 주었고 자상하게 캄보디아에서 어떻게 살아가야 한다는 것, 전통적인 것 등을 가르쳐 주셨으며 나중에 내가 어려움을 당할 때마다 그 말씀들을 기억하며 이겨내곤 했어요" 라고 했다.

이 젊은이들의 인생에 서서히 고난이 닥치기 시작했는데 – 남편과 수년간을 떨어져 살아야 했고 크메르 루지에게 정신적 신체적 고문을 받아 가며 힘들고 임신을 했던 동안에도 물과 먹을 것도 없이 감성과 우정도 버리고 지나야 했던 것이다.

p 011. 19 세 때의 훈센은 크메르 루지군 연대장 이었다

36

"지금에 와서 돌이켜 보면, 내 인생에 적용했던 중요한 교훈들은 모두 조부모님들께서 가르쳐 주셨던 교훈들이었어요" 라고 분 라니는 돌이켰다.

제 2 장 청춘 게릴라

게릴라

훈센은 셔츠 몇 개와 낡은 구두를 담은 배낭을 메고 1970 년 쿠데타에 의해 축출된 시아누크가 조직한 대규모 저항 단체인 게릴라에 가입하기 위해 밀림의 본부에 신고를 하였다.

공식적으로는 "캄푸치아 국가 연합 전선"(FUNK, National United Front of Kampuchea) 이라는 명칭의 군대 조직으로 시아누크를 다시 복권하려는, 주로 밀림에서 살던 충신들이 주축이 되어 무력으로 론놀을 쳐부수어야 한다는 파들이었다.

또 미국의 팽창주의에 저항하는 베트남과 라오스의 공산당들도 동조 하였다.

캄보디아의 민족주의자들은 게릴라의 이름으로 2 차 세계대전 때 독일 군에 저항하던 프랑스 게릴라의 명칭인 잡초란 뜻의 "마끼"를 사용했다.

소위 민족주의자인 이들이 프랑스식인 이 이름을, 불어를 할 줄 아는 사람들 사이에는 이미 프랑스 사대주의 사상이 뿌리를 내려 버린, 수천 마일 떨어진 이 곳 아시아에서 사용하였던 것이다.

가진 것은 없고 울분만 가득 찬 훈센은 게릴라의 자격에 전혀 손색이 없었다.

시아누크가 반란으로 축출되자 그는 전쟁의 냄새를 맡을 수 있었다. 또 그러한 어두운 소용돌이 속에서 그 자신의 힘들고도 어려울 미래를 추측할 수 있었다.

뜨거운 향학열을 버리고 학교를 그만둔 채 밀림으로 들어 가 게릴라에 가입한 그는 그 때 막 꽃다운 열여덟 살이었다.

"나는 캄보디아 설날에 게릴라에 가입하였습니다.

처음에는 게릴라의 군인 생활이 어떠한 건지 몰랐지요.

그래서 나는 도시에서 입던 옷과 신발을 가지고 갔지요".

이 젊은이는 최근 시아누크를 축출해 버린 론놀 정권을 쫓아내고 싶었다.

그가 자랄 때는 도시 산업부흥에 힘을 쏟던 시아누크를 존경하며 자랐다.

그러나 한편으로 시아누크는 시골의 요구는 무시하여 버렸는데 교육과 보건 정책도 미비하였고 농부들이 갈망하던 소위 농업의 푸른 혁명에도 관심을 가지지 않았으며 결국 산업부흥도 최신 기술의 부족으로 실패 하고 말았던 것이다.

게릴라에 마음이 이끌려 1970 년 4 월 14 일, 시아누크가 축출되고 아직 한 달도 안 되어 그는 "마끼"에 가입을 하였던 것이다.

밀림에서 게릴라 생활을 제법 오래하면서도 그는 폴폿이나 또는 왕자 시아누크가 이름 지은 크메르 루지에 대한 내용과 또 그들이 한패였던 것은 몰랐다.

그가 처음 한일은 신분을 감추기 위하여 이름을 "훈 삼락"으로 바꾼 것이었다.

2 년 뒤 스무 살이 되던 해 그는 타격대 대장이 되면서 이름을 지금의

"훈센"으로 바꾸었다.

조직에 충성을 하는 동안 서서히 그는 이 조직이 크메르 루지에 의해 전적으로 움직이고 있다는 것을 깨닫게 되었다.

크메르 루지의 비정상적인 규칙과, 병적일 정도의 캄보디아인에 대한 불신과, 심할 정도의 엄격성 등에도 놀라지 않고 침착하게 훈센은 열심히 일하고, 단련하여 빠른 진급을 하였다.

"도시인이나 지식인들은 게릴라에 많지가 않았으므로 사람들은 나를 "로끄루"라고 불렀는데 이 말은 선생님 또는 선도자 란 뜻 이었어요".

그가 비록 게릴라에서 연소자 중의 하나였지만 대원들은 그를 선생님으로 부르기를 좋아하였다.

비밀 작전을 펴던 지역에서는 동료들로부터 존경을 받았다.

또 시간이 나는 데로 문맹 대원을 가르치고 친구로 만들어 상관의 관심을 끌었다.

"이런 것들은 군인이기 전에 내가 작가 내지는 배우의 기질이 있었거든요, 나는 글 쓰는 작가 같기도 했고 또 그 글에 따라 공연하는 배우 같기도 했지요".

사실 그는 그 이상이었는데 배구도 잘 했고 축구도 공격수로써 손색이 없었다.

이러한 모든 노력은 당시 대부분의 캄보디아인들이 서로 융화하지 못하던 그러한 때에 서로의 관계를 정상적으로 하고자 하는 그러한 노력이었다고도 볼 수 있다.

밀림 속에서 시간은 매우 지루하였다.

그는 대부분의 시간을 가족들을 그리며 또 나라를 걱정하며 보냈다.

그는 캄보디아 사회가 깊이 분열되어있는 데에 매우 염려를 하였는데 사실은 1960년대 중반에 시아누크는 농담 같은 진심으로 캄보디아 사회를 다섯 무리로 이미 구분하였다.

- 붉은 크메르 – 또는 크메르 루지로 본질적인 공산주의자들.
- 푸른 크메르 – 크메르 세레이라고도 하고 또는 자유 크메르 운동이라고 하는 반 시아누크 친미 단체들.
- 흰 크메르 – 자유 크메르의 일부이나 남베트남과 태국에 가까운 자들.
- 분홍 크메르 – 진보주의자들이지만 밀림에는 가지 않는 자들.
- 권력층 크메르 – 시아누크의 "상쿰 레스터 니움" 당원들로 1970년까지 권력자들.

시아누크가 축출되자 파란색 크메르와 흰색 크메르는 론놀 측에 가담했다.

젊은 훈센은 캄보디아 사회의 심장을 예리할 정도로 갈라놓은 이러한 현실에 매우 마음이 불안하였다.

사실 시아누크가 국민들에게 호소하는 동안 프놈펜에 있던 그는 분홍 크메르 쪽이었다고도 할 수 있다.

"이러한 그룹들 중에서 사실 나는 붉은 크메르를 좋아하지 않습니다. 그러나 시아누크는 크메르 루지를 지지하였으며 그 때는 시아누크의 군대가 크메르 루지의 지휘를 받는다는 말을 아무도 하지 않았습니다.

지휘관들은 단지 시아누크의 군대가 전체 작전을 하고 있다고 했습니다.

그 당시에 우리들에게는 선택의 여지가 전혀 없었는데 마치 전쟁의 인질과 같이 시아누크 쪽에 가담하지 않으려면 론놀 쪽에 가담해야 했습니다".

그의 정치적 직감은 맞았다.

나중에 살육이 시작되자 시아누크의 군대가 사실 크메르 루지가 지휘하고 있었던 것을 알게 되었던 것이다.

그들의 잔인함에 훈센은 놀라지 않을 수 없었다.

그는 게릴라에 가담한 것이 큰 실수였다는 것을 알고 어떻게 하든지 이탈할 방법을 찾기 시작했다.

훈센이 시아누크의 게릴라에 가입을 하려던 즈음에 열여섯 살 난 한 소녀의 인생에 큰 변화가 들이닥쳤다.

물론 훈센은 그 때까지 분 라니의 존재를 알지 못했지만 가냘프게 얽인 이들 둘의 인연이 밀림의 게릴라 생활에서 엉켜지게 된다.

분 라니는 "그 때 저는 중등학교 7 학년 때였는데 그 해는 영원히 잊지 못할 해였어요.

할머니가 그해에 돌아가셨는데 저한테는 큰 충격이었어요.

그리고 또 쿠데타가 일어났죠.

그 땜에 공부도 못하게 되었고 결국 밤사이에 내 인생 전부가 변해 버린 것이었어요.

론놀에 의해 시아누크 왕자가 축출된 사실은 젊은 우리들 모두에게 큰 충격을 주었고 우리 모두 이유 없는 반항심들을 가지게 되었으며 캄보디아를 해방시키기 위해 나는 게릴라에 가담하기로 결심 하였지요.

론놀의 정권으로부터 캄보디아를 해방시키기 위해 모이라는 시아누크의 대 국민 호소를 받아들인 것이죠" 라고 술회하였다.

처음에는 모든 것이 그녀에게 허겁지겁 상태였다.

만약 그녀가 게릴라에 조금이라도 관계가 있다면 부모들이 대단히 노할 것을 알고 있었다.

"우리 마을에서도 많은 사람들이 게릴라에 가입했어요.
이웃에도 한 명이 있었는데 절대 부모님께는 말하지 않고 게릴라에 가담하기로 했어요".
다음날 분 라니의 부모님들은 분 라니의 행동에 의심을 하여 몰래 따라갔다.
"그러나 우리가 숲 속 깊이 적어도 2-3 킬로미터쯤 들어가 버려서 부모님들이 따라오지 못했어요.
거기서 우리는 앙카(Angkar- 폴폿이 지휘하는 공산당 중앙 위원회 정치국의 명칭으로 혁명조직이라는 뜻)의 지역 간부를 만났어요" 라고 분 라니는 당시를 기억하였다.
게릴라에 가입을 하자 그들은 조직에서 어떤 일을 하고 싶으냐는 질문을 받았다.
대장은 그들이 원하는 부서에서 일을 할 수 있다고 했다.
초기 그들의 태도는 매우 신사다웠고 설득력이 있었다고 한다.
그녀는 의료 과목을 택했다.
간호원 교육을 위해 프놈펜에서 온 의사가 그녀를 가르쳤다.
6 개월간의 교육이 끝나자 이들은 끄록치마로 되돌려 보내졌고 마을에서 가난한 사람들을 돌보고 간호를 하라고 지시를 받았다.
"좋았던 점은 교육 중에도 우리는 항상 질문을 할 수 있었고 또 실습에서 어떻게 상처를 치료하는지를 볼 수 있었던 것입니다.
동시에 우리는 조산원으로서의 교육도 받았습니다.
6 개월의 교육이 끝나자 우리는 인민 보건사의 자격을 받았지요.
게릴라에 가입하고 그녀는 되도록 많은 사람들을 사귀기로 마음먹었다.
"나는 살아남기 위해서는 내가 얻을 수 있는 한 모든 도움을 받아야 한다는 것을 서서히 알게 되었어요.

이것은 마치 제 2 의 천성같이 내 스스로 만들어야 하는 것이었지요".

이런 생각은 처음부터 그녀에게 있었던 것 같다.

지역의 책임자는 그녀를 잘 돌봐 주었고 딸이라고 불렀다.

이 가냘픈 소녀는 마을 병원에서 5 년을 근무하였고 그리고 나서는 크메르 루지는 그녀를 병원장으로 임명했다.

이러한 포섭 절차는 앙카의 공식이었다.

어린 사람들은 쉽고 빠르게 세뇌가 가능했기 때문이었다.

모두 14 세에서 24 세 이내의 순수하고 쉽게 물들 수 있는 젊은이들에게 살인, 고문, 손발의 절단 등 모든 잔인한 짓을 하도록 선동하였다.

앙카는 항상 칭찬해 주었다.

감수성이 예민한 청소년들은 이런 앙카의 위장 술책에 넘어가 더 열심히 충성을 하였다.

분 라니에게 맡긴 책임은 그녀가 자랑스럽게 생각할 수 있게 되었고 또 더 과감히 일을 할 수 있게도 하였다.

34 년 전의 일들을 살짝 비춰주는 그런 얘기 중에서도 그녀의 자신감을 엿 볼 수 있었다.

"나는 의학의 일반적인 분야 모두를 앞장섰었지요".

아무런 학위도 받은 일도 없었고 더욱이 고등학교도 졸업하지 못한 그녀의 말이었다.

그녀의 젊음에 있어 뜻 깊은 스무 살이 되던 해에 또 상처를 받았는데 그 얘기를 하는 동안 목소리는 떨리었고 입가에는 공포감의 엷은 미소가 스쳤다.

그것은 전혀 다른 세상이었다.

민족주의적 사상 고취에 몰아 붙여진 그녀는 다른 수천 명의 젊은이들과 마찬가지로 평범한 생활 - 안정된 직업, 교육, 가족, 자유사상, 사실적인 모든 자유를 모두 포기하고, 눈빛이 초롱초롱했던 젊은이들을 꿈이 없는 인간으로 만들어 버린 앙카에 의해 잘 조율된, 대규모 운동에 참가 하였던 것이다.

게릴라에서의 생활은 점점 더 통제가 심하여졌다.

서서히, 애국가는 마치 감옥의 기상나팔 소리같이 들렸다.

크메르 루지는 분 라니를 포함한 모든 여성 대원들에게 머리를 짧게 자르라고 명령했다.

"당시에는 수당 같은 돈은 주지 않았어요.

대신 게릴라 부대에서 생필품 등을 나누어주었어요.

1970-1975 년 사이 우리는 앙카가 우리 지역을 전부 통제하고 있는 것을 몰랐으며 1975 년에 프놈펜을 함락하고 나서야 나라가 각 지역으로 갈라져 있는 것을 알았어요.

1975 년 프놈펜을 해방시키고 나서 다른 지역의 사람들은 프놈펜으로 가지 못하게 했어요".

이러한 명령은 매정하게도 분 라니를 가족과 갈라놓았다.

그녀가 처음 게릴라에 가입했을 때는 가끔 휴가를 받아 며칠씩 가족을 찾아 갈 수가 있었는데 그러나 인제, 갑자기 모든 휴가가 취소되었다.

즉 조직이 흉폭한 집단으로 바뀌어 간다는 것을 암시하는 것이었다.

시아누크의 복권을 위해 게릴라에 자원했던 자들은 크메르 루지의 만행에 큰 충격을 받았고 또 매우 당황하였다.

어떤 고급 장교들은 명령을 거부하였는데 불필요한 잔학 행위를 용납할 수가 없었기 때문이었다.

그러나 더러는 어쩔 수 없이 시키는 대로 하였다.

분 라니는 도망가고 싶었지만 크메르 루지를 피해서 숨을 곳이 없었다.

이 비극의 참사가 그녀의 눈앞에서 사라지기를 기대 할 수밖에 없었다.

고통의 연정

하늘을 가린 밀림 속 깊숙이 위험이 도사린 축축한 참호 속에서 생활하는 것은 참 힘들었다.

시간은 강가에 말리려고 늘어놓은 어망처럼 늘어져있었고 외로움은 젊은 게릴라들에게 고통을 주었다.

가족과 떨어진 훈센은 사랑이 그리웠다.

집을 떠난 젊은이는 점점 더 사랑을 갈구하게 되었고 사랑에 의지하고 싶었고 순수한 이성에 대한 애정을 그리게 되었다.

그러나 크메르 루지는 애정 행각을 좋아하지 않았고 젊은 게릴라들에게 이성 교제를 하지 못하게 했다.

"어떤 여자가 나를 좋아한다고 내가 말하는 것이 결코 그 여자와 어떤 애정 관계가 있다는 말이 아니에요.

그것은 지금껏 내가 간직하고 있는 마음속의 단지 우정일 뿐입니다" 라고 훈센은 방어적으로 말하였다.

1997 년에 본 훈센의 열아홉 풋내기 때의 낡고 바래진 사진에는 내전 중 유일하게 남은 사진으로 콤퐁참의 가족들이 보관하고 있던 날씬하고 잘 생긴 훈센의 모습을 볼 수 있는데 왜 캄보디아의 젊은

여자들이 당시의 훈센을 좋아했었는지 이해가 간다.

그러나 훈센은 분 라니를 만나기 전까지는 사실 심각할 정도의 아무런 여자관계가 없었다고 애 써 강조한다.

분 라니는 론놀군과 싸우던 전장에서 약 50 킬로미터쯤 떨어진 곳에 병원장을 하고 있었다.

훈센 휘하의 게릴라 중 부상하거나 아픈 자가 있으면 이 병원으로 후송되어 치료를 받았다.

군인들은 농담으로 그녀를 이쁜이 또는 처제라고들 불렀다.

분 라니는 땅이 거북 등처럼 갈라지고 옷이 누래지고 눈을 뜨지 못할 정도로 황토 먼지가 날리던, 유달리 건조했던 1974 년의 여름이 기억났다.

사랑을 알게 되었던 1974 년의 추억으로 흘러가 라니는, "훈센 휘하 부대의 사람들은 중매를 성공시키려는 내기를 했던 것 같아요.

세상에, 그들은 훈센을 만나면 예쁜 여자 병원장이 안부 전하더라고 하고 저를 만나면 훈센이 안부 전하더라고 했다는 거예요".

그러나 훈센과 분 라니는 전혀 이런 사실을 모르고 있었는데 부하들은 언젠가 전쟁이 끝나면 둘이 결혼하기를 바랬었던 것이다.

그런데 이 사랑의 시작은 곧 훈센과 같이 밀림에서 크메르 루지 여군으로 있던 두 명의 여동생"밀림 자매"들에게 알려졌다.

훈센은 여동생들도 분 라니를 이쁜이로 부르기 시작하였는데 그것이 대원들의 기율을 유지하는 데에 문제가 생겼다고 한다.

그 해는 이 예쁘장한 크메르 루지가 위험한 고비를 넘기기도 했고 또 비밀스런 구혼을 했던 해였다.

"처음에 내가 훈센을 안 것은 1974 년이었는데 그의 밀림 동지들이 가끔 병원에 와서 있었는데 모두들 나를 좋아하는 것 같았어요.

훈센과 내가 어떤 관계가 있다고 생각한 것은 그들의 상상이었어요.

병원에서는 내가 원장이었지만 전장에서는 훈센은 유명한 군인이었죠.

그는 이름난 특수부대 소속이었으니 우리들이 잘 어울릴꺼라고 보고 사람들은 우리를 짝지로 생각들 했죠".

소문은 결국 두 사람의 귀에 들어가고 둘 다 소문의 원인을 알아야겠다고 생각했다.

둘 사이의 숨바꼭질은 결국 분 라니가 훈센의 부대에 부상병들을 치료 하기 위하여 병원의 의무병을 보내면서 한번 만나 보지도 못한 "애인" 훈센에게 쪽지를 보내기로 결심 한데서부터 풀어지기 시작하였다.

"나는 의무병에게 부탁하기를 훈센이 개인적으로 직접 찾아와서 떠도는 무성한 소문의 진위를 밝혀 줄 것을 요구했어요.

그러나 한편으로는 소문 때문에 그가 또 화를 낼까봐 겁도 났어요.

그 때까지 훈센은 분 라니를 본 일이 없었다.

은밀한 사랑이 대기를 가득 채워가고 있었다.

훈센은 더 망설일 필요가 없었다.

1974 년 캄보디아의 신년(4 월 13 일)이 오기 직전에 훈센은 여자인 자기 부대장에게 요청하여 같이 분 라니를 만나러 갔다.

훈센은 여자와 같이 가면 그녀를 만나기 쉬울 것으로 판단했기 때문이다.

"나는 병원장 이름이 라니라는 것 밖에는 아무것도 몰랐지요.

어쨌든 그녀를 만날 만한 시간이 사실 없었어요"

그들이 병원에 도착하자 여자 대장은 지방 관리를 만나러가 버렸고 병원에서는 라니를 만나려면 좀 기다리라는 애기를 했다.

"그 때는 라니도 나도 서로 얼굴을 모를 때였습니다.

그래서 어떤 여자(사실은 라니)에게 누가 라니냐고 물었더니 라니는 물 길으러 갔다고 하더군요.

그녀는 거짓말을 한 것이었지요.

물론 내가 누군지 몰랐으니까 그럴 수도 있었겠지만".

그러자 그녀는 웃으면서, "그가 나를 보자 라니가 누구냐고 물었는데 나는 라니가 어디 좀 갔다고 해 버렸지요.

그러다가 그가 2층에 있는 내방으로 와서는 우리는 문제를 토론하기 시작했습니다".

그날 밤, 훈센은 그가 사랑에 빠져 버린 것을 알았다.

"나는 만약 그 여자가 대단한 미인이라면 문제 해결보다는 사랑을 해버리려고 작정했었습니다.

그리고 운이 좋았던 것은 얘기가 끝나자 시간이 너무 늦어버려서 부대로 갈 수가 없었지요.

그래서 우리는 거기서 자야만 했습니다".

그러나 그들은 침구를 가져오지 않았다.

그 때는 3월이라 메콩 강가의 밤은 제법 쌀쌀했다.

그러자 일하는 여자아이가 담요와 베개를 갖다 주자 안심이 되었다.

분 라니는 이 때 깔깔대며 말하기를 "훈센과 그의 여자 대장은 병원에서 자야 했어요.

그래서 담요와 베개 두 개씩을 보냈는데 누가 어떤 것을 덮을지는 알 수가 없었거든요".

그런데 훈센이 덥고 잔 담요는 라니의 담요였다.

라니도 훈센에게 반한 거냐는 질문에,

"나는 어려서부터 군인들을 좋아했어요.

그리고 나중에는 그 마음이 큰 동정의 마음으로 변했죠".

왜 이 눈이 초롱초롱한 소녀가 유독 군인을 좋아했을까?

마을의 병원장으로 근무하는 동안 그녀는 수백 명의 부상자와 고통을

당하는, 때로는 열네 살 밖에 안 된 병사들을 볼 때마다 깊은 충격을 받았다고 했다.

"그들은 전장에서는 매우 용감했지요.

그리고는 부상으로 많은 고통을 당했는데 나는 그들에게 내 마음이 점점 쏠려 가는 것을 느꼈어요.

그 이후 수개월간 훈센은 라니와 소식을 전할 수 없었다.

훈센의 말로는 정말 보고 싶었고 또 침묵 속에서 그리워했었다고 한다.

그 이후에 잠깐 스칠 기회는 1974 년 우기가 접어들고서 콤퐁참 성의 "뻬암치랄" 마을에 라니가 훈센 부하들 중 말라리아 환자 치료를 위해 다녀갔을 때였다.

"그 때 나는 세 명의 친구들과 자전거를 타고 가고 있었는데 그녀는 병원 사람들과 차를 타고 왔어요.

나는 그녀와 가까이하고 싶어서 친구들로부터 돈을 모아서 아침 식사를 준비하고는 그녀와 또 같이 온 여자 친구들을 초대했는데 정말 즐거운 아침 식사였었습니다".

훈센은 사랑하는 여인을 볼 수 있음에 매우 기뻐했다.

"몇몇 친구들은 우리를 부부 취급을 했지요.

그러나 그것은 건전한 것이 아니었어요.

나는 기율을 유지하여야 했으므로 그런 얘기는 그만 하라고 했지요.

정말 그 때는 민망해서 어쩔 줄 몰랐습니다".

라니는, "우리가 오해하던 모든 소문들 - 누가 누구에게 연애 편지를 먼저 보냈냐는 등-을 밝히고 나서 그는 앙카에게 저와의 결혼 허가를 신청하였습니다"라고 덧붙였다.

그러나 훈센은 결혼 신청에 있어 법적인 문제를 걱정했다.

1974년 후반, 그는 개인의 사생활이나 결혼까지도 통제하는, 그리고 많은 신청을 거절한, 크메르 루지의 소속 대장에게 분 라니와 결혼 하겠다는 신청서를 과감히 제출하였다.

그 때 나이가 22세였다.

그가 열심히 근무하고 있다는 사실을 대장이 잘 알고 있으므로 기회가 좋을 것으로 믿었다.

인제 결혼 신청까지 했으니 더욱 더 열심히 근무 하여 여러 지휘관 들에게 더 잘 보여야 했다.

당시 그는 특수부대를 이끌며 동시에 또 그는 젊은 병사들에게 독도법, 나침반과 쌍안경 사용법 등을 가르치는 교관이었다.

그의 대장은 이러한 훈센의 능력을 잘알고 있었으므로 예상 한대로 결혼 신청서를 거절하지 않고 접수 했다.

그러나 대장은 한 가지 조건을 달았는데 프놈펜 해방 때까지 기다리라는 것이었다.

그런데 크메르 루지군이 프놈펜 을 함락하기 하루 전날, 훈센은 왼쪽 눈을 부상당하고 말았다.

1975년 4월 16일, 콤퐁참 전투에서 포탄의 파편에 왼쪽 눈을 실명한 것이다.

나중에 콤퐁참 병원에서 그는 의안 수술을 했다.

매력적인 젊은 여자가 한 쪽 눈으로만 세상을 볼 수 있는 불구자와 결혼하면 안 된다는 법은 없었다.

"결혼을 생각했을 때는 그는 건강 했지요

그런데 정식으로 결혼 신청을 하고 나서 부상을 당해 버렸어요.

결국 부상한 눈을 제거해야 했는데 우리 병원에서 하지는 않았어요.

훈센이 분 라니와 결혼하려 한다는 소식을 들은 라니의 대장은 결혼을 막아야겠다고 생각했다.

앙카가 다른 신랑감을 주선하자 라니는 괴로워 미칠 것 같았다.

그녀의 이런 일화는 열렬히 사랑하던 젊은 게릴라들의 감추어진 얘기였다.

훈센은 라니가 다른 사람과 결혼할 것이라는 충격적인 소문을 듣자 머리털이 곤두섰다.

"정말 그는 대단히 화가 나서 공중에 대고 막 총을 쏴 댔다고 그래요. 나중에 그런 얘기를 해 줬어요".

대장의 노골적인 결혼 문제 개입은 사랑에 빠진 라니의 가슴을 산산이 찢어버렸다.

"잠시 내가 없는 사이에 다른 사람과 결혼하게끔 준비해 두었을 때 소름 끼치는 제 기분을 생각해 보세요.

그 자는 인쇄소 책임자였어요.

병원으로 돌아오니 사람들은 앙카가 이 자와 저와의 결혼을 이미 결정하고 3 일 이내에 결혼식을 치른다는 거였어요.

p 012 타크 마으 저택에서의 훈센 부부.

51

나는 바로 지역 책임자를 찾아가서 그 자를 다른 여자와 결혼하게 하지 나와는 못한다고 대들었지요.

그러자 방안의 분위기가 험해졌어요.

내가 그 자와의 결혼을 거절하자 지역 책임자는 사실 내가 잘되기를 바랬던 그런 사람이었는데 매우 화가 나서 더 이상 저와는 얘기를 안 하려고 했어요".

이 때 라니는 그 때의 긴장이 생각났는지 한숨을 쉬었다.

이 애정 드라마에 또 다른 문제가 생겼다.

훈센은 지역의 지도자들을 찾아가 정식으로 분 라니와의 결혼 신청을 했다.

이 때 분 라니가 잘못 알고 있었던 것은 주민사회를 담당하는 자들이 자기를 도와줄 것으로 알았던 것인데 이 자들은 크메르 루지의 한 조직으로 주민관계 문제를 담당한 자들이었다.

사랑은 당사자들이 결정하는 것이 아니었다.

사랑은 크메르 루지 조직의 지도원들이 신중히 결정하는 것이었다.

그 중 한 지도원은 매우 화가 났다.

"우리의 결혼 신청을 담당했던 그 지도원은 자기가 잘 아는 한 밀림 동지를 저와 결혼시키려 했는데 마치 자신의 사업이 성사 직전에 깨진 것 같이 매우 화를 내었어요.

그는 그 다음부터 마음이 틀어져서 우리한테 아주 고약하게 대하기 시작했죠".

한편 훈센도 완전히 속수무책이 되었다.

그의 결혼 작전은 대장 때문에 찬물을 덮어쓴 꼴이 되었고 훈센은 수습 할 방도가 없었다.

"내가 성할 때 결혼 신청을 접수해 주고는 불구자가 되고 나니 거절하므로 매우 화가 났지요”.

얼마 뒤, 대장은 훈센더러 라니를 잊으라고 했다.

라니가 다른 사람과 결혼 할 거라고 했다.

훈센도 화가 나서 다른 여자와 결혼하려고 생각했다.

그의 지휘관들이 그에게 추잡한 술책을 부렸던 그 상처받았던 기간을 현실로 받아들이기로 하고 자포자기했다.

“라니는 항상 나를 기다리고 있었어요.

그러나 나는 꾸며댄 소식만 듣고 있었지요. 내가 너무 서둘렀어요.

라니에게 복수하리라 마음먹고 일부러 그녀 고향인 끄록치마 동네 여자를 아내로 맞으려고 생각했어요.

나는 라니의 부대 근처의 한 여자와 결혼하려고 신청을 하였는데 왜냐하면 그런 상황에서 침착할 수가 없었기 때문이었지요.

그러자 친구들로부터 욕을 먹었는데 친구들 얘기는 라니가 나를 기다리고 있다는 거였습니다.

그 말이 사실이란 것을 느끼자 나는 다른 여자와의 결혼 신청을 취하하고 라니에게 사과하였지요“.

그러나 라니의 대장이 계속 라니를 끄록치마에 사는 다른 사람과 결혼시키려고 압력을 가하자 두 연인들은 더 고민을 하였다.

물론 라니는 거절하였다.

그 다음에는 훈센에게 열두 살이나 위인 다른 여자와 결혼하라고 종용하였다.

“그 여자는 교수였는데 지휘관급의 군인과 결혼하라는 지시를 받았대요.

그 여자는 얼마 후에 폴폿 정부의 국회의원이 되었고 크메르 루지 라디오 방송에 자주 나왔어요.

그런 대단한 여자와의 결혼을 거절한다는 것은 사실 매우 위험하기도 했습니다.

왜냐하면 앙카의 지시를 거역하는 것이나 같았기 때문이죠.

그러나, 나는 거절했습니다".

그리고 나서 얼마 뒤, 또 결혼을 방해하는 다른 장애물을 만났다.

"서옹"이라는 나의 상관은 이번에는 자기 딸과 결혼하라는 거였어요.

지휘관이 부하에게 자기 딸과 결혼을 하라고 부탁하는 것은 정말 흔치 않는 일이라 거절하기가 굉장히 힘들었어요.

그래서 꾀를 내어 나는 지휘관을 아버지처럼 생각하므로 당신의 딸을 동생처럼 생각하고 있었는데 어떻게 결혼을 할 수 있느냐고 정색을 하며 얘기하였습니다.

그러자 그는 내 말을 수긍하고 더 이상 자기 딸과의 혼사 문제는 거론 하지 않았습니다".

직속상관의 명령을 거역한 라니는 위험에 가까이 간 것과 같았다.

두 번이나 지정한 결혼을 거절한 것은 그들을 매우 화나게 만들었다.

"훈센과 결혼하겠다는 나의 신청과 어울려 훈센의 끈질긴 노력도 지휘관들에게 대한 우리의 인상을 좋게 만들지는 못했어요".

그러나 지성이면 감천이라 결국 그들은 훈센의 나이 스물 넷, 라니의 나이 스물 둘에 결혼을 할 수 있게 되었던 것이다.

훈센이 두 번의 원하지 않는 결혼 권유를 꾸물대며 시간을 보내었고 라니도 몇 번의 결혼 강요 -앙카의 통제 방식인- 를 거절하며 버티었던 것이었다.

전형적인 집단주의인 앙카는 불구자 13 쌍의 단체 결혼을 준비했다.

또 불구자들이 개별로 결혼하는 것이 그들에게 매우 불편하기 때문이기도 했다.

"마침내 나는 불구자들과 같이 결혼을 할 수 있게 되었지요".

라니와의 결혼을 반대하고 자기 딸과 결혼시키려 했던 훈센의 지휘관은 매우 불쾌했다.

라니는 결혼식이 치러질 시골 마을까지 혼자 여행을 했다.

"결혼식 때 나는 전혀 모르던 위원회 의원 한사람과 동행했어요. 그 외에는 한사람도 동행하지 않았죠".

또 훈센은, "그러나 우리는 군인들의 도움으로 결혼식을 무사히 치렀는데 불구자 단체 결혼식은 처음이었습니다.

그리고 나의 실명은 그 중에 가장 적은 부상 축에 속했지요.

또 내가 그 중 제일 계급이 높았고 모두 열 세 쌍이 결혼을 했습니다".

어쩌면 눈을 다침으로써 신부를 차지하게 된 것인지도 몰랐다.

"앙카가 그런 결혼식을 승낙한 것은 처음 있는 일이었습니다.

그리고 전상자들만 누릴 수 있는 특혜이었는지도 모릅니다.

전투에서 부상을 하거나 불구자가 된 것은 마치 훈장을 받은 것과 같은 거니까요.

우리는 크메르 전통 결혼식을 올리고 또 우리들만의 피로연 잔치도 했지만 그 상황은 아주 특별한 상황이었습니다.

정말 우리들이 결혼할 수 있었다는 것은 큰 행운이었습니다".

열 세 쌍의 단체 결혼 중에 열 한 쌍은 현지 크메르 루지 지도자의 중매이었다.

"그리고 열 두 번째 쌍은 여자가 청혼을 한 경우였고 열 세 번째인 우리는 남자 쪽에서 청혼을 한 경우였지요"라고 굳이 라니가 강조를 한다.

신혼 부부들은 많은 가족과 친척들이 찾아와 축하를 해 주었으나 훈센과 라니의 가족들은 멀어서 오지를 못했다.

열 세 번째 부부는 그래도 그 중 가장 외관상으로 멀쩡해 보였다.

다른 신랑들은 거의가 지뢰 폭발이나 전투 중 부상에 의해 팔 다리가 잘려진 신랑들이었다.

"열 세 번째인 우리는 계급도 상위였지만 우선 팔 다리가 멀쩡해서 제일 나은 쌍이었습니다.

결혼식은 폴폿의 지시에 따라 군대식으로 신부들이 앞에 나란히 앉고 신랑들이 그 뒤에 줄을 섰습니다".

그리고서는 주례는 성혼 선언문을 읽었는데 결혼식이 시작되기 전에 훈센의 대장은 주례에게 성혼 선언문의 내용 중 훈센의 계급을 빼라고 했다.

그것은 다른 불구자 부부들이 열등의식을 갖지 않게 하기 위함이었다.

"폴폿의 체계로는 우리는 중산층에 속했는데 그 당시 대부분의 캄보디아인들이 싫어하던 계급층이었지요".

결혼식이 시작되기 전에 훈센에게는 네 가지의 질문이 또 분 라니에게는 세 가지의 질문이 주어졌다.

다른 쌍에게는 단지 하나 또는 두 가지의 질문만 했다.

훈센에게 주어진 질문 중 하나는 부유층 가정 출신의 아내를 무산계급의 인민으로 만들 수 있느냐는 것이었다.

"그 당시에 피부가 검은 사람들만 캄보디아인으로 생각들 했습니다.

아내는 중국인처럼 피부가 희었기 때문에 그녀가 무산 계급의 프롤레타리아 인민이 될 수 없다고 생각했던 거죠.

그래서 그런 질문을 나한테만 했던 겁니다".

크메르 루지의 간부급이나 게릴라 사이에서 그녀가 흰 피부색 때문에 조롱의 대상이나 선망의 대상이 된 일은 없었다.

그러나 시골의 크메르루지 지도자는 검고 거친 사람만 진짜 캄보디아 인이라고 믿었다.

"우리 마을에서는 전혀 그런 것이 문제되지 않았어요.

메콩 강변에 사는 사람들은 거의가 피부가 희었어요.

그러나 훈센과 결혼한 뒤 강에서 멀리 떨어진 메못 근처로 이사를 갔을 때 그 곳 사람들은 강가 사람들처럼 피부가 희지 않고 모두 검은 색이었어요.

그래서 그들이 더러 시기할 수도 있다고 생각했어요".

결혼을 하고 나서 앙카는 분 라니를 콤퐁참 성의 "뽀니아 끄렉"과 "트봉 크눔" 지역의 보건사로 보냈는데 그 곳에서는 대규모 관개수로 공사가 강제노동으로 진행되고 있는 현장이었다.

그리고 훈센은 메못 지방의 베트남 국경지대로 전속 발령을 받았다.

신혼부부의 고생은 인제 시작이었다.

결혼이 악몽이라고 친다면 신혼여행은 재난이나 같았다.

분 라니는 당시 보수적인 시골 사람들은 부부가 아닌 것 같은 남녀가 있으면 강제로 떼어놓아 같이 잠을 자지 못하게 했는데 그 바람에 남녀들 간에는 남 몰래 부정한 관계를 가지는 경우가 많았었음을 기억했다.

"결혼식이 끝나는 날 우리는 마을에서 첫날밤을 보냈어요.

그리고 다음 날 우리는 인력거를 타고 멀리 떨어진 훈센의 집으로 갔어요.

그러나 중간에 "타힐"이라는 마을에서 하루 밤을 묵어야 했는데 그 마을 사람들은 우리를 부부로 인정하지 않아 같이 못 자게 했지요".

다음날 아침에 그들은 앙카의 한 지역 본부인 "타나우"까지 갔다.

그리고 그 다음날을 더 여행을 하여 마침내 훈센의 고향에 도착했다.

그러나 그들이 신혼을 차릴 방은 없었고 기거할 만한 다른 집을 찾아야 했다.

결혼을 하고 일주일이 되자 지방 책임자는 그녀를 노동장으로 보내 긴시간을 일하게 만들었다.

그녀와 또 취사를 담당했던 여자를 논의 정지 작업에 보냈던 것이다.

논갈이가 시작되기 전에 흙을 돋우어야 하는 정지 작업은 지루하고도 힘든 일이었다.

얼마 안되어 훈센도 다른 부대로 발령이 났는데 더 이상 최전방의 전투 부대는 아니었다.

그들의 인생은 고난의 연속이었지만 1976 년 아내가 임신을 하자 신랑 훈센은 모든 고난을 잊을 수 있었다.

과로에 힘들었던 부부는 뜻밖의 아기가 생기자 너무 기뻤다.

그리고 둘의 근무지가 가까웠기 때문에 고통도 잊을 수가 있었다.

그녀가 근무하던 병원은 훈센이 배치된 곳과 삼십 킬로미터쯤 되었다.

라니는 바빠서 가지 못했지만 훈센이 자주 찾아올 수 있었다.

"임신 한지 칠 개월이 되자 훈센은 나를 자기가 근무하는 곳에 데려가 출산 때까지 남은 2 개월 동안 같이 있게 해달라고 신청했지요".

출산 때가 되자 그녀는 메못의 병원으로 보내졌는데 대장은 훈센은 같이 가지 못하게 했다.

그러나 그녀는 갑작스런 사고를 당하게 되고 허탈에 빠져버렸었는데 그 때의 일을 슬픔에 북받치는 목소리로 말하였고 진정을 하는데 몇 분이 걸렸다.

"나는 지금도 출산 때를 생생히 기억해요.

당시의 조산원은 나와 같이 교육을 받았던 여자였는데 어떻게 그런 일이 있을 수 있었는지 이해할 수가 없어요.

그 조산원은 아기를 떨어트렸어요.

아기의 머리가 침대 모서리에 부딪쳐버렸죠.

아기의 머리에서 피가 흘렀고 아기는 곧 죽어버렸어요.

그러나 병원의 사망 기록에는 엉뚱하게 기록이 되었죠.

아기가 태어나기도 전에 자궁 안에서 이미 사산하였다는 거여요".

스물 두 살의 산모와 젊은 남편이 이 아기의 죽음을 어떻게 받아들일 수 있었겠는가?

"캄보디아에서는 예로부터 임신 중이나 출산 때에 마음적으로 안정을 주기 위해 남편이 산모와 같이 있어주었는데 우리의 경우에는 아기가 죽었는데도 남편이 오지 못하게 했어요.

첫아기와 아빠는 영원히 얼굴 한번 보지 못하는 사이가 되어버렸고 정말 우리는 비통에 빠져버렸지요".

훈센은 이 일을 그의 인생에서 가장 큰 비극이었다고 했다.

"그것은 가장 큰 고문이었습니다.

아기가 태어나자 조산원이 아기를 떨어트려 척추를 침상에 부딪치게 한 것은 큰 비극을 그냥 만들어 버린 것이었습니다".

그가 병원에 허겁지겁 달려갔을 때는 이미 아기는 입에서 선혈을 쏟고 있었고 곧 가엽게도 눈을 감아 버렸다.

앙카에게는 전혀 감정이 없었다.

"대장은 아기를 묻지 못하게 했고 또 내가 아내 옆에서 돌봐줄 수 있게 하지도 않았습니다.

그는 오히려 나를 더 먼 곳으로 전근시켰습니다.

사실 아직도 나는 첫 아기가 어디에 묻혔는지 모릅니다.

그러나 나는 아기가 묻혔을 만한 한 장소를 마음속에 정하여 두었지요.

이 비극의 영향으로 나는 "남편과 이별한 아내의 고통"이라는 노래를 지었는데 떨어져 살아야 하는 부부의 고통을 주제로 한 것이었어요".

의외로 그는 1989 년부터 시와 가사를 쓰기 시작했으며 100 여편 이상의 캄보디아 시를 썼다.

그 중에서는 시골에서 가난했던 어렸을 적의 이야기도 있다.

그가 가장 즐겨하는 시는 "동자승의 삶"이란 시였는데 그의 울분을 표현한 것으로 "부잣집 아이들을 보고 실망하지 말자, 동자승에게도 밝은 미래가 있다..."로 시작하는데 1990 년대 중반에 한 때 프놈펜에서 유행하여 그의 이 슬픈 발라드 풍의 유행가는 카세트 테이프에 녹음하여 팔리기도 했고 라디오 방송에서도 때때로 흘러나오기도 했다.

첫아기를 잃은 분 라니는 앙카가 비인도적이라는 것을 느끼기 시작했다.

"서서히 나는 모든 사람이 혁명의 주체라는 그들의 말이 거짓임을 알게 되었어요.

우리들 사이에 평등이란 없었어요.

우리들이 대장 또는 큰 두목이라고 부르던 자들은 아내와 같이 살았어요.

그러나 우리들에게는 정상적인 가정생활이 허락되지 않았죠".

아기의 죽음이 불만을 잉태하였고 또 그녀로 하여금 크메르 루지로부터 떠나고 싶은 마음을 가지게 했다.

"당시에는 정말 조직을 떠난다는 생각을 할 수는 없었지만 모두들 미래에 대한 걱정은 하였지요.

그리고 훈센보다 높은 사람들 중에는 좋은 사람들도 있었는데 그들은 교육받으러 간다고 가서는 영영 돌아오지 않았어요.

그러면서도 정말 어떤일들이 벌어지고 있는지를 알때까지는 참 긴 시간이 걸렸어요.

그러나 수개월 뒤에 더 많은 사람들이 교육 소집에 갔다가는 돌아오지 못하는 것을 보고, 또 그런 교육 소집이 자주 있게 되자 우리들에게도 죽음의 위험이 가까워졌다는 생각을 했지요".

1978년 크메르 루지는 동부지역에서 적어도 두 명의 최고 지휘관을 숙청, 처형했는데 21지구 공산당 서기면서 부대장이었던 "첸숫", 그리고 21지구 군사령관이었던 "쿤넷" 등이었다.

1976년부터 의심 많은 크메르 루지는 소위 S-21 보안대에서 매년 남녀 동료 공산당원 수천 명을 고문, 처형 등으로 숙청했었다.

첫 아기가 죽고 나서, 분 라니는 산부인과 일을 거절하였다.

그리고는 몸에 물이 차고 붓기 시작하는 부종증이 생겼다.

책임자에게 여러 번 간청을 한 뒤에야 훈센은 두 달간 그녀를 데리고 와서 돌볼 수가 있었다.

그러나 훈센의 대장은 훈센을 수시로 비판하기 시작하였는데 감정적이고 아내에게 너무 관심을 쏟는다는 것이었다.

결국 훈센은 이 계속되는 비판의 화살을 피하기가 어려워 그녀를 다시 돌려보냈다.

지치고 병까지 든 라니는 그녀가 일하던 병원으로 다시 돌아왔다.

다행히 훈센이 그녀를 방문하는 것은 허락이 되었다.

석달 뒤 그녀는 두 번째 아기를 가졌다.

"병원에 같이 일하던 남자가 갑자기 끌려갔어요.

그래서 우리들은 겁이 났죠.

어제까지 같이 일하던 사람이 오늘은 어디론가 끌려가곤 했거든요".

신혼부부들은 서로 같이 있기를 원했지만 따로 떨어져 살면 좋은 평가를 받았다.

그녀 자신은 남편을 찾아갈 수 없게 하였다.

1977 년에도 어려움이 닥쳤었다.

병원에서 일하던 네 명의 여인들이 모두 임신을 하여 근무를 돌아가며 해야 했다.

모두 출산을 하였는데 산모를 위한 약이 전혀 없었다.

그들은 산전이나 산후 아무런 산모 건강관리를 할 수가 없었다.

1977 년 6 월 라니가 두 번째 아기를 임신했을 때 훈센은 크메르 루지군을 지휘하기 위해 그녀 곁을 떠났다.

그녀는 나중에 웨스트포인트 미국 육군사관학교에 입학한 두 번째 아들 "훈 마넷"을 임신하고 있었던 것이다.

그러나 식량이 매우 부족하여 임산부는 매일 옥수수로 연명하였다.

"우리는 옥수수에 물을 많이 넣고 죽처럼 끓여 먹었지요.

먹을 수 있는 것은 옥수수 밖에 없었어요".

훈센은 자신의 고통을 그의 처자와 합치기 위해 투쟁하는 일로만 생각 하지 않고 분열된 민족 전체가 합치기 위해 투쟁해야 한다고 생각했다.

"만약 내가 투쟁을 벌이지 않으면 내 가족 뿐 아니라 민족 전체가 살아 남지 못할 거라고 생각했습니다.

우리가 당면했던 문제들은 민족 해방의 가치가 분명히 있다는 확신을 주었습니다.

나는 아내를 만날 때마다 더욱 각오를 굳히었습니다.".

이별

앙카의 수천 개 눈이 자신을 주시하고 있음을 느꼈다.

자신이 더럽혀졌음을 느꼈다.

앙카의 엄격하고 비인도적인 규칙이 자신의 한계에 도달할 때까지 수년간 더 참았다.

만약 조직에 반대하여 지도자에게 도전한다면 엄청난 대가를 치러야 했을 것이다.

그러면 그의 아내도 구금시킬 것이다.

파인애플의 눈처럼 많은 캄보디아인들의 수천 개의 눈이 인제 그녀에게도 감시의 눈을 번득이기 시작했다.

"내가 앙카의 적이 되자 아내는 투옥되어 버렸습니다.

남편이 반동분자인 여자를 누가 믿으려 하겠어요".

훈센은 극비리에 크메르 루지에 대한 비밀 모반을 시작하였다.

그러나 그것은 아무 효과가 없었다.

그래서 1977 년 6 월 20 일에 그는 크메르 루지의 이성을 잃은 잔학 행위에 대해 공개적인 투쟁을 시작하였다.

2 년 뒤 이들의 피의 통치가 막을 내릴 때까지 170 여만 명의 국민들이 처형, 고문, 기아 등에 희생되었다.

훈센이 지적한 그런 집단 학살의 행위 이전인 1974 년에도 크메르 루지에 의해 저질러진 실책을 확인하고 분명히 깨닫게 하였다.

"그 당시 우리는 폴폿이 누군지를 몰랐고 시아누크와 "뻰 노웃" (시아누크에 충성하는 자로 시아누크 통치 시에 장관직을 지낸 자)만 알았지요".

1970 년 4 월 14 일부터 1977 년 6 월 20 일까지 약 7 년간을 훈센이

크메르 루지군에 있었던 것은 시간 낭비는 아니었다.

크메르 루지는 훈센을 게릴라처럼 싸우고 생각할 수 있게 가르쳤다.

그들은 또 나중에 훈센이 정적(政敵)을 상대로 쓸 수 있었던 게릴라식 군사 전술을 가르쳤다.

"팽창주의 미국의 침략에 대한 전쟁"이라고 흔히 불렀던 크메르 루지의 혁명 군대에서 그의 첫 직위는 지원병이었다.

"우리는 봉급을 받는 군인이 아니었으며 모두 엄청난 어려움들을 겪었습니다".

그는 조직 안에서 일어섰고 상급 지휘관들은 그를 알아보기 시작했으며 그의 교육 경력은 지원병들 사이에서 그를 "선생"으로 불려지게 했고 또 존경도 받았다.

500 명의 지원자들과 같이 유격대에 지원한 훈센은 투표에 의해 지원 병들의 지휘를 맡았고 훈련을 받은 뒤에는 48 명을 이끄는 소대장이 되었다.

2 주간의 훈련이 끝나자 지원병들은 분대로 나뉘었다.

훈센은 처음 전투를 겪고 이틀 만에 소대장이 되었다.

그는 1970 년 5 월 1 일 캄보디아의 남동부 끄라체 성의 베트남 국경 스놀 지역에 침투한 미군과 남부 베트남군을 격퇴하기 위한 전투에 보내졌다.

갑작스레 실전에 임한 훈센은 세계 최강의 미군과 부딪쳤고 그 결과는 뻔했다.

그것은 그야말로 막강한 화력의 불 세례였다.

당시 침투한 미군은 나중에 1990 년 프놈펜에서 사업가 겸 로타리클럽 지부장을 지냈던 "제프리 붐"이 지휘하였었다.

"우리는 신병에다 적은병력이었으므로 탱크와 전투기를 동원한 미군의 대부대에 쫓겨 후퇴를 하였지요.

48명 소대원은 16명만 남았었습니다.

어떤 이는 죽고 어떤 이는 마을로 도망가고 또 그냥 집으로 가버리기도 하고 그리고 한 명은 지금 미국에서 살아요".

훈센은 웃으면서 그 때 첫 번 소대가 와해되었던 얘기를 했다.

스놀 전투에서 나는 소대원을 많이 잃었으므로 자연히 소대장이 아니라 분대장 격이 되었지만 곧 다른 분대를 병합하여 다시 소대장이 되었습니다".

군의 상급 지휘관은 그를 밀림 속에 있던 특수부대 교육대로 보냈다.

특수부대 교육을 이수하면 진급을 할 수 있었고 지휘관이나 교관이 될 수 있었다.

일년 만에 그가 특수부대 교육을 마치자 그는 130명을 이끄는 중대장이 되었다.

또 그는 병사들에게 독도(讀圖)법이나 나침반과 쌍안경 사용법을 가르치는 교관 노릇도 하였다.

앙카는 이러한 교육을 중등학교 졸업자들에게 시켰다.

"그 때 수료한 78명 중 나만이 유일한 생존자입니다.

더러는 미군과의 전투 중에 죽었지만 많은 수가 폴폿 치하에서 숙청에 의해 죽었습니다.

유일한 생존자인 나도 애꾸눈 불구자 아닙니까".

군의 장교로 그는 정치인과는 접촉을 하지 못하게 지시 받았다.

그는 폴폿, 눈체아, 키우삼판 같은 사람들과는 한번도 만나보지 못했다.

1972년에 이엥사리가 해방시킨 지역에 시찰을 왔을 때 그를 한번 보았는데 그때 이엥사리는 시아누크의 해외 특별 수행원이었다.

당시 훈센은 젊은 장교들이 대대나 연대장이 되기 위하여 서로 지원하던 고급 지휘관 학교를 수료하였다.

크메르 루지에서의 그의 경력은 그를 수시로 상급 군사학교에 갈 수 있게 했다.

혁명군은 분명히 그를 키우고 있었다.

"내 전문은 군의 통솔과 정보 수집에 있었습니다.

지휘관으로 교육을 받을 수 있었던 근본은 첩보 능력이었지요.

그래서 사람들은 훈센은 전국에 치밀한 첩보망을 가지고 있다, 다른 당에도 훈센의 첩보원들이 침투하여 있다, 그래서 훈센은 첩보 전술을 써서 크메르 루지를 무너뜨릴 수도 있을 것이다, 등등 얘기할 수도 있었습니다".

p 013 마을을 향해 돌격하는 크메르 루지군들

1974 년 그는 500 명 이상의 강력한 보병 대대를 지휘하는 대대장으로 진급하였다.

론놀 군대와의 수차례 전투에서 또 여러 번 부상을 당한 뒤에는 그는 2,000 명을 지휘하는 연대장 급으로 진급을 하였다.

그의 공식 직책은 1975 년에 특수연대 참모장, 1977 년에 특수연대 부연대장이었다.

"나는 이 연대를 처음에는 론놀을 상대로 나중에는 크메르 루지를 상대로 하는 전투에 이용하였습니다".

왜 그와 또 수천 명의 젊은이들이 싫어하면서도 크메르 루지군에 남아 있었느냐는 질문에 훈센은, "그러면 어디로 갑니까?

우리는 전쟁의 인질들이었습니다.

우리는 폴폿이 저지른 만행을 잘 알고 있었습니다.

그러면서도 우리는 어디로 가야할지 알 수가 없었습니다.

p 014 매복하고 있는 크메르 루지군들

더러 베트남으로 도망갔던 사람들은 월맹군들이 잡아서 다시 폴폿에게 넘겨주어 폴폿 손에 잔인하게 고문 받다가 죽게 했습니다.

정말 크메르 루지가 싫었어요.

사실 시아누크가 정권을 잡고 있을 때부터 공산주의는 싫었는데 게릴라에 처음 가입한 이유는 첫째는, 왜 미국이 캄보디아를 침략하고 폭격을 하는가?

그것은 평화로운 나라를 외국이 침략한 것이 아닌가? 하는 데에 그냥 참고 있을 수가 없었던 것이었고,

둘째는 무조건적으로 존경을 하던 카리스마적인 시아누크 왕자 때문인데 많은 젊은이들이 그를 쿠데타로부터 복권시키기 위해 게릴라에 가담했던 이유였습니다".

훈센은 모르고 그의 주사위를 크메르 루지에게 던졌다는 얘기다.

"정말 처음에는 그 사람들이 전부 크메르 루지에 소속되었던 것은 몰랐습니다.

그냥 시아누크의 호소에 응했었는데 1974 년에야 감독은 크메르 루지 였고 시아누크는 얼굴 마담격이었던 것을 알았지요.

훈센과 젊은 동료들은 크메르 루지가 저지르는 잔학성에 놀랐다.

존경을 받던 시아누크의 분위기를 이용한 게릴라의 상급 지휘관들이 그런 대 학살을 지시할 줄은, 또 그 책임을 하급자들에게 전가할 줄은 아무도 믿을 수가 없었던 것이다.

그것은 틀린 것이었다.

모든 결심은 상부에서 하였고, 결국에는, 온 전국으로 퍼져 버린 내전의 소용돌이 속에서 모든 캄보디아인들이 전쟁의 인질이 되어 버린 것이었으므로 캄보디아의 젊은이들이 붉은 크메르나, 푸른 크메르나 어느 쪽에 가담하였던 간에, 서로 싸우는 것 외의 다른것은

아무런 의미가 없었던 것이다.

계속적인 크메르 루지의 공격을 받던 론놀 정권은 더 많은 군사를 징집하여야 했고 심지어는 훈센을 그들의 편으로 회유하기까지 하였다.

"론놀 정권 쪽에 친척들이 있었지요.

그 중 하나는 "노우톨"이라는 2성 장군이었는데 프놈펜으로 오라는 거였어요.

그들은 심지어 나에게 대령 계급을 약속하기도 했지요".

친척인 론놀 정부군의 2성 장군은 장교 몇 명을 은밀히 훈센에게 보내어 훈센에게 회유를 시도하였지만 훈센이 거절하였던 것이다.

"내가 도시로 나간들 결국 나는 그 쪽의 군인이 될 수밖에 없었을 것이고 또 내가 해방된 지역에 있는 것도 결국 군인으로서 있는것이니 선택할 여지가 없는 것입니다.

그러나 나는 그들로 인해 론놀 정권에 대해 더 많은 정보를 얻을 수 있었습니다".

그러나 결국 그는 그 당시의 위치도 오래 고수할 수가 없었다.

그는 크메르 루지의 비인도적 처사에 극도의 혐오감을 가지기 시작하고 그만둘 수 있는 방법을 궁리하기 시작했다.

그가 크메르 루지에 대해 반기를 들기 시작할 때에 그의 부대는 메콩강 동쪽에 부모님들이 계신 곳과 멀지 않은 곳에 위치하고 있었다.

앙카는 훈센의 아버지에 대해 "정치성이 짙은 늙은이로 왕정을 선호하고 개인적으로 치부하고 부유한 생활을 동정한다"라고 평하였다.

훈센은 10명이 넘는 그의 삼촌들과 조카들이 크메르 루지에 의해 이미 처형되어 버린 사실을 알고 나서는 정말 크메르 루지를 과감히 그만 두기로 결심한다.

이 계획은 훈센이 야전 병원에 있으면서 활동 할 시간이 많아지자 급진하여 비밀리에 조직편성부터 시작했는데 그만 10 명의 동조자 중에 8 명이 체포되어 수포로 돌아갔다.

그래서 우리는 다른 방도를 취하기로 했는데 더 이상 비밀리에 움직일 필요가 없다고 생각하였지요".

크메르 루지에 있던 동안 임무라는것은 주로 군사 훈련과 론놀 군대를 공격하는 일이었다.

그러나 어느 날 그는 소수민족인 캄보디아 모슬렘 마을을 공격, 학살하라는 명령을 받자 거절하였다.

그 사건은 1976 년 '츔번"(조상들의 천도제를 지내는 기간)때 발생하였고 그 때 훈센은 특수여단의 참모장으로 있을 때였는데 마침 아파서 병원에 입원을 하고 있었다.

며칠 후 그가 퇴원을 하자 그는 500 명의 보병과 100 명의 포병으로 구성된 대대의 부대장으로 좌천 발령을 받고 말았다.

1976 년 후반 어느 날, 새벽 2 시에 그는 출동 명령을 받았다.

훈센은 그의 부대가 베트남 국경과 가까이 있었으므로 직감적으로 베트남을 공격할 것으로 추측했다.

그러나 작전 개시 11 시간이 되자 그는 꼬록치마 지역에서 번창하고 있던 모슬렘 마을을 공격하라는 지시를 받았다.

폴폿은 모슬렘 교를 믿는 사람들이 주로 집단 사회를 이루어 살므로 단결력이 세고 강한 것을 두려워했으며 모슬렘들이 기아, 질병 그리고 죽음을 크게 발생시킨 폴폿의 과격한 정책에 저항하고 있는 것을 두려워하기도 했던 것이다.

"나는 거대한 군사력으로 그 비무장의 조그만 무슬렘 마을을 공격하라는 명령에 놀랍고 실망스러웠습니다.

나는 다음날 병원에 가야한다는 핑계로 그 명령을 거절하였습니다.

그리고 부관에게 병사의 70%가 말라리아에 걸려있으므로 군대를 움직이지 말라고 하였죠.

나는 그냥 병원으로 와 버렸고 우리 부대는 모슬렘 마을 공격을 하지 않았습니다".

그 뿐만 아니라 때로 상급 지휘관의 명령은 수행할 수 없는 경우가 많았다.

특히 동부지역은 폴폿의 명령을 잘 듣지 않았고 또 월맹군과 과거 같이 근무하기도 했던 친 베트남의 군 고위 장교들이 많아서 1976-1979년 사이에 이들 상당수가 S-21 보안대에 끌려와 고문을 받고 숙청되었던 것이다.

병원을 떠나기 두 달 전에는 훈센은 또 캄보디아-베트남 국경의 30킬로미터에 달하는 전선의 세 곳을 동시에 공격하라는 지시를 받은 일이 있었다.

"우리는 내가 지휘하는 1개 대대와 행삼린이 지휘하는 1개 대대가 있었지요.

나는 내가 탈출할 때까지 공격을 미루었습니다.

우리는 전선의 상황 첩보가 아직 없어서 공격을 할 수 없다고 핑계를 대었습니다".

크메르 루지 군사 위원회와 혁명군은 그들의 국경 지도를 고집하였는데 1977년 훈센은 베트남을 공격, 침투하여 국경 표식을 옮기라는 지시를 받았다.

그는 상급 지휘관의 비위를 맞추기 위하여 베트남 영내로 조금만 들어가서 작전을 하는 척 했다.

"나는 국경 표식 하나를 200 미터 베트남 영토 안쪽으로 옮겼지요.
그 장소는 베트남군과 우리 부대가 교전을 했던 장소였습니다".
훈센과 측근들이 과연 베트남을 공격하였는지 또 행삼린의 부대도
과연 베트남을 공격한 일이 있는가 하는 질문에,
"나는 행삼린과 치아심보다 1 년 전에 그 지역을 떠났습니다.
내가 베트남의 "타이닝"과 "송베" 성을 공격했다는 것은 잘못
알고있는 것입니다.
왜냐하면 행삼린의 부대를 포함하여 동쪽에 있는 부대들은 더 이상
앙카의 말을 듣지 않고 있었습니다".
그 결과로 크메르 루지 상급 지휘관인 "타목"이 이끄는 군대가
행삼린의 반동 부대를 진압하기 위하여 동부지역으로 이동하였다.
이 충돌은 훈센에게 베트남으로 탈출할 수 있는 절호의 기회를
주었다.
훈센은 인제 더 이상 캄보디아에 있을 수가 없게 되었다.
그는 만약 잡히게 되면 바로 처형될 입장에 놓인 것이다.
"폴폿이 나를 잡으려고 군대를 보낸 것은 사실입니다.
만약 그날 내가 그들과 접전을 하면 불필요한 살인을 저지르는 것이
될거라고 생각했습니다.
1977 년 6 월, 내가 베트남으로 탈출하던 날 우리 연대장이 체포
되었습니다.
메못 근처의 연대 본부에서 오토바이 운전사가 나를 태우고 인근의
대대 본부로 갔을 때 거기에 연대장 및 대대장 급인 약 30 명의
친구들이 집합 해 있는 것을 보았습니다.
즉각 그들이 모두 체포되었다는 것을 알았습니다.
나는 매우 어렵지만 모종의 결단을 내려야 한다고 생각했습니다.

어떻게 해야 저들을 풀어 줄 수 있을까?

그러자 갑자기 좋은 생각이 났습니다.

나한테 얘기를 하고있는 지휘관을 죽이는 것 이었습니다".

통상 훈센은 두 자루의 권총을 가지고 다녔다.

한 자루는 배낭 속에 넣어두었다.

장진된 다른 한 자루는 허리춤에 차고 있었다.

"나는 지휘관을 암살하기 위하여 세 번이나 배낭에서 총을 꺼내려 시도하였습니다.

지휘관은 나보다도 덩치가 작았지요.

그는 권총을 겨드랑이 쪽에 차고 있었습니다.

그래서 나는 그가 재빨리 총을 뽑을 수는 없을 것으로 판단했습니다.

처음에는 배낭에 손을 넣었다가 그만 책을 꺼냈습니다.

두 번째는 사실 다시 망설여졌지만 펜을 꺼냈습니다.

세 번째에도 망설여져서 자를 꺼냈습니다".

"내가 망설일 수밖에 없었던 이유는 만약 내가 지휘관을 암살한다면 부대 모두에게 일제히 반기를 들게 하여야 했기 때문인데 그 당시에 부대 내부에서는 대부분이 상황을 제대로 파악하지 못하고 있었습니다.

그래서 내가 지휘관을 암살하고 난 뒤 그들이 나를 따라 줄 것인지 아니면 그 중 일부가 나를 죽이려 할 것인지 알 수가 없었지요.

그렇게 된다면 우리 모두가 살인 집단으로 변해 버리는 겁니다.

그래서 나는 그런 상황을 피하기 위해 저격을 포기하고 그 지휘관에게 모든 병력의 위치를 보고했지요".

훈센은 지휘관에게 휘하에 아직 1,776 명의 병사가 있다고 했다.

훈센이 정보를 다 보고했는데도 지휘관은 계속 질문을 했다.

그는 모든 전화기와 통신장비, 그리고 DK-75 기관총 및 20밀리 기관포 등 중화기를 압수하였다.

숙청은 이미 결정 된 것이었다.

그리고 훈센은 그의 동료들과 친구들인 지역 부대장들의 체포를 인정하는 진술서를 쓰도록 강요받았다.

그 당시 대부분의 부대장들은 어떤 서류에 서명을 하는 것을 매우 무서워했다.

그들은 그런 책임지는 행위를 다른 이들이 먼저 하도록 버티었다.

이것은 만약 무슨 일이 잘 못되면 폴폿이 바로 책임을 물을 것이 뻔하였기 때문이다.

그래서 지휘관은 훈센에게 체포되어 있는 부대장들이 앙카에 의하여 훈련을 받기 위해 소환 되었다고 쓰고 그 날 오후에 출발을 신청한다고 쓰라고 하였다.

그러나 지휘관은 훈센이 마지막에 적은 한 줄을 별로 신경을 쓰지 않고 읽지도 않았다.

그것은 "나와 같이 베트남으로 탈출하자"라는 문구였다.

베트남을 원래 신임하지 않는 훈센은 베트남으로 탈출한다는 것은 사실 내키지 않는 일이었다.

대개의 캄보디아 젊은이들이 그랬듯이 그는 왕국이 자랑스러웠고 독립국이 자랑스러웠으며 베트남을 항상 의심이 눈초리로 보았던 것이다. "어렸을 때부터 베트남과는 좋은 관계를 가진 것이 없어요. 프놈펜 학교에서 캄보디아 학생과 베트남 학생들은 따로 지냈어요. 그리고 서로 친할 수가 없었지요".

방학 중에 기술학교 신축 공사에 노동자로 아르바이트를 한 적이 있었다.

그때 베트남 인부들과 캄보디아 인부들은 수시로 말다툼을 하였으며 마침내 민족적인 자극을 받아 베트남 인부들에게 욕을 해 댄 일도 있었다고 한다.

베트남인들과는 애증(愛憎)과도 같은 관계를 가지고 있었다.

게릴라에 가입하자 시아누크 군대를 지원하는 월맹군들과 한 막사에서 지내기도 했다.

"월맹군이 우리를 도우겠다고 약속하였지만 우리는 걸핏하면 그들과 싸우려고 했지요.

1970년에 시아누크의 호소에 따라 월맹군이 우리를 도왔는데 그들은 우리에게 좋은 쌀을 공급해 주고 자기들은 나쁜 쌀을 먹었어요.

그 때 나는 수시로 그들과 다투기도 하고 또 그들이 없을 때 창고에서 무기를 훔치기도 했는데 우리 캄보디아 군대는 무기가 매우 열악 했거든요.

또 나는 국경 표식을 베트남 쪽으로 옮겨 놓기도 했고 내 부대와 베트남군 간에 전투도 많이 도발했었지요".

베트남으로 탈출하려는 그와 그 부대원들은 사전 계획은 전혀 없었다.

"베트남 탈출 전에 우리는 무엇을 어떻게 할 것인가 밤새 궁리한 끝에 결국 새벽 2시에 (1977년 6월 20일) 전에는 한번도 생각하지 않았던, 베트남으로 탈출하기로 결정했습니다.

제 3 장 탈주

포로 수용소

초조하게 밤이 되기를 기다렸다.

어둠이 그들을 감싸자 네 명의 크메르 루지군은 앞장선 한 명의 대장과 함께 베트남 국경 근처에 있는 그들의 부대에서 조용히 걸어나왔다.

그들은 지금 앙카의 마수로부터 탈출하고 있는 것이다.

하나의 적으로부터 다른 적에게로 가고 있는 것과 같았다.

잘 알고 있는 악마의 손에서부터 잘 모르는 다른 소굴로 가고 있었다.

월맹군의 총탄에 맞아 쉽게 죽는 것이 크메르 루지의 S-21 형무소에서 고문당하며 죽는 것보다 나을지도 모른다고 위안도 했다.

그들은 위험이 도사리고 있는 베트남 국경 쪽을 향해 들판에 듬성듬성 서있는 종려수 사이로 내 달렸다.

가진 것은 배낭 속에 쌀 몇 줌과 담배, 그리고 성냥이 전부였다.

훈센과 네 명의 심복 부하들- 넥후언, 눅탄, 산산 그리고 빠오에양-은 중얼중얼 간단하게 기도를 드리고는 1977년 6월 20일 밤 9시 베트남 을 향한 긴 탈주에 올랐다.

그들은 베트남군과 크메르 루지군 서로가 매설한 지뢰밭을 조심스레 한번에 한 발자국씩 흙을 쑤셔가며 전진했다.

모두 숨을 죽이고 있었고 땀은 비 오듯 흘렀다.

국경의 지뢰밭을 통과하여 베트남 땅에 확실히 들어섰다고 생각하자 훈센의 시계는 새벽 2시를 가리키고 있었다.

인제 날자는 6월 21일이 된 것이다.

그들이 통과한 정확한 위치는 콤퐁참 성 "메못"군의 "툰롱"읍에 속한 "꼬트마"라는 조그만 마을이었다.

그 마을 전방에 베트남 송베 성의 "록닌"군이 마주보고 있었다.

그들은 두려움 속에서도 계속 전진했다.

어두움 때문에 어디에 베트남군이 매복하고 있는지 알 수가 없었다.

베트남 영내로 200미터쯤 들어왔다고 생각되자 훈센은 잠시 쉬자고 말했다.

주변을 정찰한 뒤 인적이 없다고 확인이 되자 그들은 쌀죽을 끓여 나눠 마셨다.

폴폿 치하에서는 쌀이 넉넉지 못하여 항상 배고팠다.

"죽을 먹는 동안 나는 모두가 울고 있는 것을 알아차렸습니다.

나도 울음이 터지려 했지요.

그러나 그들 앞에서 같이 울다간 약하게 보일까봐 다른 곳으로 갔어요".

잠시의 휴식을 끝내고 그들은 약 4킬로미터쯤 더 전진했다.

그리고 또 잠시 쉬면서 남은 500그램 정도의 쌀로 죽을 다시 끓였다. 모두 허겁지겁 죽을 마셨다.

훈센이 4명만 데리고 탈출하기로 하였는데 이유는 더 많은 사람들을 데리고 탈출하기에는 위험부담이 너무 커서 놀란 베트남군에 모두 다 사살될 수도 있었기 때문이고 그렇게 되면 장래의 계획은 아예 사라져 버리는 것이었기 때문이다.

"죽을 다 먹고 나서 무기를 모두 버리고 비무장으로 계속 전진을 했습니다. 그런데 그 동안 한번도 베트남군을 만나지 못했어요.

폴폿은 베트남 침공을 계획하고 있는데 베트남군들은 너무 안일하게 있구나 하는 생각이 들었어요.

폴폿은 베트남군이 국경에 20 개 사단을 배치하고 있다고 주장했는데 내가 탈출하는 동안 한 명의 군인도 보지 못했지요".

여명이 밝아오자 그들의 무서움은 더 했다.

다섯 명의 크메르 루지군이 대낮에 베트남 땅을 버젓이 걸어가고 있었던 것이다.

오후까지 한번도 베트남 국경 수비대와 조우하지 않았다.

오후 2 시가 되자 그들은 국경 깊숙이 20 킬로미터쯤 들어와 한 마을에 도착했다.

그들 중 한 명도 베트남 말을 하는 사람이 없어서 더욱 위험했다.

한 명이 몇 마디의 엉터리 베트남 말을 했어도 남이 알아들을 수 없는 수준이었다.

그들은 집으로 가고 있는 일단의 고무 농장 인부들을 만났다.

가까이간 훈센은 그들 중 몇 명이 간단한 캄보디아 말을 할 줄 아는 것을 발견했다.

인부들은 이 다섯 명을 마을 사무소로 데려다 주었다.

몇 분 뒤에 놀란 약 20 여명의 베트남 자위대 소속 군인들이 무장을 하고 도착했다.

"나한테 누가 총을 겨눈 것이 처음이었지요.

그러나 처음 보는 외부 인한테 그럴 수 있다고 생각했어요".

베트남인들은 이 다섯 명에 대해 굉장히 의심을 했다.

그리고 취조를 하기 위해 구금을 시켰다.

그들은 바닥에 돗자리를 깔고 아래쪽에 앉게 하고는 세 개의 책상을 그들 앞에 나란히, 일부러 높게 보이게 놓았다.

질문을 하는 대장은 중앙에 앉고 서기와 통역이 양쪽에 앉았다.

취조는 약 90 분간 계속되었었다.

"그들은 우리가 정보 수집을 위해 베트남에 침투한 간첩으로 생각했지요.

나는 통상 대장은 직접 첩보 활동을 하지 않는다고 그랬어요.

나는 그런 첩보 활동을 할 부하들이 많이 있으므로 내가 직접 할 필요가 없다고도 했지요.

그리고 우리가 베트남을 공격할 의사가 있었으면 벌써 쉽게 공격을 할 수 있었는데 왜냐하면 오는 동안에 한 명의 베트남군도 만나지 않았기 때문이라 했지요".

훈센의 이러한 조리 있는 대답에 수긍을 했는지 베트남 관리들은 책상을 치우고는 다섯 명의 "크메르 루지"들과 같이 돗자리 위에 앉았다.

분위기가 바뀌자 다섯 명은 일단 안도의 숨을 쉴 수 있었다.

같이 앉게되자 베트남인들의 호의가 베풀어졌다.

그들은 10 번 냄비에 밥을 가득 지어서 가져왔다.

이 큰 10 번 냄비는 보통 10 명에서 16 명까지의 밥을 지을 수 있었다.

또 푸성귀와 돼지고기를 갖다 주었다.

"우리는 한 점 남기지 않고 다 먹어 치웠어요.

정말 2 년만에 처음 죽이 아닌 밥을 먹었습니다".

오후 4 시쯤 되어서 식사가 끝나자 4 킬로미터쯤 떨어진 다른 곳으로 이동시켰다.

군인들이 더 이상 총을 겨누지 않았으므로 무척 안심은 되었지만 앞날은 매우 걱정이 되었다.

그런데 훈센은 뜻하지 않게 베트남 모기의 공격을 받아 말라리아에 걸려 버려 고무 농장과 시골길을 걸어오는 동안 발열을 하여 고통을 받았다.

"너무 먹어서 그랬는지 아니면 말라리아에 걸렸는지 떨리기 시작했어요".

그가 열이 나고 떨자 같이 동행하던 베트남 마을의 군 부대장이 배낭을 대신 들어주었다.

마침내 그들은 고무 농장이 많은 "록닌"의 "랑씬"(좋은 마을이란 뜻) 마을에 도착했다.

이 마을에서 다섯 명은 주민들의 좋은 구경거리가 되었다.

"우리를 마치 이상한 동물처럼 마을 사람들이 몰려와서 구경하곤 했어요.

마을 사람들은 때로 몰려와서 우리를 구경하곤 했는데 누가 그 때 표를 팔았더라면 제법 돈을 벌었을꺼에요".

그들은 거기에서 다른 베트남군의 대대장으로부터 취조를 받기로 되어있었다.

한 때 캄보디아의 고무 농장에서 일했던 경력이 있는 캄보디아 말을 좀 하는 늙은 여자가 통역을 하고 취조관은 질문을 해대었다.

"그들은 지도상에 폴폿의 군대가 위치한 곳을 표시하라고 했습니다. 내가 대충 얘기를 해주자 그는 내게 고함을 쳤습니다.

그런데 베트남 말로 고함을 치니 내가 어디 알아들을 수가 있어야죠".

그러자 통역이 다시 말을 이었다.

취조관의 얘기인 즉은, 훈센의 계급으로 볼 때 직책보다 너무 많은 것을 알고 있으니 꾸며댄 거짓말이라는 것이었다.

훈센은 다시 차근차근히 그가 스물다섯 살이나 되었다고 얘기했다.

그러나 의심 많은 취조관은 이렇게 어린놈이 어떻게 그런 높은 계급일 수가 있느냐는 것이었다.

그는 지휘관쯤 되었다면 중년의 캄보디아인일 것이라 생각했지 훈센이 1970 년 실권한 시아누크의 호소에 따라 입대한 소위 3 월 18 일 특차 입대 출신의 젊은이 중 하나였음을 알 수가 없었던 것이다.

취조가 끝나고 이 다섯 명의 캄보디아인들은 미군이 버리고 간 GM 트럭을 타고 록닌으로 갔다.

거기서 또 그들은 10 번 냄비에 가득한 푸짐한 저녁 식사를 먹을 수 있었는데 요번에는 돼지고기는 없고 푸성귀와 늑맘(젓국)이 곁들여 나왔다.

베트남인들은 식사가 다 끝난 뒤라 남은 반찬이 적어 미안 하다고 했다.

"우리는 또 다 먹어 치웠지요.

정말 맹렬하다 할 정도로 먹어댔습니다.

4 시간 사이에 우리들은 두 번이나 10 호 냄비 가득한 밥을 먹어 버린것입니다".

식사가 끝나고 훈센은 다른 네 명과 떨어져서 따로 취조를 받았다.

취조관은 아직은 회의적이지만 그가 고급 장교 출신이라는 것을 인정 하였다.

"그 때 다른 네 명은 내가 처형되는 것으로 알았대요.

계급이 중령인 베트남군 연대장은 아침 7 시 반부터 낮 12 시까지 취조 를 했지요.

그는 분명히 나를 본 일이 있을 거라 생각했는데 모르는 척 하더군요".

훈센이 이 베트남군 중령을 1970 년에 만난 일이 있었던 것은 정말 운이 좋았던 것이었다.

그 당시 신병이었던 훈센은 월맹군이 지휘하는 베트콩 부대가 있던 밀림 속에 갔던 일이 있었다.

"그래서 내가 옛날이야기를 들추어내니, 그 때서야 자기 부대 근처에 있던 한 부대에 내가 찾아갔던 일을 기억했어요.

통상 그 때에 서로들의 부대장 이름을 기억하였지요".

그래도 중령 취조관은 아직 믿지 않았다.

취조는 밤 11 시 반까지 계속되었으며 취조관은 그를 죽일 듯이 무섭게 몰아붙였고 훈센은 지칠 데로 지쳐버렸다.

월맹군에게 포로 심문을 받는다는 것은 람보 영화에서처럼 쉬운 일은 아니었다.

"나는 내가 연대의 지휘관이라 했는데 통역은 나를 소대장이라고 잘못 전달하였지요.

내가 휘하에 2,000 명이 넘는 부하를 거느리고 있었는데 전투 중에 손실과 투옥된 자들 때문에 1.776 명만 남았다고 하자 중령은 화를 버럭 내며 거짓말한다고 하더군요.

그 때 나는 통역이 잘못 되었다고 생각했죠".

그는 다른 방법으로 설명을 했는데 비록 프랑스 통치 때부터 베트남 혁명운동을 했던 나이 많은 혁명가라 하드라도 그가 프랑스 말에 유창할 수가 있겠느냐고 통역의 실수 문제에 대해 이해를 시켰다.

"나는 내가 연대의 책임자이지 소대의 책임자가 아니라고 다시 얘기했습니다.

그러자 중령 취조관은 이해를 하고 통역에게 말을 "쭝도이"(中隊)-소대-라 하지말고 "쭝도안"(中團)-연대-으로 바꾸라고 그러더군요".

그가 취조를 마치고 돌아오니 네 명은 모두 훌쩍이고 있었다.

그 중 가장 어렸던 훈센은 가장 용감하게 보이려 했다.

그들은 밤을 그 곳에서 지새고 이튿날 오후 3세에 다시 장작을 가득 실은 GM 트럭을 타고 이동하였다.

그들은 어디로 가는지를 몰랐기 때문에 혹시 다시 폴폿에게 되돌아가게 되어 죽지나 않을까 하는 걱정도 했다.

"다행스러운 것은 처음 베트남인들을 만나고부터 취조 받을 때까지도 한번도 수갑을 차지 않았던 것입니다.

그러나 트럭 위에서는 다섯 명의 베트남군이 총을 겨누고 있었는데 나는 만약 우리가 다시 폴폿에게 인계되는 경우가 생기면 갖고 있던 바늘로 목을 찔러 자살할 각오를 했습니다.

그래서 나는 우리가 캄보디아 쪽으로 가는지 아니면 송베나 사이공 쪽으로 가는지를 알기 위해 길의 이정표를 유심히 주시했습니다.

그 당시 군인들은 옷을 기워 입기 위해 거의 바늘을 갖고 다녔어요".

그는 이정표가 캄보디아 쪽이 아닌, 북적대는 도시 송베로 가는 길임을 보여주자 일단 안도의 숨을 내 쉬었다.

오후 5시가 되어 그들은 송베 시의 엉성하게 생긴 육군 부대에 도착하였다.

오는 길에 그들은 또 약 1 킬로미터쯤 되는 시장 길을 걸어야 했는데 역시 구경 좋아하는 베트남 시장 사람들의 구경거리가 되었었다.

그들은 군법을 위반한 군인들을 감금해 두는 철조망이 둘러쳐진 유치장에 갇혔다.

그리고 곧 바깥을 볼 수 없게 함석으로 막은 다른 감방으로 옮겨졌다.

처음 22 일간은 그들은 포로 취급을 받았다.

감방 장은 그들에게 하루에 6 천동의 일당이 지급된다고 했다.

감방의 식사는 무료가 아니고 사 먹어야 했다.

훈센은 그것은 매우 큰 돈이라 생각하고 식비로 3 천 동을 쓰고 나머지 로 담배를 살 수 있겠다고 생각했다.

그러나 훈센은 옛날 남 베트남 공화국 때의 6 천 동을 생각했지 이미 공산화가 된 후에 미화 1 달러가 못되는 6 천 동의 가치는 알지 못했었다.

그래도 이 일당은 당시 공산 베트남 군인의 일급이 7 천 동인 것에 비한다면 정말 후한 돈이었다.

첫 날, 훈센과 신경이 날카로웠던 네 명의 동료들은 갑작스런 악취의 습격을 받았다.

"애당초 감방은 매우 협소하였는데 베트남군들은 또 옆방에 여군 죄수들을 많이 집어넣었어요.

그런데 베트콩 여군들의 소변 냄새가 너무 지독했지요".

게다가 그들은 돗자리도 없이 맨 바닥에서 자야했다.

그러다가 밤 10 시가 되자 감방 장이 마음을 돌려 침상과 모기장 그리고 담요를 넣어주었다.

그러나 여자 베트콩들의 소변 냄새만은 참고 자야했다.

훈센은 말라리아에 걸려 혼수상태가 될 때까지 22 일간을 송베의 감옥에서 보냈다.

발열이 너무 심해지자 베트남군은 그를 병원으로 이송하였다.

"내가 말라리아에 걸려 살이 바짝 여위어 버린 것이 행운이었는지도 모릅니다.

나는 송베 시의 병원으로 옮겨졌고 다른 네 명의 동료들은 그대로 감옥에 남아 있었지요".

병원으로 옮겨진 것은 뜻하지 않은 행운이었다.

베트남군들이 그를 중령 계급 대우를 해주어 일당도 더 많아졌다.

그는 일당 중에 상당한 부분을 감방에 남아있는 대원들을 위해 아껴두었다.

그가 병원에서 퇴원을 하자 모두에게 조금 더 나은 자유가 주어졌다.

"그러나 그 자유래야 군부대 안에서의 자유였죠.

우리는 그들의 믿음을 얻어낸 것이었습니다.

우리는 부대 안을 마음대로 다닐 수 있었고 군인들과 얘기도 할 수 있었습니다.

구금 중이던 병사나 일반 근무 병사나 다 우리에게 친절히 대해 주었습니다".

생활은 하루 6 천동의 일당으로 윤택해졌고 어떤 베트남 병사들은 가족 들이 보내 준 음식을 나누어주기도 하였고 어떤 이는 옷도 나누어 주었다.

정말 오랜만에 사람 사는 것 같았다.

그러나 훈센은 가끔씩 공포에 사로잡히기도 했는데 영원히 베트남

p 015 공산 베트남 시절의 수용소 (벤쩨 성 소재)

감옥에 있어야 하는 건지 아니면 혹 다시 폴폿에게 인계되어 죽음을 당할는지 알 수가 없었다.

탈주 소식은 곧 앙카의 귀에 들어갔다.

훈센이 베트남으로 탈주한 것을 확인하자 그들은 분 라니를 중 노동장 으로 보내어 앙갚음을 했다.

그녀는 큰 나무를 자르고 땅을 정지하는 힘든 노역장에 배치 되었다. 주기적으로 감시당하였고 행동거지는 모두 체크되었다.

비참하기 그지없는 이 우연의 일치는 두 부부가 서로 다른 상황에서 감옥 생활을 하고 있는 것과 같았다.

"감방에 있지는 않았지만 항상 감시병이 주위에 있었습니다.

정지 작업을 위해 낮에는 큰 고목과 잡목의 뿌리를 파헤치고 잡초를 걷었습니다.

정말 허리가 부러지는 것 같은 힘든 일들이었죠".

크메르 루지는 그들이 처벌이나 고문을 하려는 사람들의 자존심과 자신감을 없애버리기 위해 사악한 방법을 썼다.

그들은 과부란 말을 두 가지 형태의 과부로 구분하였는데 하나는 정말 전쟁에서 남편을 잃은 과부였고 또 하나의 과부란 남편이 살아 있으나 앙카가 처형하려는 자인 경우 그 아내를 과부로 부른 것이다.

"제 남편이 베트남으로 탈주한 사실 때문에 우리는 저주받은 것 같이 어렵게 되었고 그들에게는 중벌을 가하여야 할 범죄인이었으므로 주야로 나를"과부 "라고 불러 정신적인 고문을 하였습니다.

그래서 우리가 결국은 세뇌되어 '조만간 우리 남편은 죽는다'는 것을 믿게 하려 한 것입니다.

그것은 정말 악몽 같은, 잔인한 고문이었고 우리를 비참하게 만드는 것이었습니다".

또 앙카는 그녀를 "끄발 욘 끌론 크메르"(몸은 캄보디아이고 마음은 베트남)라고 욕하였다.

그리고 그녀가 과부로 불리는 이유가 알려지자 사람들은 말을 걸지 않았다.

1977년 훈센이 베트남으로 탈주할 때는 라니가 둘째 아들을 임신한지 5개월 째 되는 때였다.

"그녀가 둘째 아들을 출산하고 12일이 되자 크메르 루지는 그녀를 투옥하였습니다".

그러나 그녀는 훈센이 베트남에 살아있다는 소식을 듣게 되었다.

지금도 그렇지만 그때도 국경의 양쪽 주민들은 몰래 왕래하며 소위 보따리 장사를 하였으므로 때로 소문이 전달되기도 하였던 것이다.

남편이 살아있다고 믿게되자 그녀는 어떻게 하던지 살아야 된다고 생각했다.

그러나 앙카는 또 훈센의 의지를 꺾어버리기 위해 분 라니가 둘째 아이 를 출산할 때 영양실조와 과로로 죽었다는 소문을 퍼뜨렸다.

그녀는 어떠한 고통도 이겨내야 했다.

정지 작업장에 나갈 때는 아기를 외딴 곳에 모르는 늙은이에게 맡겨 두고 나가야 했다.

아기를 모르는 사람에게 맡기고 작업장에 나갈 때는 가슴이 찢어졌다.

"과부"들은 강냉이 죽으로 연명했다.

가끔 마음 좋은 마을 사람들이 푸성귀를 전해 줄 때도 있었다.

부모님을 만나고 싶다고 하면 부모들이 많이 아파야 갈 수 있을 것이라 했다.

분 라니와 같이 이 "생과부"단체에 한 젊은 여자가 있었는데 열 세쌍의 불구자 합동결혼식 때 같이 결혼식을 했던 여자였다.

이 여자와 같이 분 라니는 몰래 부모님을 만나러 갔다.

그녀는 짧은 시간 동안이나마 부모님을 만날 수 있었다.

그러나 그들은 부모님의 집에 있다가 들키면 안 되었으므로 이 집 저 집을 전전하기 시작하였다.

"우리는 마을에 있는 앙카 조직에게 들켜서 잡혀 죽을까봐 겁이 났어요.

앙카는 훈센이 죽었다고 생각했으므로 단지 그녀에 대한 처벌을 유예하고 있었을 뿐이었으며 감시가 조금 느슨해진 것뿐이었다.

앙카가 반동으로 생각하는 여자가 세 명이었는데 모두 같은 곳에 살았어요.

나중에 훈센이 아직 살아있다는 정보를 듣자 그들은 우리를 다른 곳으로 데리고 가기 위해 거짓으로 모임이 있으니 모이라고 했어요.

그러나 우리 친구들이나 아는 사람들 중에는 이런 식으로 갔다가 영영돌아오지 않은 사람들이 많았어요.

우리는 결국 죽으러 가는 거였지요".

심지어는 좋은 농토를 찾아다니던 농부들도 끌려가 살해당했다.

라니는 갑자기 두 이모가 어떻게 끌려가서 죽었을까 하는 생각이 떠오르자 괴로웠다.

그 날 밤 라니는 두 크메르 루지 간부들이 다음날 아침 라니를 처형할 것이라 하는 말을 우연히 전해 듣게 되었다.

그날 밤 라니와 몇 명의 생"과부"들은 밀림 속으로 도망했다.

도망자들은 피곤하고 목이 말랐지만 근처의 강물도 마실 수가 없었는데 도처에 시체들이 떠 내려왔기 때문이었다.

참혹했다.

P 016 크메르 루지시절의 강제 노동소. 장비는 없고 100% 인력노동이었다.

"우리는 숲 속으로 도망가기로 결심했습니다".

앙카는 또 잔인한 짓을 많이 했는데 만약 배고픈 사람이 식량을 훔치면 끄라마(수건)로 손을 묶고 죽였다.

"나는 죽은 어린이의 시체가 강을 떠내려 오던 광경을 평생 잊지 못해요.

그 어린이의 묶인 손에 과일이 쥐어져 있었어요".

사람들은 배가 고팠지만 집단 부락 주위에 자생하는 바나나도 건들일 수 없었다.

크메르 루지는 심지어 사람들이 집에서 취사를 못하도록 모든 식기류와 냄비, 주방 용구까지도 압수했다.

각 개인은 접시 하나와 숟갈 하나만 지급되었다.

노예처럼 사람들은 집단 부락의 종소리에 따라 묽은 죽 한 접시를 먹기 위해 모였었다.

"혹 우리가 개구리나 작은 물고기 한 마리를 보아도 국가의 소유라는 것 땜에 그것을 잡아 먹어서는 안 되었어요".

망명

취조관은 아주 고약하고 저돌적이었다.

구타도 심했다.

그들은 훈센에게 냉혹한 질문의 포격을 쉴 새 없이 가해 대었고 훈센은 거의 좌절 상태까지 왔다.

질문은 항상 같았다.

진짜 이름이 무엇이냐?

어느 연대 소속이며 위치는 어디냐?

왜 베트남으로 왔느냐?

폴폿의 첩자가 아니냐? 등등.

구타를 포함한 몇 시간에 걸친 수사 끝에 결국 그들은 아무것도 얻은 것이 없었다.

결국 그들은 훈센이 더 이상 크메르 루지 쪽이 아니라는 결론을 냈다. 그들은 훈센의 이탈이 최후적인 것이며 돌이킬 수 없는 것이었고 캄보디아의 모든 인연을 버렸고 만약 돌아간다면 잡혀 죽을 것이라는 것을 믿기 시작했다.

송배 감옥에서 22 일간의 고생스런 포로 생활 이후에 그의 구금은 같은 마을 안에서 3 개월 더 연장되었다.

그것은 그가 정치적 망명 신청을 했기 때문이었다.

5 명의 캄보디안은 정치적 망명을 검토하는 동안 다른 구치소로 보내졌다.

그 검토가 끝날 때까지 그들은 일단 구금되어 있어야 했다.

그렇지만 인제 돈을 모을 수 있는 횡재수가 생겼다.

훈센에게는 베트남 정부의 장관급의 일당과 같은 일당 21,000 동이 지급되었다.

매 월말 이런 큰 돈을 훈센에게 지급한다는 것은 베트남이 서서히 그를 포로와 피의자 입장에서 전환, 손님 내지는 궁극적으로 동맹자로 보기 시작했다는 암시이며 동시에 극한 상황과 공포 속에서도 점차적으로 그들의 신임을 끌어낼 수 있었던 훈센의 자기 최면과 같은 끈질긴 집념의 승리라고 볼 수 있다.

"잘 먹고 담배 사 피우는 정도가 아니라 매월 저축을 할 수 있었습니다".

간소한 식성의 훈센은 외국의 고급 요리보다는 밥과 생선 같은 간단한 요리에 더 만족하는 사람이었다.

단 그의 한 가지 기호는 담배이었다.

그는 담배를 못 피게 하면 흥분을 하였다.

그가 베트남의 감옥에 있을 때도 제법 유명했던 베트남 제 "밤코" 라는 담배를 즐겨 피웠고 때로는 연초를 직접 말아 피기도 했다.

"참 담배 끊기가 쉽지 않더군요.

담배가 없을 때는 파파야 잎을 말아 피기도 했습니다.

감옥에 있을 때는 꽁초를 모아 두었다가 그걸로 담배를 만들어 피웠죠.

나의 지론은 어려울 때도 뭔가 피울 것을 찾으려고 했었는데 있을 때 담배를 왜 끊습니까?".

캄보디아의 담배 값은 세계적으로 싸다.

요즈음도 공항 면세점에서 담배를 사 온 사람들은 시내가 더 싼 것을 보고 후회한다.

몇 개월을 초조하게 살다가 마침내 돌파구를 찾게 되었다.

정치 망명을 신청한 결과로 1977 년 9 월 30 일 날 베트남군 참모장인 "반띵융" 장군과 다른 고급 장교들을 호치민 시에서 만날 수 있게 된 것이다. 이 날은 매우 의미 있는 날이었다.

우연히도 그날은 폴폿이 1966 년 첫 방문이래 중국을 다시 방문하는 날이었다.

폴폿이 중국과 가까이하자 하노이 정부는 훈센에게 주의를 기울이기 시작했다.

베트남을 위협하는 중국-크메르 루지의 동맹에 대항할 수 있는 균형을 유지하기 위하여 베트남은 믿을 수 있는 캄보디아 친구들이 필요하였던 것이다.

p 017 베트남군의 반 띵 융 장군

후에 베트남의 국방부 장관이 되었던 반띵융 장군과 훈센과의 토론에서 가장 관심을 보였던 것은 캄보디아의 해방이었다.

그들은 모든 것을 솔직하게 피력하였고 그의 협조를 요청하였다.

그러나 훈센은 장군의 반응에 실망을 하고 만다.

"우리를 도울 수가 없다고 했지요.

그리고 이 문제를 민주 캄푸치아(크메르 루지) 정부와 해결하도록 노력해 보겠다고 했어요.

어떤 장군과 대령은 나보고 태국에 가서 협조를 요청하면 어떻겠느냐 라고도 했어요.

나는 만약 그들이 우리를 도와주지 못하겠거든 무기만이라도 달라고 했습니다.

그러면 나는 캄보디아로 돌아가서 싸우다 국민들과 같이 죽겠다고 악을 썼지요".

아무것도 못 얻은 것은 아니었다.

일단 정치망명은 승낙 받았지만 베트남은 캄보디아에 깊이 개입되는 것을 꺼려하여 군사적인 협조는 거절하였다.

그러나 그는 정치 망명을 위해서 베트남에 온 것이 아니고 조국을 해방시키기 위해 그들의 도움을 필요로 했던 것이다.

"그들의 도움을 요청했지만 거절당했습니다.

베트남인들의 말은 만약 그들이 나를 도운 다면 그것은 민주 캄푸치아 내정 간섭이 된다는 것이었습니다.

그리고 베트남 측은 민주 캄푸치아와 대화를 통해 양국간의 국경 긴장을 완화해 보려고 했습니다".

적어도 5만 명이 넘는 광적인 군인들을 보유하고 있는 집단 학살광 크메르 루지 정권으로부터 캄보디아를 해방시키기 위해 베트남군이 자기를 도울 수 있게 납득 시키는 일은 밀입국하여 포로로 잡힌 훈센에게는 결코 쉬운 일은 아니었다.

게다가 공산 베트남은 폴폿과 전통적으로 튼튼한 동맹 관계에 있었다.

월맹은 인도차이나 공산당을 창설하여 초기공산주의 운동 때 폴폿을 훈련시켜 주었고, 론놀 정권과 싸울 때, 또 미군과 남베트남군과 싸울 때도 동맹군으로 공동 작전도 많이 수행하였던 것이다.

"베트남은 항상 캄보디아의 독립과 자주권을 존중하였으므로 베트남의 지도부는 나의 요청을 거절하였는데 양국간의 관계에 나쁜 영향을 준다는 것이었지요".

대신에 그들은 훈센보고 태국이나 다른 나라로 가보라고 했다.

훈센은 직선적으로 태국에는 가지 않겠다고 했다.

그간 크메르 루지와 베트남간의 좋았던 시절이 폴폿이 친 중국 정책으로 선회함에 따라, 또 오랜 동맹 친구였던 베트남에게는 갑자기 도발적으로 변함에 따라 훈센은 큰 이익을 취할 수가 있게 되었다.

그것은 천운이었다.

이 황금 같은 기회는 드디어 1977년에 폴폿이 베트남을 공격하자다가 오기 시작했다.

폴폿의 도발적인 행동은 베트남으로 하여금 정책 변화를 시작하게 하였고 하노이 정부는 불간섭주의에서 복수를 고려하게 되었다.

"만약 폴폿이 베트남을 공격하지 않았으면 크메르 루지를 축출하기 위해 베트남의 도움을 받을 수 없었을 것입니다.

폴폿이 저지른 실수는(캄보디아 내 소수 베트남 민족을 포함하여) 자국민을 죽인 것과 또 베트남을 침략한 것입니다".

운 때가 맞으면 모든 일이 생각대로 되는 법이다.

정치적 움직임은 훈센의 희망대로 돌아가기 시작했다.

폴폿의 공격을 받자 베트남은 모욕을 당한 기분이 들었다.

그리고는 다혈질의 이웃에 대한 중립적 위치를 재고하기 시작하였다.

폴폿은 또 베트남 침공을 위해 서쪽의 병력을 동부로 이동 시키면서 많은 캄보디아 인들이 베트남 쪽으로 피난을 가게 만들었다.

"그것은 나한테 황금의 기회였습니다.

베트남이 캄보디아를 도와야겠다고 결정한 것이지요.

베트남 쪽으로 피난 온 캄보디아인들로 군대를 조직할 수 있는 기회였습니다.

내 혼자로는 베트남을 설득할 수가 없었지요.

그러나 폴폿이 베트남을 침략하자 모욕을 당한 베트남은 보복을 생각했으므로 나를 도우기로 결정한 것입니다.

폴폿이 베트남을 공격하려 한다는 나의 추측을 베트남이 인제 믿기 시작한 것이었지요.

점 점 더 많은 사람들이 베트남 쪽으로 피난을 오자 베트남 정권은 국가 안보에 큰 문제가 생기고 있음을 확신하였습니다.

그러자 베트남군의 본부로 나를 불러서는 바로 공격할 지점을 얘기하라고 하더군요".

9 월에 크메르 루지가 베트남의 타이닝 성의 일부를 점령하고 베트남 민가를 습격하여 주민들을 학살, 방화한 기습 공격을 시작으로 베트남 군은 "스베이링"과 "쁘레이벵", "콤퐁참" 그리고 "깐달" 일부 지역의 크메르 루지군에게 반격을 가했다.

자위권의 행사를 목적으로 한 베트남군은 지역에 따라 30 에서 70 킬로미터를 캄보디아 영내로 진군하였다.

"그것은 또 내가 다시 캄보디아로 올 수 있었던 기회가 되었습니다.

그리고 다른 곳으로 피신한 아내를 찾아보려 하였지요".

공산 베트남에 복수를 벼르고 있던 미국의 묵인 하에 공공연한 중국의 지원을 받자 1978 년 1 월과 2 월에는 크메르 루지군은 더 대담 해져서 베트남의 타이닝 성 깊숙이 공격을 하였다.

베트남군은 즉각 대규모 화력으로 반격을 가했다.

베트남의 신문에는 캄보디아 피난민들이 모여들어 와글대던, 사이공 시에서 북쪽으로 90 킬로미터 떨어진 타이닝 성에 크메르 루지군들이 포격을 하여 민간인 30 여명을 살상하였다고 보도했다.

같은 시기에 베트남군은 탱크, 야포, 항공기 등의 지원을 받으며 북쪽 "라타나끼리" 성에서부터 남쪽 "스베이링" 성에 이르는 700 킬로미터 전 국경선에서 약 30 킬로미터를 캄보디아 쪽으로 진격하였다.

프놈펜 방송에서는 당시 수상이었던 키우삼판이 전 군과 국민들에게 벼농사를 약탈하러 캄보디아를 침략하는 모든 적들로부터 자체 방어를 하라고 호소하였다.

키우삼판은 베트남군들 이 고무 농장과 가옥과 산림을 불태우며 사람들을 마구 죽이고 있다고 비난하였다.

캄보디아는 베트남과의 관계를 가차 없이 무너뜨렸고 민간 항공기 연결도 끊어버렸다.

훈센은 베트남 당국에게 좀더 적극적으로 결단을 내리라고 요구 하였지만 또 실망하고 만다.

"나는 베트남군에게 매우 화가 났었는데 공격을 하고 나서는 또 재빨리 철수해 버리는 거예요.

그 때까지 우리는 방어할 군사력이 전혀 없었지요.

그들은 캄보디아 안에서 우리가 거점을 구축할 수 있는 안전한 지역을 확보해 주지도 않고 그들의 방어를 위한 전략적 공격을 마친 뒤에는 병력을 베트남으로 철수해 버렸어요.

그러나 고마운 것은 작전 지역의 캄보디아인들을 베트남으로 철수 시켜서 살 수 있게 해준 호의였습니다.

P 018 베트남에서 해방군을 결성하고 있는 캄보디아 피난민들

그것이 나에게 병력을 재 모집할 수 있는 기회를 주었습니다.

나는 모두 28 개 대대 병력을 모집할 수가 있었어요.

지금 내 주위에 있는 여러 장성들은 1977 년 그 때 입대한 사람들이 많습니다".

그의 군사 모집 정책에는 그만한 대가가 따라야 했다.

훈센은 1977 년부터 1990 년까지 그의 지지 기반을 주요 장군, 대령급 그리고 중, 소령급 등으로 구성하였는데 절대적인 지휘자에게 충성을 바치는 이 거대한 조직이 그 대가의 일부로 지금 전국을 통치하고 있다.

밀려드는 피난민 중에서 군대를 뽑는 이 케케묵은 중세기 식의 방법으로 그는 금새 최고 지휘자가 되었다.

"그들은 나를 메콩강 동쪽 지역의 사령관이라 했습니다.

나보다 나이가 많은 사람들이 꾀 많았지요.

그러나 그들 모두 지휘를 나한테 맡겼습니다.

P 019 크메르 루지의 공격을 받은 베트남 마을의 장례식

폴폿과 싸울 대대는 주로 내 주변의 사람들로 구성했습니다".

베트남의 장군들이 훈센을 지원할 방법을 연구하기 시작할 때 훈센은 서방국가들이 이 캄보디아 해방군의 발전 과정을 유심히 관찰하고 있음을 느꼈다.

정치적 망명 상태에 있는 동안 훈센은 베트남군의 고급 지휘관들과 단계적으로 깊은 관계를 맺는다.

반떵융 장군을 만난이래 그는 호치민시 지역의 제 7 여단장이던 짠번짜 장군과 그의 지휘관들을 소개받았다.

이런 사람들과의 관계는 값으로 따질 수 없는 귀중한 것이었다.

훈센이 맺은 가장 중요한 인간관계는 레유안 장군과의 인연인데 정치성 짙은 베트남군의 창설에 가장 중요한 역할을 했던 사람이다.

1990 년 초에 레유안은 베트남 대통령으로 선출된다.

훈센이 베트남으로 탈주할 때 레유안 장군은 제 9 여단 여단장이었다.

나중에 레유안 장군은 7 여단의 여단장으로 임명되었으며 훈센은 병원에서 있은 중-고급 장교 모임에서 그를 처음 만나게 된다.

"나는 가끔 아파서 병원엘 자주 가는 편이에요.

장군 전용의 4 층 병동에서 가장 나이가 어린 환자였지요.

그리고 나 자신을 라오스에서 온 사람으로 위장했어요".

병원에서는 그가 고급 장교라는 것을 아무도 믿어주지 않았다.

그의 베트남 친구들이 새로운 신분증을 만들어 주어 그는 관심을 끌지 않을 수 있었다.

"내 이름을 "마이 푹"이라 지어주고는 나이를 26 세라 하였습니다.

그리고 X 여단에서 온 장성급 장교라고만 하였습니다.

병원 사람들은 그래도 의심을 하였는데 베트남에서는 보통 60 세가 넘어야 장성급 장교가 될 수 있었기 때문이죠.

4 층에 있는 사람들은 모두 내 계급을 알았지만 내가 방사선과에 내려가면 사람들은 어떻게 스물여섯 살짜리가 장성급 장교가 될 수 있느냐, 어디서 왔느냐고 하면서 놀래곤 했습니다.

이 병원에서 그는 레유안 장군과 사귀게 된다.

"그는 그의 7 여단의 장비로 우리 캄보디아 부대를 무장하는데 많은 도움을 주었습니다.

또 그는 장군 및 대령 몇 명을 나한테로 보내서 협조하도록 하였습니다.

크메르 루지를 성공적으로 축출하는데 있어 그가 가장 중요한 도움을 준 사람입니다".

그 때까지 베트남 지휘부는 훈센과 그 혁명군들에게 대한 지원을 어느 선까지 확대할 것인가 하는 문제를 매우 조심스러이, 심지어는 마지 못해 검토하고 있었다.

"베트남은 우리에게 정치적인 지원을 하는 것은 거절하였습니다. 그러나 재정적 지원은 해 주었으며 무기 공급과 훈련도 시켜 주었는데 정치적인 지도와 교육만은 우리들에게 맡겨 두었습니다. 그래서 나는 스물두 살에 공문서를 어떻게 작성하는지도 배웠지요. 나는 캄보디아 장교들에게 직접 교육도 시키고 교과서도 만들어 주었지요".

훈센은 맨 주먹에서 서서히 그 자신의 군대를 일으키고 있었다.

p 020 베트남의 짠번짜 장군

p 021 레유안 장군

제 4 장 역습

해방

폴폿을 축출하려는 비밀공작이 남부 베트남의 비옥한 땅에서 은밀히 진행되고 있었다.

훈센의 초기 계획은 5 년 이내에 캄보디아를 해방시키는 계획이었다. 훈센은 비록 베트남이 그에게 믿을 수 있는 동맹이고 또 해방 전쟁에 필요한 돈과 무기를 지원해 준다고 하드라도 그렇게 빨리 해방을 할 수 있다고는 생각지 않았다.

"내 생각은 일단 동부지역을 해방시키고 나서 그 발판을 이용해 서부지역을 점차 해방시키는 것이었습니다".

조국 해방 5 개년 계획에는 베트남의 남부 어촌인 "하띠엔"에서 서부 캄보디아 쪽으로 해상을 통해 군사들을 잠입시켜 급습, 후방 교란을 하면서 동부에서는 주력부대로 캄보디아의 "끄라티에", "스뚱뜨랭", "라타나끼리", "몬둘끼리" 등의 성에서 전면 공격을 감행한다는 것이었다.

"우리는 작전을 위장하기 위해 "스베이링", "쁘레이벵" 및 콤퐁참 일부를 점령했습니다.

그리고는 메콩강 동쪽 지역에 계속 병력을 보강하여 화력을 증가시키고 나중에는 점령지역을 "스베이링"과 "쁘레이벵"을 연결하는 큰 지역으로 넓히는 것이 캄보디아 해방 5 개년 계획이었습니다".

게릴라의 지휘관인 그는 전술에 날카로운 감각이 있었다.

처음에는 해방군을 창설하였고 곧 이어 정치 조직을 만들었다.

그는 그의 참모들에게 정치 조직의 명칭을 "캄보디아의 구제, 단결 및 해방 연합전선-(United Front for the Salvation, Solidarity, and Liberation of Cambodia)"으로 하자고 했다.

이 제안은 두 명의 측근이 동의하였는데 "신송"(나중 1994 년 반란에 가담)과 "사놋"(나중에 훈센의 종교부 관련 자문위원)이었다.

이 느긋한 5 개년 계획은 폴폿이 18 개 크메르 루지 중대를 동원하여 베트남을 전면 공격하자 속도가 빨라지기 시작했고 조국 해방도 급해졌다.

폴폿의 군사 행동은 베트남으로 하여금 신속한 반격을 하게 만들었다.

"그것은 나한테 황금 같은 기회 정도가 아니고 금강석 같은 기회라고 해야 옳겠지요.

가장 강력했던 크메르루지의 한 부대가 베트남군에게 대파되어 버린 것입니다.

베트남이 우리를 도우겠다는 결정은 점점 더 확실해졌습니다.

크메르 루지군의 가장 강력했던 부대가 대파되자 지원병이 늘어 우리는 순식간에 세배로 병력이 늘어났습니다.

1977 년 12 월과 1978 년 초 비밀리에 캄보디아를 방문(침투)했던 훈센은 몇몇 크메르 루지 지휘관에게 자기 쪽에 가담하라고 회유하였다.

폴폿이 잔인하기로 악명 높은 타목 장군이 이끄는 부대를 남서쪽에서 부터 베트남 국경 쪽으로 이동시키려 한다는 정보를 입수 하자 훈센은 해방군의 보강이 더 절실하다고 생각했다.

그의 옛 친구들인 행삼린 및 치아심과 접촉하는 일이 매우 긴요하게 되었는데 그들과 통신하는 일이 쉽지가 않았다.

"나는 대대장을 하고 있던 행삼린과 또 군인은 아니지만 지방 책임자로 있던 치아심과 연락을 하려 했지요".

점차적으로 그는 반 크메르 루지 민족주의자들로 그의 군대를 증가시켜 나갔으며 그들을 캄보디아로 침투시켰다.

"우리가 캄보디아로 진군하자 동부지역에서는 큰 봉기가 있었어요. 우리는 크메르 루지군에서 이탈한 자들을 계속 받아들였죠. 1978년 5월에는 콤퐁참과 끄라체 성에 해방 지역을 만들었어요. 행삼린과 치아심이 이 두 지역을 통제했죠.

그 당시 우리들은 직접 교신은 않았지만 부대원들을 통하여 간접 교신은 계속했습니다".

서로 수년간 잘 아는 사이들인 이 세 명은 1978년 11월 베트남의 송베 성에서 서로 대면할 기회를 가졌는데 베트남 땅에서의 첫 만남 이었다.

그러나 이 만남은 쌍방의 만남뿐이 아니라 다섯 개의 조직이 개입되어 있었다.

비록 나이는 훨씬 많았지만 친구들인 행삼린과 치아심을 만나자 훈센은 매우 기뻐했다.

행삼린은 그 해 초에 크메르 루지를 이탈하여 베트남에 피난을 와 있었다.

"나는 그들을 만난 것 뿐 아니라 캄보디아에서 많은 봉기가 발생하고 있다는 소식에 더욱 기뻤습니다".

봉기는 캄보디아의 동부지역에서 해방군과 시골 사람들에 의해 자연 발생적으로 일어났다.

훈센, 행삼린 그리고 치아심은 다섯 조직과의 회합에서 연합 전선의 군사 및 정치적인 정책을 결정하였다.

첫 번째 조직은 행삼린과 치아심이 맡아서 캄보디아 안에서 봉기를 선동하기로 하였다.

두 번째 조직은 1975 년 보우탕의 지휘하에 북동쪽에서 재조직된 단체였다.

세 번째 조직은 뺀소반, 체아숫, 찬시 등의 3 명이 주축이 된 하노이 출신의 공산당원이었는데 이들은 1954 년 제네바 협정 이후에 하노이 에 가서 살던 사람들이었다.

네 번째 조직은 훈센이 새로 조직한 해방군이었고, 다섯 번째 조직은 사이푸탕 및 떼반이 지휘하던 반 크메르 루지 단체로 태국에 본거지를 두고 있었다.

이 다섯 단체와 같이 일을 하는데 어려움은 없었냐는 질문에,

"행삼린과 치아심은 같이 동부지역에서 같이 있었으므로 별 어려움이 없었지요. 우리의 최종 목적은 통합이었습니다.

그러나 고급 지휘관들은 바빠서 서로 자주 만날 수가 없었지요.

1978 년의 11 월은 연합전선의 구축, 정치 일정 작성 및 의회 구성 등에 정신이 없었습니다.

우리는 연합전선의 구도를 1978 년 12 월 2 일 발표를 했지요.

그 때는 이미 우리들은 군대와, 식량 조달 선과 공격용 무기를 확보한 상태이었어요.

연합전선을 먼저 만들고 군대를 나중에 만든 게 아닙니다".

행삼린이 이끄는 신병 부대는 "캄보디아의 구제, 단결 및 해방 연합 전선"의 이름으로 작전을 폈다.

폴폿이 끊임없이 베트남을 공격하라는 무리한 요구를 해 대자 동부 전선의 지휘관들은 하나 둘 크메르 루지를 이탈 했는데 폴폿의 동부 지역 세력에서 가장 큰 손실은 행삼린과 치아심이 반기를 들고 해방

전선에 가담한 사실이었다.

p 022 프놈펜으로 입성하는 베트남군 기갑부대

p 023 베트남군이 캄보디아 피난민들로 해방군 결성을 하고있다

P 024. CPP 창당 기념식의 행삼린, 치아심, 훈센 3 거두의 모습

훈센의 부대 일부도 캄보디아로 들어가 민중 봉기를 선동하였다.

처음으로, 훈센은 크메르 루지의 축출이 일년 안에 가능하다고 생각한다.

"우리는 캄보디아의 해방을 적어도 1979 년 신년(4 월 13 일)까지 할 수 있을 것으로 생각했습니다.

그리고 행삼린과 치아심이 그들의 부대를 이끌고 저한테로 합류 했지요.

우리의 합친 세력으로 해방 지역을 만들었습니다.

늦어도 1979 년 4 월까지는 캄보디아를 해방시킬 수 있겠다고 추측 했습니다.

물론 폴폿 정권이 그렇게 약하다고는 생각지 않았습니다.

그러나 많은 국민들이 봉기의 때를 기다리고 있었던 것은 확실 하였습니다".

이 때 하노이에서는, 베트남 인민군(VPA) 고위층에서 중대한 위기감이 돌고 있었다.

1978 년 캄보디아 사태에 대처하기 위하여 베트남 인민군은 경제 개발 종합부를 해산하여 다시 군부대로 편성한 뒤 캄보디아 국경지대에 배치하였다.

이 부서는 농업과 공업 부분에 군의 개입을 감독하고 있던 군 산하 기관 이었는데 1986 년까지 재편성하지 않았다.

1978 년 12 월 드디어 크메르 루지를 축출하려는 베트남군의 본격적인 행동이 시작되었다.

12 월 4 일 하노이 방송은 캄보디아인들의 연합전선이 구축되었음을 방송하고 이 연합전선은 "일어서서 폴폿과 이엥사리 도당을 쳐부시자" 라고 캄보디아 국민들에게 호소하고 있다고 전했다.

방콕에 있던 외교가들의 평은 이 방송이 캄보디아에 대한 베트남의 공격이 확실해 진 것이라고 하였다.

그리고 폴폿 정권을 축출하기 위한 베트남의 정치 및 군사적 전면전과 친 하노이 정부의 수립을 예측하였다.

공격은 예정대로 시작되었다.

1978 년 12 월 25 일 크리스마스를 기하여 베트남군은 훈센의 연합전선 병력을 합하여 크메르 루지에 대해 총공격을 감행하였다.

베트남군이 처음으로 메콩강을 건넜다.

그리고 1979 년 1 월 1 일 콤퐁참 성의 성도(省都)인 콤퐁참 시를 포위 하였다.

이 작전은 월맹 정규군이 직접 참가한 것으로 알려졌으며 크메르 루지의 무기 수천 정을 노획하였다.

군 지휘관으로서 훈센은 전쟁의 승리는 무기와 식량의 보급이 좌우한다는 것을 잘 알고 있었다.

그들은 베트남군으로부터 충분한 무기와 식량을 보급 받고 있었으며 심지어 전선에서 투항, 가담하는 신병들을 위한 예비까지도 비축하여 두었다.

캄보디아의 일반 대중으로 대규모 해방군을 조직하는 일은 쉽지 않았다.

그러나 결국에는 적어도 2만 명의 대병력이 조국 해방을 위하여 해방군에 가담하였고 또 싸웠다.

"우리 군대는 선봉대는 아니었습니다만 공격을 하고, 땅을 차지하고, 사람들이 우리 측에 가담할 수 있도록 동기를 심어주고, 그런 다음 우리는 계속 전진할 수 있었습니다.

우리는 싸우면서 또 신병들을 모집하였습니다".

때때로 그는 베트남군을 기다려야 했는데 그들 중에는 아무도 탱크를 운전할 줄 아는 사람이 없었기 때문이었다.

때로 그의 부대가 큰 저항에 부딪치면 베트남군이 와서 탱크와 야포로 크메르 루지군을 밀어내 줄 때까지 기다렸다.

"폴폿의 국경 부대들이 와해되어 버리자 그의 내륙 부대들은 공격 능력을 상실해 버렸지요.

우리는 태국국경 근처인 "삼롯"과 "타산" 지역에서 저항에 부딪쳤어요".

훈센과 그의 군대는 베트남군의 지원이 없었더라면 폴폿의 축출은 불가능하였다는 것을 깨달았다.

"베트남군들은 비밀 유지에 매우 뛰어났으므로 나는 도대체 몇 명의 베트남군들이 작전에 참가했는지도 몰랐습니다.

베트남인들은 카드놀이가 끝나도 자기 카드를 뒤집어 보이지 않습니다.

만약 카드를 남에게 보여주면 상대가 다음 행동을 짐작할 수 있기 때문입니다.

역사책을 아무리 뒤져보아도 월맹군이 "딘빈푸"에서 어떻게 프랑스군에게 이겼는지 나와 있지 않습니다.

내 추측으로는 적어도 10 만여 명의 베트남군이 캄보디아 해방 전투에 참가했던 것으로 알고 있습니다.

작전은 대규모 병력을 투입하여 신속한 공격을 하고 최 단시간에 해방을 시킨다는 전략이었으므로 많은 군대가 동원되었을 것입니다.

내가 알고 있기로는 베트남군은 세 개의 중요한 부대를 투입하였는데 하나는 가장 정예부대인 정규군 4 군단으로 나중에 1979 년 중월(中越) 전쟁에 참가했었던 부대입니다.

두 번째는 레유안 장군이 이끄는 7 군단이었고 세 번째는 9 군단이었습니다.

그들은 또 여러 가지 전술을 펼쳤는데 4 군단이 동남부의 스베이링을 공격하고는 400 킬로미터가 넘는 북서쪽의 시엠립에 군단본부를 차렸습니다.

스베이링의 폴폿 군대를 치고서는 시엠립까지 그 후퇴 병력을 추적하였던 것입니다.

왜 그 먼 시엠립에 다른 부대를 투입하지 않았느냐고요?

그것은 4 사단이 폴폿의 전략을 미리, 가장 많이 연구하였으므로 어떻게 폴폿과 싸워야 하는지를 잘 알고 있었기 때문이었지요".

"베트남군은 탱크나 야포를 많이 쓰지 않았는데 그들은 밀림에서 평원을 공격하는 과거 전술경험을 많이 응용하였습니다.

또 항공기를 아껴서 폭격을 위해서 사용하지 않고 수송에만 이용했습니다.

그들은 주로 보병을 투입했지요".

훈센은 인제 옛날 게릴라에서처럼 더 이상 실전에는 참가하지 않고 작전을 세우고, 협동작전을 하고, 군대를 지휘 하였다.

캄보디아-베트남 연합군의 대규모 공격을 받자 크메르 루지의 방어는 힘없이 무너졌다.

캄보디아와 베트남군은 그들의 작전을 긴밀히 협력하면서 공격 목표는 서로 달리 하였다.

그들은 서로 다른 지휘관 밑에서 작전을 하였는데 말이 서로 안 통하기 때문이었다.

캄보디아의 군대는 또 국민들에게 그들의 정치적 행동에 대한 이해를 시키는 임무를 맡았다.

"별도로 수행해야 할 다른 군사적인 목표도 많았지만 공통된 목적은 폴폿 정권의 축출에 있었지요.

베트남군이 캄보디아 말을 하지 못하므로 캄보디아군은 독자적으로 작전을 수행하여야 했습니다".

훈센의 해방군은 폴폿의 군대가 취약한 곳을 골라 공격을 하였고 베트남군은 폴폿의 군대가 강력한 성도(省都) 등을 주로 공격하였다.

베트남군이 어느 지역을 탈환하면 해방군이 와서 민심과 질서를 평정 하였다.

해방군이 국경을 넘어 밀려오자 많은 사람들이 가담을 하여 병력은 점점 더 늘어났다.

군사 전술 공부를 열심히 하는 훈센은 전투를 치르면서 군대가 불어나는 경우는 사실 세계 전사(戰史) 상 거의 없었다고 한다.

그것도 예기치 못했던 운이었다.

"처음 연합전선을 구축하여 조국 해방 전쟁을 시작했을 때는 숫자가 얼마 안 되었습니다.

그러나 전쟁이 끝나고 나니 그 사이 많은 사람들이 입대를 해 주어서 숫자가 배로 불어났습니다.

처음 2 만 명으로 시작을 했는데 전쟁이 끝나니 4 만 명으로 늘어났지요.

그 결과로 이 국민의 군대 앞에 폴폿의 정권이 무너졌지요.

우리가 어느 지역을 해방시키면 사람들은 군대에 들어오겠다고 했어요.

폴폿의 군대가 패주하면서 버리고간 무기들로 우리는 신병들을 무장시켰어요.

나의 형님인 훈냉은 한군데서 700 정의 무기를 노획하기도 했어요".

전쟁이 끝나자 훈센은 그의 군대가 크게 늘어난 것에 놀랬다.

"나는 각 성에 한 대대씩 28 개 대대를 배치하기로 하고 더러 큰 성에는 2 개 대대를 배치하기로 했지요".

폴폿의 패망은 훈센이 놀랄 정도로 생각보다 일찍 닥쳤다.

1 월 8 일, 베트남군을 앞세우고 해방군은 프놈펜을 점령했다.

사실 프놈펜 입성은 거의 전투 없이 할 수 있었다.

시아누크 왕자와 크메르 루지 지도자들은 항공기로 긴급히 북경으로 탈출 하였다.

해방군은 대부분의 중요한 건물들을 접수하였고 이어서 해안 도시 캄폿을 해방시켰다.

해방군의 방송인 SPK 는 "독재적 군사 정권인 폴폿과 이엥사리 도당은 완전히 무너졌다"고 방송하였다.

캄보디아가 해방이 되었을 때 공산 베트남 공군이 조종하는 두 대의 낡은 미제 "다코타"수송기가 호치민 시의 "탄손넛"공항을 이륙하여 프놈펜의 "포첸통"공항에 착륙하였다.

한 대에는 훈센과 치아심이 타고 있었고 다른 한 대에는 행삼린과 뻰소반이 타고 있었다.

이 네 명이야 말로 해방의 주축들이었다.

행삼린은 곧 새로운 "인민 혁명 위원회"의 의장을 맡았고 치아심은 내무부 장관을 맡았다.

그리고 중심적인 위치인 국방부 장관은 뻰소반이 맡았다.

훈센은 그리 정치 지식이 많지 않아서 외무부 장관을 맡았다.

1979 년 2 월 그들은 모두 영웅으로 귀국한 것이다.

크메르 루지를 이탈한 이후 훈센은 1977-1978 년 사이 캄보디아 보병과 같이 극비 작전을 위해 잠시 캄보디아 땅을 밟아 본 이래, 두 번째로 조국의 땅을 밟는 것이었다.

승리자가 된 훈센은 인제 크메르 루지 정권이 몰락하였고 그의 군대가 프놈펜과 "포첸통" 공항을 장악하고 있는 안전한 상황 아래 귀국을 하는 것이었다.

"포첸통" 공항에는 미리 와 있던 캄보디아 관리들과 베트남 외교관들이 혁명의 지도자를 맞이하기 위하여 모였으며 환영 행사도 있었다.

그러나 모두들 새파란 20 대의 젊은 동안(童顔)인 훈센에게 시선이 멎었다.

프놈펜에 도착하자 훈센은 곧 시아누크와 그 조상들의 거처였던 왕궁 으로 향했다.

그것은 젊은 지도자에게 큰 영광이었다.

그는 사택이 준비될 때까지 왕궁에서 왕 같은 기분으로 2 주간을 지냈다.

공항에 나온 환영 인파 중에 아내 분 라니가 보이지 않았으므로 사실 슬픔이 컸으며 혹시나 하는 불안감에 왕궁에서도 잠을 이루지 못하였다.

그는 1977 년 5 월 이래 근 2 년간을 그녀와 떨어져 있었으며 또 지난 9 년 동안에도 가끔씩 그녀를 보았을 따름이다.

"그녀가 비행장에 나오지 않았기 때문에 나는 그녀가 죽은 것으로 생각 했습니다".

분 라니는 그 동안 정말 무서운 세월을 살아야 했었고, 마을 이곳 저곳에 숨어 다녔고, 신분을 위장하고 살아야 했고, 남편 없이 혼자, 또 그가 죽었는지 살아 있는지도 모르는 채 지내왔었다.

"그녀는 저의 아내라는 것을 비밀로 하였지요.

시골로 가서 숨어 지냈다고 해요.

해방이 된 후에도 아내와, 자식과 친척들은 시골에서 살고 있었어요. 그리고는 벼이삭을 주워 연명하고 있었지요".

그가 아내를 마지막으로 보았을 때는 임신 5 개월 째였으며 크메르 루지가 세운 병원에 살고 있었다.

"다행히, 크메르 루지 하급관리들은 국경에서 내가 사살되었다고 두 번이나 말했고 그래서 그들은 아내에게 큰 관심을 두지 않은 것 같아요.

1977 년 6 월에도 내가 사살되었다고 했다 합니다.

그러나 아내는 다른 과부들보다 더 많은 고통을 받았다고 했습니다. 왜냐하면 내가 죽었다고 발표는 했지만 크메르 루지의 고위급에서는 내가 살아있는 것을 알고 있었기 때문이지요.

동부지역에서 봉기가 일어나자 아내는 친척들과 같이 아이를 데리고 밀림으로 숨었습니다".

처음 훈센이 죽었다고 한 때는 그의 베트남 탈출 시기와 같다.

두 번째는 12 월에 통고가 되었는데 국경 근처의 캄보디아 마을에 베트남군이 기습을 할 때 훈센이 잠시 캄보디아 마을에 모습을 보였을 때였다.

"내가 캄보디아 마을에 모습을 보이자 크메르 루지는 그 때 내가 사살되었다고 통고했습니다.

그들은 또 캄보디아인들이 베트남으로 피난할 때 내가 안전 통로를 안내하다가 지뢰를 밟아 죽었다고도 했습니다.

그 당시 탈주하던 몇 명의 크메르 루지 지휘관들이 사실 죽었어요.

그래서 그 사건과 연결하여 내가 죽었다고 한 것입니다.

아내는 그 소식 덕택에 살아남을 수 있었지요".

훈센이 살아 있다는 소식이 알려지자 라니는 미칠 듯이 기뻤다.

"그러나 그는 내가 살아있다는 증거를 찾을 수 없었지요".

그녀를 포함한 도망자들은 프놈펜이 해방되고 나서 근처 마을의 관리로 부터 숲 속을 떠나라는 지시를 받았다.

그들은 밀림 속을 2 박 3 일간 걸었다.

그들은 새로 지정된 거주지에 도착을 하여 며칠을 쉬었다.

그리고 그녀와 다른 "과부"들에게는 간부들을 위하여 기본 식품인 젓국을 만들라는 지시가 내려졌다.

"프놈펜이 해방되고 나서도 모두 먹을 것이 없었지요.

그래서 방치된 논에서 벼를 베다 먹기 시작했어요".

이 때, 전방에서의 소식이 그녀에게 전해졌다.

남편이 정말 살아있다는 것이 믿어지지가 않았다.

그 때까지도 시골에서는 크메르 루지 잔당들이 활약하고 있었으므로 함부로 도망할 방법이 없었다.

p 025 생 과부? 들의 노동장

"해방이 되고 나서도 우리는 자유롭게 말을 하지 못했는데 도대체 누가 해방군이고 누가 크메르 루지군인지 알 수가 없었거든요.

분위기는 음모로 가득 찼었고 사방에 위험이 도사리고 있었어요.

외무부를 새로 조직해야 하는 훈센은 콤퐁참의 "츕" 마을에 갈 일이 있었다.

거기서 훈센은 아내가 아마도 "츕" 고무 농장에서 일하고 있을 수가 있을거라면서 관리들에게 찾아 주도록 부탁을 하였으나 그들은 크게 신경 쓰지 않았다.

"그는 저를 찾으려고 외삼촌과 외사촌 조카를 보냈어요.

그러나 15 일간을 그 지역을 헤매면서도 저를 찾지 못했죠.

그런데 그 때 동행했던 군인 하나가 저 있는 곳을 알게되어 찾을 수가 있었어요.

그래서 다시 저 있는 데로 돌아와 저를 데려갔죠".

115

라니와 외사촌 여동생은 오토바이를 타고 프놈펜으로 왔다.

그들은 오토바이 뒤에서 교대로 아기를 안았다.

비포장의 험한 길을 하루 주야가 꼬박 걸려서 그들은 프놈펜에 도착하였다.

그녀를 만나는 순간 훈센은 좋아 미칠 것 같았다.

"그녀가 프놈펜에 도착할 때 나는 외무부에 있었지요.

누가 제 아내가 지금 오고 있다고 그랬지만 믿을 수가 없었죠.

집으로 달려가니 정말 아내가 와있었지요.

그리고 아기는 누구냐고 하니 당신 아기라고 하더군요.

그런데 아기는 아빠라고 부르지 못했죠".

이 때 라니는 눈물을 글썽이며, "아기는 아빠를 처음 보니까 아저씨라고 불렀어요"라 했다.

비극은 또 발생했다.

일년 뒤 크메르 루지 잔당들이 마을을 습격하여 라니의 아버지를 죽였다.

"그 날은 마침 어머니가 프놈펜으로 오시던 날이었습니다.

프놈펜에 해방되고 나서 우리는 고아 셋을 딸로 입양했지요.

지금은 모두들 결혼을 했습니다".

그들은 또 고아들을 데려다 부엌일을 가르치며 살게 했다.

그 고아는 지금도 같이 살고 있다.

그들은 또 먼 친척들도 초청하여 한 집에서 수년간을 같이 살았다.

9년간을 헤어져 사는 동안 그녀는 오로지 남편과 같이 평범한 가정 생활을 하는 것이 가장 그리웠다.

"나는 그가 농장을 운영하면 도울 수가 있겠다고 생각했어요.

정치라는 것은 마지못해 마지막에나 할 짓이라 생각했어요.

나는 정말 남편이 그리웠던 1970년부터 1979년 사이의 내 인생에 지쳐 버렸죠.

그런데 상황이 바뀌었지요.

그는 나라를 돌보아야하는 입장이 되었는데 당시에 다른 이가 할 수가 없었거든요".

그녀가 처음 프놈펜에 왔을 때 물과 식량이 매우 부족하였다.

사람들은 굶주렸고 나뭇잎과 뿌리를 캐 먹고살았다.

쌀과 옥수수는 참 드물게 먹을 수 있었다.

분 라니는 폴폿의 실패한 영농 정책에 참여한 경험이 있었다.

그리고 크게 상처를 받았었다.

그녀는 폴폿은 한번도 본 일이 없었지만 다른 크메르 루지 고위층인 "호윤"이 그녀의 병원을 들렀을 때 그에게 밥을 지어준일은 있었다.

결국에는 그들로부터 상처만 받고 떠났지만 말이다.

라니의 상처는 젊은 외무부 장관의 아내로 정착을 하면서 치료되기 시작하였다.

그런데도 어려움은 있었다.

외무부 장관 훈센에게는 누가 월급을 주는 사람이 없었기 때문이다.

아니, 아예 화폐 자체가 없었다.

"우린 정말 아무것도 없었지요.

우리는 옥수수와 약간의 쌀만 있었습니다.

그런데 옥수수는 캄보디아 것이 아니고 베트남의 원조였습니다.

그 때 도와준 베트남을 생각하면, 정말 그들이 도와주지 않았으면 살아남기 힘들었을꺼예요.

정말 경험해 보지 않은 사람들은 진실을 믿으려 하지 않아요".

젊은 훈 가족은 타크마우의 새 집으로 이사할 때까지 프놈펜의 한집에서 10 년을 같이 살았다.

"그리고 나는 아직도 가족을 위해 직접 음식을 만들어요".

그녀의 생활은 남편이 비록 각광을 받고 있어도 단순했다.

"나는 집에서 아이들을 돌보아야 했기 때문에 무슨 행사에 참석하는 일이 드물었어요".

핍박을 받던 사람들은 베트남군을 환영하였다.

크메르 루지의 학살을 중단시킨 그들이 고맙기도 했다.

평화와 풍요의 세월이 곧 돌아올 것 같았다.

그러나 처음의 행복은 일년쯤 지나자 사라져 버렸는데 그것은 많은 캄보디아인들에게 베트남 해방군이 서서히 점령군으로 느껴지기 시작한 것이었다.

행삼린의 정권은 과연 처음부터 독립적이었나 아니면 베트남의 지시에 따랐던 것인가 하는 것이 궁금하다는 질문에,

"비록 우리가 외국의 도움을 받았을망정 정부 구성은 우리들의 생각이었습니다.

우리는 삼두(三頭) 연합정부(시아누크, 손산, 크메르 루지)보다도 더 독립적이었어요.

시아누크, 손산 그리고 키우삼판 등이 1981 년 싱가폴에서 회합을 가졌을 때, 그들은 합의 각서를 만들지도 않았으며 또 그들에게는 아세안 국가들이 엄청난 압력을 주었지요.

그래서 그들은 정부를 "쿠알라룸푸르"에서 수립하였지요.

우리는 그들보다 훨씬 독립적이었습니다.

우리는 행삼린을 정당과 같은 연합전선의 의장으로 추대했지요.

뺀소반은 또 수상과 국방부 장관을 겸했습니다.

치아심은 내무부를, 나는 외무부를 맡았지요.

118

우리는 모든 합의를 원만한 방법으로 하였습니다.

나는 아세안 국가들이 삼두 연합정부를 만들게 압력을 준 이유를 알 것 같습니다.

그들의 얘기는 우리 행삼린 정부는 베트남이 만들어 준 것이기 때문에 의미가 없다는 것이었습니다.

우리는 그들 아세안 국가들이 시아누크, 손산 그리고 키우삼판 등과 무엇을 했는지 또 공식, 비공식으로 무엇을 건네주었는지 잘 알고 있습니다.

우리는 누가 더 자주적이었는지를 압니다.

그리고 누가 지도자였는지도 압니다.

삼두들이 외국인과 일하고 있는 때에 나의 주변에는 친한 외국인이 없었습니다".

1997 년 12 월 훈센에게 베트남군의 침략이 아니냐고 묻자 그는 바로 화를 내며 대답을 했다.

"그 말을 고쳐줬으면 좋겠어요.

우리는 같이 해방을 하였지 침략을 한 것이 아닙니다.

캄보디아를 침략한 여러 외국의 경우를 알 겁니다.

외국 군대가 캄보디아에 진군한 것은 새로운 사실이 아닙니다.

프랑스군이 그랬고, 일본군이 그랬고 그 다음에는 미군이, 남 베트남군이, 필리핀군이, 태국과 호주군이 들어왔었습니다.

간단히 말하자면 아세안 국가들이 캄보디아를 침략했던 겁니다.

그리고 그들은 또 삼두 정부와 크메르 루지를 지원하여 우리와 싸우게 했던 겁니다".

1978 년에 공산 베트남군은 캄보디아의 해방군 노릇을 하였지 1970 년 대의 베트남 공화국처럼 캄보디아를 약탈하고 파괴하지는

않았다고 한다.

"공산 베트남군이 아니었으면 우리는 다 죽었을 겁니다".

캄보디아의 불에 기름을 끼얹는 미국과 아세안 국가들을 비난하며 그는, "아세안 국가들이나 미국이 캄보디아를 가르칠 일이 없어요.

그들의 바로 인권 침해의 원인이고 캄보디아 파괴의 원인이었어요.

우리는 신세대에 대해 예의바르고 싶으므로 그런 말은 쓰고 싶지 않아요.

우리가 삼백만 국민을 일으켜 전쟁 보상을 하라고 시위를 하기를 원합니까?

우리는 침략이라는 말을 받아들일 수 없습니다".

"폴폿이 없었으면 캄보디아에 베트남군이 들어 올 이유가 없었죠.

그리고 아세안과 미국의 침략이 없었더라면 폴폿의 존재가 있을 수가 없었어요.

오늘(당시 1997 년 12 월 6 일) 나는 미국 대표단과의 회담을 취소 하였는데 미국의 충고를 받고 싶지 않아서입니다.

아니면 내가 그들에게 충고하고 싶어요.

서로 격한 말을 하지 않는 것이 좋으니 서로 안 만나는 것이 좋겠다고 말입니다.

왜 그들이 우리에게 인권에 대해 충고합니까?

나는 워싱턴에서 좋은 말이 나오지 않으면 계속 회의를 취소할 생각 입니다.

나는 국가를 대표하므로 개인의 충고를 받을 수가 없습니다.

나는 아세안 국가들의 충고를 기다리는 삼두 중의 하나가 아닙니다.

나는 비록 어리지만 우리와 같이 일을 했던 레유안, 레득토, 뉴엔 반린 같은 거두들과 동등합니다.

내가 그들에게 그들의 전문적인 것을 좀 달라고 하니 그들이 주었을 뿐이지 빚진 것이 없는 것입니다".

<u>베트남의 역할</u>

훈센은 그의 일곱 개의 눈으로 적의 동태를 항상 내다 볼 수 있다고 했다.

"나는 한 개의 캄보디아 눈과 여섯 개의 외제 눈이 있어요".

그는 1975 년 프놈펜 함락 전투 때 다쳐 실명한 왼쪽 눈에 러시아 및 일본 등에서 만들어 온 여러 개의 의안을 두고 농담을 하였다.

그들에게 대항하는 연합군들-폴폿, 시아누크, 손산-이 행삼린 정권과 그 조직, 훈센 정부, 등을 내쫓지 못하게 되자 화가 나서 마구 별명을 만들어 부르기도 하고 심지어 욕설까지 해 대었다.

훈센과 그의 정부는 그 모욕 속에서 고생을 하였다.

그 중에는 "베트남 의 종, 괴뢰, 꼭두각시, 매국노 그리고 애꾸눈" 등의 욕도 있었다.

캄보디아에 주둔하고 있는 베트남군은 "군사적 점령"으로 비난하였다.

수백 번 이런 말들의 전쟁이 오고 감에 따라 곧 이념 적으로도 횡설수설 이 되어 버려 정작 중요한 관심 거리인 집단 학살과 내전의 문제는 구름 속에 가려 버렸다.

이런 말들은 살인마 크메르 루지로부터 나라를 해방한 해방군들에게 경고하는 말로 쓰이면서 반대로 크메르 루지들에게는 유엔에 합법적인 의석을 차지 할 수 있게 면죄부를 주었다.

서방 진영과 대부분의 반공국가들은 크메르 루지를 지원하였다.

그들은 집단 학살에 대해 건치레적인 반응만 보였고 정의를 갈망하고 범인들의 처벌을 원하는 캄보디아 인들의 원성에는 귀머거리가 되었다.

이런 나라들은 그들과 관계없는 분노에는 면역이 되어 있었다.

시아누크가 이끄는 저항 세력들은 서방과 반공국가들이 이러한 분위기 를 변하지 않고 유지하기 때문에 마음대로 할 수 있다고 생각하였다.

이러한 사실은 훈센을 화나게 만들었다.

훈센은 언젠가는 크메르 루지가 재판에 회부될 것이라는 조그마한 희망이 그만 조용히 사그라져 버린 것이었다.

크메르 루지에 대한 부당한 그리고 비양심적인 주변국들의 지원에 경계심을 가지기 시작한 베트남군은 크메르 루지의 권력 부활을 막기 위하여 캄보디아에 더 주둔하기로 결정한다.

훈센은 사실 처음부터 두 가지의 큰 의문을 가지고 있었다.

베트남군이 캄보디아에 얼마 동안이나 주둔할 것인가?

점령이 혹시 해방 작전의 한 부분은 아닌가?

"회담에 의하면 베트남군들이 공격하고 나서 1979 년에 바로 철수 하기로 계획되어 있었습니다.

그러나 나는 레득토(당시 베트남 공산당 정치국원) 및 그 외 고위 관들에게 이렇게 얘기했는데, 만약 베트남군이 바로 철수해 버리면 폴폿이 다시 쳐들어 올 것이고 더 많은 사람들이 죽게 될 것이다.

그 때는 우리 군대는 폴폿을 이길 능력이 부족했다.

우리는 우리의 군사력을 키우고 또 경제를 키울 때까지 시간이 필요 하다고 했지요".

베트남의 도움이 없으면 프놈펜 정부는 지탱할 수가 없었을 것이다.

다행히 하노이는 지원을 주저하지 않았다.

베트남의 외무부 장관 인 뉴엔 꼬탁 은 1983 년 6 월 베트남과 중국 간의 정치적 문제가 합의 되고 나야 캄보디아 에서 군대를 철수 하겠다고 천명 했다.

이 약속은 중국이 크메르 루지에 대한 지원과 무기 공급을 중단할 때 14 만 베트남군을 캄보디아에서 철수하겠다는 것이었다.

이 때 외무부 장관으로써 결정적인 역할을 맡고 있던 훈센은 중국은 크메르 루지에 대한 지원을 계속하고 있는데 베트남군이 철수해 버리는 상황 하에 고립이 되는 것을 원치 않았던 것이다.

"사실 베트남군은 주둔을 원치 않았습니다.

그들의 잔류를 원한 것은 우리들이었지요.

단 우리는 1982 년부터 그들의 주둔 병력 감축은 동의하였습니다.

베트남군들이 병력을 감축하는 만큼 우리는 병력을 증강하는 계획 이었지요.

외무부 장관이었지만 이런 전술에는 관여를 했지요.

나는 1985 년 하노이에서 가진 캄보디아, 베트남, 라오스 세 나라의 외무부 장관 회담 때를 아직 기억 합니다.

그 때 우리는 10 년에서 15 년 사이에 베트남 군이 모두 철수 한다는 합의를 하였습니다.

p 026 프놈펜의 한 베트남군

123

그러나 캄보디아군의 발전과 시아누크와 본인과의 평화 회담이 진전을 보임에 따라 조기 철수를 단행한 것이지요".

그러나 베트남이 캄보디아를 식민지화하려 한다는 두려움이 남아있었다.

1983 년 6 월 방콕 포스트 신문의 보도에는 하노이 정부가 캄보디아에 다섯 가구 중 한가구는 베트남 가족인 "개발 촌락"을 만들었다는 내용이 있었다.

아주 믿을만한 군사 문서에서 나왔다고 주장한 방콕 포스트 신문에서 이런 마을이 바탐방과 꼬꽁, 그리고 베트남 국경지대에 인접한 성에 정착시켰다고 보도하였다.

또 신문에는 베트남 당국이 캄보디아 전 사회에 20%의 베트남 인들을 혼합시키려 한다고 하였다.

그리고 캄보디아의 행정부에는 상급 부서마다 베트남의 전문가들이 침투하여 프놈펜 정부의 공무원들을 철저히 감시를 하고 지도를 하고 있다고 했다.

3 년 뒤인 1986 년 5 월, 중국의 신화사 통신은 캄보디아 정부는 비밀 번호가 붙여진 베트남 고문관 및 전문가들의 위원회가 뒤에 있다고 하고 그들이 없으면 캄보디아 정부는 하루도 못 버틸 것이라 하였다.

또 하노이는 캄보디아를 통치하는 보이지 않는 실체인 암호 번호 478 이라는 "캄보디아 실무 위원회"를 조직하였다고 하였다.

또 신화사 통신은 이 위원회가 행삼린 정부와 군대를 고문관들을 통하여 조종하고 있다고 했다.

훈센은 캄보디아 땅에 베트남군이 계속 주둔해야할 필요성을 절실히 느끼고 있었다.

그들은 크메르 루지를 벌주고 또 싸우기 위해 있는 것이지 식민지 통치자로 있는 것은 아니었다.

여기에서 베트남은 캄보디아 진군에 따른 국제 여론의 반응을 잘 못 계산하였다.

집단 학살 정권을 축출할 때 다른 강대국이 지원을 해 줄 것을 기대하였다.

그러나 지원은 전혀 없었고 오히려 국제 사회는 크메르 루지를 치료해 주어 소생케 하고 다시 저항군을 조직할 수 있게 도왔다.

서방국가들도 빈약했던 베트콩에게 얻어 맞아 패전한 미국의 복수에 눈치를 보며 동참하고 있는 것을 느꼈다.

미국은 중국이 대학살 집단 크메르 루지를 지원하는 것을 묵인하겠다고 하였다.

하노이는 지루하고 지출이 많은 분쟁에 휘말려 가고 있음을 느꼈다.

이러한 현실이 명확해 지자 베트남은 주둔군을 18 만에서 20 만 명까지 증가시켰다.

1980 년 초에 베트남군 장군 레유안의 대 캄보디아 작전이 발표되었다.

이 작전은 캄보디아 국경을 따라 저항군의 거점을 다섯 단계로 나누어 공격하는 것인데 암호명 K-5 라 하였다.

전반적인 이 계획은 태국과의 국경 봉쇄, 저항군의 격파 그리고 프놈펜 정부군의 재건 등으로 많은 지출을 요구하는 작전이었다.

하노이는 캄보디아의 실황을 피를 뽑아내는 것과 같았는데 나누어서 회복을 시작하는 단계라고 평하였다.

베트남이 처음 심각하게 철군을 생각하게 된 징후는 훈센의 친구이며 동맹인 인도의 수상 라집 간디가 1985 년 하노이를 방문하였을 때의 일이었다.

라집은 하노이 정부가 1990년까지 철군을 마치는데 동의하였다고 확인하고 어쩌면 더 빠를지도 모른다고 했다.

어떻든, 철군은 더 일찍 1982년부터 시작이 되었다.

하노이가 단계적인 철군을 시작할 때 어떤 군사 전문가는 교대라고 하며 일축하기도 했다.

외부 전문가들은 캄보디아 내의 베트남군 병력을 1987년에 14만 명에서 1988년에 10만 명, 그리고 1989년에 6만 명까지 감축했다고 보았다.

베트남군의 철수는 마침 러시아 외상 "셰바르드나제"가 1987년 5월에 소련이 아프가니스탄에서 22개월에 걸친 철군 작전을 성공리에 마친 것을 본보기로 베트남군의 캄보디아 철군에 응용을 하면 캄보디아 분규 해결에 무리가 없을 것이라는 제안을 하고 나서 가시화 되었다고 볼 수 있다.

여기에 가장 결정적인 것은 1989년 파리에서 훈센이 선언한 것으로 캄보디아의 분규가 해결이 되던, 안되던 간에 베트남군은 1989년 9월까지는 전면 철수를 하여야 한다고 한 것이었다. 배짱이었다.

크메르 루지들이 철군을 못하게 공격하지 않을거라는 확신이 있었던 것이다.

"우리는 베트남군 철수를 1991년 파리 평화협정 체결 훨씬 이전에 끝내었습니다".

그는 또 베트남군이 철수한 뒤에 그의 정부가 스스로 살아남아야 하는 시험을 치러야 할 것에 깊은 관심을 가지고 있었다.

훈센의 계산과 배짱을 모르는 외교관들은 훈센이 오랫동안은 자력 방어를 하지 못할 것이고 크메르 루지가 다시 재 득세를 할 것이라는 추측도 하였다.

심지어는 훈센의 수명이 크메르 루지의 탱크가 태국 국경에서 프놈펜 까지 오는 시간 동안일 것이라는 농담까지 하였다.

그러나 그는 마지막 철군을 하더라도 국가는 안정을 유지할 수 있다고 자신하였는데 그것은 지난 여섯 번의 단계적 철수 때에도 전혀 소요가 없었기 때문이었다.

1983 년 5 월 연합 통신은 베트남군의 단계적 철수를 보도 하였었는데 프놈펜에서 철군을 확인하고 보도진들은 헬리콥터로 베트남 국경까지 가서 베트남군이 정말 베트남으로 가는지를 취재할 수 있었다.

그 때 1 인 당 220 달러의 헬리콥터 요금을 받았는데 처음 두 대의 헬리콥터만 국경으로 가서 철군 잔치를 볼 수 있었다.

버스를 탔던 사람들은 늦게 출발하는 바람에 그 잔치를 놓쳤다.

두 번째 헬리콥터 승객들은 욕심의 희생이 되었는데 미국 달러에 욕심이 난 담당자들이 표를 너무 많이 팔아 버렸다.

그래서 프놈펜 공항에서부터 서로 타려고 옥신각신하다가 역시 늦게 출발하여 그 잔치 구경을 놓쳤다.

1989 년 베트남군의 철군은 세계적인 이슈가 되어 프놈펜의 공원에 취재 본부를 차리고 많은 기자들이 몰려들었다.

왜냐하면 가동 중인 호텔이 몇 개 안 되었기 때문이었다.

신문에는 웃는 베트남군들이 탱크 위에 앉아있는 사진이 실렸고 정말 10 년 만에 영원히 철군하는 것 같았다.

약간의 베트남인들이 캄보디아 고문단으로 남았다는 풍문에,

"그것은 잘못된 표현입니다.

우리는 군대, 경제 등에 우리 스스로 믿을만한 준비를 하였습니다.

그리고 베트남의 정치 고문단들은 군대의 철군보다 1 년 먼저
1988 년에 이미 철수했습니다.

왜 그렇게 했는지 아십니까?

우리는 전투를 도와 준 베트남군으로부터 이익을 얻었습니다만
그들의 생각은 믿을 수가 없었기 때문입니다".

1988 년 2 월 시아누크와의 두 번째 평화 회담을 위해 프랑스로 가는
길에 훈센은 걱정이 되어 베트남에 들렸다.

그는 그의 걱정을 베트남 공산당 총 서기장인 뉴엔 반린에게 털어
놓았다.

그래서 정치 고문단을 군대보다 먼저 철수시키기로 합의를 보았다.

1979 년에 온 베트남 고문단들은 1988 년 6 월과 8 월 사이에
단계적 으로 철수하였다.

p 027 철수하는 베트남군 탱크가 프놈펜 시내 기념행진을 하고있다.

그러나 시아누크 동맹군의 주장에 의하면 약 7 만에서 8 만 명의 베트남 군이 캄보디아 민간인으로 위장하여 남아 있었다고 한다.

그리고 베트남의 민간인 고문단이 계속 프놈펜 정부 각 부서의 업무를 간섭하였고 캄보디아 공무원들은 그 후에도 2 년을 더 하노이에서 교육을 받았다고 주장하였다.

"베트남 고문단의 임무는 1990 년대에 캄보디아에서 활동을 하던 다른 외국 고문단(대사관이나 외국의 단체 등)의 임무와 흡사 했습니다.

나의 느낌은 이 외국 고문단들은 베트남 고문단 보다 도 더 심하게 내정간섭을 하였다는 것입니다.

그들은 그들이 충고하는 것만 동의하였고, 그 뒤는 우리 캄보디아 인이 결정하도록 맡기고 가 버렸습니다".

다른 아시아의 지도자들처럼 훈센도 서방 정부나 그들의 지역 전문가 들로 부터 설교를 듣는 것을 용납할 수가 없었던 것이다.

"캄보디아에 온 서방 고문단들은 -만약 우리가 그들의 잔소리를 듣지 않으면- 지원을 중단 해 버렸습니다.

서방 고문관들도 그들이 비난했던 베트남 고문단이 한 짓과 같은 짓을 했었는데 마치 그들이은 캄보디아 주인인 것 처럼 행세했습니다.

그들은 베트남이 캄보디아를 점령했었다고 애기합니다.

그러나 사실은 베트남은 우리에게 많은 것을 해 주었습니다.

베트남의 역할 중 가장 중요했던 것은 폴폿 정권이 다시 일어나지 못하게 막은 것입니다.

정치적인 면에서는 모든 결정은 캄보디아인인 우리가 했던 것입니다".

베트남군은 철수하기 전에 프놈펜 정부에 엄청난 양의 군수물자를 두고 갔고 소련도 많은 물자를 원조해 주었다.

베트남 국방부 국제 교류부의 부 쑤안빈 장군은, 하노이 정부는 캄보디아 정부에게 군수물자 낭비를 막기 위하여 대규모 공격은 하지 말고 저항군이 공격을 할 때만 반격하라고 했다 한다.

유엔의 군사 감시단은 베트남의 특수부대가 그 후에도 캄보디아 영내 에서 부분적인 작전을 수행했다고 주장하였다.

1992 년까지 베트남 정예 부대가 시엠립에 남아 있었다고도 주장하였다.

일부 신문 보도에 따르면 1991 년 3 월에 베트남군이 크메르 루지 잔당을 격퇴하기 위하여 캄폿 성에 들어왔다고도 한다.

1991 년 4 월 미 국무 장관의 보좌관이었던 "리처드 솔로몬"은 국회 청문회에서 적어도 5 천에서 1 만여 명 사이의 베트남 군사 고문단을 남겨두고 있다고 증언했다.

또 베트남은 수시로 캄보디아에 군대를 출입시키며 특정한 작전을 수행하고 있다고도 했다.

행삼린과 훈센은 맹목적으로 베트남 식을 따라 기업 주식의 많은 부분을 국가에서 가지고 있는 공산주의식 경제 제도를 따랐다고 해서 비난을 받았다.

"베트남과 캄보디아의 경제 체제는 같지가 않지요.

우리에게는 베트남의 경제 고문들이 몇 명 있었는데 사실은 캄보디아의 경제는 베트남과 같지가 않습니다.

그들의 의견을 듣고 결정은 우리가 했지요.

그러나 지금은 우리가 서방 고문단의 말을 듣지 않으면 원조를 중단 하거나 아니면 신문지상에 떠들어댔습니다".

베트남이 캄보디아에서 수백만 달러에 해당하는 자원을 실어냈다는 소문이 떠돌았다.

그리고 주둔 기간 동안 목재와 고무를 내 갔다고도 하였다.

그러나 훈센은 이를 부인하였다.

"그것은 사실이 아닙니다.

양국간의 무역은 공정히 이루어졌습니다.

베트남은 캄보디아에서 나무와 고무를 다른 나라가 지불하는 금액과 같이 지불했습니다".

베트남은 캄보디아 사태에 많은 피를 흘렸다.

1989 년 그들이 철군한 뒤 베트남 장교들은 그들의 인명 손실에 대한 분쟁 보고서를 작성하였다.

추정에는 약 4 만에서 5 만여 명이 1978-1988 년 사이에 캄보디아에서 죽거나 부상당했다.

하노이의 국회에 제출된 보고서에는 67,000 명이 10 년 동안의 캄보디아 전투에서 죽거나 부상당했다고 되어있다.

가장 많은 피해자를 주장하는 보고서는 "뉴엔 반 타이"소장이 작성한 보고서에 55,300 명이 전사, 110,000 명이 중상으로, 그리고 55,000 명이 경상으로 도합 220,300 명의 인명 손실을 주장하고 있다.

우연히도 월남전에서 입은 미국의 인명 손실과 비슷하였다.

프놈펜 정부는 베트남에 큰 빚을 진 것 같았다.

총 서기장 행삼린은 1985 년 10 월 캄푸치아 인민혁명당 5 차 전당대회에 대한 보고서 상에서 말하기를,

"캄보디아는 베트남, 라오스, 소련과의 동맹 관계를 더욱 돈독히 하여야 하는데 이러한 동맹 관계야 말로 성공적인캄보디아 혁명을

보장하는 "법"과 같은 것이다"라고 하였다.

행삼린은 베트남군이 주둔하는데 대해 의심을 가지고 있던 국민들의 정서를 돌리기 위해 노력하였다.

행삼린은 캄보디아와 베트남간의 우정에 금을 내는 좁은 마음의 맹목적인 배타주의 "쇼비니즘"을 버리라고 국민들에게 설득하였다.

그러나 많은 캄보디아인들은 하노이 정부가 캄보디아 정부의 공문서에 도장을 찍는 것을 놀라움과 혐오감을 가지고 보았다.

정부의 각 부서와 사무실은 항상 캄보디아 공무원과 베트남 공무원이 같이 책임자로 있었다.

분노는 1985 년에 베트남군이 캄보디아 군인의 징집을 강제로 한다는 사실이 노출되고 부터 싹 텄다.

그러나, 크메르 루지에 의하여 완전히 말살되어 버린 교육 제도를 베트남의 교육 전문가 들이 다시 부활시킨 것은 혹평 을 하던 캄보디아 인들도 인정 하였다.

반 베트남의 동기는 두 나라 간의 깊은 불신임 속에 그림자 처럼 도사리 고 있었다.

제 5 장 출세

정치 훈련

훈센의 가족과 친구들은 훈센이 불신과, 놀라움과 존경 속에 정치계에서 급속히 커 가는 것을 지켜보고 있었다.

한편, 한 때 권력을 휘둘렀던 노로돔 왕가와 크메를 루지는 재집권의 욕망 속에서 충격을 받았고 또 당황하고 있었다.

제대로 교육도 받지 않은 빈농 출신의 젊은이가 독립 캄보디아에 가장 강한 지도자로 떠오른 것이다.

그는 권력 방정식을 고쳐 쓰고 있었고, 미군의 캄보디아 폭격을 유발시키고 또 이어서 대 학살 의 시대가 벌어지게 한, 1970 년대에 터무니 없는 외교 정책을 폈던 시아누크 독재 집권의 아픈 기억들을 지워가고 있었다.

그의 정치적 진보는 스물일곱 살 때 외무부 장관이 되면서부터 시작하였고 처음 정치 입문은 1978 년 12 월 2 일 조직된 연합전선의 초기 임원이 되고서부터 였다고 할 수 있다.

"연합전선이 조직되기 전에 나는 이미 폴폿의 마수에서 벗어나 메콩강 동쪽 지역의 저항운동을 지휘하고 있었지요.

나는 정치단체와 군대를 동시에 재건하는 정치 지도자 및 군 지휘관의 두 가지 위치를 가지고 있었습니다".

그러나 그는 정치에 빠지는 것은 썩 마음에 내키지 않았었다.

크메르 루지를 축출한 뒤 소위 건국 위원회나 같은 공산당으로 프놈펜에서 조직된 "캄푸치아 인민 혁명 위원회"에서 그에게 외무부 장관을 건의했을 때 처음에는 거절하였다.

p 028　베트남의 뉴엔 반 타이 장군

그는 외교에 대한 전문 지식이 없었고 또 역량도 부족하다고 겸손하게 생각하였던 것이다.

그러나 원로들이 설득을 계속하자 마지못해 수락을 하여 1979 년 1 월 7 일 그는 외무부 장관이 된 것이다.

"나는 이런 직책에 대한 교육을 받은 일이 전혀 없었기 때문에 3 개월 간의 견습 기간을 주면 응하겠다고 했습니다.

월급으로 쌀 10 킬로그램, 옥수수 6 킬로그램 도합 곡식 16 킬로 그램을 받았지요".

밤사이에 이 혁명가는 건국 위원회의 위원이 되었다.

또 장관이라는 직책에 따르는 새로운 책임을 감당 하기 에는 너무 힘들었다고 한다.

"나는 전혀 전문성이 없다보니 국제적 문제의 복잡한 이슈를 이해하고 처리하는 데에 많은 어려움을 겪었습니다.

그러나 단련을 통하여 이러한 복잡한 것들을 처리할 수 있었습니다.

그래서 처음에는 외무부 장관직을 거절했던 것이고 나중에는 석 달 동안 견습 기간을 달라고 했던 것이죠.

그래도 운이 좋았던 것이, 외교에 대한 경험과 지식이 풍부한 몇 명의 캄보디아 고위직 사람들이 수시로 나를 도와주었거든요.

나 자신도 국제 문제를 열심히 공부하고 연구하기로 결심하였지요".

훈센은 국제 외교관으로서의 첫 데뷔를 1979 년 6 월에 스리랑카의 콜롬보에서 열린 비동맹 국가 회의에서 하였다.

그는 침착하게 첫 임무를 수행해 냈다.

"스리랑카도 캄보디아처럼 분쟁이 심한 곳이었습니다.

그 당시에 우리는 비동맹 국가 회의의 의석을 차지하고 있었지요".

스리랑카로 가는 길에 그는 캄보디아와 매우 밀접한 2 개국을 인정과 지원을 받기 위해 방문하였다.

처음에 베트남을 방문하고 다음에 소련을 방문하였다.

스리랑카 회의 때에 캄보디아는 남아시아의 대국인 인도와 외교 관계가 수립되어 있지 않았는데 당시 인도 수상 모라지 데사이는 베트남군이 철수하기 전에는 프놈펜 정부를 인정하지 않겠다고 하였다.

"외교 관계는 수립되어 있지 않았지만 인도는 우리의 회의 참가를 거부 하지 않았지요.

나중에 인드라 간디 여사가 1980 년에 권력을 잡은뒤에 인도는 결국캄보디아를 인정하였고 외교 관계를 맺었지요".

인도의 "모라지" 정부는 1979 년 11 월의 유엔 회의에서 뜻 밖에도 캄보디아를 지지하여 주었는데 상정된 캄보디아 의안의 의사 진행은 아세안 국가들과 인도지나 반도 국가들이 참여하여야 하며 불필요한 간섭을 피하기 위하여 그 외 국가들은 물러나 있어야 한다고 주장하였던 것이다.

아세안 국가들은 이 인도의 제안을 지지하지 않았는데 지역적인 소 회의에서는 하노이에서 베트남에 이익이 되는 방향으로 회의를 연출해 버릴 것이 뻔하였기 때문이다.

인도의 카드는 캄보디아에 매우 중요하였다.

인도야 말로 고립된 프놈펜 정부를 지지하는 유일한 반공 국가였기 때문이다.

그런데 베트남의 팜반동 수상이 인도에게 프놈펜 정부를 외교적 으로 인정해 달라는 요청을 하자 인도의 새로운 수상이 된 "인드라 간디" 여사가 거절을 해 버려 캄보디아의 희망이 또 좌절되어 버렸다.

간디 수상이 기분이 나빴던 것은 마치 캄보디아를 인정해 달라는 베트남의 수상의 압력을 받는 것 같이 외부에 보였기 때문이었다.

그러나 팜반동은 1980 년 4 월 뉴델리를 방문했을 때 아주 중요한 것을 얻었는데 간디 수상은 프놈펜 정부의 인정에 있어 전임 수상 모라지의 조건이었던 베트남 철군 문제를 더 이상 거론하지 않기로 한 것이었다.

팜반동 수상의 인도 방문 3 개월 뒤인 1980 년 6 월에 캄보디아는 인도와 외교 수립을 하였다.

인도의 외무부 장관 "나라쉬마라오"는 혹독한 시련을 겪은 캄보디아는 국제 사회로부터의 모든 가능한 지원을 필요로 하고 있다고 호소하였다.

이 호소보다도 더 놀랍도록 반가웠던 것은 간디 정부가 프놈펜 정부를 인정하겠다는 언질을 미리 주었던 것이다.

반공국가로서는 처음인 인도로부터 외교적인 인정을 받은 새 캄보디아 정부의 가장 중요한 승리는 서방과 아시아 반공 국가들이 프놈펜 정부에 둘러 친 고립의 경계선을 뚫었다는데 있었다.

인도는 베트남과 그 튼튼한 맹방인 소련의 압력을 받은 뒤에 마음이 누그러졌던 것이었다.

p 029 팜반동 당시 베트남 수상

우방국을 확보하려는 캄보디아의 노력은 대부분의 친미적인 서방 국가들과 동남아시아 국가들의 거부적인 장애에 부딪혔다.

훈센은 외교에서는 발톱을 감추어야 한다고 생각했다.

1979 년 6 월 14 일자 캄보디아 일보 신문에서는 훈센이 스리랑카를 처음 방문했을 때 그 곳 관리들과 회담을 했었으며 거기에서 베트남, 라오스, 쿠바 그리고 기타 몇몇 비동맹 국가들의 대표들을 만났는데 모두들 크메르 루지 정권에 대해 냉정한 비판을 했다고 했다.

애기할 차례가 되자 훈센은 캄보디아의 국영 신문인 "극동 경제 신문"과 그 외 다른 나라에서 온 기자들에게 이야기를 시작하였다.

캄보디아를 해방시킨 것, 지루했던 투쟁, 폴폿 도당의 축출 등을 설명하였다.

또 격한 어조로 폴폿과 이엥사리를 "중국 제국의 노예로 침략에 앞장서서 3 백만 이상의 사람들을 학살하고 또 그 대량 학살에서 겨우 살아남은 4 백만의 사람들도 고문하고 혹사시켰다"라고 비난하였다.

브리핑이 끝나고 훈센은 기자들에게 크메르 루지의 범죄적 행위를 담은 기록 영화를 보여주었다.

한편 집에서는, 정말 처음으로 젊은 훈센 가족들의 가정은 화목한 분위기를 가졌다.

그러나 아내는 외무부 장관으로의 새 직업에 대한 마음의 걱정은 가지고 있었다.

"그녀는 내가 정치에 개입하는 것을 싫어하였기 때문에 편하지가 않았어요.

나더러 사표를 내고 시골로 가서 농사나 짓자고 권하기도 했어요.

그 당시 나는 나라를 위하여 일을 하는 것이었으므로 거절하였지요.

아내는 정치로 인한 재난에 넌저리가 났던 거죠".

재 상봉을 한 가족은 독립 기념탑 앞의 사택을 할당받아 서둘러 안주를 했다.

"당시에 외무부 장관의 집이 따로 있지는 않았습니다만 프놈펜에는 거의 집들이 비어 있었습니다.

누구나 집을 공짜로 선택할 수 있었지요.

만약 내가 원하기만 했다면 300 채 이상의 집을 가질 수도 있었습니다".

표면적으로는 그의 생활에 아주 적은 변화가 있었다.

빈약한 의원 봉급을 받았고 같은 집에서 수년간 살았다.

나중에 1990 년이 되자, 부활한 언론들이 공격적으로 되어 다른 비판과 함께 그의 캄보디아 국가(State of Cambodia=SOC) 정부가 불법적으로 다른 사람의 재산과 부동산을 점령하고 있다고 비난했다.

훈센은 부동산 소유권 분규는 도시민을 강제 소개시키고 사회구조를 뒤집어 버린 폴폿 정권의 유산이라고 설명했다.

"1979 년 1 월 7 일 프놈펜을 해방하고 나서 보니 프놈펜은 사람이 살지 않는 유령의 도시가 되어 있었습니다.

많은 집주인들이 처형이나 강제 노동소에서 죽어 버렸지요.

또 아무도 집문서를 가지고 있는 사람이 없었어요.

사람들이 프놈펜에 돌아오기 시작하면서부터 그들은 일터에 가까운 아무 집이나 골라서 살았어요.

해방된 사람들이 하나 둘씩 돌아오면서 정착을 했지요.

이러한 과정은 돌이킬 수 없는 상황이 되어버렸고 우리에게 소유권 불정정의 기본적인 대책을 강구하도록 하였는데 마치 식민지에서 독립한 아프리카 국가들의 경우와 같았지요.

이러한 경우는 만약 소유권 정정을 해 주게 되면 새로운 점유자와 과거 소유자간에 큰 싸움이 생기게 될 것이고 전국은 또 한번 민족 대 이동의 상황이 벌어질 수가 있겠지요".

사실 그 때 욕심 많았던 사람들은 요새 부동산 거부가 되었다.

그의 일은 결코 쉽지가 않았다.

국가는 필사적으로 융자를 얻어 와야 했지만 훈센은 월드 뱅크의 높은 문턱을 통과할 수가 없었다.

캄보디아는 그 때 베트남의 지원을 받는다는 이유로 대부분의 서방 반공국가들이 행삼린 정권을 벌주기 위해 집행한 경제 봉쇄에 걸려 있었다.

반공국가들의 제 1 의 적은 미군을 격퇴한 공산 베트남 이었다.

훈센은 정부가 국제 금융으로부터 융자를 받는 것이 불가능하다는 것을 알자 할 수 없이 소련, 쿠바, 베트남 그리고 인도에 의존하기로 결정한다.

"그 때는 냉전과 이념 전쟁의 시대로 동, 서 두 진영간의 분쟁 시대 였습니다.

사회주의 진영 국가들이 폴폿의 재집권을 막기 위하여 우리에게 경제적 및 군사적인 지원의 손길을 뻗치고 있을 때 서방 진영은 우리들에게 부당한 처벌을 한 것입니다".

유엔 가입을 위하여 노력하는 것은 우이독경(牛耳讀經)이나 같았다.

"우리는 대학살로부터 살아남은 캄보디아 국민들에게 공정하게 대우해 달라고 모든 수단을 다 동원하여 유엔에 요구하였습니다.

그런데 정 반대로, 몇몇 국가들의 압력에 의해 유엔의 캄보디아 의석에 폴폿 정권의 대표가 앉아 버렸지요".

이 비극은 웃지 못할 정도로 변질되어 갔다.

서방과 아시아의 반공국가들은 베트남을 응징하기 위하여 베트남의 지원을 받는 캄보디아에게도 벌을 가했다.

이 과정에서 그 나라들은 대학살 정권인 "민주 캄푸치아"(크메르 루지 의 공식 이름)를 유엔 의석에 그대로 앉아 있게 해 주는 것을 도덕적 으로도 받아들일 수 있다고 생각한 것이다.

한편 본국에서는 크메르 루지가 남겨 놓은 속이 썩어 버린 경제가 그대로 방치되어 있었다.

1979 년 3 월, 프놈펜의 사람들은 나무뿌리, 야생 열매 및 나뭇잎을 먹으며 연명해야했다.

수백만 헥타의 논은 전쟁으로 인해 방치되어 있었다.

마실 물도 없었고, 전화도, 우편도, 수송 수단도, 시장도 그리고 화폐도 없었다.

어려움을 극복하기 위하여 때때로 정부는 쌀과 밀가루를 배급하였다.

8 월이 되어서야 행삼린 정부는 년 말 안에 화폐 경제를 다시 살리고 화폐를 발행할 준비를 하고 있다는 소식이 흘러나왔다.

통신은 정말 심각했다.

외부에서는 캄보디아와 아무런 연락을 할 수가 없었다.

훈센이 외무부 장관이 되자 1975 년에 발간되었던 캄보디아의 첫 신문이 복간되었다.

정부 소유의 이 신문은 8 쪽이었는데 4 쪽은 사진이, 그리고 4 쪽은 새 정부의 정책이 주로 게재되었다.

이 정치면이 게재되기 시작 한지 한 달이 되었을 때 행삼린은 인터뷰를 하였는데 그의 시급한 임무는 국민들에게 필요한 기본 생필품을 공급 하는 것과 크메르 루지의 잔당들을 처벌하는 것이라 했다.

이 인터뷰는 마침 국가적으로 처음 방문하는 외국 지도자인 팜반동 베트남 수상이 양국간의 우호를 다지기 위한 캄보디아의 지도자들과의 공개적인 회합을 위해 프놈펜을 방문한 때에 맞추어 동시에 발표 되었다.

그러나 행삼린은 다른 목적도 있었다.

그의 당면한 관심거리는 대학살 이후 고향을 찾아 밀려드는 수백만 국민들에게 식량과, 집과, 옷과 의료 지원을 해야 하는데 있었다.

시아누크가 복권을 위하여 싸우겠다는 의지를 처음 표명한 것은 1979년 파리에서 캄보디아 연립정부를 수립하겠다고 발표 하면서 부터였다.

시아누크가 연립정부의 참가자로 제안한 크메르 루지와 손산을 프놈펜 정부는 "더 이상도 더 이하도 아닌 꼭두각시"라고 못 박았다.

훈센은 시아누크가 폴폿 정권 때 꼭두각시 국가 원수를 맡았던 일을 잊지 않고 있었다.

또 크메르 루지가 발달하는 데에 결정적인 역할을 했던 것도 알고있었다.

단호한 훈센은 크메르 루지와 동맹을 맺으려고 시도하는 두 망명 지도자들인 시아누크나 손산과 대화한다는 발상조차도 거절하였다.

시아누크를 존경하여 게릴라에 가담했던 훈센은 인제 대단히 커 버린것이었다.

그 즈음에, 훈센은 캄보디아의 외교 정책에 있어서 유능하고 강력한 대변자가 되었고 이러한 빠른 발전을 정치계의 우두머리인 행삼린, 뻰소반, 치아심 등이 모를 리가 없었다.

그래서 1981년에 훈센은 부수상의 직책을 더 임명받아 외무부 장관직과 겸하게 되자 더 자신감이 생긴 훈센은 뉴델리까지 먼 여행을 떠났다.

그 곳에서는 인도의 정치가들, 외무부 공무원들이 한 동료나 같아서 편하고 친구들 같은 분위기를 느낄 수 있었다.

1981 년 8 월, 6 일간의 인도 방문중에 그는 인도지나 반도 3 국과 아세안 국가들을 한 지역 회의와 또 나중에 미국과 중국을 포함한 강대국이 참가하는 국제 회의를 통하여 캄보디아의 문제를 해결하는 2 단계 작전을 발표하였다.

한달 뒤 시아누크는 싱가폴에 가서 손산과 키우삼판을 만나서 프놈펜 정부와 그 배후 베트남에 대항하는 연합군을 만들기 위하여 첫 공식 회합을 가졌다.

프놈펜 정부는 이 회합을 가리켜 "중국과 미국이 만든 새로운 한 단막극"이라고 논평하였다.

그리고 이어서, "캄보디아 국민을 배반한 시아누크, 손산, 키우삼판 등의 망설(妄舌)은 그들의 이익만을 위한 것이므로 일말의 가치도 없는 것이다" 라고 했다.

훈센은 갑자기 프놈펜 정부를 대변하는 얼굴이며 목소리가 되었고 시아누크의 선전에 대한 반격을 이끄는 주도자가 되었다.

세계에서 가장 어린 이 외무부 장관은 그가 곧 세계에서 가장 어린 수상이 될 것이라는 것은 전혀 생각지도 않고 있었다.

33 세의 정상

수상 "찬시"의 갑작스런 죽음으로 훈센이 그 자리에 오를 수 있는 길이 터졌다.

공산당이라는 피라미드 구조의 경사를 놀라울 정도로 빠르게 올라가 찬시가 심장마비로 사망한지 두 주가 되는, 또 외무부 장관이 되고 6년이 되는 1985년 1월, 그는 수상으로 선출이 되었다.

이 때 그의 나이는 서른셋이었고 "캄푸치아 인민혁명당"(KPRP)을 이끄는 일곱 명의 정치국원 중 서열 다섯 번째가 되었다.

스스로의 설명으로는 그의 승진이 게릴라의 지휘 능력, 지휘관으로서의 자질 그리고 나중에 연합전선을 구축한 공로 등이 이론적인 최고 점수를 받았다고 했다.

"당을 이끄는 동지들은 1984년 찬시 수상이 서거하자 4대 수상으로 나를 신임하였지요".

그의 승진은 당의 원로 지도자들인 헹삼린, 치아심, 사이푸탕, 체아솟, 보우탕, 떼반, 사이춤, 사켕 등과 또 선배 지식인층인 호남홍, 쳄 소눈, 쁘렉피룬, 마이사메디 등 및 후배 지식인들의 지지가 없이는 상상할 수도 없었던 것이다.

p 030 베트남과 훈센에 항거하는 연합군을 결성하는 시아누크와 손산

143

그는 캄보디아에서 또 세계에서 두 개의 기록을 깼는데 1985 년 초, 서른 세살에 국회의 비밀투표에서 만장일치로 세계 최연소 수상으로 선출된 것이다.

"캄보디아의 지도자가 국회의 비밀 투표에서 100% 지지표를 얻을 수 있다는 것은 캄보디아 역사에서만 있을 수 있는 현실이었습니다. 선배 수상이었던 뻰소반이나 찬시의 경우에는 약간의 반대표가 있었지요".

뻰소반은 1981 년 7 월에 수상으로 선출되었고 그 다음해에 찬시가 뒤를 이었다.

친 베트남파인 뻰소반은 당 총서기를 6 개월 더 맡았다가 사임하였다. 그 외에 그는 부통령, 국방부 장관, 국무회의 의장 등을 역임하였었다. 그는 행삼린과의 이념 차이로 인해 개인적인 마찰이 생겨 관직을 물러난 피해자로 생각되었다.

뻰소반은 KPRP 에 매우 충성심이 강했는데 인도차이나 공산당(ICP) 출신으로 프랑스 식민 시대와 일본군의 점령 시대 때 아주 중요한 역할을 해 냈었다.

KPRP 는 ICP 가 1951 년에 해산되면서 캄보디아, 베트남, 라오스 등 3 국의 공산당으로 재편성될 때 창당되었었다.

KPRP 는 1962 년에 친 중국파와 친 소련파로 갈라지게 된다.

폴폿은 친 중국파를 이끌었는데 자연히 반 소련파였다.

1979 년 1 월에 폴폿을 밀어내고 친 베트남에 친 소련파인 뻰소반이 프놈펜의 지도자가 되자 두 파는 영원히 갈라지는 꼴이 되었다.

뻰소반은 65 명의 정 위원으로 구성된 KPRP 의 중앙 위원회에서 제 1 서기장으로 선출되었었다.

뻰소반은 1981 년 5 월 26-29 일 사이의 제 4 차 전당대회에서 그가 배반자라고 혹평을 일삼던 크메르 루지 출신의 공산당원들을 당으로 부터 거리를 두었다.

전당대회에서는 폴폿의 "반동적인 극단 국수주의"를 없애고, 개인 숭배를 없애고 마르크스 레닌주의에 입각한 강력한 당을 건설하기로 결정하였다.

행삼린이 1981 년 12 월에 갑자기 당 지도자인 뻰소반을 해임하자, KPRP 의 친 베트남 적인 위치는 더욱 뚜렷해진다.

뻰소반은 숙청되었고 12 월에는 체포되어 사실상 하노이로 추방 되었는데 그 이유가 베트남에 충성스럽지 못하다는 것이었다.

베트남인의 호송 하에 그는 하노이로 가서 7 년간을 감옥 생활을 하였고 또 그 이후에 3 년간을 더 자택 연금을 당했다.

1997 년 프놈펜 포스트와의 회견에서 뻰소반은,

"나는 15 평방미터의 감옥 안에 있었지요.

P 031 외무부 장관 시절 훈센이 안경쓴 수상 찬시와 나란히 서 있다.

145

바깥세상과는 완전히 차단되었었고 한 달에 겨우 5 달러의 식생활비를 주었습니다.

훈센과 또 다른 고급 간부들은 나의 투옥이 푸탕 때문이라고 하더군요". 라고 했다.

프놈펜의 국회에서는 1982 년 초에 찬시를 수상으로 뽑았다.

그 당시 훈센은 외무부 장관의 자격으로 프랑스를 방문중에 있었다.

그 해에 또 훈센은 소련을 방문하였고 흑해에서 휴가도 보냈었다.

뻰소반이 자신이 투옥된 이유를 묻자 1982 년 2 월 12 일 "사이푸탕"이 서명한 회신이 전달되었다.

회신에서는 그의 죄를 "편협한 사고에, 극단적인 국수주의 사상과 반베트남 적 성향"이라고 했다.

그리고 그러한 이유 때문에 그가 캄보디아로 올 수 없다고 KPRP 는 대답했다.

뻰소반이 충분한 "재교육"을 받았다고 생각되자 하노이 정부는 1992 년에 그를 집으로 보냈다.

그는 KPRP 가 다시 당명을 바꾼 캄보디아 국민당(CPP)에 입당 신청을 하였지만 믿을 수가 없었기 때문에 거절당하였다.

그는 계속 입당을 원했지만 계속 거절당하다가 1994 년에야 "타께오" CPP 지부에 고문의 자리를 겨우 얻을 수 있었다.

그러나 다음 해에 프랑스에서 교육을 받은 기업가인 "삼랑시"가 창당한 "크메르 민족당"에 그가 가입하려 한다는 소문을 듣자 그의 충성심을 또 의심하기 시작했다.

"삼랑시"는 1960 년대 시아누크 정권 하에 고급 관직을 지냈던 "삼사리"의 아들이었다.

결과로 다시 직책을 잃게 된 그는 훈센이 '타께오'의 자기 집과 차를 몰수하였다고 항의를 하였다.

그리고 다시 CPP 에 입당하겠다고 졸라댔다.

"나는 다시 CPP 에 입당시켜 달라고 빌다시피 매년 한두 차례 서면으로 훈센과 치아심에게 신청하였습니다.

나는 다시 치아심에게 CPP 에서 일할수 있울지를 물었지요" 라고 뻰소반이 기자에게 말했다.

결국 포기해 버린 뻰소반은 라나릿드 왕자가 이끄는 푼신팩 당으로 갔는데, 조건은 마르크스 레닌의 사상을 버리는 것이었다.

그는 결국 프놈펜 정치권의 한 편에서 정치인의 명맥을 유지하면서 그 자신의 정당을 만들 때까지 희망을 가지며 은신하고 있는 것이다.

뻰소반이 축출되고 들어선 새 3 대 수상 찬시는 그리 오래가지 못 하였는데 1984 년 10 월 심장마비로 갑자기 사망 하는 바람에 새로 수상 선거를 치르게 되었다.

두 명의 강자가 사라지고 세 번째 강자인 행삼린이 당을 이끌게 되었는데 갑자기 행삼린과 오랜 동지이면서 친구였던 훈센이 떠올라 이 두 명이 다 그럴듯한 수상 후보자가 되었다.

찬시가 사망할 당시 훈센은 하노이에서 베트남 고위층에 캄보디아 상황보고를 하고 있었다.

곧 이어, 훈센은 프놈펜의 당 지휘부로부터 수상 권한 대행으로 임명이 되었다.

수상직은 인제 간발의 차이에 있게 된 것이다.

당은 수상 선출 비밀 투표에서 훈센 한 명만 지명하였다.

후보자를 심사하고 최종명단에 올리는 일은 다섯명의 당수뇌부에서 하였는데 그들은 행삼린, 치아심, 사이푸탕, 체아숫 그리고 보우탕 등이었다.

이들은 훈센에게 5명의 대부나 같았다.

이 당의 원로들이 도와주지 않았으면 그에게는 미래가 없었던 것이다.

이들 다섯 명은 아무도 수상 후보를 등록하지 않았는데 그들은 이미 국가나 당의 높은 자리를 차지하고 있었기 때문이었다.

행삼린은 국가 원수에, 치아심은 국회의장에, 체아솟과 보우탕은 경제 및 국방 담당 부수상에 그리고 사이푸탕은 정치국의 요직에 있었던 것이다.

사이푸탕이 당내에서 훈센의 이름을 공천하는 동안 행삼린은 국회에서도 훈센을 공천하였다.

그리고 치아심은 투표를 감독하였다.

"비록 내가 최고의 자리를 원하고 있지는 않았지만 그들이 나에 대한 믿음의 확신을 가지고 있기 때문에 수락하지 않을 수 없었습니다".

이렇게 젊고 경험도 부족한 자인 훈센을 수상으로 지명함에 있어 가능한 위험 부담을 분명히 안았을, 캄보디아 지도자들의 신임을 어떻게 얻을 수 있었나하는 질문에,

"그들은 나에 대한 신임에 자신을 가지고 있었습니다.

당시 정부 관리나 당원들 중에서 내가 제일 어렸습니다.

그들은 내가 외무부 장관으로서 일을 해 낸 능력에 대해 잘 알고 있었습니다".

풋내기 외무부 장관은 KPRP가 약하고 가지가 몇 개 없는, 당원이 겨우 1,000명밖에 되지 않는 불안정한 실체로 사상누각과 같음을 깨달았다.

가장 큰 성인 콤퐁참에 겨우 30여 명의 정규 당원밖에 없었다.

그가 수상으로 선출된 후 KPRP는 1985년 10월 13-16일 사이 제

5차 전당대회를 가졌는데 중요한 일은 당원을 7,000명으로 늘린 것이었다.

행삼린은 경제가 발전하지 못하고 불안정하며 산업은 연료, 부속품, 원자재 등의 부족으로 고통을 받고 있다고 지적했다.

그는 사회주의로 발달하는 데는 수십 년이 걸릴 것이라고 경고하였다.

국회는 국가의 제1차 계획(1986-1990)을 발표하였는데 헌법에서 정한 세 가지 형태의 산업 분야- 국영 산업, 공동 산업, 개인 산업-에 민간 경제 부분을 새로 설치하였다.

수년간 고립되었던 훈센 정부를 살리는 도움은 민간 산업 부분이 그 중심적 역할을 하였다.

언론에서는 당의 분열을 냄새 맡았다.

훈센에 대한 치아심의 확고한 지지와 개인적인 우정은 외교가들과 참관인들의 공격을 받았는데 이들은 훈센과 치아심 사이에 경쟁의식이 높아지고 있다고 추측했다.

이런 소문은 1980년 초에 두 사람이 떠오르기 시작하면서부터 떠돌았다.

처음 이런 경쟁의식에 대한 소문이 발생한 원인은 치아심이 당 기관지의 편집장 키우 카나릇의 해고를 뒤에서 조종했을 거라는 추측이 있고 부터였다.

카나릇은 훈센의 가까운 친구이자 동료이었다.

치아심은 카나릇이 정부의 정책을 수시로 비평하고 당의 비밀을 알아 내고자 하는 서방의 기자들과 가까이하고 있는 것을 매우 못마땅하게 생각하였다.

외교가들은 치아심이 카나릇 해고의 배후 인물인데 그는 훈센에게 정면으로 공공연하게 맞서는 대신 간접적으로 불만을 전하기 위해 훈센과 가까운 사람을 해고 시켰다는 데에 내기를 걸었다.

치아심과 훈센 사이의 알력은 동경에서의 평화 회담 때로 거슬러 올라가는데 그 당시 훈센은 선거 때까지 캄보디아를 이끌어 갈 국가 최고 회의(Supreme National Council-SNC)의 6명의 위원 이름을 지명하였는데 이 때 프놈펜의 당 지도부의 사전 승인을 요청하지 않았던 것이다.

그래서 이 사실은 더 왜곡되게 전파되어 외교가들은 CPP 내부에 파벌이 생겼는데 이 파벌은 훈센이 극단적인 친 서방적 경향으로 서방국가 들에게 너무 많은 양보를 하고 있다고 보고 있다는 것이었다.

이런 일로 하여 CPP 가 단결은커녕 분열을 하고 있다는 성급한 판단을 하여 버렸고 또 훈센과 치아심이 경쟁을 하고 있다는 소문이 그 밑에서 빠르게 퍼져갔던 것이다.

"이런 억측은 자그마치 15년간이나 계속되었습니다.

1984년 전에는 사람들은 행삼린과 사이푸탕 간에, 그리고 행삼린과 치아심 간에 알력이 있다고들 했지요.

치아심과 나하고는 승자가 있을 수 없는 맞수이에요.

승자가 없다는 것은 경쟁 관계가 아니라는 얘깁니다.

무엇 때문에 경쟁합니까?

치아심은 CPP 총재이고 국회의장입니다.

두 직책이 다 고위급입니다.

그가 무엇 때문에 수상직을 맡겠습니까?

자, 나는 권력 있는 수상입니다.

그런데 왜 당 총재를 탐하고 국회 의장직을 욕심 내겠어요?".

훈센과 치아심 누가 더 권력이 큰가 하는 질문에,

"누가 더 권력이 크다는 말은 하고 싶지 않습니다.

그러나 누구나 자신의 의무가 있습니다.

만약 치아심이 수상을 맡는다면 훈센보다 더 나을지도 모릅니다".

훈센이 개혁주의를 표방하고 치아심은 강경주의를 고수하는데서 두 거두들 간의 갈등 소문은 1980 년대 후반에 프놈펜에서부터 시작되었는데 훈센이 개혁주의의 앞장을 서므로 해서 공산당 내의 보수주의자들과 정면으로 충돌을 하였다.

그러자 오랫동안 참았던 경쟁의식이 터졌다고 소문이 났다.

치아심은 훈센더러 평화 회담에서 반공산주의 파에 양보를 하지 말라고 했는데 훈센은 평화를 성취하기 위한 중대한 일을 달성하기 위하여 화해 정책을 추구하였다.

모든 악랄한 얘기들이 프놈펜의 술집에서 떠돌았다.

더러는 훈센은 시내에서 가장 유능한 경제 팀을 구성하여 평판이 좋아 치아심의 사람들을 앞지르고 있으므로 훈센과 치아심 사이의 의견 차이가 생겼다고도 했다.

한 해박한 정치 분석가였던 소련 대사관의 "루키아노프" 고문은 술집의 뜬소문을 일축하였는데 그는 치아심은 훈센의 아랫사람이 아니다라고 하였다.

루키아노프는 "더 의심할 여지도 없이, 치아심은 정부와 당 서열에서 훈센의 상관이며 치아심이 정치 후배인 훈센을 밀어낸다고 얻을 것은 하나도 없다" 라고 하였다.

"그의 말이 맞습니다, 치아심은 항상 나의 상관이었습니다.

지금까지도 행삼린과 치아심은 나의 상관이며 두 명이 더 있는데 체아솟과 사이푸탕입니다.

CPP 를 축구에 비교한다면 가장 중요한 사람은 코치인데 만약 코치가 잘 하지 못하면 팀은 이길 수가 없습니다.

체아숫은 아주 훌륭한 코치나 같습니다.

독일의 축구팀이 시합에 지면 선수들을 비난하는 것이 아니라 코치를 비난합니다.

당에서도 마찬가지입니다.

치아심과 나는 한가지 경쟁을 하는 것이 있는데 골프입니다.

그는 골프를 오랫동안 쳤으므로 내가 이기지 못합니다.

나는 항상 골프에서 그를 이겨 보려고 노력합니다".

치아심 컵 골프 대회에 이어 훈센 컵 골프 대회가 프놈펜에 생겼다.

둘의 분열에 대한 낭설은 1992 년 내내 따라다녔다.

부정적인 소문 때문에 당황한 CPP 는 당원들 간의 결속을 다지고 다음해의 선거에 대비하여 연합전선을 구축하라고 설득하였다.

수도에 있던 외교가들은 강경파인 당 총재 치아심과 개혁파인 당 부총재 훈센간에 권력 투쟁이 심화되고 있다고 주장하였다.

이 소문은 또 4 월에 있은 헌법 개정에서 행삼린 의장의 유고시나 병중에는 치아심이 권한대행을 하도록 하자 권력 투쟁에서 치아심이 훈센보다 한수 위라고도 했다.

당 서열은 치아심, 행삼린, 훈센으로 정해졌다.

훈센이 측근들을 장관직으로 등용을 하자 치아심은 처남인 "사켕"을 부수상 및 내무부 장관으로 등용을 했다.

정부의 고급 관리들은 캄보디아를 통치하는 정치적 삼총사인 훈센, 치아심, 행삼린 3 인이 동료일 뿐 아니라 꼬냑 한 병을 나누어 마시는 친구라는데 믿어 의심치 않았다.

"어떤 때는 훈센이 치아심의 집까지 걸어 가기도 하고 또 행삼린이 걸어서 훈센의 집에 놀러 오기도 했습니다.

그리고 그들은 같이 먹고 마셨으며 가장 좋은 친구 사이였습니다".

라고 관리들이 말한다.

1992 년 5 월 집권당은 권력 투쟁은 근거 없는 소리라고 발표하고 당을 단합하였다.

그러나 의심 많은 외교가들은 권력 투쟁은 선거에서 당에 피해를 줄 것이라고도 했다.

훈센은 베트남 망명 중에 KPRP 가 조직될 때부터 초창기 정치국 위원이었다.

중앙 위원회와 정치국이 조직되자 그의 대부(代父)들은 그의 자리를 보장하였다.

수상이 되고 1 년쯤 지난 1986 년 12 월에 훈센은 국가의 통치에 전념하기 위하여, 또 특히 크메르 루지에 대한 군사 작전에 전념하기 위하여 외무부 장관 자리를 사임하였다.

큰 타격을 주고 있던 미국의 무역 봉쇄와 세계은행과 IMF 의 캄보디아에 대한 융자금지 등과 관련하여 게릴라출신 훈센은 자신이 경제적, 외교적 압력의 틈바구니에 끼어 있음을 느꼈다.

그 자신의 설명에 의하면 이러한 문제들, 특히 계획 경제에서 관-민 복합 경제로, 또 마침내 개방 경제로 전환하는 고통스러운 과정의 관리 및 진행은 대단히 복잡하였다고 한다.

"정치적 해결점을 협상으로 찾아내는 것은 참 필요한 일이었습니다. 경제의 개혁도 정치의 개혁과 병행되어야 했습니다.

그러나 정치적 안정이 우선적으로 유지되어야 했으므로 경제 개혁은 평화를 정착하기 위한 정치적 해결 추구와 같이 진행되어야 했습니다".

그는 길게 담배 한 모금을 들이마시고 또 중국차를 한 모금 마시고는, "나는 이 복잡했던 일들에 대해 책을 쓸 계획입니다". 라고 했다.

외국의 언론에서 그의 정부를 "베트남의 꼭두각시"라고 한 오명은 그가 고립된 조국의 경제 개혁을 궤도에 올려놓는데 더 어려움을 주었다.

당시에 비록 이러한 장애물이 있었어도 그에게 세계의 여론을 약간은 돌려놓을 수 있는 여지가 있었다.

그는 캄보디아가 혁명군과 베트남의 군대에 의해 크메르 루지를 축출 하고 어렵게 얻은 해방을 왜 세계가 잊고 있는지 이해를 할 수가 없었다.

"정의는 아직 세계를 지배하고 있었습니다.

그러므로, 나는 이러한 논란에는 크게 관심을 가지지 않았습니다.

대신 나는 언론들과 말싸움을 하기보다는 국민들을 실질적인 적과 같은 기아로부터 해방시키는 데에 대부분의 시간을 쏟았습니다.

이 때는 매우 혼란스런 때여서 내가 수상이 된 뒤에도 외무부 장관을 겸임했지요.

1979 년부터 1983 년 사이에는 전국은 대치 상황이었습니다.

1984 년부터 우리는 대치와 협상의 새로운 단계에 접어들었지요.

나는 아세안에서 중요했던 두 명의 외무부 장관들을 기억하는데 인도네시아의 "모츠타 쿠슈맛마쟈"씨와 말레이시아의 "가잘리 샤피" 씨였습니다.

또 인도차이나 국가들 중에서는 베트남의 뉴엔 꼬탁씨였습니다.

두 그룹의 동남아 국가들이 있었는데 6 개국의 아세안과 3 개국의 인도차이나 국들이었습니다.

그래서 우리는 협상의 진행을 서둘러야 했었습니다".

태국이 캄보디아문제를 방해하는 것을 막고 크메르 루지를 지원하는 것을 중지시키기 위하여 훈센 정부는 태국군이(캄보디아 정부군과) 대치를 피하고 중립을 지켜 주기를 요청하였다.

그리고 훈센은 1988 년 후반에 라오스의 비엔짠에서 태국 장군 "차발릿 용차이 윳드"와 비밀 회담을 가지고 이어서 1989 년에 태국 수상 "차디차이 츄나반" 과도 회합을 가졌지만 아무 효과 없이 태국군은 계속 크메르 루지를 지원하였다.

자신의 군대가 태국 국경을 따라 크메르 루지 잔당과 전투를 하고있는 동안 훈센은 당 선배들의 가르침에 따라 시아누크가 이끄는 저항군에 대해 강경 노선을 택하였다.

민주주의와는 다르게 풋내기 수상이 아직 불안하고 비틀거리는 상황이라 젊은 수상은 그의 공산당 선배들의 절대적인 지원을 받아야 했다.

국내 및 국제 정책에 당내 의견의 일치를 보았고, 또 이를 잘 조율

하였다.

1987 년 5 월 그는 시아누크 의 평화 교섭 안을 거절 하였는데 "새롭지도,   현실적이지도" 않다고 해버렸다.

그러나 10 월에는 조금 자세를 누그러뜨려 연립정부를 구성 할 경우에 시아누크가 선택할 수 있는 세 가지 자리, 즉 국가 원수, 부원수 그리고 수상

p 032 베트남의 외무부 장관 뉴엔 꼬 탁

155

세 가지 의자였는데 시아누크는 1987 년 12 월 이를 거절 하여
버렸다.

시아누크는 프랑스에서 "하노이의 괴뢰인 프놈펜의 꼭두각시
대통령이 되느니 북경이나 평양에서 죽는 것이 낫겠다"라고
빈정대었다.

그러나 사실 시아누크는 그의 세 야당과 여당인 훈센 정부가 이끄는
새 국가에 국가 원수를 하고 싶었다.

화가 난 젊은 수상은 점차적으로 평화를 찾는데 분별력을 가지기
시작 하면서 가끔 평양이나 파리로 다니면서 주로 북경에서 망명
생활을 하고 있던 시아누크와 다시 평화 회담을 계속하는데
동의하였다.

"나는 1982 년 캄보디아에서 베트남군이 부분적으로 철수하기 시작
하고서부터 특히 시아누크와 평화적으로 해결하려 하였습니다".

돌파구는 1987 년 12 월 2 일, 중립적인 장소로 선택한 프랑스
파리의 북서부의 Fere en Tardenois 라는 13 세기 르네상스 식
마을의 목조로 된 한 고풍스런 성에서 이루어졌는데 65 세의 왕자와
35 세의 빈농 출신 사이의 첫 회합이었다.

이 회합은 곧 세련되게 샴페인을 마실 줄 아는 왕자와 인도지나의
밀림에서 잔뼈가 굵은 만만치 않은 민족주의자간에 동등한 위치에서
회담을 한 것으로 외부에 알려졌다.

"대화를 하기로 결정한 배경은 군사적 대치는 캄보디아 문제 해결에
도움이 되지 않으며 타협과 단결만이 평화를 정착할 수 있다는데
있었지요".

비록 두 정적간에는 깊은 의견 차이가 있었지만 훈센은 대화 중에
그런 문제들을 일단 접어두었다.

프랑스의 그 시골 성에서 훈센과 시아누크는 6 시간의 기싸움 끝에, 9 년간의 처절한 내전을 종식시키기 위한 네 가지 계획을 잠정 동의하였다.

훈센은 시아누크만 만나기 위해서 파리에 온 것이 아니라는 것을 명확히 하고 또 회담 이후 그는 프랑스 공산당 대회에 참석하여 그의 정치적 배경이 든든함을 과시하였다.

유서 깊은 고성에서 3 일 간의 회담이 끝나고 그들은 북한의 강자 김일성에게 크메르 루지의 후원자인 중국과 프놈펜 정부의 후원자인 베트남의 중간에서 중재를 해 주도록 요청하기로 합의하였다.

회담이 끝나고 발표한 공식 성명서에는 논쟁이 되고 있던 캄보디아에 주둔하고 있는 14 만 명의 베트남군에 대한 언급이 없었는데 이 문제는 목소리 크고 협상에 재치가 있는 훈센에 의하여 한 달 뒤 평양에서 재론하기로 어물쩍 합의를 하였다.

"시아누크와 나와의 합의는 평화적 해결을 위해 매우 중요한 것이었습니다".

획기적인 이 회담이 끝나고 6 일이 되자 변덕스런 시아누크는 마음을 바꾸어 훈센과의 다음 평화 회담을 취소해 버리며 그를 "베트남의 종"이라 부르며 회담장에 빈손으로 와서는 선전으로 인기나 얻으려 한다고 힐난했다.

시아누크의 변덕은 캄보디아의 평화 정착을 늦추어 버렸다.

이러한 변덕은, 그가 1970 년에 필사적으로 복권을 하기 위해 부추겼던 게릴라 단체인 크메르 루지에게 아직 덜미가 잡혀있다는 것을 보여주고 있는 것으로, 크메르 루지는 초기에 시아누크의 대중 인기를 이용하고 난 후에는 그를 왕궁 안에 연금을 시켜 버렸었는데 그 때서야 시아누크는 매우 실망을 하였던 것이다.

훈센은 무례를 범할 배짱도 없었지만 외국 음식을 소화시킬 위장도 못 되었다.

그의 외국 여행, 특히 프랑스에서는 현지 음식을 먹지 못했다.

시아누크의 아들인 노로돔 라나릿드는 그가 파리 회담 동안 프랑스 음식을 먹지 못해 계속 캄보디아 음식을 준비해야 했다고 기억을 했다.

"나는 외국 음식, 특히 중국 음식이 싫어요.

그래서 외국 여행을 떠날 때는 꼭 좋아하는 말린 생선과 젓국을 가지고 가요".

크메르 루지의 강력한 비난과 압력에 의해 시아누크는 평양 회담을 취소하였다.

시아누크의 취소 이유는 회담의 공식 성명서에 베트남군의 철수 문제를 언급하라고 했는데 훈센이 "그런 것은 지금 당장은 언급할 필요가 없다"고 했다는 것이었다.

다시 시아누크는 조건을 내 세웠다.

첫째 그는 베트남과 시아누크 자신과 직접 회담을 않는 이상 훈센과는 만나지 않겠다, 둘째는 크메르 루지와 손산이 훈센을 직접 만나지 않을 것 등이었다.

회담이 결렬되자 훈센은 국민들에게 "싸우면서 동시에 타협하자"고 하였다.

"크메르 루지와 나는 한번도 합의가 되지를 않았지요.

나는 회담 중에 때때로 크메르 루지와 언쟁을 했어요.

나는 항상 자신이 있었으므로 대화를 계속하자는 것이었지요.

물론 대화에 많은 어려움이 있었습니다마는 싸우는 것보다는 나은 것이었습니다".

평화 회담이 계속 있게 되자 훈센은 외교에서 그의 역량을 다시 발휘하기 위하여 1987년 후반에 회담의 진행에 아주 중요한 주무 부서인 외무부의 장관을 다시 겸임을 했다.

그는 이 전의 외무부 장관인 "콩콤"을 해직하고 그를 보좌하게 했다. 이러한 준비는 시아누크와 2차 회담을 준비하는 동안 그의 입지를 올려 주었다.

회담 계획을 혼란스럽게 무조건 바꾸어 버린 시아누크는 또 한번 그의 변덕을 보여주었다.

이 번에는 그는 훈센더러 1988년 1월 20-21일 사이에 프랑스의 St. Germain en Laye에서 회담을 하자고 했다.

빠르게 성숙해 버린 훈센은 누가 그의 친구 인줄을 알고 있었다.

시아누크를 만나기 전에 그는 뉴델리에 들러서, 그들과 정치적 동맹자 위치에서 어쩔 수 없이 멀어진 캄보디아를 동정해주고 또 애착을 가지고 있던 어머니의 뒤를 물려받은, 그의 맹방인 인도 수상 "라집 간디"를 만났다.

두 나라는 같은 힌두 문화와 크메르 말의 어원인 팔리-산스크리트 문자를 쓰고 있는 같은 맥락의 문화권이었다.

라집과 훈센은 한 시간 이상을 평화 정착을 위한 방안을 연구하였다. 겨울이 서서히 물러가고 있던 프랑스의 "St. Germain en Laye"에서 훈센은 두 번째로 시아누크와 평화 회담을 가졌다.

훈센은 점잖게 타이르듯, 그러나 존경하는 말투로 협상자로서의 영리한 면을 보여 주었는데, 크메르 루지와 손산을 배제하고 시아누크와 훈센과 연립정부를 결성하자는 제의에 시아누크의 동의를 얻어내는 데에 성공을 하였다.

이틀간에 걸친 이 회담의 마지막 단계는 장장 5시간이나 걸렸다.

결국에는, 시아누크는 종래의 주장이었던 크메르 루지를 포함한 4 당 연립 정부안을 철회하는 설득을 당하고 말았다.

그러나 시아누크는 훈센이 베트남군의 철수와 크메르 루지 군대의 해산을 연계하여 철수가 끝나면 크메르 루지를 해산하자는 제의는 거절하였다.

비록 60 대의 시아누크, 손산, 폴폿 등의 정적들보다는 어렸지만 그는 평화 회담을 진행하면서 정치적 역량을 키워 나갔다.

시아누크가 비록 연장자였지만 그는 지력을 가지고 동등한 위치에서 대화에 임하였던 것이다.

또 "캄보디아 국가"(SOC)의 개혁적인 면을 잘 보여주었고 주기적으로 강력하면서도 지혜로운 성명서 등으로 신문의 1 면에 톱 기사로 인기를 끄는 재주도 보였다.

평화 회담에서 훈센이 깊은 감명을 주자 시아누크의 아들이며 정치 초년생인 라나릿드도 무언가 인상에 남을만한 일을 해 보려고 했다.

"때때로 사람들은 역사의 진실을 잊습니다.

평화 회담에서 나의 상대는 라나릿드도, 키우삼판도, 또 손산도 아니었습니다.

제발 기억해야 할 것은 1987 년 12 월 18 일 프랑스에서 시작된 이 평화 회담의 당사자는 훈센과 시아누크였다는 것입니다.

당시 라나릿드는 서기였는데 내 비서였던 참 쁘라싯과 같은 직책 이었습니다.

회담장에는 시아누크, 그의 처 모니크, 라나릿드가 저쪽 편이었고 우리측은 나와 "딧 문티" 그리고 "참 쁘라싯"이 참가했지요.

그러므로 이들은 역사를 잊지 못할 겁니다".

당시에 캄보디아는 두 개의 정부가 있었는데 훈센은 국가를 이끄는

SOC 정부의 수상이었고 시아누크왕자는 크메르 루지와 저항군을
결성한 망명 정부의 우두머리였다.

세상은 이렇게 뒤집어 질 수도 있는 것이었다.

"그러나 우리는 3 당이 모인 망명 정부를 인정하지 않았습니다.
그러므로 시아누크를 제외한 다른 자들은 나의 회담 상대자가 될
수가 없었습니다.

캄보디아의 역사를 쓸 때는 이점을 절대 빠트리면 안됩니다.

어떤 이들은 서기를 회담 당사자로 적당히 진급을 시키는데 역사는
그냥 역사일 뿐이지 바꿀 수 있는 것이 아닙니다".

이 말은 일본이 배워야할 것으로 보인다.

훈센과 라나릿드의 비교는 그럼에도 불고하고 무승부였다.

"그가 능력이 있고 없고 는 나는 평가하고 싶지가 않아요.
나는 시골에서 태어났고, 라나릿드는 왕궁에서 태어났지요.
그는 프랑스의 박사 학위를 받았고 나는 베트남에서 받았지요.
시골에서 태어난 사람들이 왕궁에서 태어난 사람보다 많습니다.
그가 훈센을 업신여긴다면 수백만 그보다 가난한 사람들을
업신여기는 것과 같습니다.

그는 내가 그의 아버지와 항상 맞섰다는 것을 잊으면 안됩니다.
그들이 나를 깔본다면 그들 스스로 함정에 빠지는 결과가 될
것입니다".

St. Germain en Laye 에서 침 튀기는 설왕설래(說往說來)에 지친
그들은 장소를 인도네시아의 "보고르", "자카르타" 그리고 동경
등으로 옮겼 다녔다.

그러나 그 동안에도 양쪽 군대는 계속 포격을 주고받고 있었으므로
평화는 위태로운 상황에 있었다.

161

P 033 순찰하는 크메르 루지, 시아누크 왕군, 및 손산 연합군

혼탁한 분위기는 긴장을 고조시켰다.

게다가 시아누크는 중국에 계속 크메르 루지를 지원해 달라는 요청을 하여 상황을 더 악화시켰다.

또 한편에서는 소련도 프놈펜 정부군의 무장을 위해 "루불"을 뿌리는 것을 아끼지 않고 있었다.

1989 년 6 월에 소련서 교육을 받은 캄보디아 조종사가 조종하는 미그 21 기가 처음으로 포첸통 공항에 착륙하였다.

그해 9 월에 예정된 베트남군의 철수에 대비하여 캄보디아의 방위력을 증강시키는 것은 소련의 전력 증강 계획의 일부였다.

전투기가 착륙하기 전에 이미 모스크바는 탱크, 야포, 장갑차 등을 프놈펜의 정부에 원조하였다.

예측할 수 없는 시아누크는 또 놀라운 일을 던졌다.

8월에 그는 푼신팩 당의 총재직을 사임하고 아들 라나릿드를 총재에 앉혔다. 시아누크는 그 자신을 캄보디아의 초당적인 지도자로 두각 시키기 위하여, 또 평화 정착을 앞당기기 위하여 과감히 그의 총재직을 사임한 것이다.

1989 년 9 월 베트남군이 철수를 마치자 프놈펜 정부는 드디어 우방을 얻기 시작하였다.

캄보디아를 고립시키려는 서방 진영에서부터 분열이 생겼다.

11 월에 시아누크가 이끌던 저항군에 대한 경고가 내려지고, 영국, 캐나다, 프랑스, 뉴질랜드, 호주 등이 프놈펜 정부와 대화를 시작하자 미국과 아세안 국가들은 유심히 관찰하고 있었다.

한때 캄보디아를 식민 통치하였던 프랑스는 프놈펜에 프랑스 대표부를 개설할 준비를 하고 문화원 업무를 개시하기로 하였다.

캐나다와 영국의 외교관들이 현황 파악 차 다녀갔으며 같은 달에 뉴질랜드의 외무부 장관인 "러셀 마샬"이 동남아 여행 중 "호치민" 시에서 훈센과 만났다.

훈센은 또 독일의 "스트라쓰 부르그"에 있는 유럽 공동체의 의회가 11 월에 EC 회원국들에게 훈센 정부를 사실상 인정을 하라는 권고를 하자 신이 났다.

또 EC 의회는 시아누크가 이끄는 반대파에 대한 모든 군사 원조를 중지하라고 하였고 "중국 정부가 크메르 루지에게 계속 군사적, 정치적, 경제적 지원을 하는 것을 매우 안타깝게 생각한다"고 발표하였다.

또 EC 12 개국에게 캄보디아에 대한 인도적 지원을 촉진하라고 권고하면서 크메르 루지의 군대와 지도자들을 특히 유엔에서 "외교적 및 군사적으로" 고립시키라고 했다.

훈센 정부는 신이 났고 시아누크 왕자는 또 머리를 굴려야 했다.

프놈펜의 외교관은 "워싱턴은 별로 달갑지 않겠지만 이런 발전을 예측 못한 것은 아니었다.

그리고 프놈펜 정부를 인정하는 쪽으로는 아무도 움직이지 않았던 것이다".라고 논평하였다.

마침내 확고한 평화협정이 1991 년 11 월에 파리에서 조인되었다.

협정서에는 4 개의 파들이 서로 협력하여 1993 년에 국민 투표를 하기로 되어있었다.

크메르 루지의 대표도 이 협정서에 서명을 했지만 그들은 선거를 거부 하였다.

"나와 크메르 루지간의 의견 차가 그들이 1993 년 선거를 거부한 이유는 아니었습니다. 그들은 파리 평화협정에서 정한 그들의 약속에 대한 명예를 지키지 않은 것입니다".

P 034 파리 평화회담 중인 손산, 시아누크 왕자 및 훈센 수상
뒤에 서있는 호남홍 현 외무장관, 라나릿드 왕자, 참 쁘라싯 등

1991 년 11 월, 9 년의 망명 끝에 시아누크가 드디어 캄보디아로
돌아왔을 때, 그는 또 갑자기 마음이 바뀌어,

"훈센은 정말 뛰어난 지도자다. 그는 젊고, 총명하고 나라의 일에
경험이 풍부하다. 그의 충성심과 또 국민을 사랑하는 진실된 마음을
가졌다.

그는 조국을 자랑스럽게 생각한다.   내가 젊었을 때는 그와
비슷하였다.

정력이 넘쳤고, 열정적이었으며 말을 격하게 하였다. 그러나 그것은
젊었기   때문이다. 우리   모두   나이가   들면서   부드러워진다.
캄보디아는 훈센이 있기에 행운이 있다. 우리에게는 훈센이 몇 명 더
필요한 것이다".

그를 "나쁜 자식"이라 부르던 시아누크가 갑자기 훈센을 "수양아들"
이라고 불렀다.

그런데 격분한 프놈펜 시민들이 크메르 루지의 수상인 "키우삼판"을
습격하여 몰매를 준 일이 생기자 시아누크의 마음이 또 변했다.

P 035 갑자기 훈센을 좋아하게 된 시아누크 왕자

평화협정에 따라 "키우삼판"은 프놈펜에 돌아와 왕궁 안의 빈집에서 기거를 할 수 있게 되어 있었다.

복수의 피에 굶주린 군중들이 그를 습격하여 몰매를 준 일이 생기자 외교가들은 이 습격을 사전에 막지 않은 것을 보면 배후에 프놈펜 정부가 있지 않느냐고 의심을 하였다.

그러자 시아누크는 훈센을 50%밖에 믿지 못하겠다고 논평하였다.

그 와중에 훈센은 그의 이력서에 또 하나를 추가하고 있었는데, "캄보디아 정치의 특징"이라는 제목의 172 쪽에 달하는 논문을 써서 부족한 학력을 보충한 것이다.

이 논문으로 그는 1991 년에 베트남 국립 정치 대학에서 박사 학위를 받게 되었다.

고등학교를 다 마치지도 못한 가난한 동자승 출신의 그는 인제 최고 학위를 받은 정치학 박사가 된 것이다.

네 명의 탈주 동료

조용히 덮어오는 달그림자처럼 숨을 죽이며 네 명의 크메르 루지 게릴라는 점점 더 베트남 땅으로 앞장선 대장 훈센 뒤를 바싹 따라 걸었다.

네 명은 대장보다도 더 겁이 났다.

그들은 금방이라도 베트남 국경 수비대의 총에 맞아 죽을 것 같았다.

그러나 그만한 위험은 감수해도 될만한 가치가 있었다.

그들은 폴폿의 마수에서 벗어나 공산 베트남의 이빨 속으로 탈출하고 있는 것이었다.

1977 년 6 월 21 일, 네 명-"넥후언", "눅탄", "산산" 그리고
"빠오에앙" 은 긴장감이 도는 국경을 넘으면서 울었다.

그들은 목숨을 대장인 훈센에게 맡겨 버린 것이었다.

그들의 공포는 현실로 나타났다

끊임없이 베트남 군관들로부터 취조를 당하였고, 베트남의 송베
마을에 있는 감옥에 투옥되었었다.

죽을 준비도 했었다.

그런데, 훈센이 이를 극복해 냈다.

포로가 되었던 그는 거꾸로 베트남이 해방군의 조직을 도울 수 있게
설득하였다.

1979 년 크메르 루지가 축출되자 네 명은 전쟁 영웅이 되어
프놈펜에 입성을 했다.

그들의 고생과 고통은 그들의 선도자에 의해 헛되지 않았던 것이다.

세월이 흐름에 따라 깊어진 시간의 웅덩이에도 불구하고 훈센은 이
네 명과 아직껏 친구로 지내고 있다.

옛 우정은 사라지지 않는 것이었다.

당시 탈주자 중의 한 명인 넥후언은 1979 년에 프놈펜에서 군
고위직을 맡았다가 1980 년 초에 그만두고 1983 년-1985 년
사이에는 서쪽 지방 전투에 지휘를 맡았다.

그러나 말라리아에 심하게 걸리게 되자 다시 프놈펜으로 복귀했다가
콤퐁참의 2 여단에 부대장으로 갔다.

그러나 건강이 계속 악화되어 그는 프놈펜에서 군 작전을 짜는
사무직을 맡게 된다.

두 번째 탈주자였던 눅탄은 CPP 당의 청년단 대장을 맡았는데
훈센이 그를 위해 양보한 직책이었다.

나중에 녹탄은 국영 고무 농장의 부사장으로 임명되었으나 오래 있지는 않았다.

세 번째인 산산은 1979 년 바탐방에서 있은 크메르 루지 소탕전에 최전선 소대장을 했었다.

1980 년 산산은 상업부로 전속되었고 심사국의 국장으로 승진되었다.

네 번째인 빠오에앙은 프놈펜의 군 병참부서의 지휘관으로 발탁되었으며 후에 그는 유럽으로 이민을 갔다.

훈센이 지극히 필요로 했을 때 목숨을 맡기고 훈센 뒤를 따랐던 이네 명이 비록 더 이상 권력 구조에 참여하지 않고 있지만 훈센의 마음 한 구석에 항상 자리하고 있었다.

훈센의 지휘 통제 방식은 우정, 동료 의식 그리고 충성심이었다.

이런 기본 바탕 위에 언제든지 그를 위해 목숨을 버릴 수 있는 지지자 들로 구성된 방대한 조직체를 건설하였던 것이다.

패배

그가 39 세가 되었어도 부모들이 볼 때는 비록 아직 부주의한 동자승 때와 같았는데 밤낮 위험한 짓거리- 크메르 루지 게릴라, 해방군, 공산주의자 그리고 왕과 맞먹는 평화 회담의 협상자 등-만 하는 것 같았기 때문 이었다.

그러나 정치극에서는 매번 마지막 승리를 낚아챘었다.

그 어느 사건도 그에게 거부나 패배를 주지 못했었다.

일이 매우 어렵고 복잡하면 부족한 그의 교육 경력을 현실적인 생각과 소박한 상식과 국가를 위해 무엇이 옳은가 하는 강한 신념 등으로 부족함을 메워 나갔다.

훈센의 정치적 성숙은 1991 년 파리 평화협정을 서명하면서 절정에 달하였는데 그로 인하여 22,000 명의 "캄보디아 유엔 임시 통치단" (UNTAC) 소속 평화유지군이 20 여 년만에 있는 1993 년 5 월의 총선거를 조직 및 감독하기 위해 1991 년 후반에 캄보디아에 들어오게 되었던 것이다.

프놈펜의 주택 임대료와 생필품 가격은 하늘 모르게 솟았다.

12 개가 넘는 정당이 뜨거운 태양 아래 버섯처럼 피어났고 또 선거 운동을 끌어 나갔다.

그들이 당원 확보 운동을 하는 과정에서 훈센의 CPP 가 다른 당을 위협하고 심지어 당원들을 살해하기도 한다는 주장이 떠돌았다.

"그거 사실 아니에요.

내가 묻고 싶은 것은, 선거가 끝나자 왜 그들이 선거가 공정하고 자유로웠다고 하는지 아십니까?

그 이유는 CPP 가 선거에 졌기 때문이고 지고 나니까 또 협박이라는 말도 쏙 들어가 버렸습니다.

그러나 만약 CPP 가 승리했다면 분명히 그들은 선거가 불공평했다고 떠들어댔을 것입니다.

이런 일들은 다음 선거인 1998 년에도 똑 같이 일어날 것입니다".

1993 년 투표가 한참 진행되고 있을 때 투표 조직을 담당했던 UNTAC 의 관리인 "레지날드 오스틴"은 CPP 와 크메르 루지가 대부분 의 선거 방해 및 협박의 배후에 있었다고 했다.

왕가 측인 푼신팩 당이 전국에 당 사무실을 차릴 때까지는 조용하였다.

권위주의적인 캄보디아에서 서구식의 선거를 제도화한 오스틴은,

"CPP가 장악한 지역에서 푼신팩 당이 앞지르기 시작하면 CPP는 의심을 시작하여 다른 당을 방해하기 시작하였다.

가장 심한 정치적 방해는 가장 평화로웠던 "쁘레이벵" 성에서 일어났었다" 고 하였다.

그 때까지 UNTAC은 투표 중의 많은 불법 사례에 대한 비난을 크메르 루지에게 뒤집어씌운 CPP를 제소할만한 증거 확보를 하지 못했다.

정치적 살인 사건은 한달 뒤에 발견이 되었는데 크메르 루지와 CPP를 가장 많이 연루시켰으며 푼신팩은 그 다음 순서였다.

1993년 6월초에 드디어 투표 결과가 발표가 되었는데 푼신팩 당은 58석, CPP는 51석이었다.

CPP의 충신 치아심은 비참함에 울면서 투표함의 잠을 쇄가 부서져 있는 등의 부정선거에 대해 유엔에 계속 신랄한 편지를 보냈다.

UNTAC은 일부 수긍, 일부 부정을 하였지만 대체적으로 이 투표가 성공적이었다고 주장하였다.

훈센에게는 망연자실할 정도로 처음 겪는 패배이었다.

그럼에도 불구하고 사람들로부터 정직하고 꾸밈없는 편지가 그에게 왔는데 대놓고 거절할 수가 없었다.

국민들은 아직도 그와 당을 신뢰하고 있으므로 51석의 국회의원을 뽑아주었고 그를 대 학살로부터 구해준 은인으로 알고 있음을 암시하였다.

그러나 국민들은 또 라나릿드에게도 그들의 삶을 개선해 주고 또 통치를 할 기회를 주었던 것이다.

국민들은 훈센에게 기아 상태에서 국민들을 구제하기 위한 충분한 노력을 하지 못했다고 압력적인 내용의 편지를 보내기도 했다.

새로운 민주주의 제도 하에서 정치는 냉정하였으며 더 나쁜 것 같은 기분도 들었다.

예전의 분노가 다시 끓어올랐다.

"약 천 개의 투표함이 잠을 쇄가 부서져 있었으며 많은 양의 투표용지가 투표함 밖에 흩어져 있었습니다.

이런 부정행위로 인해 선거가 공정하지 못했다는 결론을 내렸습니다".

그는 UNTAC 의 정책이 그의 당을 반대하는 것으로 느꼈다.

"UNTAC 은 캄보디아의 자주권을 대표하는 4 당 연합의 "국가 최고 회의"(SNC)의 자문 없이 선거법의 두 가지 항목을 개정했습니다".

이 개정이란 정당들이 투표함의 봉인에 서명을 하고 봉인을 할 수 있는 권리와 투표 당일 날 밤에 투표함을 보관할 수 있는 안전한 장소를 정할 수 있는 권리를 말하였다.

그럼으로써 일부 정당들은 투표함을 바꿔치기 할 수 있는 절호의 기회를 가질 수 있게 된 것이었다.

패배를 받아들였다.

패배로부터 과거 잘못의 흔적을 찾아내기 시작했다.

그는 시골의 가난한 사람들을 위하여 열심히 일함으로써 그의 실패를 성공으로 돌릴 수 있다고 느꼈다.

그는 "로빈후드"같은 사람이 되어 후한 기증자들의 기부금을 받아 매우 서둘러 전국적으로 학교, 도로, 관개수로 등의 건설에 투자하였다.

이런 것들은 곧 "훈센 학교", "훈센 도로", "훈센 운하" 등으로 불려졌다.

그의 자선 업적은, 마을 전체의 모양을 바꾸어 버리는 훈센의 재건 계획을 따라 올 능력이 없는 라나릿드의 충신들로부터 무자비한 항의를 받았다.

라나릿드가 시골에서 활동을 하는 것과 굳이 비교를 한다면 라나릿드는 거의 시골에는 가지 않고 있었다.

라나릿드의 충신들은 재건 사업을 격하시키고 또 훈센이 기부금을 빼돌려 그 돈으로 온 마을을 다 사 버리고 있다고 비평을 하였다.

그러나 그러한 푼신팩의 비난은 훈센을 그들과 같은 가족으로 생각하는 가난한 시골 사람들에게는 공감을 주지 못하였다.

실세

패배의 눈물에서 도약과 강자의 힘이 솟아났다.

1993 년 총선에서 그의 당이 패배를 하자 훈센은 누가 보드라도 패자이었다.

그러나 캄보디아에서는 무슨 일이 항상 보이는 그대로는 아니다.

비록 라나릿드가 제 1 수상이 되었지만 제 2 수상 훈센의 당이 오래 전부터 다스리던 많은 시골은 라나릿드가 행정적으로 다스리기가 어려웠다.

막 시작한 라나릿드의 푼신팩 당은 인재가 너무 적고 그 층이 얇아서 충분한 인력이 부족했다.

그러나 반대로 훈센의 당은 크메르 루지를 상대로 한 해방 전쟁에 훈센과 같이 싸웠던 군 지휘관, 경찰 서장, 성장 등의 조직을 통하여 행정 관리가 잘 되고 있었다.

강력한 지방 관리들은 훈센이 직접 선발, 임명하였으며 그들은 또 충성을 다 하였다.

라나릿드의 당원들은 거의가 외국 여권을 가지고 있었고 배고픔이 심각한 시골의 뜨거운 뙤약볕과 흙먼지에는 익숙하지 못했으며 또 보이지 않는 숲 속에서 갑자기 총탄이 날라 오는 상황에도 물론 익숙할 수가 없었다.

선거가 끝나자 라나릿드와 훈센은 연합정부의 외모를 꾸미고 다듬기 위하여 열심히 노력하였는데 그들은 연합전선을 승계한 것이나 같았다.

두 수상은 공동으로 외국 방문도 하였고 서로를 무조건 칭찬하였다.

그러나 그것은 곧 부서질 수 있는 외관이었으며 압력에 의해 곧 갈라설 운명이었다.

라나릿드는 그가 도저히 따라갈 수 없는 CPP의 무서운 힘에 계속 불만과 두려움이 커졌다.

그들의 불균형은 처음부터 그 규모부터 달랐다.

훈센은 쥐꼬리만한 예산으로 나라 전체를 모두 다스려야하니 항상 초조해 있었다.

라나릿드의 입장은 푼신팩 당의 당내 문제도 제대로 해결 못하니 아예 국정은 훈센에게 맡겨 두었다.

라나릿드의 불만 중 하나는 제1 수상인 그가 자신의 당원을 정보부 또는 법무부의 장관자리에 앉히지 못했다는 것인데 두 자리 모두 CPP가 차지하고 있었다.

"라나릿드는 공공(公共)과 정치적 기능의 차이를 잊고 있었습니다.

이 공무원들은 중립적 위치에서 공공의 이익을 위하여 일합니다.

그들은 정치나 정치 정당을 위하여 일하는 것이 아닙니다.

그들은 모두 왕실 정부의 정책에 따라 일하지요.

더 나아가, 법무부는 독립적이어야 합니다.

그리고 법관은 정당이나 정부가 임명하는 것이 아닙니다".

이 말은 마치 아전인수(我田引水)격의 이기적인 말로도 들린다.

당내에서는 훈센의 권한과 정치 성향 등에 의문과 비평이 있었음에도 불구하고 정부안에서 훈센의 세력은 극에 달했다.

1996 년의 CPP 전당대회에서 당내에 파벌이 생겼다는 추측이 발생하였지만 훈센은 재빨리 이 소문을 없애버렸다.

"CPP 는 가장 민주적인 당입니다.

당원은 당당히 자기 의사를 표현할 수 있으며 잘못을 저지르는 다른 당원을 비난할 수 있습니다.

우리는 CPP 안에 파벌이 있다고 말하여서는 안 되고 단지 자기 의사를 당당하게 표현하려는 사람은 있다고 할 수 있습니다.

CPP 는 다른 당보다 더 민주적인 것입니다".

CPP 가 캄보디아의 부호들이 자금을 대고 있다는 주장이 있었는데 훈센은 이를 단호히 부정하였다.

"CPP 는 정치 자금을 많은 당원들의 기부금과 헌금으로 확보해 나가고 있습니다. 그러한 주장은 독설입니다".

그러나 이러한 논쟁들이 계속 꼬리를 물자 두 수상간의 불화는 곧 닥쳐올 것 같았다.

라나릿드와의 관계는 어떻게 나빠졌나 하는 질문에,

"1996 년 1 월 20 일에 라나릿드는 푼신팩 당과 CPP 간의 군사적 균형을 유지하기로 결정하고 1996 년 3 월에 푼신팩 전당대회에서 선동적인 성명서를 발표하였을 때 연립 정부안에서 긴장이 고조되었습니다.

나는 개인적으로 라나릿드를 반박하고 싶지는 않습니다.

그러나 라나릿드는 무기를 불법 밀수입하고, 은밀히 자신의 개인 군대를 양성하고, 무법자인 크메르 루지와 비밀리에 회동하고, 많은 크메르 루지 출신 군인들을 프놈펜 시내에 잠입시키는 등의 행위로 왕실 정부에서 그의 동반자인 나를 배신하였습니다.

마지막 분노는 1997 년 7 월 초 라나릿드와 크메르 루지간에 비밀 협정 이 맺어지자 터졌다.

이런 극도로 위험한 동맹에게는 응징을 해야 했다고 훈센은 말했다.

7 월 4 일, 훈센의 군대는 라나릿드에 충성하는 군대와 충돌했다.

그리고 그들을 단숨에 격퇴시켜 버렸다.

그 때까지의 큰 의문이 밝혀졌다 ―훈센이 역시 캄보디아에서 가장 힘센 인물이었던 것이다.

1993 년 총선거에서 CPP 에 표를 던졌던 38%가 넘는 많은 유권자들은 훈센 같은 강한 지도자만이 분열된 나라를 뭉치게 할 수 있다고 믿었다.

반대로 45%가 넘는 라나릿드 편 유권자들은 이를 부정하였다.

권위주의의 여러 가지 어두운 면만 보아왔던 그들은 캄보디아에 정말 자유로운 민주주의의 정착을 고대하고 있었다.

강자

베트남의 "붕타우"에 신문은 항상 늦게 도착했다.

월남전 당시 주월 한국군 통합병원이 있었던 이 베트남의 조용한 해변 도시 붕타우는 프랑스 식민지 시절에는 "Cap Saint Jacques"로 알려졌는데 남지나해에서 불어오는 시원한 해풍이 일년 내내 도시를 식혀주고 있었다.

붕타우의 해변은 아직 미개발에다 관광객에 의해 오염되지도 않은 자연 그대로의 해변이었다.

옛 주월 한국군 통합병원 건물에 자리 잡은 소련 유전개발 회사의 직원들과 그 아내들이 가끔 의자에 앉아 쉬고 있는 모습만 보였다.

시간은 완전히 정지되어 있었다.

신문은 보통 지방 기사를 덧붙여서 하루가 늦게 왔고 더러는 이틀 만에 오기도 했다.

그러나 사실 캄보디아에서 그리 먼 곳은 아니었다.

그래서 이 곳은 훈센이 가장 좋아하는 휴양지이기도 했다.

1997 년 7 월 5 일 아침, 훈센과 분 라니 그리고 아이들은 전날을 바다에서 즐긴 후 호텔에서 아침잠에 빠져있었다.

핸드폰의 벨 소리가 훈센의 잠을 깨웠다.

훈센은 선잠에 비틀거리며 핸드폰을 들었다.

전화는 프놈펜의 비서실 직원한테서 왔는데 라나릿드의 군대가 정부군을 상대로 공격을 시작했다는 것이었다.

이 소식은 붕타우에서 아침잠에 빠져있던 훈센에게 5 일 새벽에야 도착한 것이다.

훈센은 서둘러 가족들의 휴가를 중지하고 헬리콥터를 타고 프놈펜 인근 타크마우의 집으로 돌아왔다.

그 때가 아침 10 시였다.

붕타우와는 달리 프놈펜에서는 소식이 빨리 전파되었다.

그 날 훈센이 미국의 소리 방송(VOA)을 듣고 또 전날의 각종 신문을 모두 훑어보고서는 모든 신문들이 갑자기 그를 "강자"로 표현하기 시작한 것을 보고는 놀랍고도 어리벙벙했다.

그 사건이 있은 직후 그는 기자들에게 "아직 나를 강자로 표현할 때가 아니다"라고 하였다.

"내가 캄보디아에서 기아를 추방하고 평화를 안정시키며, 경제 발전과 캄보디아의 치안을 안정시키고 나면 내가 강자라는 말을 인정 하겠습니다.

나는 조만 간에 다가오는 선거가 자유롭고 공정한 그리고 민주적인 방식으로 그리고 도발이 없는 선거가 되기 위한 모든 수단과 방법을 다 동원하겠습니다".

훈센의 붕타우 휴가는 국가적인 비밀이 아니었다.

관례대로, 두 수상 라나릿드와 훈센은 그들의 여행 계획에 앞서 상대 수상과 국무 회의실에 통보하기로 되어 있었다.

훈센은 이미 정부에 그가 붕타우에서 7 월 1-7 일 사이에 휴가를 보낼 것이라고 통보하였다.

휴가는 그와 아내 분 라니와 또 미국, 싱가폴, 프랑스 등지에서 유학 중이던 아이들이 방학이었으므로 같이 동반하였다.

그것은 오랜만의 가족 대모임이었다.

당시 라나릿드는 그가 외국에 갈 계획을 정확히 정부에 통보하지 않았다.

그는 7 월 9 일 경에 프랑스에 갈 것이라고 말했으나 갑자기 내전이 발발하기 전인 7 월 4 일날 비밀리 출국을 했다.

프놈펜 시내에서 총격전이 시작되기 전에 라나릿드는 충돌의 사전 경고를 하고는 황급히 태국으로 갔던 것이다.

그러나 7 월 4 일과 5 일 사이의 시가전에서 훈센의 군대는 효과적으로 라나릿드의 군대를 공격하여 물리치고 신속히 라나릿드를 축출해 버렸다.

프놈펜은 불탔고, 사람들은 집에서 뛰쳐나와 피난했으며 대포 소리, 박격포 소리와 기관총 소리가 한적하던 수도의 정적을 깨트렸다.

도대체 왜 시가전이 벌어졌는지 사람들은 이해할 수가 없었다.

어떻게 한 정부안에서 군대가 각 정당 편으로 갈라져 있는지도 대부분 사람들, 특히 외국인들은 이해하지 못했다.

그들은 마치 과거의 악령이 되살아나서 내전이 다시 벌어진 것이 아닌가 하는 공포에 사로잡혔다.

미국의 소리 방송(캄보디아어 방송이 있다)을 들은 시민들은 훈센이 쿠데타를 일으켰다고 라나릿드가 주장하는 것을 들었지만 정부는 이 주장을 무시하여 버렸다.

정부는 만약 훈센이 쿠데타를 일으키려 했다면 라나릿드가 외국에 휴가를 가지 말고 프놈펜에서 지휘를 했어야 옳지 않느냐고 했다.

또 사실은 훈센이 외국에 가있던 사건 당일 날 밤에 프놈펜에 있었던 라나릿드에 의하여 전투가 조직되고 시작되었다고 했다.

그리고는 공격이 시작되기 한시간 전에 라나릿드는 안전한 방콕으로 갔다고 했다.

그러나 이 사건에 대한 라나릿드 측 얘기는 완전히 반대의 것인데 그는 불법적이거나 도발적인 일은 한 적이 없으며 훈센의 군대가 먼저 공격을 시작했다고 주장하고 있다.

충돌의 전조는, 정부측에 의하면, 푼신팩 군대가 두 군데의 장소에 불법으로 군대를 주둔시키고 있었는데 한 군데는 "콤퐁스푸" 성의 "왓프닛" 지역이었고 또 한군데는 푼신팩 군대의 상급 지휘관이었던 "차오삼밧" 장군의 집 주위였다고 한다.

콤퐁스푸 성의 공무원으로부터 불법 군부대가 형성되고 있다는 고발을 접수한 정부는 푼신팩 군대의 총사령관 "닉분차이" 장군에게 그 군대를 프놈펜 근처의 "탕끄라상" 기지로 이동시키라고 요구하였다.

그러나 푼신팩 당 소속인 닉분차이 장군은 이를 거절하였다.

평화협정 이후 각 파의 모든 군대는 왕실 캄보디아 국군(Royal Cambodian Armed Forces- RCAF)에 흡수되어야 했는데 이 규정은 잘 지켜지지가 않았다.

7 월 4 일 밤, RCAF 의 참모총장인 "게끔얀" 장군은 닉분차이의 불법 부대 주둔지를 폐쇄하고 그 군대를 이동시키려 하였다.

닉분차이는 시간을 끌었다.

그러자 닉분차이에게 7 월 5 일 아침 5 시 30 분까지 그 부대를 폐쇄하라는 최종 통보가 주어졌지만 그래도 부대를 이동하려는 기색이 전혀 보이지 않았다.

아침 6 시가 되자 게끔얀 장군은 포위 명령을 내리고 6 시 30 분에 RCAF 군을 부대로 투입시켜 불법적으로 모은 군대를 무장해제 시켰다.

그 때에 차오삼밧 장군의 집에는 소규모 부대가 형성되었다

이 곳의 부대를 무장해제 하려던 시도는 실패하였다.

또 콤퐁스푸의 부대가 무장해제 당하고나자 포첸통 공항에 주둔하고 있던 닉분차이 장군 휘하의 군대는 7 월 5 일 공항을 점령하고 폐쇄하였다.

그들은 몇 명의 공항 직원을 체포하였고 오후 5 시가 되어 탕끄라상에 주둔하고 있던 닉분차이 휘하의 보충부대가 공항으로 이동하여 증원을 하였다.

공항의 점령은 정부에서 볼 때는 훈센을 붕타우에서 돌아오지 못하게 하려는 명백한 도발이었다.

그 날 아침 붕타우에서 돌아온 훈센은 국영 TV 방송에서 국민들은 침착해 주기 바라며 모든 군대는 즉시 본대로 귀환하라고 하였다.

오후 3 시에 프놈펜은 1979 년 해방 이래 처음 평화가 깨어졌다.

헌병들이 차오삼밧 장군의 집으로 접근을 하자 주변 건물과 장군의 집에서 사격을 개시하였다.

헌병대는 무력시위를 하기 위하여 T-55 전차를 배치하였는데 차오삼밧 의 군인들이 대전차 로켓을 쏘아 무한궤도를 끊어버렸다.

그 지역은 주택 밀집 지역이었으므로 헌병들은 주민들이 소개할 때까지 아무런 반격을 할 수 없었다.

곧 이어 양측은 세 군데에서 접전이 붙었다.

닉분차이 장군의 집 주변과, 포첸통 공항과 탕끄라상 기지였다.

도시가 DK-82 박격포의 둔한 소리와, 장갑차에 장착된 DK-75 기관총 소리, T-55 탱크의 위압적인 100 밀리 포 소리에 휩싸이자 사람들은 공포에 위축되었다.

불타는 도시에 밤이 스며들자 불안했던 포 소리들이 멎기 시작했고 어리벙벙했던 도시의 주민들은 조금 안도의 숨을 쉴 수가 있었다.

7 월 4 일은 미국의 독립 기념일이라 당시 필자가 자주가던 강가의 미국식 식당 Wagon Wheel 에서는 미국 교민 파티를 위해 많은 통닭과 맥주를 준비하여 두었는데 이 전쟁 통에 그 후 한 달간 차림표는 통닭과 맥주만 내 놓았어야 했다.

프놈펜을 떠나는 항공권은 1 천 달러 이상의 웃돈이 얹혀서 팔렸다.

훈센과 그의 국가 지휘관들은 한숨도 자지 못했다.

그들은 쭈그리고 앉아서 상황을 다시 분석했다.

훈센의 게릴라 지휘관 경력은 다시 그가 책임을 맡게 했다.

7 월 6 일 새벽 훈센은 반격을 하기로 결정을 내렸다.

물론 라나릿드의 군대는 항복을 하지 않고 공격을 계속했다.

p 036 푼신팩당 닉 분 차이 장군   p 037 CPP 당 께 낌 얀 장군

새벽 4 시가 되자 탕끄라상 기지에서 푼신팩의 군대는 탱크와 보병을
앞세우고 2 열로 프놈펜으로 행진을 했다.

정부군은 차오삼밧 장군의 집 주위에 경계선을 치고 2 대의 탱크가
시내로 들어오지 못하게 하였다.

시내로 오는 길에 닉분차이는 라나릿드가 불법 수입한 무기들이
억류, 보관되어 있던 창고를 접수하여 보관해두었던 무기고에서
무기를 꺼냈다.

그의 군대가 시 외곽지역에 도착을 하자 헌병대가 이를 저지하였다.

닉분차이가 이끄는 이 정예 부대는 전진을 저지하는 헌병대를
함정에 빠트렸다.

이런 위험한 상황이 닥치자 훈센은 그의 정예 경호원들을
타크마우에서 불러 전투에 참가시켰는데 다른 RCAF 군대는 이미

181

시내에 배치가 되어버렸고 지방의 군대를 불러들이기에는 너무 시간이 부족하였기 때문이었다.

아침 9 시 30 분에 훈센 경호원 부대는 탱크 3 대와 장갑차 3 대를 앞세우고 푼신팩의 제 70 대대를 공격하였다.

그리고 헌병대와 특수부대를 지원하기 위해 전선으로 도착했다.

이 아침 전투에서 2 대의 정부군 탱크가 파괴되었다.

오후에 시내에서 새로운 접전이 발생하였는데 시내 라나릿드의 집과 그 주변에 배치되어 있던 부대가 사격을 시작한 것이었다.

푼신팩 군의 장군 "세레이코살"이 국무장관 속안의 집을 습격하였는데 곧 진압되어 버렸다.

다음에는 정부군이 라나릿드의 집을 공격하여 집안에 있던 군인들을 포위하여 항복시켰다.

점심시간을 조용히 보내고 오후 2 시 30 분에는 "츠로이짱바" 다리(속칭 일본 다리) 맞은편에 있는 푼신팩 당 본부에 있던 군인들이 주변에 배치된 정부군에 사격을 시작하였다.

그러나 라나릿드의 군대는 곧 진압되어 버렸다.

탕끄라상 기지의 마지막 공격은 훈센의 경호원 부대를 보강하기 위해 증원군이 도착하자 오후 3 시 30 분에 개시되었다.

제 2 군단이 푼신팩 당 본부를 접수한 뒤 합류하였고 제 3 군단 소속 444 여단이 콤퐁스푸에서부터 6 대의 탱크를 앞세우고 도착했다.

그들은 동시에 닉분차이 장군의 군대를 배후 공격부터 시작하여 큰 타격을 주었다.

오후 6 시가 되자 444 여단은 차오삼밧 장군의 집에 있던 자들을 모두 체포하였고 7 시가 되자 라나릿드의 군대는 뿔뿔이 흩어져 도주하기 시작하였다.

그러나 민간인의 피해는 너무 컸다.

공항 근처 자동차 전시장과 오토바이 가게는 총을 든 군인들에게 차와 오토바이를 모두 빼앗겼다.

훔친 오토바이를 탱크 위에 잔뜩 얹어 가는 모습이 외신에 나갔다.

근처 봉제 공장의 창고에 가득했던 수출 상품도 모두 사라졌다.

주유소는 불탔고 전투 지역의 주민들은 시내로 몰려들었다.

라나릿드의 집은 몽땅 털렸고 그의 골프채를 길가에서 팔고 있었다.

도주해 버린 다른 푼신팩 당의 고위직 사람들의 집은 모두 수색을 당했고 승용차나 살림살이는 모두 사라졌다.

훗날에 훈센은, 비밀이 군대를 조직하고 국방부의 승인 없이 군대를 시내로 이동시킨 라나릿드의 군 지휘관들에 대해 왜 그가 강력한 선제공격을 하였나 하는 설명을 하였다.

또 덧붙여서 더욱 화가 난 것은 라나릿드가 국방부의 승인도 없이 많은 무기를 수입하여 은닉한 것이었다.

라나릿드의 장군들은 크메르 루지군을 편입하여 그들 군대의 전투력을 향상시켰다.

동맹을 맺을 목적으로 크메르 루지와 비밀 협상을 했던 라나릿드는 전쟁을 발발하므로 써 탄로가 났던 것이다.

훈센이 1966 년에 크메르 루지 지도자인 이엥사리를 포섭, 폴폿으로 부터 이탈시켜 정부 편으로 끌어들이는 것에 성공하는 것을 본 라나릿드는 다른 크메르 루지 파벌을 자기편으로 끌어들이려 하였다. 그러나 거기에는 차이점이 있었는데 훈센은 크메르 루지의 투항을 자기편의 군대로 흡수한 것이 아니었지만 라나릿드는 크메르 루지의 투항을 유도하여 자기편의 군대를 증강시키려 하였던 것이지 크메르 루지의 투항 자체에 동기가 있었던 것이 아니었다.

183

1988년 5월 22일-6월 4일 사이 "프놈펜 포스트" 신문에서는 크메르 루지의 비밀 회담 내용을 폭로하였는데 라나릿드가 옛 저항군 동지인 크메르 루지들과 다시 결합하려 한다는 놀라운 사실이었다.

신문에서는 라나릿드가 제안한 "국가 연합전선"(NUF)의 참여에 크메르 루지가 동의하였는데 그것은 단지 우선 세력을 키우기 위한 것이며 나중에는 라나릿드를 배신해 버리고 권력을 잡은 뒤에 유산되어 버린 그들의 빈민 혁명을 다시 완수한다는 것이었다.

이 폭로는 라나릿드가 크메르 루지와 절대 협력하지 않았다고 주장한 것이 거짓이라는 것을 증명하였다.

또 신문에서는 또 라나릿드의 군대를 궤멸시킨 훈센의 행위가 정당했다고 주장하였다

"프놈펜 포스트"지의 기자는 1998년 5월 15일 "안롱벵"에서 14 킬로미터쯤 북쪽에 떨어진 "초암"마을의 폴폿의 옆집에서 이 크메르 루지의 회의 문서를 입수했다고 한다.

또 그 옆에는 한 달 전 폴폿의 시신을 화장할 때 썼던 장작더미가 있었다고도 했다.

이 문서는 5월 19일 과거 크메르 루지 정권의 중국 대사를 지낸 바 있는 "픽 치엥"이 사실 확인을 하였고 또 크메르 루지 제 980 사단의 대장을 했던 "임산"도 확인을 했다.

입수된 이 문서의 한 기재 내용에는,

"라나릿드의 배는 갈아 앉고 있지만 우리의 배는 그렇지 않다.

우리는 그를 도와야 한다.

그러나 우리는 막대기만 뻗쳐 주어야지 손을 주거나, 껴안거나, 우리 배에 오르게 해서는 안 된다.

그렇지 않으면 우리가 죽게 된다.

우리는 계교를 써야만 한다". 라고 쓰여 있었다.

크메르 루지의 관리인 "따뗌"은 다음과 같은 말을 했다.

"연합전선은 중요한 것이 아니다.

연합전선의 가입 서명은 우리에게 합법성을 부여한다.

우리가 합법적이 되면 세계는 우리를 지원할 것이다.

연합전선은 권력을 쟁취하기 위한 과도기적 수단이며 죽으러 가자는 것이 아니고 권력을 잡고 베트남과 싸우자는 것이다".

정부에서, 또 당내에서 그의 권위주의를 용납하지 못하는 당원들에 대한 영향력을 잃어버린 라나릿드는 좌절감을 느끼면서, 훈센의 정치 기반을 떠받치고 충성하는 군대만큼 병력을 일으키기 위하여 다른 캄보디아인 조직과 연합을 할 필요를 느꼈다.

이 불가능한 목적을 달성하기 위해서는 오로지 한가지 방법 밖에 없었는데 그것은 무장이 잘 된 크메르 루지를 업는 것이었다.

그는 크메르 루지에게 협조를 구하러 가야했다.

1996 년에, 라나릿드의 푼신팩 당은 그 전보다도 더 핏기가 없었다. 당은 재무부 장관이었던 삼랑시를 1994 년 정부에서 쫓아내고 또 1995 년에 당적에서 축출을 하였으며 동시에, 1995 년에 외무부 장관이었던 노로돔 시리붓도 체포, 추방하였다.

그 때 라나릿드는 시리붓 왕자가 훈센을 암살하려 했기 때문에 고발을 했다고 하였다.

또 더 나아가 푼신팩 당은 1998 년 선거에는 CPP 가 승리할 것이라는 두려움에 괴로움을 받았다.

그의 입장에서, 라나릿드는 여러 가지 일에 또 실망을 했는데 자기 사람을 정보부 장관에 앉히지 못했고 또 법원에 판사 자리 하나에도 앉히지를 못했다.

그는 대단한 권력과 영향력을 가진 CPP 의 민간 행정 공무원들에 의하여 압도되고 있음을 느꼈다.

그 결과로 라나릿드는 1996 년 3 월에 있은 푼신팩 전당대회에서 그의 연립정부 파트너인 CPP 를 향해 통렬한 비판을 하였던 것이다.

전당대회는 화목한 분위기로 시작을 하였다.

라나릿드는 개회식에 훈센도 초청하였는데 대회 강당에는 "푼신팩-CPP 연립정부 만세"라고 쓰여진 현수막까지 걸려있었다.

개회식을 마치고 훈센이 자리를 뜨자 말자 라나릿드는 권력 분배의 발상에 대해 악담을 시작하면서 정부를 베트남의 꼭두각시라고 비난했다.

그리고는 연립정부를 조만 간에 철회하기로 하였다.

약해진 라나릿드는 시리붓과도 교섭을 시작하였다.

CPP 는 연립 관계를 흔들려고 하는 의도의 이 이중 게임을 예의 주시하였다.

푼신팩이 군대를 재건하면서 약 3 톤에 달하는 무기와 탄약을 수입을 하였는데 이 무기들은 "부속품"으로 위장하여 라나릿드를 수취인으로 하여 수입이 되었다.

"시아누크빌" 항구에서 세관이 이 컨테이너를 검사하자 그 안에서 B-40 로켓, AK-47 자동소총, 권총, 그리고 탄약들이 쏟아졌다.

국방부의 물자 기술국 담당인 차오 피룬 장군은 라나릿드의 "부속품"은 그의 부서에 사전 통보되지 않았다고 하며 허가 부서들인 총 참모부, 국방부, 참모총장 및 정부의 사전 승인을 받은 일이 없다고 하였다.

라나릿드는 점점 더 과격해 지면서 강경파인 세레이코살과 닉분차이 등을 군에서 승진시켰다.

국영 TV 방송이 세레이코살의 방송을 거절하자 그는 방송국을 로켓포와 자동소총으로 공격을 해 버리기도 했다.

이런 작은 사건들이 결국에는 터져서 전쟁이 시작되었고 라나릿드는 축출되어 버린 것이었다.

비록 라나릿드가 방콕에 피난 중이었으나 그는 아직 불법 무기의 수입에 관한 범죄 고발을 당하고 있는 상황이었다.

라나릿드는 프놈펜의 군법회의에 선다는 것에 질색을 하였다.

훈센이 "만약 라나릿드가 돌아오면 비행장에서 바로 형무소로 보내겠다"고 하던 때부터 몇 달의 불투명한 세월이 흐른 뒤에, 훈센은 마음이 누그러져서 그의 사면을 요청하기로 하였다.

드디어 라나릿드는 아버지 시아누크 국왕으로부터 사면을 받았다.

그러나 그의 국회의원 면책권은 박탈되었고 1997 년 8 월 6 일 국회의 투표에 의하여 제 1 수상직도 해직되어 정치적으로 라나릿드는 매우 약해져 버렸다.

그리고 그의 당은 9 개 이상의 파벌로 갈라져 버렸다.

정부군이 평정을 끝낸 뒤에 훈센은, "라나릿드는 법과 싸운 것입니다. 법원은 그의 사건을 법에 따라 결정하여야 합니다.

나는 라나릿드를 나 자신의 적으로 생각해 본 일은 없습니다.

그러므로 나는 법원이 이미 판결을 내린 후에 그의 사면을 요청한 것입니다.

우리는 푼신팩 당에 강력한 행동을 취한 것이 아니고 라나릿드가 이끄는 과격 단체와 그의 장성들에게 응징한 것입니다".

그러나 몇 가지 불길한 의문이 남는데 과연 적어도 4 명의 라나릿드 지지자들을 안 죽일 수는 없었는가 하는 것이다.

"나는 전쟁이 일어나기를 원하지 않습니다.

그러나 라나릿드와 그의 장군들은 우리에게 다른 선택권을 주지 않았습니다.

쌍방에 피해가 있는 것은 피할 수 없는 것입니다.

인적 피해도 마찬가지입니다".

라나릿드 및 그 외 푼신팩 당원들의 집을 파괴 도둑질한 것은 의도적이었는지 아니면 그 순간의 군인들에 의한 우발적인 것이었다고 보는가 하는 질문에 훈센은, "개인의 것이든, 당의 것이든 간에 전쟁은 항상 인명과 재산의 파괴를 수반합니다.

그래서 전쟁을 걸지 않는 것이 훨씬 낫지요".

약탈도 있을 수 있다는 얘긴지?

훈센의 계산된 도박은 그가 미국과 아세안 국가들을 무시할 수 있겠는가 하는 문제였는데 비록 단기간은 미국이나 지역 단체의 가입 국가들이 원조를 중지할 수도 있겠지만 적어도 1998년 봄에는 그러한 일시적인 문제를 원상회복 할 자신이 있었다.

사실 어떤 나라도 이 사건을 쿠데타라고 하지는 않았다.

그러나 라나릿드는 "우리는 고양이는 고양이라고 해야 합니다.

그것은 물론 쿠데타였습니다"라고 한다.

"나는 사람들이 내가 쿠데타를 일으켰다고 하면 매우 기분이 나쁩니다.

왜냐하면 그 당시에 자식들이 뉴욕과 싱가폴에서 돌아왔고 또 어머니가 같이 계셨기 때문입니다.

만약 내가 쿠데타를 일으키려고 했다면 왜 아이들을 집으로 오라고 했겠으며 또 어머니를 시가전이 벌어지고 있는 시내집에 모셨겠습니까?".

미국은 예정된 년간 원조액 35,000,000 달러의 3 분의 2 를 일단 보류하였다.

그러나 "클린턴"정부는 쿠데타라고 부르는 것은 곧 중지하였다.

그렇게 막 부르다가는 반란 국가로 낙인찍힌 정권에게는 자금의 지원을 금지하는 미국 법에 의해 다음의 캄보디아 원조는 불법이 되는 것이었다.

미국이 원조를 재개하는 절차는 끝없는 의회의 논쟁을 거치는, 정부에게 매우 복잡한 골치 아픈 절차였다.

그러면 최후의 피해자는 결국 캄보디아 국민인 것이었다.

일본은 7 천만 달러 원조를 계속하였고, 중국, 아세안, 호주 그리고 EU 는, 결국에는 길게 끌던 내전을 종식시킬 수 있다고 보는, 또 그들이 바라던, 새로운 강자의 등장을 싫어하지는 않았던 것이다.

훈센을 기다리게 한 가장 큰 일은 1997 년 7 월 10 일 아세안의 장관급 회의에 캄보디아의 참가를 거절당한 것이었다.

아세안 국가들의 불쾌한 뚜렷한 이중 정책은 군사 정권이 집권하고 있던 미얀마는 인권 침해가 가장 심했는데도 가입을 시키면서 캄보디아는 회원국 가입을 거절한 행위였다.

훈센은 중국에게 협조를 요청하였다.

그는 프놈펜의 대만 대표부를 라나릿드를 도와주었다는 이유로 철수 시키어 북경의 기분을 맞추어 주었다.

프놈펜의 중국 대사관은 하나의 중국 정책에 호응해 주어 매우 감사 하다고 했다.

라나릿드가 스스로 망명한 상황에서, 시아누크는 훈센 2 인조를 지원하였는데 그것은 제 2 수상인 훈센과 8 월 6 일 국회에서 라나릿드 대신 제 1 수상으로 선출 된 푼신팩 당의 호주 국적을 가진

"웅헛" 이었다.

이참에 김일성과의 우정을 위해 눈에 흙이 들어가기 전에는 대한민국과 국교를 맺지 않겠다던 시아누크의 마음을 누그러뜨려 프놈펜에 드디어 대한민국의 대사관이 문을 열었다.

시아누크는 그리 친하지 않았던 그의 아들 라나릿드가 캄보디아 대표로 유엔에 가겠다는 것도 인정하지 않고 대신 프놈펜의 2 인조가 추천하는 사람을 승인해 주었다.

일찍이 시아누크는 라나릿드를 축출한 무력 분쟁도 비난하지 않았다. 라나릿드의 지원에 대한 그의 거절은 왕가 내부의 알력을 노출해 버린것과 같았다.

"왕은 중립이며 모든 정당 위에 군림합니다.

게다가, 왕과 왕비 전하는 그를 항상 아버지, 어머니 또는 할아버지, 할머니라고 부르는 천백만의 자식이 있습니다.

그러므로 왕은 어느 한 사람 편에 있는 것이 아닙니다.

이것이 내가 알고 있는 왕의 인자한 마음입니다"라고 훈센은 말한다.

프랑스와 일본이 훈센을 지지하는 동안 미국은 라나릿드의 복귀를 원했다.

"현금의 상황은 모든 정당과 라나릿드를 포함한 정치가가 선거에 참가할 수 있게 문을 활짝 여는 것입니다.

왕실 정부는 이 방향을 위하여 모든 노력을 다 할 것입니다".

1998 년의 7 월의 총선거에 자그마치 39 개 정당이 등록을 했지만 가장 강한 자는 역시 자신이 다음 세기 동안 캄보디아를 잘 통치할 수 있는 위치에 있음을 분명히 한 훈센이었다.

든든한 군대를 뒤에 두고, 거대한 행정 관리 체제의 지지 하에, 경호원의 보호를 받으며 이 젊은 지도자는 선발된 군대의 빈틈없는 경계망과 민간 지도자들의 열정적인 충성을 받는 가운데 장래의 혹 있을지도 모를 도전에 대해서는 오만하기까지 보였다.

"내가 라나릿드와 모든 지도자들에게 충고한 것은 이런 저변을 두고 있기 때문인데 만약 그들 중 누가 나를 군사적으로 축출하려 한다면 적어도 10 년에서 15 년을 기다리라고 한 것입니다.

그들은 내 부하들이 퇴직할 때까지 기다려야 하는데 왜냐하면 90%의 장군과 젊은이들이 내 사람들이기 때문입니다.

예로 시엠립의 부성장은 내가 직접 뽑은 2 성 장군입니다.

나와 권력을 나누었던 사람들은 전국에 골고루 흩어져 있습니다.

그들은 총구를 나한테로 돌리지 못합니다.

그들은 훈센이 명령을 내리면 절대로 거역을 하지 않습니다.

라나릿드 쪽 사람 일부는 큰 실수를 했던 것입니다.

나는 라나릿드에게 만약 그가 훈센과 승리를 다투고 싶으면 훈센보다 더 영리하게 정치를 해야 한다고 충고했습니다.

그가 군사적 도발을 한다는 것은 매우 위험한 짓입니다.

하루 24 시간 중에 우리는 11 시간 만 있으면 도발을 마무리 지을 수 있습니다".

제 6 장 변신

프놈펜의 공산당

캄푸치아 인민혁명당(KPRP)의 상급자는 훈센더러 외국 친구를 많이 사귀어 캄보디아를 고립에서부터 탈피 하도록 하라고 하였다.

그러나 1985 년에 새로 수상으로 선출된 그에게 아시아의 반공 국가들과 서방국가들이 굳게 문을 닫아 버린 상태에서는 정말 어려운 임무였다.

공산주의 냄새를 지우기 위하여 "캄보디아 국가"(SOC-State of Cambodia)에서 "캄푸치아 인민 공화국"(PRK-People's Republic of Kampuchea)으로 국명까지 바꾸어 보았는데도 4 년이 지난 그 때까지 상황은 좋아진 것이 없었다.

나라 이름 바꾼다고 일이 다되는게 아닌 것 같았다.

훈센은 타크마우 집에서 이 문제를 걱정하며 밤을 세웠다.

자주 캄보디아를 "부랑자 나라"라고 부르던 기자들에게 그는 거의 항의할 방법이 없었다.

SOC 는 모든 것이 필요했는데, 나라를 개발하기 위한 외국의 투자와 지원, 그리고 군대를 제대로 다듬기 위한 무기 등이었다.

훈센의 동맹국이었던 소련은 빠르게 독립국들이 떨어져나가는 혼란의 와중에 있어서 더 공짜무기를 공급해 주기를 기대할 수 없는 형편이었다.

훈센은 세계 지도를 펴놓고 훑어나가기 시작했다.

그의 조국은 봉쇄(embargo)의 사슬로 둘러싸여 있었다.

반공국가로 캄보디아를 도와주는 나라는 유일하게 인도뿐이었다.

훈센은 이런 인도의 카드를 헛되게 쓰지 않고 정말 최대한 활용하였다.

1990 년 10 월 뉴델리를 방문하였을 때 그는 인도 정부에게 내전의 해결 방법을 찾는데 도와달라고 하였다.

훈센과 인도 외무부 장관인 "인데르 쿠마 구지랄"은 캄보디아의 평화에 대한 전망을 의논하였는데 인도는 거의 가까웠다고는 하였지만 더 이상은 언급을 하지 않으려 했다.

사석에서 훈센은 구지랄에게 군사 원조를 요청하였는데 이 요청은 일단 비밀에 붙여졌다.

그 이후 외무부 장관을 그만두고 국회의원으로 있던 구지랄은 1993 년 싱가폴에서 만난 자리에서 1990 년 10 월의 만남에서 훈센이 크메르 루지를 선두로 한 적으로부터 캄보디아를 방위 할 수 있게 인도에게 무기 지원을 요청하였다고 했다.

구지랄은 "훈센이 내 전임자에게도 이런 요청을 했었는지 몰랐기 때문에 어떻게 대답을 해야 할지 몰랐습니다" 라고 하였다.

결국에는 구지랄은 무기를 공급하겠다는 언급은 하지 않았다.

그렇지만 그것 때문에 인도와 캄보디아간의 우정이 금이 가거나 하지는 않았는데 인도군은 1993 년에 유엔 평화유지군으로 캄보디아에 와 있는 동안 크메르 루지와의 전투에서 부상을 당하기도 했다.

국제적인 고립은 때로는 SOC 스스로 자초한 경우도 있었다.

1990 년에 거의 모든 외국 신문의 수입을 금지하였다.

문화부의 뻰옛 차관이 개입하여 유일하게 사회주의 국가의 신문만 수입을 허용하였다.

사회주의 국가들은 또 캄보디아를 질식할 만큼 둘러싸고 있었는데 당시 수도에는 모두 9 개의 대사관이 있었고 그 중 8 개가 사회주의 국가들의 대사관으로, 소련, 쿠바, 헝가리, 불가리아, 폴란드, 체코슬로바키아, 라오스 그리고 베트남 등으로 고위층 사람들과 바로 만날 수 있는 귀빈 대우를 받았다.

대신에 캄보디아의 공산주의 지도자들은 동구권으로부터 재정 원조를 받아낼 수 있었다.

그러나 1990 년대가 되어 사회주의 국가들의 경제가 황폐하기 시작하자 더 이상 캄보디아를 도와줄 형편이 못 되었다.

반공국가로 캄보디아의 유일한 동맹국인 인도는 1975 년 크메르 루지가 론놀 정권을 축출하고 권력을 쥐자 썰물처럼 빠져나간 각급 외교 단체에 끼어 대사관을 철수해 버렸다.

반면에 베트남군에 의해 1979 년 크메르 루지가 축출되자 바로 그 다음해에 캄보디아를 인정한 첫 번째 반공국가이기도 했다.

사회주의 블록의 외교관들도 친근감을 느꼈던 프놈펜에 대사관을 열기 위해 돌아왔다.

당시 인도 대사관은 서방으로부터 많은 관심은 끌었지만 호응은 매우 약했다.

인도의 외교관들은 양국간의 무역을 적극적으로 후원하였다.

인도의 존재는 크메르 루지로부터 캄보디아를 해방시킨 인도의 또 다른 맹방인 베트남과 같이 결속을 보여주기 위한 목적도 컸었다.

프놈펜에 인도의 대사관이 자리 잡고 있다는 것은 뉴델리 정부가 당시 반공국가들에게는 빈국으로 취급받던 캄보디아 및 베트남과 매우 가깝다는 것을 증명하는 것이기도 했다.

가장 우세한 대사관은 필요 없이 넓은 땅을 차지한 소련 대사관 이었는데 수도에서 훈센 정부 다음으로 영향력이 큰 실체였다.

1990 년 5 월에 우리 기자들이 전동장치로 열리는 철제 구조의 대사관 문에 다가가니 문이 저절로 열렸고 "冷戰强化" (More Cold War)라는 연판이 정면에 놓여있는 것이 눈에 띠었다.

무뚝뚝한 여자가 나와서는 대사관의 대변인을 기다리라고 했다.

그의 이름은 "루키아노프"였다.

비록 그가 단정하게 차린 정식 공무원이었지만 전형적인 러시아 외교관과는 달리 아주 편한 사람이었으며 영화배우 "데이빗 니븐"을 닮은 콧수염을 기르고 있었다.

모스크바에서 배운 짧은 영국식 발음의 영어로 캄보디아에 대해 드물게 솔직히 얘기해 주었다.

우리는 캄보디아나 호텔의 메콩 식당에서 저녁을 같이 하기로 약속을 하였다.

"여기는 참 거친 곳이에요.

"어떤 사람들은 밤사이에 거부가 됩니다.

그들은 시내 곳곳을 차를 타고 다니며 하루에 열 두 개도 넘는 계약서 서명을 합니다.

그러나 대부분은 서명하고 바로 잊어버리지요".

훈센의 프놈펜 시는 백만의 정신이상자들의 도시였다.

부유한 소수 인들이 외국인들과 사업 계약을 하고는 열 가지 코스가 넘는 중국식당에서 접대를 하는 동안, 80%가 넘는 불행한 사람들은 고기뿐 아니라 심지어 젓국도 식탁에 올리기 힘든 생활을 하고 있었다.

"정말 이상한 일들이 벌어지고 있습니다.

바로 이 호텔에서도 캄보디아의 신흥 졸부들이 자기가 좋아하는 중국 노래를 불러주는 가수의 발밑에 500 달러를 내 던집니다".

고립된 캄보디아에게는 슬픈 일이었지만 1990 년에 소련은 무역여신을 대거 삭감하는 대신 다른 괴기한 우정의 표시를 하였는데 즉 모스크바는 가난한 캄보디아를 위하여 캄보디아 사람들을 훈련시킨 뒤 서커스를 창단시켜 주기로 하였던 것이다.

그러나 그것은 캄보디아 사람들을 웃기지 못하였다.

또 쿠바에서도 달콤한 설탕을 더 보내주지 못하게 되었는데 대신에 쿠바는 좀 더 나은 발상을 하여 권투 선수들을 보내서는 프로 권투 선수를 훈련시켜 주었다.

이것도 캄보디아 사람들을 재미있게 하지 못하였다.

그 때는 정말 어려울 때였다.

소련 정부는 본국에서나 캄보디아에서나 평판이 아주 나빴다.

부도난 소련 경제를 재건하려는 "미하일 고르바초프"의 노력은 비틀거리고 있었고 그래서 적어도 경제적인 문제로는 캄보디아가 소련에게 불평을 할 구실을 주기도 했다.

프놈펜에 근무하던 소련 상무관 "니콜라이 오레코프"는 소련이 더 이상 캄보디아에 항만, 도로, 교량 등의 건설 자금을 대 줄 수가 없게 되었다면서 대신 인쇄소의 건설과 서커스 단 조직은 도와주겠다고 하였다.

나중에, 우리 기자들이 만났던 쿠바의 중견 외교관은 캄보디아와 쿠바의 관계가 더 나아졌다고 자랑스럽게 말하였는데 하바나 정부는 권투 선수만 보내 준 것이 아니라 스페인어 교수도 프놈펜에 보내 주었다는 것이었다.

"스페인어를 조금 할 줄 알면 스페인어를 사용하는 국가들과 관계 개선을 할 수 있을겁니다". 라고 대사관 내 숙소에서 그는 레몬 주스를 마시며 말했다.

이렇게 소련과 쿠바의 정책들은 때로 웃기는 엉뚱한 짓이 있었다.

프놈펜의 몇 명만이 권투 코치 훈련을, 또는 스페인어 교육을 받을 수 있을 때에 뻘 밭 위에 지은 쓰러질 듯한 판자촌에서 아무렇게나 살고 있던 절대 다수의 캄보디아인들은 그런 교육을 받을 필요가 없었다.

그들에게 시급히 필요한 것은 비를 막을 수 있는 집과, 마실 물과 전기였다.

캄보디아 사람들은 슬프고 상처받은 사람들이라 외부 사람들에게 하소연을 잘하므로 비록 그들이 화사하게 웃는다 하더라도 가슴속의 상처를 감출 수는 없다.

많은 사람들이 대학살의 기억을 가지고 있다.

프놈펜에 살던 수천 명이, 여자와 어린이를 포함하여 고문을 당했었다.

젖먹이 어린애들을 공중에 던지고는 총검으로 찔러 맞히기를 하였다. 여자의 가슴 위에 전갈을 얹어 놓고, 손톱을 뽑고 그리고 운이 좋아야 총살에 의해 빨리 죽을 수 있었다.

이런 학대 속에서 살아남은 사람들은 짐승 같은 생활을 하고 있었다.

세월이 지나, 폴폿의 모택동식 공산주의는 인제 소련의 공산주의로 바뀌었다.

"주변을 보세요, 많은 공산당원들이 술집에 둘러앉아 위스키를 마시고 있습니다".

"반나"라는 택시 기사의 얘기였다.

공산당들은 시내에서 맞춰 입은 재건복 스타일의 후진 근무복을 입고는 공공장소에 다니면서 싱가폴이나 대만에서 온 중국인 사업가들과 거래를 맺었다.

"보세요. 그들의 월급은 25 달러 남짓한데 그들은 큰집과, 고급 자동차를 가지고 있고 매일 외식을 합니다".

한참 후에, 미국에서 공부한 뒤 조국의 재건을 도우려고 돌아 온 캄보디아인 건축기사 "맘 소판나"는 캄보디아 공무원들이 부패했다고 주장하는 우리를 너무 성급한 결단이라고 점잖게 타일러주었다.

소판나의 말은 "외부인들이 훈센 정부에 손가락질하며 '너희들은 부패했다, 너희들은 나쁘다'고 한다면 그것은 참 바보 같은 행동입니다.

그런 말을 하기 전에 현실을 먼저 보아야 합니다.

만약 이 사람들, 행삼린과 훈센이 용감하지 않았더라면 오래 전에 모든 것을 포기했을 것입니다.

부패라는 말은 아주 어려운 단어인데 그 말의 근원을 알아야 합니다.

공무원의 월급이 얼마입니까?

겨우 20 달러입니다.

정부는 더 많은 월급을 줄 수 있는 재정이 없습니다.

그러니 그 돈으로 어떻게 살아갑니까?

캄보디아는 부패했다고 하는 사람들이 한 달만 캄보디아에서 살아보면 그들은 캄보디아가 그리 부패하지 않았다는 것을 알 것입니다".

문화 정보부의 차관인 온건한 성격에 콧수염을 기른 "삔옛"은 앙코르 사원에서 고대 조각품들을 뜯어내는 악질적인 범죄를 저지르고 있는, 가난한 캄보디아인도 아닌 돈 많은 골동품 상인들의 또 다른 형태의 부패에 속수무책이라는 뜻으로 양팔을 크게 쳐들어 보였다.

"캄보디아는 이미 20%가 넘는 고대의 보물들을 도굴범들에게 도난당하였습니다.

우리는 국제 경찰에게 그 명단을 주어 그들을 잡을 계획입니다.

런던이 캄보디아 보물의 마지막 행선지로 주로 경매에 의하여 팔리고 있습니다.

우리는 도난당한 보물의 명세를 만들어 인터폴에 제출하여 수사에 들어갈 것입니다".

뻰옛의 말에 의하면 캄보디아에는 1,000 개가 넘는 고대 사원들이 있는데 도굴꾼들이 노리고 침입하는 장소들이라고 한다.

그는 머리를 설레설레 흔들며 캄보디아인들이 골동품들을 훔쳐서는 국제 시장에서 큰 돈벌이를 하는 외국인들에게 팔고 있다면서 도굴만이 위험이 아니고 내전도 유물 훼손에 큰 위험이었는데 특히 특정 파벌의 군인들이 유물을 팔아 무기를 사기도 했다 한다.

프놈펜의 왕궁 안에 있는 "Silver Pagoda"에서 크메르 루지는 순금과 은으로 된 유물들을 들어냈다고 해서 비난을 받기도 했다.

어떤 이는 크메르 루지가 유물을 도둑질했다는 주장을 믿지 않았다.

그들의 말은, 게릴라들은 규율이 엄하여서 부패할 수가 없었다는 것이었다.

그러나 1993 년 정부군이 크메르 루지의 장군이자 폴폿이 죽은 후의 실세였던 "타목"의 "안롱벵" 집을 공격했을 때 급히 도망하는 바람에 가져가지 못한 앙코르왓에서 도굴 해 간 아주 귀한 유물들이 쏟아져 나왔다.

천만 인구의 90%나 되는 기아선상에 서있는 대다수 국민 들의 불평을 무시하면서 자신들을 위해 제도를 마음대로 바꿀 수 있는 능력 있는 자들에게 소판나의 모순된 논리는 대단한 의미를 부여하였다.

인구 통계는 1962 년에 572 만 명의 기록이 마지막으로 남아있었으나 더 이상의 믿을 수 있을만한 통계는 없었다.

그러다가 1998 년 중순에야 새로운 인구 통계를 내었고 1142 만 명이 집계되었다.

훈센이 이끄는 공산정부는 궁지에 빠졌다.

베트남에 의해 세워진 부랑자 집단의 사생아 정부라고 반공국가
들로 부터 따돌림을 받았다.

프놈펜은 정부로서의 인정을 받지 못하였고 또 국제 금융으로부터도
거절당했다.

국가는 하나의 재정 위기에서 또 다른 위기로 비틀거리고 있었고
소련으로부터 휘발유와 비료, 그리고 쿠바로부터 설탕 등의
필수품에 너무 의존하고 있었다.

당연히 공무원에게 월급을 줄 돈이 없었다.

그 결과로, 대개의 위태로웠던 공산국가 정부들이 한때 그랬듯이
공무원들에게 매달 생필품을 지급하기로 했다.

18 킬로그램의 쌀, 소련제 비누 2 개, 1 킬로그램의 설탕 등이었다.

다른 모든 캄보디아 국민은 무슨 수를 써서라도 제힘으로 살아가야
했다.

거지나 수상이나 똑같이 이 "자비로운" 부패 제도 하에 있었던
것이다.

훈센은 "1979 년 내가 외무부 장관을 처음 맡았을 때 내 월급은 식량
배급 이었는데 16 킬로그램의 쌀과 6 킬로그램의 옥수수였습니다.

지금은 1979 년 때처럼 비관적이 아닙니다.

그래서 우리는 너무 실망도 기대도 하여서는 안 됩니다"라 했다.

프놈펜의 부유한 공산주의자들이 매일 저녁 혼수상태가 되도록 술을
마시고 있는 동안 불쌍한 어린이들은 동냥을 다니고 있었다.

밀림 경제의 분노 및 논리와 상반된 비참한 캄보디아인들의 삶은
크메르 루지가 그냥 넘어갈 리가 없었다.

크메르 루지의 비밀 방송을 들은 사람들은 프놈펜의 공산당들이
외국의 투기업자들에게 나라를 팔아먹고 있다고 비난하는 아나운서

의 신경질적인 방송을 듣고 다소 위안을 삼기도 했다.

크메르 루지는 그들의 지독했던 통치기간 동안 화폐와 기업을 금지하였었는데 그 정책은 그 때까지도 변함이 없었다.

그들은 1%의 사람만 잘 먹고 나머지는 가난한 비뚤어진 경제 구조를 비웃었다.

우리가 만난 "막벤"같은 한때 군 지휘관이었던 크메르 루지 고위층은 프놈펜의 공산당을 맹렬히 비난하였다.

그러나 막벤은 크메르 루지 정권 하의 소위 평등주의 사회가 폴폿이 경제를 막아 버림으로 해서 가난한 사람들을 더 가난하게 만들어 버린, 더 나쁜 사회였음을 잊어버린 것 같았다.

빈털터리의 훈센 행정부는 큰 장벽을 기어오르고 있었다.

국가 개발은 발목을 잡혔고 나라는 계속 고립되어 있었으며 캄보디아 사람들은 과거를 향해 살고 있었다.

시내에 유일한 한 책방에는 소련에서 온 소책자들만 좀 있었지 영어나 불어로 된 책은 한 권도 없었다.

일부 소련의 신문만 제외하고는 모든 외국서적이 수입금지가 되었던 사실이 드러났다.

그러나 설사 외국 신문의 배포를 허가한다고 한들, 누가 읽을 것인가?

누가 읽을 수나 있었는가?

몇 명의 관광객이 시내에서 눈에 띠긴 했지만 전쟁으로 황폐진 이 땅에 용감히 찾아올 사람이 몇 명이나 될는지는 아무도 정답을 말해 줄 수없었다.

몇 달 뒤에 관광부의 국장인 말쑥한 차림의 "삼 쁘로모니아"는 1990 년에 16,993 명의 관광객이 캄보디아를 찾았는데 일본, 프랑스,

독일, 스위스, 이태리의 순서로 많았으며 부유층의 관광객이 아니라 모험심 많은 배낭족들이 대부분으로 싸구려 여인숙을 즐겨 찾는 부류라고 했다.

1990 년 11 월 새로 개업한 캄보디아나 호텔 및 그 외 몇몇 업체에는 신문 수입금지가 해제되었다.

태국의 일간지인 "방콕 포스트"지가 수송관계로 하루 늦게 도착하여 각 객실에 제공되었다.

공산주의 시대에는 소련이나 동구라파 쪽으로 대부분 유학을 하였으므로 영어를 별로 사용하지 않았다.

그러나 1993 년 5 월의 선거에서 승리하여 정권을 잡은 신정부는 7 월에 프랑스어 사용을 적극 권장하고 러시아어의 사용을 폐지하였다.

일찍 대사관을 개설하고 교육 제도의 부활을 해 주겠다고 한 프랑스는 그 조건으로 교육을 프랑스어로 하라고 하였다.

그러나 캄보디아에 프랑스어를 보급하려던 프랑스의 정책은 실패하였다.

수도의 기술 고등학교에서 교육을 프랑스어로 하는 정책에 대해 천명 이상의 학생들이 반대 시위를 하였다.

학생들의 주장은 프랑스어를 배워 봤자 취직하기가 힘들다는 것이었다.

한 때 프랑스의 대학에서 교수로 있었다가 막 제 1 수상이 된 시아누크 의 아들 라나릿드는 학생들에게 우리들에게는 선택권이 없으니 그래도 그냥 프랑스어를 배워보라고 하였다.

1993 년 12 월에, 시아누크 왕자가 갑자기 이 판에 뛰어들었다.

치료를 받고 있던 북경의 병원에서 시아누크는 국가교육이라는 신문

사설에 "불어를 배울 것이냐? 영어를 배울 것이냐?"라는 글을 썼다. 그는 신문에는 불어로 썼지만 영어 사용을 지지하였다.

"이런 지지는 합리적이고 논리적이며 현실적인데 왜냐하면 현재와 미래의 세계는 영어- 의사소통과 국제적인 학술 용어로-가 쓰여질 것이고 또 필연적으로 유지되어 준 세계어가 될 것이다.

내가 입원한 중국 병원의 중국 간호원도 열심히 영어 공부를 하더라".

캄보디아의 학생들은 프랑스어나 다른 외국어에 대해 개인적인 감정이 있었던 것은 아니었다.

사실은 속았다는 기분이었다.

첫째, 그들은 1979-1991년 사이에 뻰소반, 찬시, 행삼린 및 훈센 등의 친 소련 정부에 의하여 소련 말을 배워야 했다.

동시에 정권의 배후에 있는 베트남 때문에 베트남어가 정규 과목에 포함되었었다.

또 루마니아의 장학제도가 좋아 일부는 루마니아어를 배웠다.

인제 학생들은 그 동안 배웠던 러시아어, 베트남어, 루마니아어가 아무 쓸모없게 된 것을 알았으며 또 별로 써먹을 데도 없는 프랑스 말은 배우기도 싫었다.

그러자 "바나나 센터"라는 학원과 수도에 거주하는 외국인들이 홍미를 가지고 영어 학원을 시작하였다.

1991년 9월에 훈센의 공산정부는 무기력감에 사로잡혔다.

쿠데타에 의해 축출 된지 21년 만인 11월에 시아누크가 왕궁으로 돌아오고 나면 그들의 운명이 어떻게 될는지 알 수가 없었기 때문이다.

왕자의 귀국을 앞두고 캄보디아 인부들은 뜨거운 태양 아래 왕궁의 건물 벽에 회칠을 하느라 모두 살갖이 벗겨졌다.

수십 년간 계속된 내전, 학살 그리고 굶주림에 사람들은 무디어져서 큰 기대감도 없었고 나라가 부흥하고나 왔어야 할, 하늘같은 이 왕자를 위한 환영 잔치를 얘기하는 사람도 없었다.

시아누크는 프놈펜에 좋은 추억이 없었는데 왜냐하면 폴폿이 그를 왕궁 안에 연금하고 그의 행동을 제한하였기 때문이다.

왕궁 안에 갇혀서 단지 폴폿이 저지르는 파괴를 상상만 하다가 1979년 베트남군이 시내로 진주하기 바로 직전, 크메르 루지에 의해 유령의 도시가 되어버린 도시를 뒤에 두고 북경으로 탈출했던 것이다.

시아누크가 통치를 할 당시에는 수도는 프랑스의 상쾌한 지방 도시같이 넓은 길과, 무도장과, 프랑스식 식당 그리고 품위 있는 생활을 하고 있었다.

사이공도 그랬지만 프놈펜은 그 당시 동양의 진주라고 불렀다.

기업과 화폐를 없애고 전국을 집단 촌락으로 만든 크메르 루지에 의하여 그 모든 것은 사라지고 없어져 버렸다.

훈센이 시도한 경제 개혁은 국제적인 지원을 거의 받지 못해 실패로 끝나 버렸다.

캄보디아는 아직도 부랑자 나라이었다.

대립하던 각 파벌들의 결정으로 "국가최고회의"(SNC)의 의장 자격으로 전술과 선동의 귀재인 시아누크가 귀국을 하자 훈센 정부는 정치적인 미래뿐 아니라 캄보디아 공산주의의 미래 자체가 위험하다고 걱정을 했다.

소련 대사관의 루키아노프 고문은 "데이빗 니븐" 수염을 어루만지며, "캄보디아 공산주의가 위협을 느낀 것이 정부 지도자들의 주된 걱정이었지요"라 했다.

십 년이 넘게 계속 실패를 한 캄보디아 공산당은 마지막으로 심혈을 쏟았다.

집권당의 지도자들은 불확실한 미래 때문에 얼굴에 근심이 서렸다.

캄보디아인들이 마르크스주의의 음모꾼들에게 통치 당하는 것을 관대히 봐 주지 않을 것이라는 것을 현실로 느끼며 훈센은 당과 국가의 색깔을 민주주의로 바꾸기 위해 진지하게 준비하였다.

정부는 부랴부랴 새 헌법의 초안을 잡고 국가 공론에서 공산주의 단어를 모두 지웠다.

당면한 환경은 훈센 정부에게 개혁의 압력을 가해 왔다.

참 쉽게 거부감 없이 공산주의를 민주주의로 바꾸어 가고 있었다.

1991 년 10 월에는 내전을 종식시키기 위한 역사적인 평화협정이 서명 될 것이므로 공산당은 그 전에 개혁을 하여야 한다는 것을 알고 있었다.

그 다음 단계는 유엔의 감시 하에 있을 총선거였다.

11 년간의 고립되었던, 또 실패한 정책 등이 선거 때에는 망각 되어 버리기를 정부는 바랬다.

또 왕자나 그 지지자들이 민주주의 정당의 지도자를 맡지는 않을 것으로 보았다.

10 여 년 전에 크메르 루지에서 이탈한 이들 공산주의자들이 비록 민주 주의자로 변신을 했더라도 시아누크의 카리스마에는 사실 경쟁 상대가 될 수 없었다.

그러나 소수 캄보디아인들은 온화한 왕자가 물 축제와 야외 째즈 무대나 무료로 여는 등 예측 불가능한 일들만 할까봐 왕자의 귀국을 걱정하는 축도 있었다.

그리고 실세는 계속 일찍이 당명을 CPP-Cambodia People's Party

로 바꾼 공산당들에게 그대로 남아 있을까봐 걱정도 했다.

캄보디아의 터무니없는 모든 실패들을 CPP 의 문 앞에 가서 다 불평을 하는 것도 사실 불공평한 것이었다.

정말 나라를 파괴한 것은 크메르 루지였는데, 그들은 서방의 잔재는 완전히 없애버리고 모택동 이념에 기본을 둔 기초영농사회만을 위한 새 캄보디아를 건설한다는 광적인 명분으로 경제를 해체하고, 기업과 공장을 철폐하고, 서방에서 교육을 받은 지식인, 의사, 교수 및 과학자 들을 체계적으로 살해를 해 버렸던 것이다.

그들은 또 화폐제도를 대단히 싫어하여 "노로돔"거리에 있던 중앙 은행을 폭파 시켜 버렸다.

1993 년 5 월의 선거가 끝난 뒤 우리는 중앙은행의 부 행장인 "뜨우롱 사우무라"에게 왜 크메르 루지가 은행을 폭파 시켰는지를 물었다.

사우무라는 시아누크 통치 당시 군사령관이었던 "닉 뜨우롱"의 딸이었는데 월급 50 달러의 캄보디아 중앙은행 부행장으로 근무하기 위해 파리에서 많은 월급을 받던 직장을 그만두고 귀국했다.

"참 충격적인 일이었습니다.

크메르 루지가 권력을 장악하자 이 중앙은행 건물을 완전히 폭파 시켰는데 이유는 자본주의의 상징이라는 것이었습니다.

그들의 자유 시장에 대한 적개심을 보여주려 한 것입니다.

지금의 이 건물은 지은 지 3 년이 되었는데 훈센 정부가 과거의 모습과 똑 같이 새로 지어 주었습니다".

광활한지역을 지배했던 앙코르 왕국 때는 보물들이 가득한 건물들이 사방에 있었던 이 나라가 안타깝게도 몰락을 해 버린 것이다.

조바심 나듯이 손목을 계속 움직이면서 파리에서 교육을 받은

'사우무라'는 강한 프랑스식의 억양이 섞인 말로 "우리는 지난 역사의 장을 넘기고 싶은 것입니다.

그리고 좋은 역사를 쓰고 싶습니다, 아니 좋은 역사가 되어야만 합니다".

훈센도 같은 생각이었다.

그는 조국의 부흥을 보고 싶었고 그래서 동남아시아의 부유한 나라들 사이에서 당당히 겨루고 싶었다.

그는 쉴 새 없이 그런 계획을 애기했다.

또 그는 그렇게 할 수 있는 권력도 가지고 있었다.

그런데 아뿔싸!

그는 외국의 지원을 받지 못하고 있는 것이었다.

석양이 지는 무렵, 새로 지은 진분홍색의 캄보디아 국립은행 (중앙은행) 은 잔인했던 과거의 머리 없는 귀신이 아직도 난폭한 현재에 유령으로 다시 나타난 것 같이 보였다.

경제 봉쇄

독수리 날개같이 생긴, 몸통에 비해 너무 큰 날개를 단 소련의 일류신 수송기가 프놈펜의 포첸통 공항에 착륙을 했다.

일단의 소련 외교관들이 트랩을 내려왔다.

화물 인부들은 보드카 상자들과 또 작은 철갑상어 알-캐비아- 상자들을 내렸다.

거기에 또 매우 크고 중요한 화물이 있었는데 그것은 비밀리 부탁을 한 캄보디아의 지폐 - 바로 "리엘"이었다.

지폐는 모스크바에서 인쇄를 하여 두 달에 한번 정도 캄보디아로 수송되어 1990년 초까지 격리된 정부의 숨통이 트이게 해 주었다.

소련은 IMF에 보고도 하지 않고 계속 캄보디아 지폐를 인쇄, 공급해 주어 일단 캄보디아에 화폐제도가 안착될 수 있게 하였다.

화폐는 신속히 시장으로 흘러들어 이미 불붙은 통화 팽창을 가속시켰다.

UNTAC의 요원으로 캄보디아에 주재하던 World Bank의 직원 "마이클 와드"는 "정부는 적자가 커질수록 돈을 더 찍어냈다"라고 하였다.

정부는 예산을 집행하기 위하여 다른 나라들도 더러 그랬듯이 그냥 돈을 찍어 뿌렸다.

그 결과로 통화 팽창은 용수철처럼 튀어 올라 세 자리 숫자까지 튀어 올랐다.

마이클 와드의 말은 정부만 돈을 찍어댄 것이 아니라 크메르 루지들도 그들이 장악한 북서쪽의 지역에서 돈 대신 통용하는 쿠폰을 제록스 복사기로 인쇄해서 사용하였다고 한다.

UNTAC이 훈센 정부의 재무 업무를 이관 받자 더 이상 소련에서 지폐 인쇄를 하지 말라고 지시하였다.

그러나 프놈펜 정부는 지폐의 인쇄가 소련에서 행해지므로 이를 어찌할 수가 없었다.

이 문제를 담당한 장관은 피하기만 했다.

특히 돈을 주지도 않으면서 돈을 찍지 말라는 말은 이해가 안되었다.

1992년에 항공담당 부수상으로 훈센 정부에 참가한 시아누크의 아들 "노로돔 차크라퐁"왕자는 소련에서 인쇄하여 비행기 하나 가득 싣고 온 "리엘"을 당시 이미 150%를 상회한 통화 팽창을 억제하기 위하여 유엔 임시 통치단이 시중에 유통하지 못하게 막았다는 보도를 부인하였다.

차크라퐁은, "통화팽창의 원인은 여러 가지가 있었습니다.

특히 낭비가 무척 심했던 유엔군들 때문에 식품의 가격이 급상승했었습니다"라 했다.

크메르 루지가 화폐제도를 없애버렸던 수년간의 불확실한 세월 속에서 살아남은 뒤 정부는 1980 년에 "리엘"을 다시 도입하였다.

그러나 1979 년까지는 정부는 돈을 만들 방법이 없어서 공무원들에게 16-24 킬로그램의 쌀을 지급하고 있었다.

또 고용인들에게는 보조금으로 생필품을 주었다.

공무원의 봉급제도는 1983 년에 도입하였는데 1988 년에는 생활비가 많이 올라서 월급을 6,600 리엘로 올렸다.

텅 비어 있는 국고에다, 미숙한 재무 담당자들의 무모한 땜질 식의 관리가 가세하여 1992 년에는 1 달러 당 4 리엘의 환율이 880 리엘로 치솟았으며 1993 년에는 역사상 최고 기록인 5,500 리엘까지 평가 절하되었다.

그러다가 1994 년 10 월에야 2,500 리엘로 절상이 되었고 IMF 공황 이후에 4000 리엘 전후를 유지 가능하였다.

1992 년 국가의 지출 계획은 미화 1 억 달러가 조금 못되는 18 억 6 천만 리엘이었는데 8 억 3 천만 리엘의 결손을 보았으나 정부는 그래도 중요한 몇 개의 국가 개발을 할 수 있었다.

1989 년 베트남군의 철수에 이어서 소련 연방이 붕괴되기 시작하자, 하노이로부터 더 이상 군수물자의 직접적인 원조를 거절당하고 또 소련으로부터도 경제 원조를 거절당하였다.

당시 80%의 예산이 군대로 흘러 들어가고 있던 훈센 정부는 엄청난 자금 압박을 받았다.

자금의 부족으로 정부는 더 이상 군수물자를 구입할 수가 없게되자 매우 불안했다.

대부분의 국방비는 군인의 급여로 책정되었었는데 그 이유 중 중요한 것은 만약 급여를 주지 않으면 군인들은 정부에 등을 돌릴 수 있었으며 심한 경우 이탈하여 산적단을 조직할 수 있었기 때문이었다.

침묵으로 살아가는 가난한 캄보디아인들은 지배자들의 비정상적인 정책을 잘 참고 견디어가고 있었다.

모스크바에서 돈이 비밀 화물로 공수되어 오는 것과 같은 기이한 일처럼 같은 시간에 프놈펜을 동쪽으로 끼고 흐르는 "똔레바삭" 강의 강둑에서도 기이한 일이 일어나고 있었다.

힘차게 흐르는 강 옆의 갈색 둑은 건기에 강 수위가 내려가자 물고기와 채소들이 뜨거운 태양 아래 말라가고 있는 것도 모르는 채 길게 노출되어 누워 있었다.

택시 기사는 강가의 한 빈 건물을 가리키며 저 건물은 시아누크 왕의 카지노 클럽이었는데 지금은 빈 채로 있다고 하였다.

영화감독, 섹스폰 연주자, 재즈 가수, 파티 광, 작가에 항상 쾌활한 신과 같은 왕자인 노로돔 시아누크는 1960 년대 후반에 그의 가난한 나라에 카지노를 세우겠다는 별난 안을 내 놓았다.

그의 판단은 국민들이 카지노에서 돈을 벌수도 있다고 보았고 또 나라도 횡재를 할 것으로 믿었다.

왕자는 똔레바삭 강가에 크메르식 건물을 짓고 카지노 영업을 시작하였다.

그러나 1970 년에 쿠데타가 일어나 왕자가 축출되자 룰렛 테이블의

달가닥거리는 소리는 덩달아 멈춰 버렸지만 그 동안 피해도 제법 생겼었다.

카지노의 한판 승부에서 이기지 못한 많은 프놈펜 사람들은 알거지가 되어버렸고 그 중 몇 명은 가신 탕진과 부채로 자살까지 한 일이 생겼던 것이다.

그러자 왕자는 웃기는 짓을 그만두었고 약간 다소곳해 지기도 하였다.

캄보디아인들이 본전 생각에 본격적으로 카지노에 빠지자 시아누크는 조금 나은 생각을 해 냈는데 이 카지노 건물 옆에 별 다섯 개의 특급 호텔을 세울 생각을 했던 것이다.

그러나 쿠데타가 그의 계획을 수포로 돌려버렸다.

결국에는 왕자의 꿈을 싱가폴 회사가 실현시켰는데 강가의 이 큰 낡은 건물을 두 명의 싱가폴 사업가와 한 명의 중국계 캄보디아인이 재 개발을 하였다.

"후이 켕"이라는 중국계 캄보디아인은 홍콩과 프놈펜을 오고 가며 크메르 루지에 의해 말살된 기업 사회를 부흥시켜 보려는 캄보디아 기업을 대표하고 있었다.

이 세 사람은 초기의 위험 부담을 각오했던 기업가들이었다.

그들은 당시 캄보디아 투자를 금하고 있던 싱가폴 정부의 방침을 무시하고 선발대로 캄보디아나 호텔을 세우는데 투자하였다.

그들은 또 대개의 사업가들이 놓치기 쉬운 부수적인 위험을 잘 관리하였는데 즉, 정부로부터 장기 계약을 받아냈던 것이다.

이 멋진 호텔은 1990 년 6 월에 오픈을 했는데 그 때는 미국이 대 캄보디아 무역 봉쇄를 하고 있을 때였다.

싱가폴도 자국의 기업이 캄보디아에 자본 투자하는 것을 금지하고 있었는데 대신 상품 무역은 할 수 있도록 승인하였다.

싱가폴은 시아누크, 전 수상이었던 손산, 그리고 크메르 루지 등의 저항군을 상대로 싸우고 있던, 베트남을 뒤에 업은 훈센 정부에 도움이 될 투자를 원하지 않았던 것이다.

싱가폴의 정책은 캄보디아를 최대한 고립시켜서 훈센 정부가 보고 느끼게 하자는 것이었다.

그러나 이러한 봉쇄는 과거 남아프리카의 경우처럼 서서히 풀려 나가기 시작하였다.

그 당시 대부분 특이한 정치 장난은 미국과 동남아시아의 반공 국가들이 하고 있던 때였다.

훈센 정부와 배후 베트남을 반대하는 국제 여론 조성을 위해 이들 국가들은 유엔의 캄보디아 의석에 크메르 루지 대표를 앉게 하여 손에 묻은 피를 씻을 여유를 주었는데 사실 크메르 루지 대표가 유엔 총회의 의석을 차지한 것은 그들이 170 만 캄보디아인을 피의 대학살에 몰아넣기 이전부터였다.

게릴라가 캄보디아 정부의 정통성을 갖고 있었던 것이다.

얼마 뒤에, 세계는 그들이 지지하고 있던 이 게릴라들이 프랑스, 영국, 호주 국적의 세 사람의 젊은 외국인 관광객을 살해하자 경악을 금치 못했다.

1994 년 7 월, 이 젊은이들은 프놈펜에서 기차를 타고 남쪽 항구도시인 "시아누크빌"로 여행 중이었는데 크메르 루지군들이 기차를 습격하여 현지인 14 명은 그 자리에서 살해하고 이들을 납치하였던 것이다.

이들의 석방을 위해 엄포를 놓으며 협상을 하였으나 결국 실패하였으며, 캄보디아 정부군도 게릴라 본부를 공격하였지만 성공하지 못했다.

11월에 이 세 젊은이들의 유해가 인근 시골에 얕게 묻힌 것이 발견되었다.

여느 공산국가들처럼 따분하고 불편했던, 또 전쟁 때는 더 못했던 프놈펜이 1990 년부터 흥청대기 시작하자 외국 사업가들이 많이 찾기 시작하였고 덩달아 훈센 정부는 자금이 점점 모이기 시작했다.

캄보디아나 호텔의 메콩 식당에서 외국 사업가, 외교가, 언론인 그리고 일본과 유럽의 단체 관광객들이 프랑스식 뷔페 테이블을 포위 공격하자 마치 카니발 축제 같이 보였다.

수도의 미니-경제는 붐을 이루어 제법 계속될 것 같이 보였다.

호텔의 총지배인인 프랑스인 "마이클 혼"은 본사가 호텔에 더 투자할 계획이라고 했다.

훈센은 곧 사업의 지름길이었다.

그는 다른 아시아 국가들보다 1 년 정도 빠른 1989 년 7 월 26 일에 벌써 외국인 투자법을 제정하였다.

1992 년에 약 3 억 달러의 투자 자금이 들어왔다.

프놈펜에 코카콜라 공장이 들어섰고 호주의 기업은 시아누크빌 항구에 앙코르 맥주 공장을 세웠다.

"정글 경제"는 행삼린 대통령의 승인을 받아 아주 호의적인 투자법을 만들었다.

가결된 법은 국가는 외국인 투자 재산을 국유화하지 않을 것이며 또 몰수하지 않을 것이라고 명시하였다.

비록 외국 기업이 분규가 있을 경우 호소할 수 있는 정식 법원은 없었지만 그 것은 국가가 지켜야 할 약속인 것이었다.

법에서는 또 외국기업이 내야할 세금의 과세율이 정하여져 있었지만 어떤 기업들은 그들에게 편한 세율을 교묘히 적용하여 적당히 내기도 하였다.

봉쇄의 올가미를 뚫기 위한 필사적인 노력으로 훈센 정부는 국가 자원을 먹이로 내 놓았다.

정부는 1991 년 평화협정의 서명 이전에 벌써 6 개의 유전을 외국 기업과 개발 계약을 했다.

유전개발 회사들은 태국이 필요한 원유를 거의 공급하고 있는 "빠타니 해연"과 인접한 "크메르 해연"의 탐사를 위하여 상당한 투자를 하였다.

이 개발 계약으로 하여 1991 년에 6 백만 달러, 1992 년에 2 천만달러의 정부 수입이 생겼다.

또 이보다 더 먼저 일본의 목재상인 "오까다"회사는 제재소 설립 합작 투자를 계약하여 1,600 만 달러의 시설 투자를 하고는 벌목 허가 구역을 민둥산으로 만들어 버렸다.

정부와 외국 투자 기업들이 나무를 마구 베어내기 시작하자 프놈펜 주변의 "깐달"과 "타께오" 성의 산림 지역은 1960 년에 15%로 줄었고 1980 년에는 0%로 아예 없어져 버렸다.

심지어는 크메르 루지들도 태국군들과 긴밀하게 손잡고 태국의 기업들에게 벌목 허가를 내 주었다.

Baker & Mckenzie 국제 법률사무소는 크메르 루지와 거래하고자 하는 기업들은 크메르 루지가 준비한 표준 사업 신청서 서식을 작성하여야 한다고 보도하기도 했다.

호주의 통신 회사인 OTC International 사도 훈센 정부와 계약을 했다.

이 계약은 훈센 정부, 그리고 캄보디아가 고립에서 탈출할 수 있게 도와준 소중한 투자 계약이었다.

프놈펜 주재 OTC 의 전무인 "린세이 하라딘"은 1990 년 프놈펜에 처음 왔을 때 모스크바의 교환수를 거쳐야 하는 전화가 10 개회선 밖에 없었다고 했다.

이것은 만약 런던과 통화하고 싶으면 세 군데의 교환을 거쳐야 하는데 때로는 영원히 연결이 안될 때도 있었다.

"우선 프놈펜의 교환수에게 걸고자 하는 전화번호를 알려 주면 다음 에는 모스크바의 교환수에게 그 내용이 전달되고 그리고 런던으로 연결이 되는 것입니다" 하라딘은 지친 웃음을 띠며 애기하였다.

외교관들은 전화 연결을 한시간 이상 기다려야 했다.

매일 아침 외교관들은 기도를 했는데 즉은, 모스크바를 거쳐 캄보디아를 외국으로 연결하는 유일한 소련제 "인터스푸트닉" 위성 접시가 오늘도 잘 작동되기를 빌어야 했던 것이다.

사업의 운명은 바람에게 맡기고 봉쇄 정책은 무시해 버리며 OTC 는 1990 년 초에 10 년 사업 계약을 캄보디아 정부의 우편 통신부와 체결 하였다.

사실상 OTC 및 그 외 열두 개가 넘는 외국 투자 기업은, 많은 기업인 들이 지독한 학살 시대로부터 나라를 해방시킨 위대한 해방자로 보는, 훈센 정부의 건설적인 정책 약속 에 따른 것이지 고립된 훈센 정부의 부정적인 면을 보고 투자한 것은 아니었다.

그러나 거대한 호주 회사도 숫자 많은 캄보디아의 관청을 상대로는 속수무책이었다.

다 아는 사실로 그 당시에 전화는 자주 불통되었었다.

그러나 비밀스런 내용은 관청이 실지로 통신 체제를 마비시켰었다.

나중에 이 통신체제를 운영하던 우편통신부가 정부의 간섭을 받았던

215

것을 알았다.

통신 체제가 그나마 가동을 유지할 수 있었던 것은 정말 기적이었다.

묘하게도, 1990 년에 분명히 1 억 5 천만 리엘(약 96,000 달러)의 흑자를 냈는데도 우편 통신부는 재정난에 허덕이고 있었다.

문제의 핵심은 가입자의 80%를 차지하는 각급 관공서 및 국영 기업들이 전화요금 내는 것을 싫어한다는 것이었다.

이런 요금납부 기피현상은 정부의 다른 공익사업인 전기와 수도도 마찬가지였다.

중앙 통제 경제의 공산주의 사상이 아직 머리 속에 박혀있는 이 신생 민주주의 공무원들은 모든 것이 무료였던 그 시절이 그리웠는지도 모른다.

훈센 정부의 비판은 정부가 경제에 공헌한 정도를 그 척도로 보고 있었다.

크메르 루지가 버려 놓고 간 산산조각이 나 버린 국가를 재건하는 엄청난 과업이 훈센 정부에게 안겨졌다.

정치는 제쳐 두고서, 게릴라들에 의하여 사랑하는 사람들을 잃고, 재산을 잃고 경제는 막혀버려 인생 그 자체가 산산조각 나 버린 수백만의 사람들에게 정부는 도의적인 책임이 있었던 것이다.

또 봉쇄의 장벽에 부딪친 정부로서는 큰 부담이었으나 그렇다고 훈센이나 그 정부 관리들에게 주어진 과업이 줄어드는 것은 아니었다.

게다가 훈센 정부는 크메르 루지에 의해 사유재산 제도가 폐지되어 버리고, 재산 등기 및 기록은 모두 불살라져 버리고, 사업가와 지식인은 모두 처형당해 버리고, 또 공장과 은행은 폐쇄된 상태에서 국가의 통솔을 맡았던 것이다.

소유권 주장에 대한 이해관계는 사람들에게 악몽이나 같았다.

원 주인이 죽었거나 외국으로 피난한 집에는 적어도 서너 가구 이상이 몰려들어 서로 자기 집이라고 싸웠다.

공산정부는 모든 공장 및 부동산에 대해 국유화 선언을 함으로써 이런 문제를 쉽게 해결 해 버렸다.

그러나 곧 어리석은 정책이었음을 깨닫고 농지 사유화를 시작했다.

동시에 정부는 공장과 땅을 외국 투자자들에게 임대해 주기 시작하였다.

나중에, 시아누크 왕자는 훈센 정부의 관리들이 임대료를 착복하고 있고 온 나라를 다 팔아먹고 있다고 주장했다.

이런 비난 외에도 훈센의 경제 개혁은 크메르 루지와 또 시아누크, 손산의 군대와 맞서 태국 국경에서 싸우기 위한 국방비의 빠듯한 조달 때문에 곤경에 처해 있었다.

무엇이 무일푼의 나라가 쓰러지는 것을 막아주었을까?

무엇이 가난한 국민들로 하여금 훈센의 사무실이 있는 국무회의 건물에 몰려가서 그들의 불만을 토로하게 하였을까?

무엇보다, 시골의 바짝 마른 황토 위에 위험스레 세워진 밀집된 작은 움막 촌이나 또는 도시의 다닥다닥 붙은 빈민가에서 사는 사람들은 많은 불만들을 가지고 있었는데 그 불만이란 바로 훈센 정부가 가장 기본적인 공익사업인 전기, 수도, 주택 등을 제대로 공급하지 못한다는 것이었다.

한 가지 용서받을 수 있었던 것은 1980 년 중반에는 다행히 쌀이 자급자족이 되었던 것이었다.

그러나 1979 년은 정말 재난이 닥쳤던 해였다.

크메르 루지가 축출되고 사람들이 해방이 되자 농촌에서는 대혼란이 일어났고 대부분의 논은 추수를 못하고 방치되어 있었다.

그 결과로 그 해는 쌀 부족이 심하였던 것이다.

크메르 루지가 모아두었던 쌀은 금새 바닥이 나고 굶주림은 가뭄까지 겹쳐 더 악화되었었다.

그러나 농부들은 불가능을 이겨 나갈 힘도 있었는데 다음 해에는 두 배의 쌀 소출을 이루어 냈다.

비록 사람들이 소나 돼지고기를 먹지는 못했어도 값싸고 때로 외국의 원조로 들어와 무료로 배급하는 쌀은 충분하였던 것이다.

정부가 파렴치한 캄보디아 중국계 상인들과 태국 수입자들 간의 거래를 막지 못할 때는 쌀은 마치 시한폭탄과도 같은 중요한 이슈가 되었었다.

예로부터 태국의 수입상들과 공모하는 현지 상인들이 쌀 부족의 원흉 들이었는데 국경 바로 넘어 태국의 쌀값이 캄보디아 정부가 정한 쌀 공급가보다 적어도 30%가 더 비쌌던 것이다.

그래서 인위적으로 발생한 이 쌀 부족 현상은 국내 쌀값을 폭등시켜 서민들에게 큰 부담을 안겨 주었었다.

이러한 현상은 아시아에서는 새로운 사실은 아니었다.

모택동 이후 등소평 시절에 중국은 쌀값이 비싼 외국으로 쌀 밀수출도 많이 했던 것이다.

하느님이 농부를 미워하여 비를 주지 않으면 가뭄이 덮친다.

그러면 수확이 형편없이 줄어들 것이고 누가 캄보디아를 통치하던 간에 정치적인 재난을 초래한다.

흉작으로 인한 쌀 파동은 다음 선거에서 집권당의 실패가 확실해 진다.

UN 평화유지군의 지휘관으로 캄보디아에 있었던 호주의 "죤샌더슨"

장군은 쌀 밀수출 업자와 태국의 수입 업자간의 관계를 영원히 끊지 않으면 쌀 수급 안정을 기할 수 없을 것이라 하였다.

방법으로는 태국으로 가는 도로에 검문소를 설치하는 것이었다.

검문소는 필요하였다.

그러면 차가 안심하고 다닐 수도 있을 것이다.

프놈펜에서 30 킬로미터쯤 떨어진 "킬링필드"가 있는 "쯩액" 마을까지는 도로가 포장이 되어있지 않았다.

이 비포장 황토 도로에는 우마차, 트럭, 자동차 등이 안개 같은 흙먼지 속을 뚫고 서로 스치며 겨우 지나다니고 있었다.

사실상 1930 년 이후에는 도로 건설이나 복구를 한 적이 없었으며 기존 도로는 내전의 와중에 크메르 루지들이 대전차 지뢰를 묻거나 또는 쌍방의 포격에 의해 계속 파손되어 갔다.

게릴라들은 정부군 기갑부대의 진격을 막기 위해 도로의 중간을 완전히 끊어 버리는 방법에 의존을 하였다.

기차 여행은 가능은 하였지만 권할 것은 못되었다.

크메르 루지에게 납치되어 희생당한 배낭 족들은 이런 위험을 사전에 생각해 보지 않았던 것이다.

철도 여행은 산적의 습격이나, 크메르 루지의 공격 또는 지뢰 매설 등 가능한 위험이 항상 있었다.

폭이 80cm 인 협궤 철도는 두 노선이 있었는데 프놈펜에서 태국 국경의 "포이펫"까지 가는 385 Km 의 북방 노선이 1940 년에 식민통치를 하던 프랑스에 의해 건설되었고 또 프놈펜에서 시아누크빌 항구까지 가는 남방 노선이 독립 후인 1960 년대에 건설되었다.

시아누크로 가는 열차는 디젤기관차가 앞쪽이 아닌 뒤쪽에서 열차를 밀었는데 지뢰에 폭파되는 것을 방지하기 위해서였다.

한 외교관은 조롱하기를, 뒤에서 미는 기관차는 보호될지 모르나 앞에 탄 승객은 지뢰에 희생되어도 좋다는 거냐고 했다.

중무장을 한 열차 경비병은 한 칸의 객차를 차지하고 있었는데 그렇게 믿을만한 것은 못되었고 승객들은 오히려 그들을 불신의 눈으로 보고 있었다. 1980년대의 항공 여행도 열차 여행과 비슷한 위험이 도사리고 있었다.

소련제의 낡은 소형 비행기가 시엠립 공항에 착륙하기 전에 주변 밀림에서 크메르 루지가 얼마든지 저격을 할 수 있다는 공포와 또 더 불안한 것은 과연 이 비행기들이 제대로 정비나 하는 건지 알 수가 없었던 것이다.

이 몇 대 안 되는 여객기 편대는 정비공들에게 월급 잘 안 주기로 악명 높은 게으른 소련 정비 기술자들이 정비를 하고 있었기 때문이다.

P 038 매복지뢰 폭발로부터 기관차를 보호하기 위해 사람이야 죽던 말던
　　　관계없이 승객이 많이 탄 화물차를 앞에 먼저 달아 둔다.
　　　또 앞쪽 화물차가 제일 운임이 싸다.

이 여객기들은 "캄푸치아 에어 라인"이라는 회사의 소유로, 회사는 3 대의 소련제 안토노프 -24 프로펠러 기와 2 대의 투폴레프-134 제트기 그리고 3 대의 MI-8 헬리콥터를 보유하고 있었다.

좁은 활주로 밖에 없던 프놈펜의 포첸통 공항에 본부를 두고 있던 이 항공회사는 용감하게 시엠립과 스뚱뜨랭에 정기선을 운항하였고 또 1 주에 두 번 하노이와 호치민을 운항하였다.

호치민에서 프놈펜으로 오는 편은 항상 승객이 많아서 매우 불편하였는데 더러는 8 시간이나 걸리는 육로를 택하여 택시로 국경 도시 "바벳"을 통과하여 프놈펜으로 오는 동안 메콩강을 위험스러이 건너야 했고, 무장한 경비병(?)들의 모습에 불안감도 느끼며 또, 불친절한 출입국 관리소를 통과해야 했다.

일반적으로 알려진 캄보디아는 우마차가 주요 교통수단인 나라였는데 1989 년에는 약 5 천대의 자동차가 수도에 있었으며 1992 년에는 6 만대의 오토바이가 있었다.

22,000 명의 유엔군이 캄보디아에 상주하면서 또 신흥 재벌이 생겨나면서 자동차는 4 만대로 급속히 늘어났다.

2000 년 집계에는 한국의 중고차 수출이 늘면서 30 만대를 넘어섰다. 당시 캄보디아에 살면서, 또 관광객이나 외국인들에게 고역스러웠던 것 중 하나는 더러운 물이었다.

심지어 별 다섯 개짜리 캄보디아나 호텔에도 방에 식수가 준비되지 않았다.

상수원으로는 메콩강의 지류인 "똔레바삭"강의 뻘이 많은 붉은 강물인데 프놈펜 시는 이 물을 펌프로 퍼 올려서 상수원으로 썼다.

시는 또 비양심적으로 빗 물을 식수로 공급하기도 했었다.

강물은 오래전 프랑스가 만들어 놓은 세개의 수원정화시설을 이용하여 걸러냈는데 때때로 약품 부족으로 그냥 상수도 물로 공급하기도 했다.

1990년대 중반까지도, 시민의 20% 정도만 수돗물을 쓸 수 있었다. 그 외 나머지 시민들은 우물이나, 늪 또는 실개천의 물을 사용하였는데 건강에 지극히 위험했었다.

어린이들이 평균적으로 일년에 여덟 번 이상의 심한 설사를 한다.

전화 회사와 마찬가지로 수도국과 전력국도 적자를 면치 못하였는데 물론 정부 사무실과 국가 기업체가 요금을 안내기 때문이었다.

1575-1979년 사이 크메르 루지 집단의 어리석었던 정책 중의 하나는 교육제도의 폐지와 더불어 교사, 대학생, 예술가, 작가, 지식인 등을 처형해 버린 것이었다.

극소수의 행운아들만 베트남이나 태국을 거쳐 서방으로 탈출하였다. 행삼린 정권이 들어서서 교육 제도 부활의 과업을 수행해야 했지만 교사들이 모두 무덤 속에 들어가 버려 불가능하였는데 모든 교육계의 사람들이 처형되었기 때문이었다.

학생들은 크메르 루지 통치 4년을 교육 없는 세월로 보내야 했고 또 그 후에도 교육 제도가 준비되지 않아 몇 년을 더 소비해야만 했다.

예상했던 데로 공산 블록의 국가들이 자금과 기술을 가지고 캄보디아에 들어와서는 새 학교 건립 및 구 학교의 복구를 도왔다.

어떤 원조 형태는 캄보디아 공무원을 모스크바에 유학을 시켜 고등 교육을 받을 수 있게 하였다.

결과로, 캄보디아의 경제 분야 공무원들은 중앙 집중 경제나 통제 경제 같은 한물 간 내용들만 머리 속에 담고 왔는데 그 당시 이미 이웃 태국과 싱가폴 등은 외국 자본에게 활발히 경제 개방을 하고 있었던 것이다.

인구의 30% 정도가 겨우 문맹을 탈피하였고 평균 수명은 50 세 정도 밖에 안 되는 캄보디아는 침체의 난국을 빠져 나오기가 힘들어 보였다.

중국, 프랑스 및 미국과 훨씬 더 긴 전쟁을 힘겹게 치렀던 베트남은 문맹률 20% 및 평균 수명 65 세로 매우 발전하고 있었다.

모스크바에서 공부했던 공무원들은 아마도 그들 자신이 시대에 맞지 않는다는 것을 느꼈을 것이다.

고국으로 돌아와 학계를 발전시킬 수 있는 서구에서 교육받은 학자들을 나라는 환영하였다.

캐나다의 한 학원은 정부에 보낸 한 서한에서 "외국의 학생들이 미국의 예일대학에 가기보다 프놈펜 대학에 와서 크메르 역사를 공부하려할 때가 멀지 않았다"고 하였다.

1990 년 소련의 원조 축소에 의하여 소련 교사들이 철수하자 그 공백을 메울 수 있었던 것은 그 동안 열심히 학문을 탐구하였던 캄보디아인들 덕분이었다.

한심할 노릇은 교사의 대부분이 시간 외 강사를 하느라고 학교 수업을 많이 빼 먹었는데 월급이 제 때 지급되지 않았기 때문에 생활비를 벌기 위해서였다.

잔인한 크메르 루지에 의한 전체 교육 학계의 말살이 야만적으로 벌어졌는데 의학계도 체계적으로 파괴되었다.

직업을 기자로 바꾼 전직 의사인 "메아킴순"은 크메르 루지가 국가를 완전히 파괴하고 난 뒤에는 전국에 50 명이 못되는 의사만 남았었다고 했다.

그 당시 경제학자들이 경제 지표로 측정하던 방법으로 인구 대비 의사 숫자를 이용하였었는데 크메르 루지는 의사들을 없애버리는데 매우 바빴던 것이었다.

1975년 4월 17일 크메르 루지는 수도를 점령하고 의사들을 병원에 집합시켰다.

의사와 간호사들은 그들이 처형될 시골로 행군을 할 수밖에 없었다.

행삼린 정부가 만든 증인 진술 서류에서 "쁘렉 찻"이라는 의사는 "쁘리아 켓 메아리아"병원에 내과의로 근무하고 있었는데 콤퐁톰에서 크메르 루지에게 체포되었었다.

크메르 루지는 그의 입 속으로 산소 절단기의 불을 쏘아 넣어 죽여 버렸다.

이 의사"쁘렉"과 마찬가지로 그날 아침 잡혀간 수백 명의 의사들은 다시는 가족들을 만나지 못했다.

병원이 모두 없어지자 1979년 행삼린 정권이 들어섰을 때 국민 평균 수명은 자그마치 31세로 줄어들어 버렸다.

곧 의사의 배출을 위한 방도가 세워졌으며 1991년까지 의과 대학은 700명의 의사를 배출 해 냈다.

"메아킴순"은 이 때 배출된 의사였다.

1980년대 중반에 그가 의대를 졸업하자 바로 군 야전 병원 군의관으로 배치되었는데 당시 크메르 루지군과 시아누크 연합군을 상대로 태국 국경지대에서 정부군이 전쟁을 한참 벌이고 있을 때였다.

그는 말라리아에 걸린 상태에서도 치료를 해야 했는데 군인들의 몸에서 총탄과 파편을 뽑아내고, 팔다리의 절단 수술을 하고, 찢어진 상처를 봉합하였다.

그는 밀림에서 지쳐 쓰러질 때까지 주야로 일을 해야 했는데 의사 직업에 신물이 나서 그 이후 기자 직업을 택하였다고 한다.

지금 그는 외국 기자들을 정보부로 안내하는 통상적인 일을 했으며 1993 년 5 월 총선거 때는 일본 "마이니치"신문을 위하여 일을 했다고 했다.

"킴순"은 조국을 위해서도 일을 했으며 지금은 또 자기가 원하는 일을 열심히 하고 있다고 정보부의 상관인 "랭소체아"가 말해 주었다.

두 시대의 메아의 가족 - "킴순"과 그의 형 "메아킴행"으로 외무부의 고위직에 근무하고 있던-과 잠시 일하는 동안 우리는 불행했던 시절에도 캄보디아가 인재들을 배출해낼 수 있었다는데 놀랐다.

킴행은 나중에 미국 워싱턴에 외교관으로 나가게 되었다.

그의 동생처럼, 랭소체아도 외무부에서 뜨고 있었다.

우리는 1990 년에 그가 외무부의 안내를 맡고 있을 때 처음 만났다.

우리는 수도와 지방에서 같이 일하였는데 아는 사람들도 많았고 또 움직이면서도 생각할 수 있는 그의 능력이 많은 도움을 주었다.

선거가 끝나자 그는 진급을 하여 정보부의 출판 국장이 되었다가 또 진급을 계속하여 정보부 차관이 되었다.

킴순과 소체아는 중국계 혈통을 받아 둘 다 피부가 희었다.

"나 튀기 에요" 하고 킴순은 친밀한 웃음을 띠며 말했다.

비록 캄보디아가 의학계의 재건에 성공하였다고 할수 있지만 아직도 인구의 반 이하만 의료 혜택을 받을 수 있고 필요한 의료 약품의 20%만 생산이 가능하다.

1980 년대 중반에 정부는 필요한 약품을 수입하기 시작하였는데 시장에서 너무 비싼 값에 팔려서 결국 오랫동안 병마에 고통 받던 사람 들에게 또 상처를 준 셈이 되어 버렸다.

당시에 기본적인 의료 진료는 무료이었는데 비양심적인 정부의 의사들은 돈을 받기도 했다.

20 여 년에 걸쳐 끌어왔던 내전은 41,000 명의 불구자와 인구 분포의 불균형을 만들어내어 희생자가 없는 가정이 없을 정도였는데 성인 인구의 65%가 여성으로 혼자서 가족을 부양해야 하는 책임을 가진 여성들이었다.

소위 젊은 과부 천국이다.

캄보디아의 신흥 재벌들은 답답할 것이 없었다.

크메르 루지가 축출된 지 10 년이 되는 1989 년에 경제는 2.4%의 성장률을 보였는데 그 때 훈센은 무언가 옳은 조치를 취했었다.

당시 프놈펜은 소액 투자를 하려는 외국인들이 더러 찾던 평화로운 곳이었다.

캄보디아에 투자하기에 앞서 조심을 해야 한다고 말한 싱가폴 투자자의 말이 생각났다.

"위험이 더할수록 더 투자를 합니다"라고 그는 빈틈없는 웃음을 지으며 말하였었다.

"나는 1991 년 10 월 평화협정이 체결되기 전에 가장 위험하였다고 보던 때에 재산의 대부분을 투자하였습니다".

중국인들의 부동산 사업 감각은 매우 뛰어나 투기성이 대단하였다.

UN 의 자체 추정에는 1990 년에 소련의 무역여신이 삭감되자 적자 성장을 보였는데 1991 년에는 13.5%의 성장을, 그리고 1992 년에는 그런데로 6.5%의 성장을 보였고 1994 년에는 다시 큰 폭으로 8%의 성장을 기록했다.

그리고는 20 세기말까지 매년 평균 7%의 성장을 보일 것으로 추정했는데 1997 년에 아시아의 경제가 위기에 봉착하자 캄보디아 경제 발전의 기세도 꺾였다.

신문지상에서 변화한 사회의 깊은 면을 면밀히 취재하지는 않고 기자들이 계수 기록수 같은 일만 하거나 부정적인 면만 중점 보도하는 것 등은 이상한 정도가 지나쳐 불공평한 짓이었다.

1992 년에 경제 성장이 6.5%이었다는 사실은 세계 언론들이 당시 훈센 정부를 공격하는 데만 힘을 쏟고 있었으므로 거의 무시하고 있었다.

정부의 업적이 신용을 얻을 수 있었던 것은 1991 년 후반에서 1993 년까지 캄보디아를 위임 통치하고 있었던 유엔이 괄목할 만한 성장률을 발표해 주었던 것인데 그러지 않았으면 6.5%의 수치만 실종되었던 것이 아니라 13.5%의 수치도 빼먹었을 것이다.

유엔이 캄보디아의 경제 전망에 대해 좋은 말을 해 주자 기자들은 그대로 믿었다.

그러나 일년 전에 훈센 정부가 같은 내용의 긍정적인 발표를 했을 때 기자들은 믿지 않았던 것이었다.

비록 그 당시에도 훈센이 장악한 90%의 캄보디아 땅은 외국인 투자자의 활동에는 안전하였다.

캄보디아는 당시 보스니아보다는 더 환경이 쾌적하였고 또 손님에게 대우가 좋았던 것이다.

대만 사업가 한명이 시골에서 도적에게 살해당한 경우를 제외하고는 사고를 당한 다른 외국 투자자는 없었다.

그러나 납치가 성행하기 시작하자 많은 걱정을 하게 만들었다.

1993 년 5 월의 선거가 임박하여 발생한 정치적 폭력 행위는 경쟁 정당간에 얽힌 사건이지 외국인과는 전혀 무관한 것이었다.

주간지 "캄보디아 타임스"의 말레이시아인 편집자인 "카마랄자만

탐부"는 캄보디아의 상황을 1950 년대 "말라야"의 공산 폭동 때의 상황과 비유를 하였다.

그 당시 폭동 때에도 싱가폴 사람들은 말레이시아 반도의 친척들을 방문 하였다고 했다.

그 싱가폴 사람들이 현재 캄보디아의 가장 큰 무역 파트너였다.

멀리서 들리는 총소리보다는 프놈펜의 현금 출납기 소리가 더 크게 들리고 있었다.

극심한 무질서는 훈센 행정부와 19 개 성과 2 개 자치 시에 근무하는 거대한 숫자인 15 만 명 공무원들의 정서를 좀먹고 있었다.

각 성은 세입을 조성하고 세금을 징수하는 적지 않은 경제 자치구로 가끔 세무 보고를 중앙 정부에 하였다.

이것은 별로 새로운 사실도 아니었고 또 중국과 인도에서는 중앙 정부가 심지어 가끔 지방 정부의 저항을 받기도 했던 일이 있었다.

캄보디아에서는 성의 성장이 그의 관할 지역을 지배하였는데 세금을 걷고 예산의 지출을 하는 데에 있어 중앙 정부의 간섭은 그리 크지 않았다.

지방의 성장에게 그만한 권한을 줌으로써 중앙정부에 대한 충성심이 그만큼 배가하였다고도 볼 수 있다.

또 문제점은 전화가 거의 없었으며 지방에 팩스는 아예 연결이 안 되었으므로 성장이 중앙 정부와 주기적으로 연락을 하기가 쉽지 않았던 것이다.

1993 년 5 월의 선거 때까지는 지방의 세입은 거의 투명성이 없었다.

신정부는 지방 세수를 중앙 정부의 국고로 바로 입금시키도록 하는 재정법을 통과시켰다.

그러나 1995 년 중반에 제 1 수상이었던 라나릿드는 이 법을 철회하였다.

이 법의 입안자와의 인터뷰에서 그는 각 성이 큰 재정 자치권을 가지고 있었던 지난날에 대한 변명을 하였다.

그는 라나릿드가 지방이 강력히 고수하고 있는 기득권을 가진 이권을 무너뜨리지 못하고 실패하였다고 했다.

1991 년, 국고는 텅 비었다.

정부의 세입은 년간 예산의 반밖에 집행을 할 수가 없었다.

집권의 초기에는 정식 세수 제도가 없었으며 국영 회사들은 소득의 전부를 그냥 국고에 입금시키는 정도였다.

프랑스에서 귀국한 기업가 "랭엥친"같은 사람들 덕택에 사유 기업 제도가 탄생하자 세법이 만들어졌다.

회사들은 세무 공무원들과 옥신각신하였고 멋대로 자기들의 세율을 정하였다.

1981 년에 세무서를 세우고 1985 년에는 세법이 의회 통과를 하여 드디어 캄보디아 기업계에 뚜렷한 새로운 제도의 도입을 알리게 된다.

랭엥친은 시아누크가 축출되던 1970 년 그가 서른 살 때 캄보디아를 떠났다.

그는 싱가폴에 정착을 하여 회사를 세우고 큰 돈을 벌어 1991 년 110 만 달러를 들고 바로 프놈펜으로 돌아와 "모니봉"가의 낡은 White Hotel 을 새로 단장하였다.

그는 이 호텔을 서쪽에 루비 산지로 유명한, 또 당시에는 크메르 루지의 군대가 장악하고 있던 파일린 지방의 이름을 따서 "파일린"호텔로 이름을 바꾸었다.

"이것은 나의 전 재산입니다.

나는 캄보디아에 평화가 정말 정착이 되는지 지켜볼 것입니다".

"친"은 호기심이 매우 강한 사람이었다.

그는 싱가폴 회사 Tristars 의 전무였다.

프랑스 여권을 가지고 있었고 출생지는 캄보디아로 되어 있었으며 영어는 한마디도 못했다.

크메르 루지가 없애 버린지 12 년 만에 70 여 개의 개인 기업을 탄생시킨 캄보디아의 신흥 기업 사회에 의해 개인 기업은 싹트기 시작하였던 것이다.

그리하여 1990 년에는 적어도 100 명 이상의 백만장자가 프놈펜에 있었고 많은 벤츠 차가 굴러다녔다.

그 중의 하나인 "킴치은"은 수도 한복판에 고층의 슈퍼마켓과 호텔을 지을 계획을 했는데 일부 그의 계획이 실패를 하였다.

프랑스에서 공부를 한 건축기사 치은은 다시 도전하였다.

그리고 사업을 성공하였다.

소련 외교관 루키아노프는 캄보디아의 백만장자들을 비평하기를, "프놈펜에 백 명이 넘는 백만장자들이 있는 것을 압니다만, 그들은 아무도 옳은 개발을 위해서는 돈을 쓰지 않습니다.

대신 그들은 외국 승용차와 빌라와 좋은 옷들을 사지요".

나라는 합법적인 것이 아무것도 없는 듯한 방종스런 경제를 닮아갔다.

국영 회사가 사업에 뛰어들자 부패한 공무원들이 외국인들에게 땅과 건물을 재무부의 승인도 받지 않고 임대해 주었다는 의혹이 연일 신문에 보도되었다.

1992-1993 년 사이에도 유엔의 관리들이 충고해 준, 그러나 증거가 충분치 못하여 그 죄를 벌할 수 없었던 의심스런 부분이 있었다.

지금까지도 유엔이 잘한 일 중에 하나는 전 국유 재산의 리스트를 만들라고 권고한 일이었다.

새 돈, 새 차, 새 빌라 등이 썩고 있는 쓰레기와 노천으로 흐르는 악취의 하수물이 때묻은 이 도시에 장식품으로 가세를 했다 .

호주 통신 회사 대표인 "스티그 엥스트롬"은 변화의 속도가 너무 빠른 데에 놀랐다고 하였다.

1988 년에 외국인은 80 여 명이었는데 1990 년엔 500 명이나 되었다고 했다.

2000 년에는 2 만 명이 넘는 외국인이 상주하고 있었다.

1991 년 8 월에 정부는 총액 4 천만 달러가 넘는 열두 개 외국 회사가 신청한 호텔 사업 신청서를 서둘러 승인하였다.

비평가들은 이것은 임기응변 식이고, 멋대로 이며, 무계획한 처사라고 하였다.

그럼에도 불구하고 재개발은 시작되었고 평화협정은 훈센의 눈에 어렴풋이 보이기 시작하였던 것이다.

제 7 장 왕족과 평민

변덕

그 동안 시아누크가 훈센에게 퍼붓던 욕설과 또 창피를 주는 일이 앞으로 더는 없을 것으로 훈센은 생각했다.

1991 년 파리 평화협정이 맺어지고서 훈센은 칼을 버렸다.

시아누크가 그를 "베트남의 하수인" 또는 "나쁜 자식" 등으로 불렀던 일은 시아누크 왕자가 한 때 선망의 영화배우이기도 했지만 정말 감정을 상하게 했다.

그는 더 이상 그러한 불만에 구애받지 않고 11월에 예정된 시아누크의 귀국을 맞이하기 위해 정부에게 더 이상 시아누크를 공격하지 말고 수도를 조용하게 하라고 하였다.

정말 대단한 귀국이었다.

베트남 항공의 수명이 다 되어 가는 듯한 쌍발기가 낡아 빠진 바퀴를 밀어 내어 포첸통 공항에 착륙하자 변화는 가시적(可視的)으로 보이기 시작했다.

베트남 전쟁 때 유적같이 보이던 관제탑은 새로이 흰 회칠을 하여 햇빛 아래 반짝였다.

시아누크의 초상화는 마치 과일을 얹은 양과자같이 리본과 꽃장식과 또 문장의 장식 등으로 꾸몄다.

관제탑의 시설은 나아진 것이 없었지만 공항 대합실의 내부는 페인트를 다시 칠했다.

출입국 심사대도 늘어 입국자들이 장시간 땀 흘리고 기다리지 않아도 되었다.

천장에는 선풍기가 돌아갔다.

여행자들의 여권에는 일분도 안 되어 출, 입국 도장이 찍혀졌고 세관의 휴대품 검사는 아예 없었다.

공무원의 모든 조직이 민간인을 위해 움직이고 있었다.

체코제 기관 단총을 옆구리에 낀 18명의 북한 경호원들은 공항에서 왕궁까지 구보로 시아누크가 탄 차를 호위했다.

시아누크의 귀국으로 인해 너무 많은 변화가 생겼다.

도로는 거짓말처럼 말끔히 청소되었고 심지어 주도로인 모니봉 –

러시아 도로에는 시클로(인력거)까지 없어졌는데 경찰이 인력거는 이면 도로로 다니라고 통제하였던 것이다.

도시의 원래 관습까지 너무 심한 통제를 하자 시민들의 불평도 있었다.

옛날에는 아름다웠던 주도로 상의 색이 바래고 황폐해 버린 빌라나 집들은 페인트를 나누어 주어 칠하게 하였고 도로변에는 작은 화단 들도 만들었다.

밤사이에 프놈펜은 1970년대 시아누크가 국가의 원수로 있을 때의 옛 모습으로 변화하였다.

술집과 댄스홀이 흥청대던 당시의 프놈펜은, 도심의 많은 비참한 생활을 모르는 듯 잠자고 있는 가난한 동남아시아의 한 수도라고 하기 보다는 프랑스의 한 작은 도시 같은 느낌을 주고 있었다.

비록 많은 사람들이 시아누크를 보거나 만날 수는 없었지만 그래도 그가 돌아왔다는 기분은 느낄 수가 있었다.

권력은 없었지만 그래도 시아누크가 할 수 있는 일이 있었다.

새로 노랗게 칠한 왕국의 담벽에는 왕가의 금색 문장이 그려진 푸른색 깃발이 나부끼고 있었다.

왕자는 가끔 여러곳의 학교 개교나 병원 개설 등에서 대중연설을 하기 위해 칩거에서 나올 때도 있었다.

그도 변화하였다.

측근들의 말에 따르면 사치스런 파티를 열거나 귀빈들에게 직접 색소폰 연주를 들려주던 시절은 지나갔다고 했다.

자신의 견해를 알리기 위하여 주기적으로 외교관들과 외국 정치인들을 초청하여 파티를 열기는 했지만 그 횟수는 많이 줄어 들었고 또 간소 해졌다.

왕자의 낭비가 줄어든 것은 인제 나이도 들었고 또 어려운 위치인 4당 연합의 국가 최고 회의(SNC)의 의장직 -국가 원수와 같은- 을 맡고 있었기 때문이었다.

그러나 그의 웅변가로서의 재치와 날카로운 비판은 변하지 않았다. 캄보디아 주재 미국 대사인 찰스 트위닝과 만난 자리에서 과거처럼 미국은 캄보디아의 국내 문제에 간섭하지 말라고 주의를 주었다.

그는 론놀의 쿠데타를 지원한 미국을 용서하지 못하는 것이었다.

그가 또 변한 것은 다음과 같은 중요한 것들이 있었는데; 어느 일방의 편을 드는 것과, 누구를 칭찬하면서 반대 입장의 정치인을 비난하는 버릇이 없어진 것이다.

비록 그 자신이 좋아하고 싫어하는 것을 명백히는 하였지만 SNC 의 의장으로서 그는 어느 특정한 당에 치우치지 않고 공평히 처신하였다.

국가의 정치적 안정을 위하여 그는 자신이 선장이 된 SNC 라는 배가 가능하면 흔들리지 않도록 - 물론 때때로 닥치는 풍랑을 이길 수는 없었지만 - 자제를 하였다.

국내 정치의 중심적인 위치에 있는 그의 말과 행동 하나 하나는 훈센과 그의 정책에 큰 영향을 주었던 것이다.

민생의 굶주림과 임무에 소홀한 정부에 화가 난 왕자는 정부에 대한 꾸지람을 참을 수가 없었다.

그가 가는 곳마다 수개월씩 급여를 받지 못한 공무원들의 불평을 들었다.

황폐해 버린 시골에서 프놈펜으로 돌아올 때는 또 지나칠 정도로 크고 화려한 빌라에, 고급스런 자동차, 냉장고, 세탁기 그리고 부유층의 상징인 위성 TV 안테나 등을 갖춘 정부 장관급들의 생활상에 분노를 느꼈다.

1992년 초, 그는 훈센 정부의 부패를 대중적으로 비난했다.

이 비난은 즉시 메스콤을 타고 전 세계로 퍼졌으며 왕자는 목적을 달성하게 되었다.

그는 아직도 메스콤을 교묘히 이용할 줄 아는 재주를 가지고 있었던 것이다.

왕자는 그 때까지도 주기적으로 인터뷰를 제공하여 준 서방과 동남 아시아의 언론계에 친한 언론인들이 많이 있었던 것이다.

취재 접견에 잘 응해 주는 시아누크에게 도움을 많이 받은 언론사들은 그의 편에서 기사를 써 주었다.

훈센은 시아누크가 그의 정부를 비난하는 경향이 있음을 느꼈지만 자제할 수밖에 없었는데 왕자에게 정면으로 대립하다가는 사람들에게 자칫 무례하다는 말을 들을까봐 겁이 났기 때문이었다.

시아누크는 지도적인 연장자로서의 위치를 잘 이용하였다.

그래서 크메르 루지가 평화협정에서 요구한 군대 해산 및 무장 해제를 거부하자 계속적인 비난 성명을 발표하였다.

훈센의 CPP, 손산의 KPNLF, 라나릿드의 FUNCINPEC 등 3당을 선거에 참여시키도록 UNTAC 에게 건의하면 어떠냐고 묻자 시아누크는 "그것이 최선의 방법인데 왜냐하면 크메르 루지 때문에 UNTAC 은 다른 선택권이 없기 때문입니다" 라고 하였다.

중립적인 국가 원수의 자리는 궁지의 자리였지만 그래도 그의 생각은 게릴라의 비협조 때문에 국가의 절대적인 이익이 희생되어서는 안 된다는 것이었다.

시아누크가 당시 중립 국가 원수의 자리를 맡은 것은 확고한 정치적 이유가 있었다.

1991년 파리 평화협정이 서명되기 이전에 이미 그는 장래 정치적 야망을 위해서 차지해야 할 위치는 그가 축출된 후에 창당한 푼신팩의 당수 자리가 아니라 초당적인 중립 국가원수의 자리라는 것을 잘 알고 있었던 것이다.

느낌으로 그는 일석이조를 노린 것 같다.

푼신팩 당수 자리를 그와 꼭 빼 닮은 아들인 라나릿드에게 물려주고 아들의 푼신팩 당이 선거에서 승리하는 것을 운에 맡기면서 그가 권력을 다시 잡을 수 있게 유도를 했다.

아무 경쟁 없이 국가원수 자리에 임명이 되면서 그는 1993년 초에 숙원인 대통령으로 선출될 수 있게 정초석을 깔았다.

정치권력을 집안 가족끼리 다 가지겠다는 이런 묘책은 시아누크의 걸작이었다.

시아누크가 중립을 외쳐댄 것 외에 중요한 것이 있는데, 파리 평화협상에서 그가 비 정당 국가 원수로 정해졌기 때문에 중립을 지킨 것인가?

그가 권력에 굶주렸음을 보이지 않기 위해 반대 정당에 대한 공격을 자제한 것인가? 하는 의문 등이다.

여기에는 더 큰 이해관계가 있었으며 또 마지막에 그는 정치판을 흔들려고 하고 있었다.

그래서 그는 아들의 정당에도 당적을 두지 않았고 또 아들에 대한 지지도 거의 해 주지 않았던 것이다.

왕자는 (인터뷰 당시) 1992년 10월 31일에 70세가 되었었다.

인제 더 이상 큰소리로 떠들 수 있는 젊은이도 아니며 아직도 크메르 루지는 다시 한번 선거에서 대통령으로 당선되어 권력을 잡고자 하는 그의 야망을 제일 크게 방해하고 있었다.

시아누크는 크메르 루지를 선거에서 제외시키면 아직도 모택동 식의 음모와 작당을 하고 있는 그들을 더 고립과 또 전쟁 상태로 몰아붙이는 꼴이 되므로 국가 안보가 더 악화될 것이라는 것을 잘 알고 있었다.

그러나 그 자신에게는 운신의 여지가 있었다.

크메르 루지가 군대 해산을 위해 지정한 부대로 이동하는 것을 거절하였으므로 선거가 과연 1993 년 5 월에 예정한 데로 실시될 것인지 하는 불확실한 먹구름이 수도를 덮고 있었다.

왕자는 이런 소문을 부정하였다.

"선거는 예정대로 진행 될 것입니다만 단 크메르 루지가 장악하고 있는 지역은 제외될 것입니다"라고 하였다.

그의 직감은 예언자 같았다.

그는 1992 년 8 월에 그런 답을 했는데 11 월까지도 긴장은 더 완화되지가 않았었다.

크메르 루지는 계속 강력하게 버티고 있었다.

많은 사람들의 동감을 받은 왕자의 성명서에는, 크메르 루지가 유엔 평화유지군들이 그들의 지역에 들어와서 선거 준비를 하는 것을 허락하지 않고 있었으므로 전국적인 선거는 될 수 없을 것이라고 했다.

또 크메르 루지가 참가하지 않고 선거를 하는 경우 전국을 각 선거구로 나누는 일은 많은 위협이 있었다.

불길한 예감은 시아누크가 예상 한대로 선거가 진행될 경우 결과가 어떻게 될 것인가 하는 데에 있었다.

왕자는 크메르 루지는 선거에 참여 않을 것이라고 추측했다.

크메르 루지는 또 유엔이 훈센 정부와 동맹을 맺었다고 주장하면서 베트남군이 민간인으로 위장을 하고 아직 철수하지 않고 남아있는 것을 적발하지 못하고 있으며 훈센 정부의 행정망 조직 해산을 거절하고 있다고 여러 가지로 비난했다.

UNTAC은 이런 제소에 대한 변명을 주기적으로 반복, 부인하였는데, 어느 한 정당과 동맹을 맺은 사실이 없고, 국내에 베트남군이 잔류하고 있다는 확실한 증거가 없으며 평화 협정서에는 과거(훈센) 정부의 행정 조직을 해산하라는 문구가 없다고 하였다.

시아누크가 노리는 것은 크메르 루지의 허튼 소리와도, 선거와도 거리가 멀었다.

다시 한번 그는 통치자의 자리에 앉고 싶은 마음뿐이었다.

여러 정치인들로부터 1993년 선거에서 그가 대통령이 되어야 한다는 요구가 모여졌다.

출마 가능한 후보자의 명단에는 아무도 그와 겨룰만한 상대자가 없었으므로 그는 대통령은 따 놓은 거나 같다고 보았다.

만약 행삼린이나 치아심 같은 CPP의 지도자들이 왕자와 겨루어 보려고 하다가는 보나마나 굴욕적인 참패를 당할 것이 뻔하였는데 1960년대에 이미 왕자는 전국의 표를 휩쓸어 버릴 만한 위력을 가지고 있었기 때문이다.

카리스마는 아직 건재하였다.

갑자기 시아누크는 아주 강력한 조건을 내 세웠다.

그는 1993년의 (국회의원)총선거 이전에 대통령 선거를 해야만 출마하겠다고 하였다.

만약 총선거와 동시에 또는 그 이후에 대통령 선거를 하면 출마하지 않겠다고 하였다. 이건 또 무슨 속셈인가?

총선 이전에 모든 권력을 한 손에 검어 쥐겠다는 뜻인가?

사실 시아누크는 두 가지 걱정이 있었다.

하나는 만약 총선과 대통령 선거를 같이 할 경우 크메르 루지가 선거를 방해하여 자칫 그의 대권 야망을 송두리째 내동댕이쳐 버릴 수 있다는 걱정이었고, 또 하나는 진정으로 그의 카리스마를 앞세운 정치적인 안정을 원하고 있었던 것이다.

나라가 난세로 치닫고 있다는 걱정은 대통령 선거를 빨리 치러야 하겠다는 분위기를 조성하였다.

프놈펜으로 돌아오고서 시아누크는 적어도 한가지 이상의 의미를 가지고 수도를 옛날의 영화롭던 도시로 다시 만들어갔다.

왕궁은 다시 시아누크가 초청한 외교관과 상급 정치가들이 모인 파티로 활기가 돌았다.

비록 그가 침샘 염증 수술을 받고 북경에서 막 돌아오던 길이었지만 저녁 파티만큼은 장장 4시간 동안 그가 좋아하는 8개국의 언어로 노래를 모창 할 수 있는 지칠 줄 모르는 정력으로 진행을 했다.

정부는 그의 70세 생일을 국경일로 정하였고 언론은 연일 수백 개의 그의 사진을 신문에 실었다.

길에는 국기가 줄지어 걸리고 검고 숱 많은 머리를 한 젊은 때의 시아누크와 반백의 머리를 한 늙은 지금의 그의 모습이 한 쌍을 이룬 수많은 대형 사진들이 사방에 걸렸다.

시아누크는 다시 젊어지고 있었다.

잠재적인 도전자 훈센은 그 때까지는 그의 상대가 안 되었다.

그러나 이 젊은 수상은 유심히 시아누크의 스타일을 연구하면서도 한편으로는 왕자가 바라는 데로 존경을 바쳤다.

시내에 있던 외교관들은 적어도 한 가지 문제는 의견의 일치를 보고 있었는데 그것은, 시아누크 없이는 국가 재건이 거의 불가능하다는 것이었다.

그 이유는 그만이 각 당파간의 중재를 할 수 있었기 때문이었다.

이러한 현실은 여러 사람들에게 불편을 주었다.

그것은 그의 교활한 처신과 왕족의 변덕을 참아야 했기 때문이었다.

비록 그가 교양도 있고 국민을 깊이 사랑하고 있다고 하여도 시아누크를 믿는 사람은 없었다.

그 예로, 그의 생일잔치 일주일 전에, 그는 대통령 출마를 않겠다고 마음을 바꾸었는데 1993 년 5 월의 총선이 끝나고 난 뒤 과도기에 주도권을 쥔 국제사회가 그를 대통령자리에 앉히게끔 유도하려는 고차원적인 작전이었다.

그가 일단 물러서는 이유는, 그의 말에 의하면, 평화협상의 진행 과정에서 주도권을 쥔 일본과 태국이 그의 의사를 밀쳐내고 크메르 루지를 협상에 참가시켰다는 것이었다.

세계는 그의 급변하는 태도에 더 끌려 다녀야 할 것 같이 보였다.

프랑스와 인도네시아의 외무부 장관들이 평화협정의 진행에 직면한 장애물들을 치우기 위한 회합을 11 월에 시아누크와 하고자 하였는데 그는 중국의 친구들이 생일잔치를 준비해 놓은 북경에서 이 회합을 하는 조건으로 동의하였었다.

시아누크는 1993 년 4 월에 시작하는 선거에 있어 스스로 정치권 밖에 물러나 있었다고 했다.

그러나 4 월 6 일에 라나릿드는 공감을 갖는 정당끼리 합쳐서 "친 시아누크 전선"을 구축하자고 발표를 하여 중립을 지켜야 할 자기 아버지의 이름을 선거 운동에 끌고 다녔다.

"이 전선에 참가한 정당들은 모두 같은 뜻을 가졌습니다"라고 라나릿드는 말했지만 어느 정당들이 과연 그들의 선거 정책에 동참

p 039 프놈펜의 왕궁 입구 왕이 행사를 주관하는 찬 차야 궁

하였는지는 말 해 주지 않았다.

친 시아누크 전선을 구축하자는 라나릿드의 압력은 왕가 쪽에 가까운 정당들로 하여금 그들 스스로 선거에 이길 수 있다는 자신을 버리고 시아누크의 이름 뒤에 줄을 서도록 만들었다.

라나릿드는 이런 이론을 반박하였다.

그는 시아누크의 얼굴이 인쇄된 모자와 티셔츠를 입고 운집한 남녀 당원들이 환호하는 가운데 "나는 우리가 선거에 이길 수 있다는 것을 확실히 믿습니다"라고 주장하였다.

며칠 뒤, "캄보디아 자유 독립 민주당"이라는 소 정당을 이끌던 "롱보라" 박사는 일주일쯤 전에 라나릿드가 "친 시아누크 전선"의 이름 하에 선거 운동을 같이 하자는 편지를 보내왔다고 하였다.

라나릿드의 비밀이 하나 밝혀진 것이다.

그러나 롱보라 박사가 비록 친 시아누크 전선에 가담한다고 해도

241

그들의 대적인 훈센의 CPP 를 이길 만큼 세력이 기울 것 같지는 않았다.

시아누크는 왕궁에서 국가 최고 회의를 깜박이 등처럼 모았다 헤쳤다 했고 틈만 나면 북경과 파리를 다녀왔다.

실질적인 권력도 아직은 가진 것이 없는데다가 파리 평화협정의 규정 대로 중립을 지켜야 하는 사슬에 묶인 시아누크는 해이해진 마음으로 있었으며 식장의 테이프를 자르는 일이나, 어린이들의 뺨에 입맞춤을 하거나 또는 그가 추구하는 영화 제작이나 음악 작곡에 열중하며 대부분의 시간을 보냈다.

1967 년으로 돌아가서 시아누크는 말하기를, "캄보디아의 일등 국민으로서, 또 국가의 문화 계발을 위해 우리 국민이 선택한 나는 모든 직업을 가졌다.

그러므로 나는 신문과 평론지의 언론인이며 출판인이다.

또 나는 내가 이끌고 있는 우리의 영화 발전에 많은 관심을 가지고 있다" 라고 하였었다.

또 첨언하기를, "부왕께서 훌륭한 음악가이셨던 것 뿐 아니라 왕비께서도 왕실 무용단의 안무를 지키셨다"고 하였다.

크메르 루지는 그들의 폭력정치 동안 왕실에서 후원하던 예술을 모두 체계적으로 없애버리고 또 관련된 예술인들을 모두 죽여버렸다.

문화부의 차관인 뻰옛은 열두 명을 제외한 모든 크메르 무용수들이 학살되었다고 했다.

시아누크는 영화 산업의 목적으로만, 또는 버리기 힘든 자신의 예능 기질을 발산하기 위해서 영화 제작을 한 것만은 아니었다.

그의 느낌에, 서방 팽창 주의자들이 선동하는 반 캄보디아 선전에 대항하기 위한 전법의 한 수단이었던 것이다.

1966 년에 제작한 영화 "압사라"에서 그는 캄보디아를 아름다운 도시, 잘 닦여진 도로, 적지만 규율이 선 군대, 그리고 국토방위에 충분한 공군을 묘사하였다.

그가 감독한 또 다른 영화 "요술의 숲"은 1967 년 모스크바 영화제에서 수상 후보로 대단한 관심을 끌기도 했었다.

"나는 여러 각도에서 본 내 나라 캄보디아의 시적인 면을 연속적인 극적 장면으로 연출하려 했습니다.

이 영화 제작의 저변에는 우리의 예술, 전통, 습관 그리고 종교적인 관습을 외국에 알리는 목적이 있었었습니다"라고 시아누크가 말하였다.

1957 년부터 영화에 손을 대고서는 스스로 감독하고, 제작하고 또 직접 주제가 작곡도 하였으며 때로 주연을 맡기도 하였다.

"웃음은 네 개이나 영혼은 하나" 그리고 "작은 왕자" 등 두편은 프랑스 말세이유 영화제에 출품을 하기도 했다.

"작은 왕자"에서는 지금의 국왕인 아들 "노로돔 시하모니"가 주연을 맡았는데 앙코르왓에서 촬영을 했다.

시아누크는 20 편쯤 되는 그의 작품 중 몇 편에서 스스로 로맨틱한 영웅으로 등장했는데 기이하게도 자기 인생의 이야기를 그렸다.

그 자신을 섬세하고 봉사하는 정치가로 부각시킨 영화는 주기적으로 외교관이나 UNTAC 관리들을 포함한 그의 저명한 손님들에게 보여 주었다.

1993 년 선거전에 그가 북경에서 돌아오자 외교가에 소문이 또 와글대기 시작했는데, 그가 조만간 사람들을 초청해서 영화를 보여 줄 것이고 그 다음에는 칵테일파티와 만찬을 왕궁의 아름다운 조명

아래서 즐길 수 있게 해 줄 것이라는 것이었다.

UNTAC 의 유엔군 부대장이었던 "로버트 리드" 프랑스군 준장은 영화를 감상하라고 시아누크의 왕궁에 자주 초청을 받은 사람 중의 하나였다.

그의 말은 당시 손님들은 때때로 두 편의 영화를 보았는데 하나는 캄보디아의 고전 무용이었고 다른 하나는 시아누크가 품위 유지에 맞는 생활을 할 수 있게 물질적으로 충분히 도와주던 북한 김일성의 일생에 관한 영화였다 한다.

"캄보디아의 고전 무용 영화는 특히 시아누크가 직접 설명을 해 주어 참 즐겁게 보았습니다만, 북한의 선전 영화는 참 보기 싫었습니다"라 했다.

김일성은 시아누크와 라나릿드의 후원자였다.

총선거 전날 라나릿드의 선전 방송은 "좋은 소식"이라고 하며 만약 푼신팩 당이 선거에서 승리하면 북한이 그의 장래 정부를 승인하기로 하였다고 했다.

외교계에서는 노로돔 왕가와 김일성과의 친밀함을 "옛 공산당들의 연맹"이라고 묘사하였다.

외교계는 또 시아누크가 월맹 및 크메르 루지와 동맹을 맺었던 과거가 있으므로 그가 공산주의 사상이 있다고 분석한다.

1994 년 김일성이 죽자 라나릿드는 프놈펜의 고급 주택가 "툴콕"구의 입구 거리를 "김일성 대원수의 거리"라고 명명하였다.

파리 평화 회담이 요구하는 중립적 위치를 지켜주기 위하여 시아누크는 자신을 초 정치적인 위치로 승격시키고 자기주장을 담을 수 있는 영화 제작에 몰두하였다.

장편 영화인 "앙코르를 보며 잠들다"라는 영화는 시엠립과 앙코르

왓에서 현지 촬영을 했는데 자신의 인생 경험을 많이 반영한 준 자서전과 같은 영화였다.

한 떼의 연예인들이 이 영화를 연극으로 각색하기도 하였다.

"엥"이 귀뜀하기를 그가 주연을 맡아서 가장 힘들었던 일은 감독인 시아누크의 의도를 파악하는 것이었다고 하였다.

아마도 시아누크는 배우 스스로 감독인 자기가 어떤 연기를 원하는지 알아차리도록 유도했던 것 같다.

경제 개발은 아직 멀었지만 제법 많은 시내 영화관에서는 계속 영사기가 돌아가고 있었다.

색소폰 연주자이기도 한 시아누크는 태국왕 "부미볼 아둘야뎃"과 이중주도 잘 했었다.

그러나 인제 그는 다른 곡조를 연주하고 있다.

그는 권력을 원했고 또 주변의 영향력이 있는 사람들- 훈센도 또 UNTAC 의 단장인 일본인 야수시 아카시도- 그가 대통령에 출마하기를 바랬다.

1993 년 5 월 22 일 시아누크와 밀실 회담을 마치고 나온 아카시는 "그가 아주 중요한 위치를 맡으려는 것은 의심할 여지가 없다"고 했다.

라나릿드는 한술 더 떴다.

5 월 23 일 프놈펜에서 투표를 마치고 나온 라나릿드는 "나의 아버지가 모든 권력을 잡을 것입니다.

그리고 상징적인 위치가 아닌 실질적인 통치를 할 것입니다"라고 했다. 그러나 후에는 라나릿드는 아마 권력을 잡기 위하여 아버지 말을 안 들을지도 모른다.

노로돔 집안사람들은 항상 서로 알력이 있어서 시아누크에게 피해를 주었다.

평소 하던 데로 시아누크는 전 세계를 상대로 편지를 쓰고 있었고 또 그가 항상 다니는 세 개의 수도 -북경, 평양 그리고 프놈펜에서 언론사에 매일 성명서를 보내고 있었다.

1993년 3월 8일 북경에서 발표한 성명서에서 새로운 권력에 대한 욕심을 피력하였다.

그는 캄보디아의 대통령 권한이 미국 대통령만큼 되어야 출마하겠다는 것이었다.

"죽어 가는 내 나라의 상황에서 캄보디아의 대통령이 미국의 대통령 만큼 권한을 가져야 한다는 것은 대단히 중요한 일이다"라고 하였다.

프놈펜으로 돌아오던 2월 9일 저녁, 그는 수상과 권력을 나누어 가지지는 않을 것 이라고 못 박았다.

그가 다시 어두운 독재를 할지 모른다는 공포를 누그러뜨리기 위하여 그는 "물론 대통령과 함께 의회나 국회 같은 것이 있어야 겠지요" 라고는 하였다.

훈센의 CPP나 라나릿드의 푼신팩 당이나 마찬가지로 고급 당원들 중에는 시아누크가 그들을 뒷자리로 내쫓을지도 모른다는 불안감도 있었다.

시아누크가 대통령에 출마한다면 손쉽게 당선할 것이라는 것은 의심할 여지가 없었다.

그런데 무슨 생각을 했는지 얼마 안 가서 그는 또 마음을 바꾸었다.

그는 미국 대통령처럼 전권을 쥔 대통령이 되고 싶지 않다고 했다.

대신에 그는 프랑스 대통령처럼 어떤 집행력이 있는 대부(大父)적인 역할을 맡고 싶다고 했다.

마치 퇴직한 노장처럼 시아누크는 각 정당들을 수시로 뒤지고다녔다.

그는 정당들이 잘 못한 것이 보이면 그 자리에서 혼내 주기도 하며 대통령이 된 후의 자기 위치를 미리 준비나 하듯이 강화해 나갔다.

시아누크는 대부분 그의 시간을 외국 여행으로 보낸 것 때문에 비난을 받았다.

북경과 평양은 각각 거주할 집을 내어 주었다.

북경도 그에게 후한 연금을 주고 있었고 평양은 그에게 제트 비행기와 또 시아누크가 캄보디아 국민보다 더 신임하는 소대 병력의 북한 호위병들을 내 주었다.

시아누크의 배다른 동생인 노로돔 시리붓은 왜 시아누크가 그렇게 자주 북경과 평양엘 다니느냐고 묻자 사실대로 얘기 해 주었는데, "왕자는 중국과 특별한 관계에 있습니다.

1970 년대부터 중국은 그에게 잘 대해 주었으며 왕자로부터 돈을 받지도 않았습니다.

그들은 이러한 환대를 계속하고 있는 것입니다.

1970 년 쿠데타에서 축출되자 미국은 그의 망명을 거절하였습니다.

프랑스는 와도 좋다고는 하였지만 프랑스 영토 안에서 정치적인 활동은 삼가 달라고 하였습니다.

그러나 중국은 그를 환영해 주었고 또 북한에서도 환영을 하였는데 한 반도가 분단될 때 북한을 지지하였었기 때문입니다".

불행하게도 적대 관계의 당파들을 단결시킬 수 있는 유일한 캄보디아 인은 시아누크밖에 없었으며 SNC 의 중립 의장직은 그에게는 좋지 않은 직책이었다.

1993 년 5 월 중순에 각 정당들이 선거 운동을 시작할 때 시아누크는 그 동안 정세를 관망하고 있던 왕궁을 떠나 나중에 또 정치적인 장난을 치기 위해 북경으로 갔다.

시아누크가 수시로 변덕을 부리는 이유 중의 하나는 그 자신이 많은 적들에게 둘러싸여 있는 것과 같으므로 살아남기 위하여 계속 적들에게 자기의 의중을 보이지 않고 추측을 하게끔 만드는 것이었다.

평화협정에 따라 드디어 투표 날이 다가왔다.

프놈펜에 있던 각 당의 사무실에서는 전략 담당자들이 자기 당의 세력 확보를 위하여 혼신의 힘을 기울이고 있었다.

푼신팩 당이 개표의 선두를 달리고 있는 가운데 내각의 구성은 수상 라나릿드, 부수상 훈센으로 선이 그어졌다.

푼신팩이 득표의 우위를 차지하는 상황에서는 이 방법이 가장 합리적인 내각 구성으로 보였다.

또 다른 가능한 시나리오는, 시아누크 국왕, 대통령 라나릿드, 수상 훈센이었다.

이 공식은 모든 사람을 만족시킬 수 있는 공식으로 보였다.

제 3 의 시나리오도 있었는데, 시아누크가 대통령 및 수상을 겸하고 라나릿드와 훈센이 공동 부수상을 하는 것이었다.

시아누크는 국가의 원수와 정부의 통치자를 다 차지하는 이 제 3 의 안을 좋아하겠지만 라나릿드와 훈센은 이런 불공평한 구도는 분명히 받아들이지 않을 것으로 보였다.

6 월초에 선거의 개표가 완전히 끝나기도 전에 시아누크는 권력 장악을 위한 그의 계획을 집행했다.

북경에서 그는 원격 조종으로 이 계획을 지휘하였다.

이 계획은 CPP 최고 우두머리인 치아심이 라나릿드와 훈센에게 시아누크 밑에서 공동 부수상을 맡는 것이 어떠냐고 제안 한데서 사실 비롯되었다.

수일이 지나 푼신팩의 승리가 발표되었다.

베트남군과 싸우기 위하여 시아누크가 결성했던 친 왕정파들은 근소한 차이로 훈센의 정당을 이긴 것이다.

그러나 승리는 엄연한 승리였으므로 시아누크에게는 대단히 기분 좋은 날이 되었는데 -친 시아누크 전선을 기반으로 선거를 치렀던 당이 승리를 하였기 때문이다.

푼신팩이 승리할 것은 뻔하였는데 왜냐하면 시아누크의 대 국민 인기도 때문이었고 또 라나릿드는 선거 운동 중에 태연하게 시아누크의 이름을 팔았기 때문이었다.

선거전에 시아누크의 이복동생인 시리붓은 "우리는 이길 것입니다. 왜냐하면 왕정파이기 때문입니다"라 했다.

1993년 6월 3일, 놀라운 일이 얽혀들기 시작했다.

개표가 아직 다 끝나지도 않았는데 시아누크는 왕궁 안에서 일격을 던졌다.

자신을 수상으로 하는 임시정부를 구성한다고 청천 벼락같은 성명을 발표했다.

몇 시간 뒤에는 선거에 진 훈센이 곰곰이 생각한 후에 시아누크의 임시정부 구성안을 전적으로 찬성하고 나섰다.

이것은 시아누크가 선거에 이긴 라나릿드에게 일격을 가한 것이나 같았다.

선거에 이긴 정당의 당수로 라나릿드가 처음으로 내각을 구성할 수 있는 기회를 뭉게 버린 것이다.

캄보디아 역사의 새로운 장이 그날 밤 각본 되었다.

시아누크는 스스로를 수상으로 임명하고 또 국군 총사령관으로도 임명하였다.

그리고 라나릿드와 훈센을 공동 부수상으로 임명했다.

이 임명은 그 자리에서 즉시 발효하였다.

그러나 문제는 라나릿드에게는 미리 의논을 하지 않았던 것이었다.

어떤 방법으로든 라나릿드를 밀어내려는 CPP 와 협조하여 시아누크가 헌법을 위반하는 쿠데타를 꾸몄다는 주장이 시내에서 꼬리를 물었다.

CPP 의 지휘급에서는 라나릿드의 날개를 꺾는 것은 시아누크만이 할 수 있고 또 원하고 있을 것으로 판단했던 것이다.

그날 밤 시아누크와 CPP 측이 각각 급히 발표해 버린 성명서에, 임시정부는 "캄보디아 국가 정부"(NGC-National Government of Cambodia)라고 칭하며 국회가 새 헌법을 비준하고 새 정부의 내각이 수립될 때까지 3 개월간 유효하다고 했다.

왕궁의 대변인은 라나릿드가 당연히 호응할 것으로 시아누크는 믿고 있다고 했다.

CPP 가 발표한 성명서에는 "우리들의 최고 통치자인 노로돔 시아누크 왕자 각하께서 지휘하는 NGC 에 대하여 모든 국민과, 공무원과 또 모든 형태의 군대는 침착하고 만족스럽게 그리고 낙관적으로 지지해 주기를 우리 CPP 는 호소하는 바이다"라고 하였다.

그날 밤에 발효된 이 성명서에 의하여 훈센은 1985 년부터 잠시도 쉬지 않고 맡아왔던 수상 직을 사임하고 1979 년 베트남의 지원 하에 세웠던 SOC 정부도 해산하였다.

국무장관인 CPP 의 "속안"은 떨리는 목소리로 "예, 해산했습니다" 라고 했다.

훈센은 시아누크의 결정을 받아들여 수상 직을 사임하였다.

그러나 몇 가지 의문점이 남는다.

시아누크가 권력을 쥐려고 시도하는 이면의 진실은 무엇일까?

훈센은 수상 직을 사임하면서 실망하지는 않았을까?

훈센은 "치아심과 나는 시아누크와 회견을 하면서 현 난국을 타개하기 위하여 임시정부를 즉시 수립하자고 왕자 전하에게 간청하였습니다.

임시정부의 수립 안을 내가 건의했으므로 수상 직을 사임한다고 실망할 이유는 없습니다.

라디오와 TV 방송국에서 방송 할 임시정부 수립 발표문을 내가 보냈습니다"라 했다.

상당히 먼 포석을 던진 것이다.

임시정부는 왕궁에서 가진 시아누크와 치아심간의 비밀회의가 6 월 3 일에 끝나자 3 일 뒤에 구성이 되었다.

"속안"은 이 회의는 부드럽고 아무런 이의도 없이 잘 끝났다고 했다.

이상하게도 그 때 "반테이 멘체이"를 여행하고 있던 라나릿드에게는 이 회의가 있음을 통보해 주지 않았다.

거래가 라나릿드의 뒤에서 행해진 것은 자명한 사실이 되어 버렸다.

그날 밤, 푼신팩 당에서 떠오르는 별 같았던 "삼랑시"는 우리에게 말하기를, 임시정부의 구성은 그에게 "아연실색할 놀라움만 주었다"고 했다.

6 월 3 일 시아누크는 전화로 아들 라나릿드에게 임시정부에 가담하라고 권하였다.

그러나 라나릿드는 수긍할 수가 없었다.

시아누크는 라나릿드가 임시정부의 공동 부수상직을 거절한다는 소식을 듣고 밤새 잠 못 이루고 고민을 하였다.

그래도 시아누크는 라나릿드가 결국에는 응할 것으로 믿었다.

시아누크의 생각으로는 푼신펙 당이 선거에 승리한 것은 자기 이름 덕분이었으므로 자기가 임시정부의 수상을 맡는다는 것에 라나릿드는 이의가 없을 것으로 생각했던 것이다.

그는 자기 이름을 선거에 써먹은 아들과 또 삼랑시 같은 푼신펙 고위 당직자들의 속마음을 잘 못 이해하고 있었던 것이다.

참 서로 믿을 수 없는 부자지간이었다.

훈센에게 정적인 라나릿드와 같은 정부의 직위를 줌으로써, 시아누크는 앞으로 정부에서 중요한 역할을 담당해야 할 군대와 공무원들이 CPP 의 통제 하에 있다는 정치적 현실을 받아들인 것이었다.

또 시아누크는 NGC 를 구성함으로써 훈센이 권력 양도를 거절하고 푼신펙을 상대로 쿠데타를 일으킬 수도 있을 잠재적인 위험성을 사전에 모면을 한 것으로 믿었다.

시아누크의 입장에서는 1970 년 쿠데타에 의해 축출 된 뒤 처음으로 그가 갖는 최고 위치였다.

그러나 그 기간은 오래가지 못했다.

CPP 가 푼신펙과 동등한 위치를 차지하지 못하면 전쟁도 불사할 것이라는 것을 많은 사람들이 믿고 있었다.

훈센이나 다른 CPP 의 고위층들이 정말 이런 무서운 경고를 했을까?

"아닙니다.

그 말은 완전히 왜곡된 말입니다.

사실은 푼신펙 당은 국회 120 석 중 겨우 58 석을 차지했습니다.

그러나 새 헌법의 비준에는 3 분의 2 석 또는 80 석 이상의 찬성이 있어야 합니다.

그러니 만약 CPP가 임시정부의 설립과 헌법의 승인 등을 거절하면 그들만으로 무슨 일을 할 수 있겠습니까?

이 제도야 말로 UNTAC의 실패작이라고 말할 수 있을 만큼 골치 아픈 제도입니다.

달리 말씀드리면 유엔은 UNTAC의 주둔을 더 연장했어야 했습니다. 그러면 유엔은 더 많은 돈을 뿌리게 될 것이고 또 그 덕에 내가 이끌던 SOC정부는 더 오래 권력을 유지할 수 있었겠지요.

이런 이론으로 추이한다면 (임시정부에 관련한)우리 CPP의 좋은 건설적인 의도를 이해할 수 있을 겁니다"라고 훈센이 설명을 하였다.

6월 4일 또 하나의 기록이 나왔는데, 시아누크가 급히 만들었던 임시정부는 수립 하루도 못 가서 붕괴되어 버렸다.

이유는 라나릿드와 푼신팩 당의 중심이 박살을 내버린 것이다.

시아누크의 측근들이 한탄했다.

"임시정부의 붕괴 뒤에는 삼랑시가 책임이 있습니다.

그는 당내에 자신의 권력을 유지하려 하는 푼신팩의 실질 지도자 입니다".

훈센과 동등한 직책을 갖는 것은 라나릿드로서는 용납할 수 없는 일이었으므로 라나릿드는 더 높은 직책을 원했던 것이었다.

1980년대 후반 시아누크와 훈센간에 평화 회담을 할 때 정치 초년생으로 시작한 라나릿드는 인제 국민으로부터 통치의 위임을 받은 것이었다.

그는 자신이 훈센보다는 한 끗발 높다고 믿고 있었다.

측근들은 라나릿드에게 충고하기를, 훈센의 정당보다 6%나 더 득표를 하였기 때문에 시아누크에게 권력을 고분고분히 양보하는 것은 정치적 자살이나 같다고 했다.

SOC 의 한 차관인 욱키만은 "라나릿드가 아버지한테 권력을 다 주겠다고 약속을 해 놓고 이제는 약속을 어기고 있는 것 같다"고 했다.

그는 또 귀뜸하기를 라나릿드는 아마도 시아누크 임시정부를 인정하지 말라는 크메르 루지의 지도를 받고 있을지도 모른다고 악평을 하였다.

"그러나 여기는 캄보디아입니다. 모든 일이 일어날 수 있습니다" SOC 의 대변인 키우 카나릿의 말이었다.

비록 푼신팩이 선거에 승리했지만 아주 근소한 차이였고 그 결과로 푼신팩과 CPP 는 연립을 하지 않을 수 없는 것이었다.

푼신팩의 입장에서는 선거에 이긴다고 정부를 차지한다는 보장이 없는, 믿기 어려운 이 현실을 받아들일 수가 없었던 것이다.

자신의 정당이었던 푼신팩 당이 배반을 하자 시아누크는 자신이 수상이 되고 또 나중에 절대적인 대통령이 되는 것에 대한 새로운 지지자들을 훈센의 정당에서 찾아냈다.

대신에 시아누크는 그 보답으로 크메르 루지에게 훈센의 군대를 공격 하지 말라고 경고하는 엄청난 조정자의 역할을 해 주었다.

그리고 훈센의 군대는 인제 자기 휘하의 군대이므로 만약 공격을 하면 자기 자신을 공격하는 것과 같이 간주하겠다는 말도 첨언하였다.

승리한 아들이 정부를 조직할 권리를 시아누크가 배신한 것은 아닌가?

훈센의 답은 "시아누크의 생각은 정말 옳았습니다.

라나릿드는 아버지한테 감사를 드렸어야 합니다.

50%가 안 되는 득표를 가지고 어떻게 나라를 통치합니까?"라 했다.

그 다음 수주일 동안에 노로돔 집안의 불화가 더 커지자 이익을 얻는 것은 훈센의 정당뿐이었다.

다음, 시아누크는 모든 체면을 버리고 공개적으로 라나릿드를 적대시 하였다.

국영 TV 에 나온 시아누크는 라나릿드가 선거에 이기면 24 시간 안에 모든 권력을 자기한테 넘기겠다고 한 약속을 저버렸다고 비난했다.

그는 아들의 배신을 한탄하였다.

이 일화는 시아누크가 평소 아들을 믿지 않고 있었다는 것을 폭로한 것이었다.

정식으로는 여섯 번째 아내인 모니크의 바가지에 시아누크는 모니크가 낳은 아들만 좋아했고 다른 아내들로부터 낳은 자식들은 멀리하였다.

라나릿드는 모니크가 낳은 자식이 아니었다.

라나릿드의 어머니는 왕실 무용단의 무용수였었다.

시아누크는 참 드물게 라나릿드에게 아버지의 정을 주었었다.

그리고 자식에게 왕으로서의 거리를 두었다.

합법적으로 정부를 세울 수 있는 아들의 권리를 부인하고 잡아채는 것이 그리 놀라울 일은 아니었던 것이다.

임시정부 구성의 소식이 전해질 때 라나릿드는 반테이 멘체이 성의 논에 있었다.

그는 즉시 아버지한테 팩스를 보냈는데 임시정부 수립의 법적 근거를 대라고 하였다.

또 의도하는 새 정권의 입법 구조도 알려달라고 하였다.

또 라나릿드는 배다른 동생인 차크라퐁과는 서로 눈도 안 마주치는 사이이므로 장래의 정부에 동참하여서는 안 된다고 했다.

시아누크는 라나릿드가 질문한 임시정부의 법적 근거를 찾는 데에는 실패했다.

그러나 그는 차크라퐁은 NGC 에 참가시키지 않겠다는 약속은 하였다.

NGC 가 수립될만한 법적 구조는 사실 없었으므로 시아누크는 너무 비약(飛躍)한 것 같았다.

정말 그의 진의는 무엇이었을까?

짐작하건대 그는 임시정부를 자기 통솔 하에 각 당파간의 화해 장소로 이용하려던 것 같다.

또 훈센의 권력 양도 거절을 사전에 막아버리려는 의도도 있었다.

라나릿드에게 보낸 시아누크의 서한은 임시정부의 무효를 신문지상에 대서특필하게 했다.

"캄보디아 국민들과 유엔의 사람들로부터 임시정부는 헌법위반 이라는 충의(忠義)를 받고 나는 임시정부를 포기하는 바이다.

내가 이 제의를 받아들였던 진정한 목적은 훈센으로부터 암시 받은 유혈 충돌을 방지하고자 함에 있었다.

인제 NGC 의 포기를 함에 있어 앞으로의 모든 일에 대한 책임은 CPP 와 푼신펙 당에게 위임하는 바이다".

정말로 치아심은 권력을 분배하지 않는 한 CPP 내부의 고위 권력자들은 새 정부에게 정권 이양을 동의하지 않고 있으며 유혈 충돌이 있을 수도 있다고 시아누크에게 말하였었다.

같은 날 왕실 대변인은 시아누크가 NGC 를 포기한 이유로 유엔의 상임 이사국 5 개국 중 일부가 반대하였기 때문이라고 하였다.

미국이 아마 그 중의 하나로 생각이 되었다.

그러나 임시정부의 발상은 사실 그만한 가치가 있었기 때문에 UNTAC 단장 아카시는 6 월 3 일의 시아누크와 회동한 자리에서 지지를 표명 하였었다.

왕실 대변인 측은 차기 SNC 회의에서 NGC 가 다시 거론되어 부활하기를 기대하였다.

그러나 6 월 5 일에 예정되었던 SNC 회의는 시아누크가 몸이 불편하여 회의를 주재할 수 없다는 통보를 함으로써 취소되었다.

결국에 라나릿드는 아버지의 임시정부를 없애 버림으로써 시아누크를 창피하게 만들었고 그 자신도 프놈펜에 돌아와 CPP 와 권력 분배에 관한 대화를 시작할 수밖에 없었으므로 위신을 실추하고 말았다.

후에 국회의원들은 새 헌법에 국회의 3 분의 2 석을 차지할 수 있는 어느 정당(들)도 정부를 구성할 수 있다고 못 박았다.

이 법의 명문화로 라나릿드는 어떤 상황에서도 단독으로 정부를 구성할 수 없게 되자 그는 CPP 가 필요했고 CPP 도 그가 필요하게 되어 버렸다.

다시 훈센의 영리한 계산이 맞아 들어갔다.

시아누크의 임시정부가 물거품이 되자 새 정부가 들어설 때까지는 계속 그가 SOC 수상을 맡게 된 것이다.

그날 아침 아마도 시아누크는 가장 단명한 수상으로 세계 기록을 남겼던 것 같다.

외교관들은 이것을 왕궁의 쿠데타로 불렀다.

UNTAC 의 고위층은 외신 기자들에게 임시정부를 수립하는 것은 위헌 쿠데타라고 일축해 버렸다.

UNTAC 은 또 부인 성명을 내어 그러한 임시정부 수립 성명서 따위는 승인한 일이 없으며 또 UNTAC 내부에서는 비록 상대측이 옳다고 하더라도 임시정부의 수립에 관하여 아무런 접촉 활동도 한일이 없다고 하였다.

사실 UNTAC 으로 활동한 12 개국이 넘는 국가에서 온 관리들은 서로 자기 국가의 관심거리에 열심이었지 진정 캄보디아를 위한 이익에는 소홀했다는 것이 공공연한 비밀이었던 것이다.

아버지의 예측 불허 스타일과 다름없이 라나릿드도 6 월 7 일 급회전 하여 시아누크가 제안한 연립정부에 대한 모든 이의를 포기하고 동의한다고 하였다.

라나릿드는 프랑스 국제 라디오 방송에 "나는 아버지의 뜻에 따라 캄보디아 국가 정부를 수립하는 데에 동의하고 또 지지한다"고 하였다.

그리고 그의 이견은 사소한 문제들만 있다고 하며 "나는 더 나은 정부를 만들기 위하여 몇 가지 세부적인 사항만 제의하는 바이다.

그리고 정부의 수립은 자주 국민의 뜻이 반영되어야만 한다고 본다"라 했다.

비록 푼신팩 당이 훈센의 CPP 보다 6%를 앞질렀지만 라나릿드는 정치적인 현실을 솔직하게 받아들이기로 작정한 것이었다.

"한가지 말해두어야 할 것은, 캄보디아의 상황이 요구하는 것은 정부 조직을 내 아버지의 높으신 뜻에 따라 광범위한 국가 연합의 정부를 만들 필요가 있다는 것이다".

라나릿드의 성명은 부자지간의 긴장을 조금 완화 시켰으며 또 노로돔 가문의 무기력한 분열에 우선 미봉책이 되었다.

차크라퐁 왕자의 아들인 노로돔 붓다퐁은 그 주에 우리와 같이한 저녁 식사에서 "참 좋은 발전이었습니다. 인제 앞으로 나아갈 수 있습니다. 그 동안 많은 것을 잃었지만 인제 모든 것의 시작입니다"라고 하였다.

시아누크의 측근인 시나탄도 "우리가 고대하던 소식이었다. 지난 며칠 간 라나릿드 왕자가 자기의 위치를 재고(再考)하고 있는 징조가 있었다"라 하였다.

6월 7일 저녁 늦게 우리는 방콕에 있는 삼랑시에게 전화를 걸었다. 그는 방금 미국의 소리 방송을 듣고 그 소식을 알았다고 했는데 라나릿드의 새 위치에 만족하지 않는 듯한 목소리였다.

인제 또 시아누크가 왕족 특유의 노여움을 터뜨릴 차례가 되었다. 그는 임시정부 수립을 방해 한 유엔 관리들과, 미국과, 악의적인 신문기자들을 상대로 비난을 하며 노여움을 발산하였다.

6월 9일 또 성명서를 발표하였는데 예의 아주 매끄러운 프랑스어로 자기의 서툴렀던 권력 장악 시도에 종지부를 찍는 내용이었다.

"나는 현재와 또 미래에 이와 비슷한 경험을 다시 떠맡는 것을 확고히 거절하는 바이다.

나는 스스로 터득하였다.

나는 어떠한 경우에도, 어떤 대가를 치르더라도 파리 평화협정을 준수해야 하며 위헌 쿠데타를 피해야 할 것이다".

영원히 저돌적인 그는 또 신랄한 한마디를 덧 붙였는데,

"이제는 UNTAC, UN, USA 그리고 그 외 관심 자들이 그들이 만족할 자신이 있다면 캄보디아에서 위헌 쿠데타를 시도하는 것이 그들의 임무일 것이다".

왕궁의 관리인은 그날 저녁 악의적인 신문기자가 쓴 그와 아내 모니크 공주 그리고 아들 차크라퐁이 작당을 하여 라나릿드의 권력을 빼앗으려 한다는 기사를 보고 매우 화가 나 있었다고 했다.

그 사이 프놈펜에서는 권력 투쟁이 다시 격렬해 지고 있었는데 CPP 가 연립정부 주요 장관직의 주도권을 쥐려고 강력한 요구를 하고 있었다.

대부분 CPP 의 요구가 수용된 것 같이 보였는데 즉, CPP 의 철권 (鐵拳)같은 국방부와 내무부 경찰청 등이 할당되었던 것이다.

동시에 CPP 는 다른 연극을 꾸미고 있었다.

군대와 경찰의 고급 간부들을 왕궁으로 보내어 시아누크에게 존경을 표하고 비위를 맞추어 주며 또 충성도 맹세하였다.

그렇게 함으로써 CPP 는 시아누크와 라나릿드간의 불화 속에 득을 볼 수 있었고 또 많은 지지를 받는 성공을 거둘 수가 있는 것이었다.

정치적인 다툼에도 불구하고 부자지간은 그리 많이 소원해 진 것은 아니었다.

그러나 라나릿드는 그의 영역의 한계를 정했다.

투표 결과가 발표되고 푼신팩이 허울이 아닌 실지로 승자로 선언된 뒤에 -아직 CPP 가 대부분의 좋은 장관직은 다 가지고 있는 상황에서- 새로 선출된 120 명의 국회가 처음 개원되어 정부 수립의 남은 기간 90 일 동안 시아누크에게 국가 원수로서의 "국가의 전권"을 부여하는 투표를 하였다.

이 90 일 기간 동안 국회는 새 헌법을 초안, 채택하여야 했다.

유엔의 한 관리는 의원들이 국회에 등단하기 전에 부처님 상 앞에서 "거짓말 안 하겠습니다"는 서약을 하고 국회로 들어갔다고 빈정대었다.

여담으로 시아누크는 국가에서 군의 최고 계급인 오성 장군 계급을 행삼린, 치아심, 훈센 그리고 라나릿드에게 수여하였는데 군사적인 이유 때문이 아니라 자신이 정치 선배라는 암시를 주는 것이었다.

시아누크는 포고령에서 이 임명은 과거 시아누크가 통치할 때 부르던 군대의 명칭인 "캄보디아 왕국 군대-Royal Cambodia Armed Forces"에게 주는 것이라고 하였다.

6월 29일, 시아누크는 국호를 State of Cambodia(SOC)에서 그냥 Cambodia로 바꾸고 훈센 정부의 종지부를 찍고 자신이 통치함을 강조하기 위해 국기도 바꾸었다.

"인제 State of Cambodia는 간단히 불어로 Cambodge 또는 우리말의 캄푸치아로 한다"고 왕실 명령을 내렸다.

1970년부터 사라졌던 국가(國歌)도 다시 부활하였다.

그러나 시아누크는 왕을 찬미하는 구절을 수정하였는데 앞으로는 절대 왕권에 의한 전통적인 왕국을 원하지 않았기 때문이었다.

손산의 BLDP당(Buddhist Liberal Democratic Party)에서 새로 국회의원으로 선출된 "이엥몰리"는 자택에서 만난 자리에서 "옛 국기와 국가가 대표하는 새 정부의 출발을 신선하게 하기 위하여 왕자는 그런 내용 수정을 하였으며 또 시아누크는 합법적인 국가의 원수가 될 것이다"라 했다.

때를 같이하여 캄보디아를 다시 왕국으로 하는 새 헌법이 국회에서 만들어졌는데 왕은 의식적(儀式的)인 상징으로 권한은 대폭 줄어들었으며 실지 권력은 공동 수상인 라나릿드와 훈센에게 주어졌다.

키우 카나릿이 말하던 "여기는 캄보디아입니다. 모든 일이 일어날 수 있습니다"가 다시 떠올랐다.

당시에 시아누크는 평양의 집에 가있었다.

그가 없음으로 해서 정부는 대단한 불편을 겪게 되었다.

12명의 제헌 위원회 의원들은 장래 헌법의 두 가지 초안을 마련하였는데 군주제도의 헌법 규정에 대해 시아누크의 의견을 물어

보아야 했다.

그런데 북한으로 가 버린 것이다.

그래서 라나릿드와 훈센은 할 수 없이 두 개의 헌법 초안을 들고 9월에 평양으로 찾아가야 했다.

초안 하나는 입헌 군주제도를 삽입한 헌법이었고 다른 하나는 삭제된 것이었다.

시아누크는 아직 실질적인 권력 야망을 가지고 있는데 라나릿드는 군주제도의 부활을 원했다.

두 공동 수상들과 대화를 나눈 뒤에 시아누크는 왕으로 즉위하기로 동의를 하고 입헌 군주제도가 삽입된 헌법을 채택하도록 국회에 승낙하였다.

평양에서 이 문제는 일단 해결된 것 같았다.

그럴까?

9월 3일 두 공동 수상이 프놈펜에 도착하고 몇 시간이 안 되어서 시아누크는 팩스를 보내어 왕 하지 않겠다고 하였다.

팩스에서 그는 논쟁의 불씨를 만들고 싶지 않다고 하며 "군주제도와 국가 문제를 우리가 운운하는 것은 우리나라에 새로운 분열을 야기하는 것으로 우리 모두 책임이 있을 것이다"라 하였다.

허수아비 왕을 만들어 놓고 실권을 가지고 싶은 두 수상과 살아생전 끝까지 권력을 쥐고 싶은 시아누크 간의 신경전이었다.

이틀이 지난 9월 5일, 시아누크는 국회에 메시지를 보내어 그를 왕으로 추대하는 것을 거절한다고 하였다.

그러느니 차라리 군주 국가도 아니고 공화국도 아닌 방향으로 헌법을 만들라고 했다.

그리고 그는 UNTAC의 아카시 단장에게 "UNTAC의 내부에 반

시아누크 자들이 있다"며 UNTAC 과 인연을 끊겠다는 편지를 보내고는 북경으로 신병 치료 차 떠났다.

우유부단한 아버지 때문에 라나릿드는 당황한 정도가 아니라 정말 골이 났다.

왕실의 대변인들은 시아누크는 다시는 왕 노릇을 하기 싫다고 하였다고 하는데 두 수상들은 슬그머니 그에게 왕관을 씌우려 했던 것이다.

프놈펜에서 가장 헷갈리는 사람들은 외국 특파원들이었는데 기사를 써서 송고하고 나면 그 다음날 상황이 변해 버리는 것 때문이었다.

시아누크가 잘 쓰는 수법은 사람들로 하여금 그의 다음 행동을 추측하게 하는 것이었다.

마침내, 몇몇 특파원들은 이런 태도가 바뀌지 않는 한 기사를 본사로 보내지 않기로까지 결정하였다.

그것은 현명한 결정이었다.

1993 년 9 월 24 일 밤, 시아누크는 노란 첨탑이 높이 솟은 왕궁에 정성 들여 준비한 대관식에서 왕으로서의 선서를 하면서 운집한 국민들을 보고 놀라워하였다.

그날 아침 그는, 23 년 전 쿠데타에 의해 빼앗겨 버렸던 권한의 일부만 복권시킨, 다시 그를 왕으로 즉위하게 하는 헌법을 승인하고 서명 하였었다.

화려한 크메르 왕의 예복인 금단추가 달린 흰색 짧은 상의에 무릎까지 오는 자줏빛 비단 바지와 콤비가 된 의상을 입고, 말쑥한 71 세의 시아누크와 왕비 모니크는 두 명의 종정 스님들과, 국회 의장 및 부의장, 그리고 두 수상이 참가하여 구성하는 "왕실 의회"의 투표 결정에 따라 왕과 왕비로 즉위하였다.

절대 군주의 권력을 갈망하던 그는 정말 허울뿐인 입헌 군주의 자리에 정착을 하였는데 그래도 국군 통수권과 장관의 임명 및 경질권은 갖고 있었다.

그런데, 어찌된 영문인지 그러한 권력을 한 번도 행사할 수가 없었다. 그가 정치권 밖에 나와 있는 것만이 최선의 방법이었다.

나라를 두 명의 수상과 또 간간이 참견을 하는 제 3 의 세력인 왕 등이 다스리는 것은 서로 상충되는 권력의 구심점이 너무 많아서 더 나쁜 결과를 초래할 수 있었다.

그날 오후 그는 새 왕을 한번 보려는 수천의 군중들이 왕궁 입구에 운집한 가운데 하인이 받쳐 든 왕가를 상징하는 양산 밑에 햇빛을 피하며 왕궁의 발코니에 혼자 서 있었는데 그 모습은 그날따라 유달리 작아 보였고 허약해 보였다.

왕위에 오르고 두 주일이 지난 10 월 7 일, 그는 또 북경으로 가서 중국 의사에게 전립선 근처에 생긴 악성 종양 제거 수술을 받게 되었다.

그는 수술 소식을 며칠간 비밀에 붙였다.

10 월 12 일 그가 북경에서 성명서를 내면서 한 주일 전에 종양 수술을 했었는데 암 조직이었지만 다행히 번지지는 않았다고 발표하자 국민들은 큰 충격을 받았다.

암 조직은 임파 계통이었다고 하는데 시아누크의 말로는 만약 2-3 개월 늦게 발견했더라면 온몸에 퍼졌을 것이라고 했다.

치료 기간이 연장되어 그의 프놈펜 귀국이 늦어지자 혹시 죽지나 않나 하는 걱정을 많이 했는데 왜냐하면 각 정당들이 흩어지는 것을 막고 연립한 상태로 유지시킬 수 있는 능력을 가진 지도자는 왕 밖에 없었다고 생각했기 때문이었다.

헌법에는 또 왕위 계승 문제에 대한 규정을 정하지 않았으므로 그가 죽거나 심하게 앓게 되면 왕위를 둘러싼 불꽃 튀는 논쟁이 예상되었다.

왕좌를 놓고 다른 왕자들도 물론 침을 흘리겠지만 특히 라나릿드와 차크라퐁이 심한 경쟁이 예상되는 것이었다.

왕위의 계승 제도는 이미 언급한 데로 왕실 의회에서 투표로 정하게 되어있다.

71 세 생일을 며칠 앞두고 그는 암 치료를 위해 너무 많은 방사능 치료 및 화학 요법을 사용하는 바람에 극도로 허약해져서 사경을 헤매는 위험에 도달했다.

그 때 그는 정부에다가 그가 죽을 날이 얼마 남지 않았다고 편지를 썼다.

그는 설사 죽더라도 그 후의 왕비 모니크의 안녕 때문에 고민이 많았다.

"예기치 않게 내가 죽더라도 캄보디아의 정부와 국회는 과부가 된 왕비 모니크 시아누크가 남은 여생을 왕궁 안의 나의 비서들이 현재 살고 있는, 또 1970 년 쿠데타 때에 공경하는 나의 돌아가신 어머니 시소왓 코사막 왕비께서 부당하게 쫓겨났던 그 집에서 거주할 수 있게 해 주기 바라는 바이다".

그리고 혹 그 집을 줄 수 없을 때는 현재 왕궁 비서실 직원들의 숙소라도 내어주기 바란다고 했다.

왕은 또 "그 집은 1989 년 내가 귀국한 이래 참 정이 들었던 집이다" 라고 하였다.

북경 병원에서 맞이한 그의 생일날 중국 외무장관의 인사를 받고 그는 1994 년 5 월이나 6 월까지는 귀국할 수 없을 것이라고 했는데 생각보다 암이 더 악화되어 있었고 또 한방 치료를 하다보니 치료 기간이 많이 길어질 것 같았기 때문이었다.

마침내 치료를 마치고 그가 다시 프놈펜에 돌아오자 그는 생명이 위험하다는 경고를 또 받게 되었는데 그것은 암 때문이 아니라 크메르 루지 때문이었다.

크메르 루지의 수상 키우삼판은 시아누크에게 그들이 프놈펜과 전국에 걸쳐 크게 한판 전투를 벌일 계획이니 당신의 안전을 위하여 국외로 떠나라고 했다.

시아누크는 1994 년 4 월 20 일 극비 편지를 받았는데 게릴라의 지도자가 왕께서는 외국으로 떠나달라고 요청하는 편지였다고 한다.

또 삼판은 전세기를 기다리지 말고 아무 여객기나 타고 시급히 방콕으로 가라고 했다.

"그는 아무 일반 여객기나 타고 방콕으로 떠나라고 했는데 내가 위험에 빠지는 것을 원하지 않는다고 했다. 그리고 오래 살고 싶으면 빨리 떠나라고도 했다"고 시아누크가 당시를 말했다.

왕은 나는 남아있을 것이고 위험할 때에 절대로 국민 곁을 떠나지 않겠다고 하였다.

삼판은 왕에게 편지를 누설하지 말아달라고 했지만 시아누크는 이 호재를 두고 한마디 안 할 수가 없었다.

"나는 키우삼판에게 TV 와 라디오를 통해 내가 도망가지 않을 것이라는 것을 말해야 한다.

내가 젊어서부터 위험에서 도망한 일이 없었다!".

그 사이에 정부는 제 2 수상 훈센의 직통 명령을 받고 크메르 루지를 불법 단체로 규정하는 법안을 초안하고 있었다.

얼마 안 되어서 시아누크 왕은 그를 왕위에 오르게 한 훈센 및 라나릿드와 정면충돌을 하게 된다.

1994 년 5 월 7 일, 갑자기 시아누크는 크메르 루지를 포함하여 모든 캄보디아의 정당이 참여하는 새 선거를 하자고 하였다.

또는, 게릴라들은 정부에 참여하는 대신에 그들이 장악한 지역을 포기 하라고 하였다.

최근 몇 주 사이에 현 파일린 시장인 "이친"이 이끄는 게릴라들이 루비와 사파이어가 많이 생산되는 파일린 지역을 정부군으로부터 다시 빼앗자 정부군과 게릴라간의 전투가 더 치열해졌다.

그러나 이미 구석에 몰린 게릴라와 싸우는 정부는 왕의 제의를 받아들이지 않았다.

또 정부는 새로 선거를 치를 돈도 없었을 뿐더러 선거 운동의 안전을 보장할 수가 없었고 또 크메르 루지를 포함한 모든 당파들의 무장 해제를 확실히 할 수도 없었던 것이다.

캄보디아 주재 유엔 대표였던 "베니 위디오노"는 유엔이 20 억 달러의 돈을 1 년 전 선거에서 썼는데 서로 돈을 달라고 하는 바람에 이제는 바닥이 났다고 하였다.

심지어 왕과 가까운 노로돔 시리붓과 삼랑시 같은 정부의 지도자들 중 일부도 왕의 시대착오적인 면에 기분이 좋지 않았다.

또 같은 달에 라나릿드와 훈센의 정당 내의 왕을 지지하는 축들이 1 년이 아직 안된 헌법을 고쳐서 왕에게 전권을 주도록 하자는 계획을 내 놓았다.

그러나 이런 계획은 처음부터 실패작으로 그 발상을 한 자들은 곧 얼굴에 계란 범벅이 되도록 욕을 먹었다.

다음에는, 시아누크 혼자서 다시 권력을 잡을 수 있는 새로운 작전을 시작하였다.

P 040 회의 석상의 키우 삼판 (크메르 루지 – 민주 캄푸치아 수상)

 인터뷰에서 시아누크는 나라를 무질서 속에서 구하기 위해 1-2 년
안에 다시 권력을 잡을 수 있는 준비가 되어있다고 하였다.
훈센은 충격을 받고 즉시 왕에게 진의를 밝혀달라는 편지를 보냈다.
"제가 지금 알고자 하는 것은 전하께서 수상을 원하는지의 확실한
정보입니다"라고 물었다.
크메르 루지에게 정부에 참여 할 기회를 주자는 왕의 제의를
반대하는 훈센은 평화의 장애물이라고 왕이 주장을 하자 훈센은
매우 화가 났다.
훈센은 너무 화가 나서 수상을 그만 둘 생각까지 했었다고 했다.
캄보디아의 몇몇 신문지상에도 내용을 공개한 왕에게 보내는 훈센의
편지에는, "훈센이 이끄는 이탈 당파와의 유혈 분쟁을 왕이 원하지
않으므로 그는 훈센 또는 CPP 의 지지가 없이는 권력을 잡지

P 041 파일린 크메르 루지군들의 야포 집결지를 찾은 필자

않겠다고 한 왕의 성명서에 매우 큰 충격을 받았다.

그 문구는 나에게 매우 무거운 압력을 주었다"고 했다.

훈센을 공격한 것은 왕뿐이 아니고 삼랑시도 크메르 루지의 불법화를 반대하였다.

그래도 그는 싸움을 피했다.

그리고 국회의 3 분의 2 이상의 찬성을 얻어 크메르 루지를 불법 단체로 규정하는 법을 통과 시켰다.

많은 캄보디아 사람들이 불만이었던 것은 정부군이 크메르 루지와 파일린 지역에서 심한 전투를 벌이고 있고 또 크메르 루지가 세 명의 외국인을 기차에서 납치하여 그들의 본색을 드러내고 있었는데도 키우삼판을 부통령 자리에 앉히자고 주장하는 시아누크 왕의 제안이었다.

6 월 18 일 시아누크 왕은 훈센에게 편지를 보내어 "내가 귀하에게

p 042. CPP 당 내각들 호남홍, 속안, 훈센 등이 보인다

확실히 하고자 하는 것은 나는 캄보디아의 수상을 하고자 하는 의도가 전혀 없다는 것이며 내가 이미 늙고 심한 병마에 고통 받고 있는 사람이라는 것이다"라고 했다.

그 며칠 앞에 시아누크는 내각의 재편성을 주창(主唱)하였다.

그는 1960년대 그가 통치하던 때의 정부 형태를 본 떠 16명 이내의 장관으로 내각을 구성하자고 제안하였다.

왕은 이 주장을 진전시키기 위한 지지자들의 포섭을 마친 9월에 주창하였던 것이다.

그의 든든한 지지자 중의 하나는 외무부 장관인 배다른 동생 시리붓 왕자이었다.

10월 25일에 시리붓은 책상에 앉아서 그의 두목격인 라나럿드에게 사임서를 타자하고 있었다.

왜 15 개월 만에 사임하려 하느냐는 물음에,

오타를 지우면서 그는, "너무 많은 것이 내 마음에 들지 않아 떠나려고 합니다.

정부와 크메르 루지간의 국가 화해 위원회를 만들자는 시아누크 왕의 제안이 수렴되지 않았습니다.

더 나아가서, 정부와 태국 측과의 문제를 해결하기 위해 왕이 제안한 것도 역시 거부되었습니다".

구식 타자기의 자판을 세게 두들기며 또 말을 이었다.

"솔직히 나는 훈센과 문제가 있습니다.

나의 상관이며 푼신팩 당의 당수인 라나릿드와는 특기할 만한 문제는 없습니다.

그러나 훈센과는 같이 일을 할 수가 없어요.

그는 여섯 쪽이나 되는 편지를 왕에게 보내어 무례한 짓을 하였지만 나는 아무 짓도 할 수가 없었습니다.

나는 정말 실망했습니다".

그러면 지금 근무하는 정부보다 왕에게 더 충성했다는 얘긴가?

"정부가 왕에게 충성합니다.

우리는 왕국입니다.

그런데 왕의 제의가 전혀 고려조차 되지 않고 있습니다".

왕은 아직도 전권을 가지는 국가 원수가 되기를 갈망하고 있는가?

"이미 왕은 권력을 갖지 않겠다고 선언했습니다".

떠날 때 그는 덧붙이기를 그가 사임하는 것이 얼마 전 그와 가까운 친구인 재무부 장관 삼랑시의 해임에 대한 반항적인 것은 아니라고 했다.

시아누크는 1994 년 10 월 20 일 국회 투표로 해임된 삼랑시를 구해

보려고 하였다.

삼랑시는 자기 상관과 두 수상에게 막후 교섭을 펼쳤고 그들은 삼랑시의 미래를 국회 투표에 붙였는데 90석의 해임 찬성과 18석의 유임 동의로 해임이 정해졌다.

투표 직전에 삼랑시는 국회 의장의 승낙을 구하지 않고 단상의 마이크를 붙잡고는 시아누크가 그에게 보낸 편지를 읽기 시작했다.

그러나 그 편지 낭독은 푼신팩 소속의 내무부 장관 "유 혹크리"의 저지로 중단되었는데 유 혹크리는 편지 낭독은 국회의 의례를 위반한 것이라고 했다.

"삼랑시가 투표에 영향을 끼치려 한다"고 국회의원들이 불평하였다.

그러자 삼랑시는 국회 건물 바깥마당에서 시아누크 편지 내용이 인쇄된유인물을 뿌렸다.

유인물은 10월 17일 시아누크가 삼랑시에게 보낸 편지 내용이었는데,

"재무부 장관의 직책에서 그대는 조국과 민족을 위하여 큰일을 하였다.

만약 귀하가 다른 직책을 위하여 재무부 장관직을 그만둔다면 우리의 재정과 국가의 경제는 곧 위험이 초래할 것이며 극복하기 힘든 어려움에 봉착할 것이다.

나는 정부의 일을 간섭할 권한은 없지만 우리 국가와 국민들은 그대의 봉사와, 높은 충성심과 매우 유능한 보조가 필요하므로 그대가 계속 정부에 남아있기를 바라는 바이다.

깊은 애정을 가진 노로돔 시아누크"

라나릿드는 아버지에게 매우 화가 났다.

라나릿드는 내각을 좀 더 효과적으로 재편성하려 했는데 시아누크는 정부에 반하는 교섭을 하고 있기 때문이었다.

북경에서 시아누크 왕은 또 편지들의 전쟁을 계속했다.

삼랑시에게 편지를 쓰고 난 며칠 뒤, 그는 앙코르 맥주 회사를 상대로 싸움을 거는 성명서를 발표했다.

프놈펜에 공장을 짓겠다고 신청한 싱가폴의 한 맥주 회사가 캄보디아 에서는 국제적인 맥주 공장이 처음이라고 주장을 하자 시아누크는 이 말이 매우 불쾌했다.

"이런 겸손하지 못한 주장은 절대로 용납할 수 없는데 1968-69 년 사이 캄보디아의 "상쿰"당 시절에 시아누크빌에 이미 프랑스의 시설과 고도의 기술로 "알자스"식 맥주를 생산하는 큰 맥주 공장이 있었으며 국제적인 품질이었다".

자존심도 상하고 화도 많이 난 시아누크는 이어서,

"캄보디아에 지원을 하려고 온 외국인들은 1955-1967 년 사이 내가 통치했던 상쿰당(SRN) 시절에 공장도 없었고, 사회 간접 시설도 없었고, 캄보디아의 근대화도 없었다고들 한다.

그리고는 그들이 마치 개척자인 척 믿게 하려고 캄보디아인들에게 나라를 어떻게 건설하는지를 가르치려하고 또 선진국이 어떤 것이라는 것을 알리려고 하고 있다".

"여기 사진도 있고 영화 필름도 있다.

언제라도 캄보디아의 실정과 같이 이런 자료들을 보여 줄 수 있다.

굳이 앙코르 왕국 시대를 거론하지 않고도 캄보디아는 SRN 시절에 근대화되었었다.

우리는 미개 국가가 아니라구 !".

10월 17일 싱가폴 맥주 회사는 수도에서 동남쪽 약 15킬로미터쯤에 있는, 훈센의 집에서 그리 멀지 않은 깐달 지방에 5천만 달러 투자 규모의 맥주 공장을 세운다고 발표하였다.

그런데 기념식에서 싱가폴 사장은 "오늘 합작 계약서를 서명함에 따라 이 투자 사업은 캄보디아에서 처음 국제적인 규모의 맥주 공장이 될 것입니다"라고 또 실수를 해 버렸다.

1960년대 시아누크 통치 시절에 약간의 국가 산업 개발이 있었다

그러나 경제의 형태가 고르지 못하였는데 좋은 점으로는 그의 "불교 사회주의" 정책이 20%의 예산을 교육에 할당하였던 것이다.

다른 결심들은 개화되지 못한 것들이 있었다.

그는 소수 중국인들이 주로 석권하고 있던 무역 시장을 국유화하여 중국인들의 허리를 꺾어버렸다.

이 무역업 국유화는 결국 20여 년이 지난 1993년에야 다시 정부에 의하여 해제가 되었다.

시아누크의 이 억압적인 수단은 상인들로 하여금 쌀을 값이 좋은 이웃 나라에 밀수출하게 만들었으며 그 때부터 내수용 쌀 부족 현상이 수시로 발생하게 되었던 것이다.

끝없이 도발적인 시아누크는 정부에 반대하는 대립적인 위치를 고집하였다.

1944년 10월에 라나릿드는 세계의 자금이 외국인 투자로 이어져 캄보디아에 쏟아져 들어오게 하기 위해 순회공연을 하고 있었는데 반대로 시아누크는 외국인에게 캄보디아에 가까이 오지 말라는 경고를 하고 있었다.

프놈펜의 거리가 미국의 뉴욕이나 영국의 벨파스트보다 덜 위험하다고 투자자 및 관광객에게 시간 외 근무까지 해가며 설득 하고

다니던 라나릿드를 정말 짜증나게 만들었다.

그러나 1944 년 11 월에 납치한 배낭족 3 명-영국인 "마크 슬레터" 28 세, 프랑스인 "쟌 미셸 브라켓" 27 세, 호주인 "데이비드 윌슨" 29 세-등을 크메르 루지가 처형해 버리자 시아누크는 외국인들에게 경고하기를 우리 나라는 전쟁 상태에 있으니 "확실히 위험"하다고 (clearly insecure) 해 버렸다.

정치 일선에 간섭하는 것이 좀 서툴렀다고 느껴지자 시아누크는 옛날 정열인 영화 제작을 재개하겠다고 하였다.

"내 머리 속에 진지하게 가지고 있는 계획은 권력을 바랐거나 바람직했던 것도 아니고 '비폭력의 사자(使者)'로 제목을 붙인 35mm 영화인데 내가 직접 극과 대본을 쓸 계획이다"라고 하였다.

왕의 말에 의하면 이 영화는 노벨 평화상 후보로 올랐던 캄보디아의 한 종정 스님이신 "고사난다" 스님의 평화 운동- 비무장으로 걸어서 크메르 루지의 본거지까지 가는 평화 행진 운동-에서 영감을 받았다고 했다.

이 행진 때에 정부군과 크메르 루지의 교차 사격으로 행진하던 불교 신자들이 죽기도 했었지만 행진을 만나면 쌍방이 대개 전투를 중지하였었다.

어떤 면으로는 정말 캄보디아는 미개한 땅이 아니었다.

정부의 방관과 무시에 화가 난 시아누크 왕은 1995 년 차기 왕으로 책봉 할 후계자를 찾기로 하였다.

마침내 시아누크는 아들 시하모니를 후계자로 키우기로 하고 인도네시아, 말레이시아 등의 외유에 그를 데리고 다니며 외국의 지도자들에게 얼굴을 익히게 하고 또 그가 왕궁과 가장 밀접하다는 것을 확인시켰다.

왕비 모니크에서 태어난 시하모니 왕자는 공교롭게도 정치에 재능도, 관심도 없었으며 단지 문화와 예술의 추구에만 시간을 보내고 있었다.

그러나 시아누크는 후계자의 양성을 지체할 수가 없었는데 그의 악화 일로에 있는 건강과 또 그가 죽은 후에 왕비의 안녕 문제에도 오랫동안 걱정을 하고 있었던 것이다.

그는 론놀 정권 때에 어머니가 왕궁에서 쫓겨났던 것처럼 모니크 왕비도 그렇게 될까봐 매우 노심초사(勞心焦思)하고 있었다.

이런 걱정을 없앨 수 있는 유일한 방법으로 시하모니를 다음 왕으로 하여 친어머니를 모시게끔 하려 하였던 것이다.

캄보디아의 군주 제도는 세습제가 아니다.

그래서 왕실 의회에서 다음 왕을 뽑는다 해도 시아누크는 아무런 이의를 제기할 수가 없다.

그런데 다음 군주제도 그 자체가 위협을 받았다.

1995년 여론조사에서 캄보디아 국민의 3분의 1 이상이 시아누크 다음에 누가 왕이 될 것 같지가 않다고 하였다.

"크메르 기자 협회"가 실시한 700명을 상대로 한 여론 조사에서, 24%가 라나릿드를 다음 왕으로 원하고 있었고 6%가 이복동생 차크라퐁을, 그리고 36%는 아무도 왕을 안 하는 것이 좋겠다고 하였다.

시하모니의 이름은 이 조사에 아예 거론이 되지 않았는데 그가 정치권과 멀다는 것을 나타내 주는 것이며 또 후계자 양성이 비밀리에 진행되고 있다는 것을 나타내기도 한 것이었다.

(그러나 나중에 시하모니는 어머니의 힘에 의해 결국 왕으로 등극한다)

북경의 병원에서 암 치료가 끝나자 시아누크는 타고난 천성인 영화 제작을 계속하였다.

1995 년 중반 그는 그의 마지막 영화 "재가 되어버린 야망"에 손질을 하고 있었다.

시아누크는 영화가 말하려 하는 것이;

"이 영화는 운명과 싸우려하는 목적은 전혀 없다.

억제할 수 없는 야망만으로는 지배자의 위치에 오를 수 없으며 오히려 비극적인 종말을 가져다준다.

사랑은 때로 정치적인 계산보다 더 강할 수가 있다".

이 영화는 아마 그 자신의 쓴 경험의 그림자를 반영하는 것 같았다.

1995 년 10 월에 그가 73 세가 되었는데 인제 정치에는 정말 손을 뗀 것 같았고 오로지 영화에만 관심을 쏟았다.

정치권에서 시아누크의 약세는 훈센의 강세에 비례하였다.

훈센의 영향력이 국내와 국외에서 점점 더 커지자 시아누크의 별은 서서히 지고 있었다.

왕자 대 왕자

훈센의 세력은 도시에서 지방으로 확산되어 나갔다.

그의 정당은 정부와 행정을 완전히 장악하고 있었다.

그러나 1991 년까지는 사실 불안정하였었다.

시아누크와 아들 라나릿드가 귀국한다는 소식은 많은 캄보디아인 들에게 희망을 안겨주었다.

격리되었었고, 불우했었고 또 가난했었던 무지한 백성들은 인제 그들이 맹목적으로 부처님처럼 믿던 왕족들에게 나라를 맡기고 의지하고 싶었다.

훈센과 그의 정당은 종교처럼 맹목적으로 왕족들을 지지하는 큰 파도에 대항하여 무언가 빨리 조치를 해야만 한다는 것을 알고 있었다.

훈센은 시아누크의 방어망에 틈을 발견하였다.

아버지가 창당한 푼신펙 당을 탈당한 노로돔 차크라퐁 왕자에게 구체적으로 접근을 시도하자 그 기회가 왔다.

차크라퐁은 푼신펙의 당정에 불만이 많았으므로 그의 정치적 장래의 파악을 위해 훈센 및 그의 고급 당원들과의 만남을 원하고 있었다.

대화는 매우 순조로워서 그는 1992 년 1 월에 차크라퐁은 SOC 정부에 가담을 하였다.

총선을 1 년 앞두고 그가 탈당을 하자 이복형제 라나릿드와의 사이는 나빠져 버렸다.

왕족 혈통의 족보로 따진다면 차크라퐁은 두 명밖에 없는 순수 혈통 중의 하나였다.

차크라퐁의 어머니인 "시소왓 퐁산노미" 공주는 왕족일 뿐 아니라 놀랍게도 시아누크의 고모였다. (시아누크 왕이 이쁜 고모와도 결혼 하였던 것이다)

반면에 라나릿드의 어머니인 "넥 모넹 팟 칸톨"은 평민 댄서 출신이다.

이 두 여인 외에도 시아누크는 4 명의 아내를 더 두었었는데, "시소왓 모니케산"공주는 나라디포 왕자를 낳고, 라오스의 여인 "맘 마니반"은 수쳇바테야 공주와 아룬라스메이 공주를 낳고, 유라시안(Eurasian) 혼혈 미녀인 마지막 왕비 "모니크 이찌"는 시하모니 왕자와 나린다라퐁 왕자를 낳고, "카니타 노로돔 놀릭"

공주는 금실이 나빴는지 자식을 못 낳았다.

차크라퐁은 다섯 명의 형제 남매가 있었는데 그들 중 몇 명은 크메르 루지에 의해 죽임을 당했다.

그러나 라나릿드의 유일한 여동생 "보파 데비"는 살아남았다.

프랑스에서 공부한 푼신팩의 "엑 세레이왓"이 정리를 해 주었는데 "라나릿드는 박사 학위를 받은 지식인인데 차크라퐁은 공군 조종사일 뿐입니다.

두 형제는 같이 어울릴 수가 없었습니다".

그들 둘은 1992년부터 치고받기 시작했다.

당시 47세의 차크라퐁과 48세의 라나릿드는 망명 중에 정치계의 중량급으로 떠오르기 시작했다.

평화 회담에서 맡은 역할로 만만치 않은 국제적 평판을 쌓아 올린 라나릿드는 아버지로부터 푼신팩의 당수 자리를 물려받았다.

그 자리는 사실 차크라퐁도 노리던 자리였는데 빼앗기게 되자 배신을 하여 훈센 정부에 가담을 하여 버렸다.

훈센이 그를 부수상에 임명을 하자 차크라퐁은 동지가 되었다.

훈센의 내각에서 새롭고 또 급부상한 스타가 된 차크라퐁은 캄보디아를 움직이는 대그룹인 CPP의 공산당 식 정치국에서 고위직을 맡았다.

누구한테 물어보아도 당은 차크라퐁을 그의 왕족 경쟁자인 라나릿드에게 대항하는 1993년 선거에서 표 몰이로 써먹으려는 의도였다.

차크라퐁은 CPP에서는 유일한 왕족으로 CPP는 그의 출현을 이용하여 "노로돔"가를 존경하는 유권자들의 마음과 생각을 사로잡아올 수 있는 도구로 사용할 목적이었다.

두 이복 형제간은 심각한 차이점이 있는 오래된 경쟁 관계였다.

그들은 푼신팩 당의 대 게릴라 정책에서부터 서로 맞지 않아 얼굴들을 돌렸다.

다만 유일하게 공통점이 있다면 둘 다 얼굴은 아버지를 빼어 닮았고 목소리 또한 부자지간 셋 다 똑 같았다.

또 1991 년 11 월 푼신팩과 CPP 간에 서명한 시아누크 정책을 지지한다는 합의서에도 형제간의 이견이 영향을 끼쳤다.

캄보디아 산불같이 타오르는 왕족간의 반목을 알아보기 위하여 1992 년 8 월에 차크라퐁의 사무실에 전화를 걸었다.

차크라퐁의 아들 "노로돔 붓다퐁" 왕자는 우리와 아버지가 다음날 아침 국무회의 건물 안에 있는 사무실에서 만날 수 있도록 신속하게 주선을 해 줬다.

가무잡잡한 피부에 짙은 색의 정장을 한 차크라퐁은 접견실로 들어와서는 꼭 오래된 친구같이 우리를 반겼다.

같은 집안이라도 라나릿드는 차크라퐁보다 체구나 키가 작았고 또 구부정했다.

자리에 앉자 말자 그는 왜 자기가 아버지의 정당에서 탈당했는지를 설명하기 시작했다.

"아버지가 당수였으므로 나는 푼신팩에 입당했었고 또 캄보디아에서 베트남군을 몰아내기 위해서였지요".

차크라퐁은 노래하듯 음조를 높이며 말했다.

"캄보디아의 한 국민으로서 나의 목적은 당파간의 싸움을 종식시킨 1991 년 10 월에 파리 평화 조약이 서명되므로 써 달성되었던 것입니다.

나의 아버지가 국가 원수가 됨으로써 나의 임무는 끝난 것입니다".

차크라퐁은 훈센 정부에 가입하기 전 시아누크가 푼신팩의 당수로 있던 시절에 시아누크의 독립 캄보디아 국군의 참모차장과 정예부대 여단장을 했었었다.

평화협정이 조인된 후에 시아누크는 국가원수가 되었으며 또 중립에 실권이 없는 국가최고회의(SNC)의 의장이 되었다.

훈센 정부의 한 고위층의 얘기로는 차크라퐁이 푼신팩 당을 이탈한 뒤에 크메르 루지에 가담을 시도하였으나 그의 대우 문제에 합의를 보지 못했다고 한다.

그래서 그는 두 번째 선택으로 CPP 에 입당한 것이었다.

"나는 푼신팩에서 2 인자였습니다"라고 그는 대화 중 얘기를 하였는데 아버지가 1 인자라는 말은 하지 않았다.

SOC 의 다섯 명 부수상 중의 한 명으로 그는 6 개부서의 책임을 맡았다 –민간 항공부, 관광부, 산업부, 문화부, 문교부 그리고 사회 복지부였다.

이 여섯 개의 부서를 대표하는 왕자는 업무량이 너무 많았지만 민간 항공부는 잘 운영해 나갔다.

그는 국영 항공회사를 확장 해 나가기 위해 야심을 가지고 열중하였는데 항공 분야에 관심이 매우 컸었던 이유는 아버지의 국가원수 시절에 자신이 캄보디아 공군 전투기 조종사였었기 때문이다.

그 당시 시아누크는 소련에 미그 21 전투기를 요청할 계획을 세우고 있었는데 그만 쿠데타로 축출되어 버렸던 것이다.

차크라퐁의 입장에서는, 보잉 제트 여객기를 임대하고 국제 항공 노선을 늘려서 캄보디아의 항공 산업을 발전시킬 수 있었다고 한다.

공산당 식의 CPP 에 가입하여 좌익이 되었었는가 하는 질문에 그는 분연히 "왕족의 피를 받은 나는 공산당에는 절대로 가입하지 않을 것입니다"라 하였다.

확실하게 CPP 는 공산당의 허울을 벗었고 차크라퐁이 생각하는 방향은 논리적이었다.

대부분의 그의 행동은 아버지의 승낙을 얻어낼 수 있었던 점을 강조하며 아버지의 사랑을 넌지시 언급하였다.

"우리의 국가원수이신 나의 부친께서는 선거가 끝나면 우리 정부의 경제정책을 포기하지 않을 것임을 장담하셨습니다".

왜 새 정부가 훈센 체제의 정책을 받아들여야 하느냐고 묻자 왕자는 화가 나서 홍당무처럼 얼굴이 빨개지며 아랫입술까지 파르르 떨었다. "체제라니 그거 무슨 뜻입니까?".

목소리가 갑자기 높아졌다.

"우리가 체제라는 말입니까?, 체제가 무얼 뜻하는데요?, 그거 정부보다 못하다는 뜻입니까? 우리가 정부보다 못한 어떤 집단 입니까?".

갑자기 당황해진 우리는 급히 화제를 돌리기로 하였다.

그러나 그는 아직 다 끝나지 않았다.

"우리는 캄보디아의 정부라구요!".

이것은 거의 고함소리였다.

"우리 다음의 정부는 우리만큼 일을 할 수 없을 것인데 왜냐하면 우리는 이미 외국인 투자법을 만들었고 또 외국의 가장 좋은 경제 제도를 채택했기 때문입니다.

만약 우리가 선거에서 승리하면, 경제 정책은 계속될 것입니다.

나는 선거에서의 승리를 자신하고 있는데 그 이유는 우리가 캄보디아 에서 가장 큰 정당이기 때문이지요".

집무를 시작하자 곧 차크라퐁은 자신의 영향력을 행사하기 시작했다.

라나릿드가 개인 비행기로 포첸통 공항에 착륙하려 하자 차크라퐁은 민간 항공부 장관의 권한으로 착륙 허가를 거절하였다.

라나릿드는 반복 착륙 요청을 했지만 계속 거절당했다.

이 실화는 라나릿드가 영원히 잊지 못할 일이었으니, 기회만 오면 제일 먼저 복수를 하려 했을 것이다.

차크라퐁이 한 동안 조용하게 있을 때 복잡하게 얽혀있는 캄보디아의 정치판에 또 다른 왕자 가 떠오르고 있었으니, 이번에는 시아누크왕 의 이복동생이자 라나 릿드와 차크라퐁 에게 는 삼촌이 되는, 그의 이름은 노로돔 시리붓 이라 하였다.

1993 년 1 월 선거가 가까이 다가오자 긴장 은 고조되기 시작했다.

갑자기 모든 부류의 왕자들이 다 정치에 뛰어들었다.

셔츠 호주머니에 이름 표를 만들어 붙인 시리붓은 야심 을 품은 정치가 라기 보다는 회사의 중역 같은 인상이 들었다.

배 다른 형 시아누크 같이 낭비가 심한 독특한 버릇을 가진 특이한 성격 의 이 시리붓 왕자도 높은 목소리 로 얘기를 하였고 논쟁을 일으키기 좋아하는 경향이 있었다.

p 043 노로돔 시리붓 왕자와 필자

시리붓의 애기를 요약해 보면; 그는 1970 년대에 인도차이나에서의 미국의 팽창주의에 반대하여 프랑스로 피난을 하였고 1976 년에 다시 캄보디아로 돌아 오기를 원했었다.

그러나 당시 크메르 루지의 집단 학살에 대해서는 전혀 알지를 못했다는 것이며 3 년을 기다린 뒤 1979 년에 시아누크의 운동에 가담을 했다.

그 해에 크메르 루지는 축출되었고 그는 밀림에 들어가 당시에는 합쳐져 있던 조카들 라나릿드 및 차크라퐁과 어깨를 같이하고 베트남군과 훈센 정부를 상대로 싸웠다.

그는 파리 평화 조약이 있고 한달 뒤인 1991 년 11 월에 노로돔 집안으로는 가장 먼저 프놈펜으로 돌아온 왕족이라는 것을 강조하였다.

시리붓은 캄보디아의 수많은 항명과 저항에 대해 언급을 시작하며 격분하였다.

그는 또 UNTAC 이 캄보디아인을 보호해야하는 임무에 실패하였다고 지적하며 적어도 20 여 명의 그의 당원들이 정적의 손에 저격당했다고 말했다.

"차크라퐁이 우리 곁을 떠나 훈센 정부에 가담한 사실에 실망을 금할 수가 없습니다.

그러나 차크라퐁 왕자도 푼신팩에 실망을 했었습니다".

그는 또 젊은 왕자들을 왕가의 정당으로부터 꾀어내는 훈센의 정책을 폭로하였다.

"내가 1991 년 11 월에 프놈펜으로 돌아왔을 때 훈센은 내 옛날 집을 돌려주도록 주선해 주겠다고 하였고 또 승용차를 주겠다고 하였습니다.

그러나 나는 우선 선거에 이기고 싶었고 그리고 나서 내 재산을 찾으려 하였기 때문에 훈센의 제안을 거절하였습니다".

시리붓은 또 차크라퐁이 훈센이 제공한 고급 직책의 특권을 계속 받았다고 암시하였다.

노로돔 집안 사람들과 같이 푼신팩의 몇몇 지도급들은 외국 여권을 가지고 있었는데 프랑스, 미국, 호주 등이 많았다.

이런 이중 국적을 소지한 사실은 그들이 진정 캄보디아 국민이 아니며 외국의 좋은 생활을 열망하고 있다는 비판을 초래하였다.

도의적으로 높은 위치를 차지한 훈센 정부의 관리들은 자기들은 외국 여권을 소지하지 않고 있으며 설사 크메르 루지가 권력을 다시 탈취 한다고 하더라도 자기들은 외국으로 도망갈 의사가 전혀 없다고 주장하였다.

이런 주장에 반박하여 시리붓은; 외국 여권의 소지에 관한 문제는 싸구려의 작은 시비에 지나지 않는다며 훈센의 사람들이 베트남 여권을 가지고 있지 않다고 누가 주장할 수 있느냐? 고 하였다.

시리붓은 SOC 의 베트남과의 관계를 조이기 시작했다.

"SOC 는 세 개의 국경 문제 조약을 베트남과 서명하고 얼마의 우리 땅을 베트남에게 양보했다.

그러나 우리측은 어떠한 조그마한 땅도 태국에 준 일이 없다.

우리는 국가에 헌신을 했다.

SOC 는 시아누크 왕자를 10 년 동안이나 모욕을 주었다.

그러나 지금 가장 중요한 일은 국가적 대 화합이다.

1970 년대에 우리는 재앙을 초래했던 미국의 장난에 휘말렸었다.

1975 년에는 역시 재앙을 가져 왔던 중국의 장난에 놀아났다.

1979 년에 또 우리는 새로운 재앙인 소련의 장난에 휘말리고 있다.

인제 우리는 캄보디아만의 장난을 하여 캄보디아를 재건해야 한다".

시리붓은 또 집권당 SOC 의 협박을 다음과 같이 고발하였다.

"모든 살인은 지방 관리들에 의하여 조직되었었다.

그들은 항상 우리 당의 운동원들을 괴롭히고 있다.

지방에 있는 우리 측의 참관인들에게 SOC 사람들이 말하기를, 너희들은 나쁜 놈들이다, 너희들은 우리를 방해하러 왔다, 지난 몇 년간 우리는 너희들을 보지도 못했다, 이제야 너희들은 선거 운동을 한답시고 나타났다, 너희들은 문제를 야기하고 있다, 다음에 보면 쏴 죽이겠다, 라고 했으며 UNTAC 은 우리를 보호 할 수 있는 입장이 못되는 것 같다.

UNTAC 은 이런 협박에 전혀 대책을 강구하지 않고 있다.

또 수사를 할 능력도 없다.

시아누크 왕도 UNTAC 과 SOC 는 중립적인 정치 환경을 만들 수 있는 위치가 아니라고 하였다".

이러한 주장은 UNTAC 의 태만이 원인이었다.

정치 정당들과 Asia Watch 같은 국제 인권 단체들은 정치 보복 살인을 막지 못하는 UNTAC 을 비난하고 있었는데 그렇게 욕을 먹드라도 UNTAC 은 국민들의 유일한 희망으로 남아있었다.

UNTAC 이 없었더라면 정말 선거는 불가능하였던 것이다.

차크라퐁도 "우리는 시아누크 왕자를 지지하며 대통령 후보로 제일 먼저 그를 추천할 것입니다" 했지만 반대쪽 진영의 라나릿드 역시 득표를 위하여 시아누크의 이름을 뿌리고 있었다.

라나릿드는 국민들에게 우리 편은 왕국에 충성하는 당이라 했다.

다른 편에 서 있는 차크라퐁은 그가 몸담고 있는 정당은 전 크메르 루지의 이탈자들로 조직된 당이므로 왕국에 충성한다는 말은 하지 못하였지만 가능한 시아누크와 CPP를 가까이 연결시켜 보려고 노력하였다.

그렇게 하기 위해서는 좁혀야 할 대단히 먼 정치적 거리가 있었다.

차크라퐁, 라나릿드 및 훈센 모두 그들이 만약 시아누크를 반대하는 위치에 서게 되면 그것은 할복자살이나 마찬가지였다.

국영 TV 방송에서 시아누크가 한마디만 나쁘게 말 해 버리면 그 상대는 장래를 망치게 되는 것이었다.

그래서 모두가 시아누크의 자존심을 건드리지 않게 조심하였다.

두 아들이 단순한 경쟁이 아니라 정적이 되어 버린 것에 시아누크는 어떻게 대처했는가 하는 질문에 차크라퐁은 안색 하나 변하지 않고 "아버지께서는 모든 캄보디아 사람들을 마음속에 두고 계시므로 첫째 그의 두 아들도 캄보디아 국민이요 둘째 그는 자유 민주주의자입니다.

우리는 서구형의 민주주의를 본 받았으며 우리가 열여덟 살 때부터 민주주의를 하였었습니다.

인제 나도 마흔 일곱 살이 되었고 형은 마흔 여덟인데 아직도 우리는 자유 민주주의자입니다.

그리고 많은 나라에서 가족 중 자식들이 각기 다른 정당에 가입하고 있습니다".

그는 또 왜 노로돔 가족이 분열되었는지를 설명했다.

"만약 아버지가 아직 정당의 당수로 계시고 우리 가족들이 아버지 정당에 모두 가입하고 있지 않으면 그것을 분열이라고 얘기합니까? 기억 해 두셔야 할 것은 아버지가 푼신팩 당수로 계실 때는 가족 모두가 푼신팩 당원이었습니다".

그 시기에 SO 당이 너무 라나릿드의 당원들을 협박하므로 시아누크

287

는 SOC 정부에 등을 돌렸다.

시아누크는 더 이상 SOC 에 협력하지 않겠다고 하였다.

그러나 차크라퐁은, "그러나 그것은 시아누크 말의 반 밖에 되지 않습니다.

다른 반은 계속 SOC 와 관계를 유지하고 있었던 것입니다.

정말로 나는 그의 아들입니다만, SOC 정부를 대신 하여 나는 부수상이었습니다.

형 라나릿드는 아버지가 북경 병원에 계실 때 찾아가서는 SOC 가 푼신팩 사람 들을 협박한다고 하며 모든 거짓된 보고를 올렸습니다.

라나릿드 왕자가 아버지를 자극하는 바람에 SOC 와 UNTAC 과는 협력하지 않겠다는 성명서를 발표하게 만들었습니다.

아시다시피 아버지는 인도주의자이시고 아주 감정적인 분입니다.

그런데 그가 화가 났던 것입니다".

말문이 터진 차크라퐁은 라나릿드에 대한 긴 탄핵을 시작했다.

"라나릿드는 프놈펜에서 살기 싫다고 말했습니다.

그리고 전에부터 프놈펜에 살지 않았어요.

심지어 프놈펜에 본부를 둔 SNC 의 위원일 때도 그는 방콕에서 살았고 프랑스어 교수를 했어요.

그는 안전하지 못하다면서 프놈펜에 살지 않았던 겁니다.

그렇다면 라나릿드가 노리는 것이 무엇인지 아십니까?

내 생각은 아버지를 캄보디아에서 멀리 떼어 놓는 것이 그의 작전인데 아버지가 캄보디아에 계시면 실상을 알 수 있기 때문에 가능하면 외국에 계시도록 하자는 것입니다.

라나릿드는 처음에 자기가 선거에 승리할 것으로 생각했습니다만 아마 그는 이길 수 없을 것입니다".

그는 또 베트남 정착민들에 대한 학대 문제를 애기할 때는 불쾌한 표정을 지었고, 심지어 이런 문제에서도 라나릿드를 공격할 구실을 찾아냈다.

"또 다른 문제가 있는데-인간적인 문제인 베트남 이주자들 문제입니다.

p 044 초기 SOC 정권하의 정부사무실.
행삼린 초대수상의 사진과 공산주의 상징인 낫과 망치가 선 명한 가운데 달력에 있는 예쁜 베트남 여성이 행삼린보다 유달리 더 눈에 띈다.

역사를 무시할 수는 없습니다.

아버지가 통치할 때에만 해도 50 만 명의 베트남 사람들이 캄보디아에서 태어났습니다.

그들은 오랫동안 캄보디아의 소수민족으로 자리를 차지하고 있었습니다.

라나릿드 왕자를 보세요.

그는 프랑스 국민이며, 프랑스 대학의 교수입니다.

그리고 푼신펙 당의 주류를 이루는 자들 거의가 호주국적, 미국국적

또는 프랑스 국적입니다.

푼신팩 당은 그들이 자유 민주주의와 인권 문제의 선수들이라고 주장합니다만, 베트남 정착민들의 기본 권리도 인정하지 않는 사람들의 자유 민주주의는 도대체 어떤 종류의 자유 민주주의입니까?".

그는 라나릿드와 그 당원들이 외국의 여권을 버리고 캄보디아 국민들과 융화하라고 요구하였다.

"많은 나라에서 외국 여권을 소지한 사람들은 선거에 출마할 수 없습니다.

어떤 캄보디아 정치인들은 2 개, 아니 때로는 3 개의 국적을 가지고 있습니다.

그런데도 우리는 그들이 우리의 선거에 출마하고 있는 것을 개의치 않고 있어요.

그런데 이런 사람들이 왜 베트남 정착민들의 똑 같은 권리를 부정하는 겁니까?

국적이 세 개씩이나 되는 이런 양반들이 우리나라의 장관이 된다면 큰 문제가 생깁니다.

그들은 캄보디아의 이익을 보호하겠다고 주장하지만 또 다른 국적을 가지고 있는 것입니다.

이런 사람들이 캄보디아를 통치한다는 것은 우리 주권을 상실하는 것이 되고 마는데 왜냐하면 외국인이 통치하고 있는 것과 같기 때문입니다.

그런 기회가 정말로 캄보디아에 헌신하기 위한 것이라면 왜 다른 국적을 포기하지 않습니까?

종이 조각에 지나지 않는 외국 여권도 희생하지 못하면서 어떻게 국민들을 위하여 자신들을 희생한다는 겁니까?

그들이 외국 여권을 소중하게 간직하고 있는 것을 나는 알아요.

그들이 선거에 이기면 귀국하여 나라를 통치하게 될 것입니다.

그러나 만약 선거에 지거나 크메르 루지가 다시 정권을 장악하거나 하는 경우에는 이 외국 양반들은 그냥 떠나 버릴 것입니다.

외국 여권들을 가지지 않은 사람들이 있는 정당은 유일하게 SOC 뿐인 것입니다".

훈센 정부를 지원하기 위하여 베트남군이 아직 캄보디아에 남아 있다는 주장을 반박할 때는 차크라퐁의 목소리가 몇 옥타브 높아지기 시작했다.

"만약 베트남군이 아직 캄보디아에 남아 있다면 우리 아버지는 프놈펜에 돌아오지도 않았을 거요!

우리 아버지는 식민주의와 팽창주의에 대해 철학과 정책을 갖고 계셔요.

그는 독립 정치와 국민들을 위하여 싸웠습니다.

베트남군이 이 땅에 있다는 것은 그의 기본 정책에 위배되었기 때문에 그가 저항군의 총지휘자가 되었던 겁니다.

1989 년까지 캄보디아에 오지 않으려고 했는데 그 이유는 베트남군이 있었기 때문입니다.

나도 밀림에서 그 고생을 하면서 베트남군을 상대로 싸웠다는 사실을 잊으면 안 됩니다.

그러나 선거에 출마 등록을 하고도 방콕에서 살고 있는 라나릿드나 손산과는 달리 나는 프놈펜에 기거합니다.

12 년이나 베트남군과 전쟁을 했던 내가 베트남군이 남아있는데 여기에 올 것 같습니까?".

민간 항공부의 장관으로 차크라퐁은 사업차 동남아시아의 수도들을 다녔다.

그야말로 말레이시아의 사업가가 투자하고 있는 캄보디아 국영 항공회사 캄푸치아 에어라인을 취항시키고 있는 장본인이었다.

그러나 곧 떠오르던 차크라퐁 별이 지기 시작했다.

그의 갑작스런 출현과 또 사라짐은 그 자신이 저지른 것이었다.

1993 년 6 월 10 일, 선거 결과의 발표가 있고 수일이 지나 차크라퐁과 CPP 내의 몇몇 음모자-내무부 장관 신송 및 동부 7 개성의 성장들-들은 근소한 차이로 차크라퐁과 왕가 안에서 경쟁을 하고 있는 라나릿드가 승리한 선거 결과를 수용하지 못하겠다고 하였다.

차크라퐁이 이끄는 이 그룹들을 스스로 "삼덱 에웁 자치구(SEAZ)"를 만들어 국가로부터 이탈하려 하였었다.

"삼덱 에웁"이란 아버지 임금님이란 뜻의 존칭어로 가끔 시아누크 왕을 칭할 때 쓰던 말이다.

시아누크 왕이 이런 이탈-반란 행위를 당연히 찬성하지 않을 것이므로 이탈자들이 "삼덱 에웁"이란 이름을 선택한 것은 결국 욕만 먹을 짓을 한 셈이 되었다.

차크라퐁은 SEAZ 를 합리화 해보려고 아버지의 호칭을 써 버린 것이었다.

그러나 사람들은 이 것이 어떤 흥정을 하기 위한 것이라고 보았다.

투표에 참여한 유권자 수가 선거인 명부상의 숫자보다 훨씬 초과했다는 개표 결과를 가지고 전세를 간단히 뒤집어 보려는 것이 이탈자들의 속셈 임을 알고 있었다.

이러한 분쟁이 심했던 6 월에 각 성이 개표 결과에 반기를 들고 하나

둘 씩 이탈하기 시작하자 나라는 다시 분열되고 있는 것 같이 보였다. 이탈한 성들은 콤퐁참, ꞯ라체, 쁘레이벵, 스베이링, 몬둘끼리, 라타나끼리 그리고 스뚱뜨랭 등으로 CPP 가 장악하고 있던 지방들이었다.

이러한 반란으로 훈센은 갑자기 어리둥절해져 버렸다.

그런데 이 반란의 주동자가 훈센의 형인 콤퐁참 성장 훈냉이다 보니 마치 훈센이 시킨 것처럼 외부에 보이게 되었다.

소문을 없애고 사고를 막기 위해 반란 행위를 그만두라고 형을 설득하기 위해 훈센은 측근 "욱키만"을 데리고 콤퐁참으로 달려갔다. 그전에 훈냉은 UNTAC 의 군대와 푼신팩 당원들을 이미 자기 관할 성에서 쫓아내 버렸다가 나중에 다시 들어오게 하였다.

훈센은 형을 설득하여 콤퐁참 성이 자치구로 선언한 것을 취소시켰다.

이 일이 있은 지 약 일주일쯤 되어서 훈냉의 자치구 포기를 시작으로 모든 반란자들이 자치구 포기를 하게 되었다.

콤퐁참 성을 시작으로 수일 이내에 쁘레이벵, 스베이링 성이 훈센의 지시를 따라 이탈을 포기하였고 이어 나머지 성들도 포기를 하자 그만 이 자치구 이탈 반란의 움직임은 거품처럼 사라져 버리고 차크라퐁만 바보가 되어 버린 꼴이 되었다.

반란자들이 CPP 에서 발생하였으므로 훈센의 체면은 말이 아니었다. 훈센은 이 들을 "잘못 선동된" 무리들이었다고 발표하였다.

6 월 10 일 자치구 선언을 하고 난 몇 시간 뒤에 유엔 평화유지군의 고급 장교 한 명은 차크라퐁이 가능한 체포를 피하기 위하여 베트남으로 도망하려 한다는 첩보를 입수했다고 하였다.

1977 년 6 월 20 일 훈센의 베트남 탈출 이후 16 년 만인 1993 년

6월 15일, 이번에는 차크라퐁 왕자가 베트남으로 탈출하였다.

베트남의 얘기는 차크라퐁 왕자가 베트남으로 들어오는 것을 막을 수가 없었다고 한다.

하노이의 외무부에서는 또 차크라퐁 왕자가 베트남의 어디에 있는지 모른다고 했다.

그사이에 차크라퐁과 신송은 국회의원직에서 해임이 되었다.

진통 속에 자치구 반란 사건의 무대는 막을 내려 버렸다.

선거가 끝났으므로 CPP가 마지못해서라도 신정부에 권력을 넘겨주고 대신 국방부나 재무부의 장관자리 같은 것을 조건으로 요구할 것이라고 대부분 알고 있었다.

또 CPP는 라나릿드와 훈센이 동등한 지위를 갖는 것을 요구할 것으로 알고있었다.

그러나 라나릿드는 공격적인 태도를 취하며 말하기를 그는, 최고로 잘 봐주어서, 훈센에게 장관자리나 하나 추천할 생각이라고 하였다.

현실은 너무나 차이가 났다.

그 때까지 실질적으로 행정망을 장악하고 있는 CPP에게 인제 라나릿드는 조건을 명령할 수 있는 위치에 있었던 것이다.

그러나 결국에는 두 주력 당은 권력을 동등하게 갖기로, 그래서 서로 너도 살고 나도 살자는 것으로 합의를 보고 말았다.

캄보디아에서는 이상한 일이 참 흔하게 일어나고 있었다.

나라를 갈라놓으려던 서툰 짓거리를 한지 겨우 일주일도 안 되어서, 그렇다고 완전히 복권한 것은 아니었지만 시아누크 왕은 차크라퐁 왕자를 4성 장군으로 진급시켰다.

시아누크 왕 때문에 프놈펜의 정치 판은 예측을 할 수가 없었다.

동시에, 훈센, 라나릿드, 치아심, 행삼린 등은 5성 장군으로 진급하였다. 캄보디아를 갈라놓아 보려던 차크라퐁의 반란 따위는 인제 잊혀져 버렸다.

차크라퐁의 작은 반란은 시아누크가 그냥 지나쳐 버리기엔 너무 귀여워 보였다.

1995 년 엉뚱한 시아누크는 차크라퐁의 반란 이야기를 주제로 한 25 분 짜리 영화 "패배한 반란자의 후계자"를 만들었다.

시아누크 왕은; "소수의 캄보디아인들이 캄보디아의 작은 일부분 몇몇 성들을 분리하려고 시도하였다.

나는 그들이 즉각적인 중앙 정부로의 복귀를 수락한다면 그 죄를 지은 자들을 사면하겠다는 약속으로 그 사건을 마감하는 것으로 대신하였다.

이 아마추어 반란자들은 나의 의도대로 따라 주었고 아무런 유혈 사태 없이 모든 것은 제 자리로 돌아갔던 것이다"라 하였다.

영화는 또 수세기 전에 있었던 캄보디아의 반란 시도 역사를 암시하기도 하였다.

왕은, 그 당시의 국가 통치자는 모든 반란의 시도를 무자비하게 진압 했었다고 강조하였다.

차크라퐁의 반란에 얽힌 숨은 얘기가 1993 년 7 월 초 그의 집에서 밝혀졌다.

재건복 싱글을 입고 차크라퐁은 두 시간에 걸쳐 그 하소연을 했는데 눈에는 눈물이 글썽거리기까지 했다.

그는 CPP 로부터 받은 대우에 대해 고통스러운 듯이 얘기하였다.

"나는 당으로부터 배신을 당하고 당의 제물이 되어 버렸습니다".

차크라퐁은 감정에 북받쳐 목이 메는 듯한 소리로 말했다.

차크라퐁에 의한 자치구 결성 시도는 많은 의문을 불러 일으켰다.

주요 장관직의 배정을 앞두고 교섭을 하던 CPP 가 유리한 위치를 잡기 위하여 그를 충동했던 것은 아닌가?

차크라퐁의 반란을 시아누크가 미리 알고 있지는 않았었나?

차크라퐁이 조용히 패배자로 막을 내려 버린 것은 정말 칭찬 받을만한 짓을 한 것인지도 모른다.

지금도 CPP 의 정치국원 중에서는 차크라퐁은 하위에 머물고 있다.

차크라퐁은 슬픔을 억누르면서 "내가 당을 떠날지도 모릅니다.

나는 당에 정말 충성했습니다.

그러나 당이 단결이 되지 않아 슬픔이 앞섭니다.

내가 당의 희생양이 된 것도 슬픈 일입니다.

진정으로 당에 봉사를 했지만 배신을 당하는 것은 싫습니다.

우리 모두가 당에 책임이 있으므로 당이 모든 당원들을 보호하는 모습이 보고 싶습니다.

왜 차크라퐁과 신송만이 국가 대 화합의 미명 아래 희생이 되어야 합니까?

왜 푼신팩의 기분을 맞추기 위해서 우리를 희생시킵니까?

정말 당에 남아 있어야 할지 알 수가 없습니다.

그러나 당의 정책이 너무 쉽게 바뀌는데 실망을 했습니다.

그들은 확고한 기반이 아직 없습니다".

배신은 정말 그에게 큰 아픔을 준 것 같다.

"CPP 가 내편이 아니라는 데에 정말 놀랐습니다.

내가 처음 CPP 에 가입을 할 때 그들은 도리를 아는 것 같이 보였고 또 단결된 것 같았습니다.

그래서 서로 협조를 아끼지 않을 것으로 생각했습니다.

그러나 인제 CPP 의 몇몇 사람들이 어떤 사람들이라는 것을 알 수 있을 것 같습니다.

언젠가 내가 다시 정치계에 복귀할 때 그 때 사실 얘기를 모두 해 주겠습니다".

차크라퐁은 다시 정치계에 복귀할 것을 이미 생각하고 있었다.

"캄보디아 사람들은 내가 나라를 사랑한다는 것을 압니다.

그리고 그들은 나를 공정하게 평합니다.

대부분의 사람들은 내가 애국자라는 것을 알고 있으며 또 내가 국가를 위하여 무엇을 하고 있는지 알고 있습니다".

자치구를 만들어 무엇을 하려 했는가하는 질문에 그는 분개하면서, "투표 결과는 부정행위의 결과였습니다"라 한다.

그가 질색한 것은 형 라나릿드가 권력 분배를 거절한 사실이었다.

"아버지는 자신이 대통령이 되고 두 수상-라나릿드와 훈센-이 보좌 하는 제도를 제안하였습니다.

그러나 라나릿드의 당은 그들이 선거에 이겼으므로 혼자 권력을 가지겠다는 것이었습니다.

아버지는 라나릿드에게 푼신팩에 표를 던진 것은 시아누크에게 던진 것이나 같다고 아버지의 선거 전략을 일깨워 주었습니다.

그러나 모두 자기들의 이권만 지키려 하였습니다.

UNTAC 의 아카시 단장은 투표가 공정하고 자유로운 분위기에서 치러졌으므로 사소한 부정행위는 무시한다고 주장하였습니다.

그러나 그런 일들이 만약 일본에서 일어났다면 절대로 사소한 사건이 될 수 없었을 것입니다".

차크라퐁의 말로는 시골 사람들은 투표 결과에 매우 불만이 많았다고 한다.

"많은 지방성의 사람들은 부정행위에 매우 화가 나 있습니다.

내가 시도한 일은 모두 불가능하다고 생각했습니다.

모든 지도자들이 통제력을 잃었습니다.

문제를 해결할 수 있었던 유일한 사람은 시아누크 왕자 밖에 없었던 것입니다".

그는 손가락으로 허공을 저으며 말을 이었다.

"나는 기록을 바로 하고 싶습니다.

내가 자치구를 만든다고 하니까 사람들은 내가 나라를 분단시킨다고 생각했습니다.

그러나 나는 아버지의 이름으로 자치구를 선언했는데 어떻게 나와 신송 장군이 나라를 분단한다고 비난할 수 있습니까?

그것은 정말 사실이 아닙니다".

차크라퐁은 너무 멀리 뛰다가 그 자신의 당에서 스스로 함정을 판 것 뿐 아니라 라나릿드도 시아누크에게 막후 접촉을 하여 장래의 정부에 차크라퐁을 빼 달라는 간청을 하였고 또 시아누크는 그러마라고 하였다.

갑자기 차크라퐁은 사면초가에 부딪치고 말았다.

"우리 모두가 국가 대 화합을 추구하고 있던 그런 때에 형이란 자가 어떻게 그런 말을 할 수 있어요?

이거 도대체 어떤 국가 대 화합입니까?

전에도 라나릿드 왕자가 그런 요구를 했을 때 나는 아버지에게 정부에 참가하고 싶지 않다고 이미 말을 했드랬습니다.

그런데 라나릿드는 훈센도 빼 달라고 요구하였습니다.

그런데 지금 훈센은 정부에 참가하고 있지 않습니까?".

동부의 일곱 개 성장들을 차크라퐁이 어떻게 설득을 하였기에 그들의 지지를 받았으며 또 그들이 반란에 가담하여 자치구 선언을

하게 되었느냐고 묻자,

"나는 국민들을 사랑하며 또 그들도 나를 잘 압니다.

그리고 나를 믿습니다".

"내가 하루 더 그런 운동을 폈으면 더 많은 성들이 나한테 가담했을 것입니다".

그러면 왜 그만 두었느냐고 물어 봤다.

"나는 언론 매체와 연계가 없었기 때문에 그만둘 수밖에 없었습니다.

나의 큰 실수는 라디오나 TV 방송국과 연결을 하지 못하여 내가 무엇을 하고 있는지를 알릴 수가 없었던 것입니다.

모든 사람들이 프놈펜에서 시아누크 왕자의 방식대로 문제 해결을 하기로 합의를 하자 나는 자치구 운동을 그만둘 수밖에 없었습니다".

자치구 운동에 시아누크로부터 어떤 지지를 받았는가? 하는 질문에,

"아버지는 자치구 운동에 대해 전혀 모르고 있었습니다.

그 일은 나와 신송만이 알고 있었습니다.

그러나 아버지는 라디오 방송에서 자치구 운동이 새로운 사실은 아니다 라고 하셨습니다.

심지어 크메르 루지도 UNTAC 의 출입이 통제된 자치구를 가지고 있습니다.

아버지가 저에게 말씀하신 것은 단지 폭력만은 쓰지 말라는 것이었습니다.

내가 한 짓은 평화스럽게 진행되었습니다.

나의 자치구 선언 운동은 군인이나 경찰 없이 하였습니다.

그냥 일반 국민들의 지지를 받았던 것입니다.

크메르 루지는 그랬어도 나는 유엔 사람을 죽인 일이 없습니다.

나의 시도는 마하트마 간디처럼 비폭력 주의였습니다.

나는 사람들을 따랐고 그 사람들이 시위를 하였던 것입니다".

자치구 운동이 실패하고 왜 베트남의 호치민 시로 갔는가? 그렇게 갑자기 떠남으로써 도망간 것으로 인식이 되어 위신이 많이 손상되어 버렸을 텐데...

"군인의 습관으로써 나는 위장을 했을 따름입니다.

나는 90 세의 어머니를 호치민으로 모시고 갔을 뿐입니다.

그것이 답니다.

자치구 운동 때 어머니는 나와 같이 "스베이링"과 "쁘레이벵"에 계셨습니다.

나는 어머니를 베트남으로 모시고 갈 수밖에 없었습니다.

베트남에서 나는 불과 몇 시간 밖에 있지 않았습니다.

모두들 내가 베트남으로 도망갔다고 하지만 그들은 TV 에서 내가 아버지와 같이 있는 것을 보지 않았습니까?

도망갔다는 말에 웃고 싶었습니다.

신문에 보도된 것과는 반대로 나는 절대로 베트남에 도망간 일이 없습니다.

내가 베트남에 가 있는 다고 무슨 덕이 있습니까?

캄보디아 땅은 넓습니다.

그리고 나는 밀림에서 10 년이 넘게 살았습니다.

나는 어떻게 생존하는지 알고 있습니다".

베트남에서 돌아오자 차크라퐁은 쁘레이벵 시에 있었는데 시아누크의 편지를 가지고 훈센이 급히 달려왔다.

"그리고 나는 돌아왔는데 만약 아버지의 편지가 없었더라면 안 돌아 왔을 거예요".

시아누크의 편지 내용은?

"국가 대 화합을 위하여 돌아오라는 거였습니다".

만약 훈센이 동부지역까지 쫓아가서 이 이탈 반란자들에게 무모한 운동을 그만두라고 설득하지 않았다면 그들은 계속 자치구 선포 운동을 하였을 것이고 결국 연립정부 구성은 위험에 빠졌을 것이다.

CPP 에 매우 필요했던 차크라퐁은 인제 부담이 되었다.

훈센의 얘기를 들어보면,

"차크라퐁 왕자와 신송 장군 두 사람이 저지른 이탈 반란이었습니다.

그들은 1993 년 6 월 2 일 나를 찾아와 나를 억류한 뒤에 나더러 수상을 포기하라고 강요하였습니다.

그리고는 그들이 권력을 장악하려 했습니다.

또 선거의 결과를 불복하였습니다.

그리고 나서 그들은 자치구 선포를 하고 조직을 하였습니다.

이 문제는 결국 내가 적극 개입하여 해결을 하였고 유혈 사태를 막았습니다".

자치구의 선포에 관한 발상이, 차크라퐁 등을 그런 역을 맡게 하여 강력한 위치를 차지하게 한 다음, 연립정부에서 유리한 협상을 하고자 한 CPP 의 지도층에서 꾸민 음모는 아닌가하는 질문에 차크라퐁은 대소(大笑)하면서,

"그런 얘기를 들었습니다.

그러나 지금은 말할 수 없습니다.

그러나 어마 언젠가는 말할 수 있겠지요.

언젠가는 사실을 말해 주겠습니다.

나는 내가 한일에 책임을 집니다".

논쟁이 끝나자 차크라퐁은 6 월 18 일 그의 아버지를 만나러 갔다.

"아버지는 나와 신송을 만나자 매우 반가워하시며 나에게 4 성 장군

을 수여하시기로 했습니다".

그는 언젠가 다시 정치계로 돌아와 국가를 재건하기 위해 그 자신의 단체를 만들겠다고 하였다.

일년 뒤 이 저항심 강한 왕자는 또 말썽이 났다.

모두 다 CPP의 고위 당원들인 3인조, 즉 차크라퐁 왕자, 신송 내무부 장관 그리고 신셴 장군 등은 1994년 7월초에 공동 수상인 라나릿드와 훈센을 상대로 쿠데타 음모를 꾸민 죄로 기소되었다.

트럭 한 대에 가득 탄 반란 군인들이 프놈펜 시내로 진입하는 것이 발각되어 몇 분도 안 되어 바로 그 자리에서 무장해제 되어 버림으로써 그들의 음모는 시작도 해보기 전에 좌절되어 버렸다.

쿠데타의 시도는 정말 아마추어 같은 착상에 불과했고 참 서툴게 진행하였던 것이다.

차크라퐁의 쿠데타 시도는 선거로 당선된 국회의원직을 CPP가 박탈해 버린 뒤에 발생했다.

그러나 그 쿠데타의 이면에는 보이는 것 이상의 그 무엇이 있었다.

큰 정치 게임에서 차크라퐁은 하나의 인질이었다.

배다른 동생을 전혀 사랑할 이유가 없는 라나릿드는 호시탐탐 차크라퐁을 혼내줄 기회만 노리고 있었다.

그 당시에 또 훈센의 CPP 당은 크메르 루지를 불법 단체로 규정하는 법안을 의회에서 통과시키기 위한 지지를 모으고 있었다.

라나릿드와 훈센은 이 때 반항적인 차크라퐁을 어떻게 처리하느냐에 아마도 공감을 하고 있은 것 같다.

공동 수상들은 의외로 의견의 일치를 보았다.

훈센이 차크라퐁을 강경하게 대처하는 조건으로 라나릿드는 크메르 루지 불법 단체 규정 법안을 지지해 주기로 하였다.

이 법안은 CPP에서 초안을 잡고 의회에 상정한 것인데 푼신팩 당의 반대에 부딪쳐 통과를 하지 못하고 벌써 수개월간을 국회에서 뜨거운 감자로 있던 법안이었다.

서투른 쿠데타를 시도한 차크라퐁은 스스로 라나릿드의 굴에 들어간 셈이 되었다.

CPP의 일부는 처음에는 차크라퐁은 심하게 처벌하는 것을 반대하였다.

그러나 당 내부 회의를 마치고 나서는 엄한 규율과 비밀스런 CPP는 그를 정치 제물로 희생시키기로 결정하여 버렸다.

크메르 루지를 봉쇄하기 위해 푼신팩의 지지를 받아내는 것이 차크라퐁의 미래보다는 훨씬 더 중요하였기 때문이었다.

한때 크메르 루지와 동맹군이었던 푼신팩이 크메르 루지를 불법 단체로 규정하는 것을 거부하고 또 푼신팩 당 소속 국회의원 중 많은 사람들이 아직도 크메르 루지들과 절친한 사이인 것을 CPP는 항상 걱정하고 있었던 것이다.

게릴라들이 정부군을 밀어내고 파일린과 안롱벵을 탈환하기 위해 역습을 하고 있던 때에, 크메르 루지를 불법 단체로 규정하는 법을 통과시키기 위해 푼신팩과 담합을 할 수 있는 기회가 생긴 것은 정말 놓쳐서는 안 되는 기회였던 것이다.

쿠데타 지휘자들이 체포되자 훈센은 세 사람이 새로운 정부를 설립하려 했으며 국가 원수로 시아누크 왕을 다시 앉히려 했다고 발표하였다.

또 훈센은 신송의 첫 서면 진술에서 쿠데타는 정부를 전복하려고 했고 임시 국가 해방 정부를 수립하려고 했다고 진술했다고 한다.

그러나 차크라퐁은 이를 부인하였다.

쿠데타는 꾸며댄 이야기였으며 그를 축출하기 위해 정부가 일방적으로 구실을 만들어 날조한 것이라 했다.

"프놈펜은 철통같은 방어망이 쳐져있는데 어떻게 200-300 명의 군인으로 쿠데타를 시도한다는 겁니까?"라고 반문하였다.

더욱이, 공동 내무부 장관 "사켕"의 보고에 따르면 전혀 유혈 사태나, 쌍방의 교전이 없었다고 한다.

또 참가했던 군인들 중 아무도 기소된 자가 없었다는 것이다.

차크라퐁의 짧고 불꽃같았던 정치 경력은 그가 말레이시아로 추방 되면서 막을 내렸다.

신송은 프놈펜의 자택에서 연금 되었다.

갑자기 왕족들 중 아무도 라나릿드를 씹으려 하지 않았다.

훈센은, "차크라퐁의 추방은 시아누크 왕의 제의에 따른 것입니다. 또 라나릿드 때문이기도 한데 두 왕자들 사이가 좋지 않기 때문입니다" 라 하였다.

고통의 그림자는 말레이시아에서도 내내 차크라퐁을 따라 다녔다.

차크라퐁과 그의 가족들은 쿠알라룸푸르에서 친구들과 같이 지내고 있었다.

1 년 전에 차크라퐁이 자치구 선포 반란을 일으키고 나자 시아누크 왕은 당시에 이미 말레이시아 정부에 차크라퐁의 거주를 요청하였으므로 말레이시아 정부는 기꺼이 그의 입국을 허가하여 주었다.

7 월 6 일, 차크라퐁은 말레이시아 정부에 영주 허가를 재촉하면서 동시에 지난주에 있었던 실패한 반란에는 그가 관계되어 있지 않다고 주장하였다.

차크라퐁은 그의 탄원서를 말레이시아 수상 "안와르 이브라힘"에게 제출했는데, "안와르" 수상은 캄보디아 정부의 동의가 없이는 계속적인 체류를 허가할 수 없다고 답변하였다.

약 일주일이 못 되어 캄보디아 정부는 차크라퐁이 말레이시아에 장기 체류하는 것에 불만을 표시하였다.

당연히, 훈센과 라나릿드와 좋은 관계를 유지해야 할 말레이시아 정부는 차크라퐁의 출국을 권유하게 되었다.

말레이시아 정부는 충분한 시간을 줄 터이니 제 3 국으로 이민을 하도록 권유하였다.

프랑스 및 몇몇 국가에 그의 이민을 요청하고 있는 사이, 쿠알라룸푸르 교외의 한 피자집에서 차크라퐁과 그의 아내, 아들 및 두 친구들을 볼 수 있었다.

그들의 생활은 극히 정상적이었다.

말레이시아 정부는 8 월에 예정된 훈센과 라나릿드의 방문 전에 차크라퐁이 떠나기를 기대하고 있었다.

프놈펜에서 또 말레이시아에서 계속 추방을 당했던 이야기를 비통하게 하고 있는 차크라퐁은 인제 기진맥진한 상태가 되었다.

그는 태국에 피난민으로 정착을 하려 했으나, "아내와 아이들이 태국 국적인데도 불구하고 또 추방을 당했다"고 하였다.

프놈펜의 압력 때문에 태국조차도 그를 받아들이지 못하였던 것이다.

"프놈펜을 떠나면서 나는 가족들과 조용한 생활을 꾸려나가기로 결심했었습니다.

그러나 캄보디아 정부는 나를 도피범 취급을 하여 내가 가는 곳마다 나를 쫓아내었습니다".

"나는 남편으로서 또 아버지로서의 단순한 생활조차도 할 수가 없었습니다".

1994년 7월 말경에, 프랑스가 그의 망명을 받아주어 불편한 외교 문제로 입장이 난처했던 말레이시아와 태국에게 안도의 숨을 쉬게 해 주었다.

차크라퐁은 말하기를, 언론의 폭력에 의하여 신문에서는 "나를 범죄자 내지는 더 심하게 테러리스트로 취급하여 추적을 했다"고 한다.

"조용하게 밥 한 그릇 먹을 수가 없었습니다.

또 언론들이 마치 먹이를 찾는 야수와도 같이 나의 행동거지 하나하나를 미행하였으므로 안심하고 한가하게 길을 산책할 여유도 없었습니다".

반항적인 차크라퐁은 새로 게릴라를 조직한 "찬유란"이라는 크메르루지 지휘자와 합류한 것으로 알려졌다.

크메르 루지의 발표에 따르면 새 게릴라 조직은 과거 시아누크 및 손산 휘하의 사람들이 포함되어 있다고 했다.

크메르 루지의 라디오 방송에서는 또 이 단체가 크메르 루지에서 이탈한 약 2,300명의 인원으로 구성되었는데 "해방군"이라는 명칭으로 알려졌다고 한다.

차크라퐁은 크메르 루지 방송 내용은 화를 내며 부인하였다.

"그런 크메르 루지들의 비밀 정치 공작과, 또 가능한 것은, 진짜 속셈을 알 수 없는 캄보디아 정부가 정치적 술책을 부리고 있는 것으로, 이들이야말로 정말 나라를 분열시키고 있는 것입니다".

차크라퐁은 나라를 떠났다.

그러나 실패해 버린 그의 쿠데타에 대한 잡음은 계속 프놈펜을 떠돌았다.

정부는 인기 있던 신문 "모닝 뉴스"지를 폐간하였는데 그 이유는

7월초에 신문에서 치아심의 처남인 "사켕"이 차크라퐁의 반란과 관계 가 있다는 기사를 실었기 때문이었다.

"모닝 뉴스"의 편집장 "눈논"이 비난을 받는 가운데 정부는 각부 장관들이 쿠데타 사건 수사를 취재하려하는 언론과 접촉하는 것을 금지하였다.

정부는 이 수사 정보의 누설을 막아야 했으므로 정부의 관리들은 매우 바쁘게 일해야 했다.

캄보디아는 매우 관대한 나라이다.

전에 크메르 루지 게릴라였던 훈센, 행삼린, 치아심 등을 현재의 지도자로 받아 주었으니, 같은 국가 대 화합과 관대함의 정신에 입각하여 본다면 차크라퐁은 복직시키지 말라는 법은 없다.

차크라퐁은 시아누크가 사면을 해 준 1997년 11월까지 난민으로 돌았다.

화합의 분위기 속에서 훈센은 시아누크 왕의 고집 센 아들에 대한 사면을 동의하였다.

그러나 훈센은 차크라퐁에 대해 방심하지 않고 있다.

훈센과 그 동료들이 차크라퐁을 당에 가입시킨 것은 마치 놀음판에서 그에게 한판을 깨끗이 접대 해 주어야 하는 꼴이 되었기 때문이다.

제 8 장 훈씨네 가족

형님

훈센이 캄보디아의 통치자라면 형님인 훈냉은 캄보디아의 곡창 지대 콤퐁참 성의 왕관만 안 쓴 왕이나 같았다.

콤퐁참 성의 성장인 훈냉은 은둔 속에 살아왔던, 의문과 비밀에 싸여진 사나이였다.

동생의 얼굴은 신문지상에 수시로 나타났지만 훈냉은 그렇지 않았다. 훈냉의 숨은 이야기를 캐보기 위해 1993 년 5 월 25 일 새벽 유엔군의 헬기를 빌려 그의 성(省) 콤퐁참으로 향했다.

우리가 도착했을 때는 한참 투표가 진행되고 있었다.

몇 대의 "모토툭"(오토바이 택시)을 빌려 CPP 의 본부가 있는 곳으로 향했다.

당 본부에 도착하여 훈냉을 보좌하는 부성장 "레이소카"를 만났다.

소카는, "우리는 선거에 이길 것입니다.

우리는 A 팀과 B 팀 두 팀이 있는데 현재 B 팀은 대기하고 있습니다".

아니, 두 팀이란 무슨 뜻인가?

1985 년부터 부성장을 하고있던 소카는 만약 한 팀이 죽으면(저격 또는 암살되면) 다른 팀으로 신속히 교체하여 출마를 한다는 것이었다.

정말 캄보디아다운 말이었다.

금년 들어 훈센이 네 번이나 이 성을 방문하여 최고 지도자로서 관심을 보였기 때문에 선거는 틀림없이 승리할 것이라고 했다.

우리는 우두머리인 훈냉을 만나고 싶다고 했다.

소카는 "안돼요"하고 신경질적으로 말했다.

"훈냉 성장님은 기자들을 안 만나요".

훈냉을 둘러싼 의문의 장막은 쉽게 걷히어 질 것 같지 않았고 우리는 그와 면담을 한다는 것을 거의 포기하였다.

길거리로 나온 우리는 그 지역에 주둔하고 있는 유엔 평화유지군 소속의 인도군 부대를 찾아보기로 하였다.

메콩 강가의 나무 그늘에서 우선 땀을 좀 식히고 있는데, 몇 분 뒤에 유엔군의 하늘색 모자를 쓴 세명의 인도군이 탄 찝차가 다가왔다.

우리는 손을 흔들어 찝차를 세우고는 협조를 청했다.

그들은 따라오라고 하였다.

약 10 분쯤 나무가 울창하게 들어선 좁은 황토 길을 지나고 나니 넓은 장소가 나오며 삼면은 크메르 루지의 습격을 받을 수도 있을 것 같은, 방비가 전혀 없는 열 두어 개의 조립식 군 막사가 지어진 곳이 나타 났다.

콤퐁참은 한 때 15 개 구역 중에 14 개 구역이 크메르 루지가 장악을 했었던 크메르 루지의 본거지나 같았다.

거기서 우리는 대대장 "바후구나"대령을 만났으며 그는 진한 자스민 차를 권하고 곧 이어 카레 감자로 아침 식사까지 제공해 주었다.

우리는 이 곳까지 찾아온 목적이 훈센의 형 훈냉을 만나기 위한 것이라고 했다.

대대장이 마침 훈냉을 개인적으로 잘 알고 있다고 하여 우리는 운이 좋은 것 같았다.

대대장은 그의 캄보디아 연락병을 호출하여서는 즉시 훈냉의 집으로 가서 그날 오후에 약속을 부탁하라고 하였다.

약 한 시간이 지나자 연락병이 돌아왔는데 그의 말은 훈냉의 비서가 훈냉이 너무 바빠서 약속을 할 수 없다고 거절했다는 것이었다.

질시 많은 훈냉 비서의 거절에 개의치 않고 우리는 인도군 식당에서 채식 점심을 먹고 바로 훈냉의 집을 공격하기로 했다.

대대장은 오늘이 인도의 종교적인 날이라 점심 식사가 야채 밖에 없다며 미안해했다.

인도군 찝차는 안팎으로 무장한 경비병들이 지키는 붉은 타일이 불규칙하게 깔린, 남미의 큰 농장 주인집 같은 분위기가 풍기는 빌라 앞에 우리를 내려놓았다.

우리는 계단 위로 올라가 거실로 안내되었는데 인조가죽으로 만든 긴 소파가 놓여 있었고 너무 크다싶은 TV가 놓여 있었으며 흰 벽에는 크메르 민속 풍경화가 걸려 있는 좀 촌스럽게 꾸며 놓은 거실에 혼자 앉아있는 훈냉을 볼 수 있었다.

첫 눈에 훈센과 너무 닮은 그가 세살 위의 형 훈냉 임을 알 수 있었다. 마치 쌍둥이 같은 느낌이었다.

훈냉은 조금 더 키가 큰 편이었고 안경을 쓰지 않았다.

잘 맞춰 입은 회색 재건복 싱글에 그가 시골 사람이라는 느낌은 들지 않았다.

그가 이야기를 시작하자 즉각 느낀 것은 그들이 단순히 한 부모 밑의 형제 정도가 아니라 CPP의 권력 장악을 위해 격심한 선거 운동을 하고 있는 혈맹 이상의 관계임을 알 수 있었다.

훈 형제들에게 콤퐁참의 선거전은 그냥 평범한 것이 아니었다.

그들이 태어난 곳인 콤퐁참에서의 선거는 과거의 통치권을 그대로 고수하느냐 못하느냐의 사활이 걸린 중요한 이슈였던 것이다.

그들은 거물급들을 이 지방에 투입하였다.

콤퐁참에서 출마한 의원들은 주요 구성원인 훈센, 훈냉 그리고 차크라퐁 왕자 등이었다.

이 CPP 의 거물들은 푼신팩 당의 출마자인 시리붓 왕자와 겨루어야 했다.

훈냉은 크게 팔을 한번 휘두르고는, "우리가 콤퐁참에서 선거에 이길수 있을거라는 이유는 이 곳 사람들은 크메르 루지를 믿지 않기 때문입니다.

콤퐁참은 크메르 루지가 가장 심하게 학살을 했던 곳입니다.

사람들은 절대 그 사실을 잊지 않고 있습니다".

훈냉은 또 그의 주장을 뒷받침하기 위해, "프놈펜의 한 차 장사는 만약 우리가 지면 차를 전부 공짜로 주겠다고 했습니다.

우리의 승리를 그가 확신하고 있다는 말입니다.

주민들이 우리한테 투표를 던지는 이유는 크메르 루지를 의심할 뿐 아니라 그들과 내통하고 있는 정당도 의심하기 때문이지요".

그 며칠 앞에 푼신팩 당에서 라나릿드의 정치 고문역을 맡고 있던 "웅헛"은 반대적인 견해를 나타냈는데 콤퐁참에서 푼신팩이 승리할 것이라는 것이었다.

웅헛은 1997 년 7 월 라나릿드가 훈센에게 축출되자 잔류한 푼신팩 당의 선거에서 라나릿드의 뒤를 이어 제 1 수상으로 선출되었었다.

그러나 그의 견해는 이미 그 지역을 오랫동안 다스리고 있던 훈 형제들의 인기가 좋았으므로 무시되어 버렸다.

그들의 영향력은 또 인근의 쁘레이벵 성과 스베이링 성에도 크게 미쳐서 콤퐁참과 더불어 모두 34 명의 의원들을 국회로 내 보냈던 것이며 또 이 지역만 등록된 전국 유권자의 33%를 차지하고 있었다.

이 세 성에 뿌리내린 그들의 세력에 자신을 하며 훈 형제는 선거에서 압도적으로 이길 수 있다고 믿고 있었다.

바후구나 대령은, 그것이 세 성의 정치적인 중요성이었다고 했다.

콤퐁참의 정치적 중요성은 메콩강과 똔레강(바삭) 두 개의 큰 강을 끼고 있는 그 전략적 위치 때문인데 강 때문에 이 지역이 벼농사의 주산지가 될 수 있었기 때문이다.

똔레바삭은 이웃 콤퐁치낭 성에서 흘러와 콤퐁참과의 경계를 이루며 흐르고 있고 메콩강을 콤퐁참의 가운데를 북에서 남으로 가로질러 흐르고 있었다.

또 이 지역의 상업적 중요성은 예로부터 베트남과의 교역로가 콤퐁참을 지나고 있었다.

당시에 콤퐁참을 농산물의 주 생산지로 만들려는 훈냉의 야심에 찬 경제 계획에 흙탕물을 끼얹는 유일한 부정적 요소가 있다면 수시로 출몰하는 크메르 루지 게릴라들이었다.

그러나 바후구나 대령은 최근 크메르 루지와 인도군과의 한 판 접전 이후로 게릴라들이 겁을 먹고 있었고 또 그 이후로는 별로 출몰하지 않았으므로 크메르 루지의 파괴력을 낮추어 보고 있었다.

훈냉의 출세는 동생 훈센의 샛별과 같이 떠오르는 출세와 같이 일어나고 있었다.

훈냉은 전에 크메르 루지에게 아주 혹독한 고통을 받았었다.

그는 1970 년대 중반에 감옥에 투옥되었었고 고문을 당했으며 9 개월간 콤퐁톰의 산 속에 유배를 당하기도 했다.

그의 죄명은 크메르 루지를 배반한 훈센의 형이라는 것이었다.

가족들의 말에 의하면 훈냉은 크메르 루지가 큰 제방 공사를 하고 있던 콤퐁톰 유배지에서 중노동을 하였다고 한다.

"그들은 중노동으로 그를 죽이려고 하였지요.

음식을 전혀 주지 않고 심한 일만 골라 시켰지요.

나중에는 시체 같이 뼈와 가죽만 남았었지요" 라고 가족들이 설명 해 주었다.

동생과 같이, 훈냉도 혁명가였다.

훈냉은 동생을 도와 군대를 일으킬 수 있게 하였고 결국 나중에는 베트남군의 도움으로 1979 년에 크메르 루지를 축출하였다.

훈냉이 콤퐁참에서 군대를 일으키는 중요한 일을 하고 있을 때, 훈센은 베트남으로 탈주하여 정치 망명을 했던 것이다.

훈냉은 과거를 더듬으며 크메르 루지로부터 캄보디아를 해방시켰던 이야기를 시작했다.

"1979 년 나와 훈센의 부대는 메콩강을 두고 양편에서 서로 만났지요.

우리는 부대를 서로 합쳐서 크메르 루지를 공격했습니다".

훈냉은 동생과 CPP 의 동료들을 정치적인 경쟁자들의 비방으로부터 보호하기도 하였다.

"라나릿드는 훈센, 행삼린, 치아심 등이 1970 년대에 크메르 루지 였다고 비방하지만 그들은 절대로 크메르 루지에 동조하지 않았으며 당시에 오히려 잡혀 투옥 되었드랬습니다".

역사적으로 훈냉의 이 당시 설명은 일반적으로 알려진 것과는 모순된 것이었는데 훈센이 크메르 루지의 잔학성에 환멸을 느끼고 베트남으로 탈출하였으므로 훈센과 그의 동료들이 투옥될 시간을 없었다.

아마 훈냉은 훈센이 의지에 반하여 할 수 없이 크메르 루지에 남아 있었던 사실을, 또 오래 전부터 이탈을 작정했고, 군대를 일으키고 또 그만한 배짱이 있었음을 훈냉의 방식대로 표현한 것으로 봐야 할 것

313

같다.

후에 훈넹은 프놈펜에서 경제학을 공부하고 콤퐁참 지방정부의 경제 고문을 맡았었다.

그리고 그는 구역의 장을 하다가 훈센이 수상이 되던 1985 년에 성장으로 진급하였다.

경제를 공부하였으므로 지방 경제에 매우 깊은 관심을 가지고 있었으며 또 강력한 CPP 중앙 위원회의 위원 자리도 차지하고 있었다.

그날 오후 그는 푼신팩이 도발한 비방 선전전(宣傳戰)에 대한 그의 관심을 얘기했다.

푼신팩은 만약 승리하면 훈센 정부가 맺은 모든 투자 계약을 취소할 것이라고 했다.

"미국의 소리 방송에서 이 소식이 흘러나왔지요.

어떤 자들은 이 선전을 이용하여 외국인 투자자들이 캄보디아에 오지 못하게 하고 있어요".

우리는 차를 홀짝거리며 또 안보 문제에 대해 얘기를 나누었다.

작별 인사를 하자 그는 꼭 다시 오라고 하며 그 때는 발전하는 경제에 대한 이야기를 써 달라고 하였다.

5 월 29 일 토요일, 훈넹의 자신감이 흔들려 버렸다.

개표의 초기에 4 개의 성에서 푼신팩이 앞서고 CPP 가 끌려가고 있었다.

특히 라나릿드 쪽의 세력이 컸던 프놈펜, 푸삿, 시아누크빌, 끄라체 등에서 푼신팩이 앞서고 있었다.

다음날인 일요일 오후가 되자, CPP 가 바짝 추격하면서 시소게임이 되어 푼신팩이 5 개성에서 앞지르는 동안 CPP 는 7 개성에서 앞지르기 시작했다.

최종 결과는 근소한 6%의 차이로 푼신팩이 CPP를 눌러 버렸다.

익명의 한 외교관은, 이 선거는 라나릿드에게 유리한 선거라기보다는 훈센에게 불리한 선거였다고 이상한 말도 하였다.

또 1979년부터 통치를 한 SOC 정부를 고발하는 것과 같다고 하였다.

라나릿드의 정치 고문인 웅헛은 "투표율이 높다는 것은 변화를 원한다는 것이다"라고 의미 있는 말을 하였다.

우려하였던 유혈 사태는 일어나지 않았는데 1960년이래 처음인 캄보디아의 전국민 투표는 수백 명이 죽은 스리랑카보다 훨씬 폭력이 적었고 또 당선자들을 투옥해 버린 버마(미얀마) 식의 해결책도 훈센은 쓰지 않았다.

훈센과 그의 당은 라나릿드와 권력을 나누는 실용적인 방법을 선택했다.

그러나 승자가 누구이며 나라를 누가 통치할 것이라는 것은 누구나 알고 있었다.

실권은 훈센, 치아심, 행삼린 등이 가지고 있는 동안 라나릿드는 정부의 얼굴 마담 역할밖에 못할 거라고 생각들 했다.

콤퐁참에서는 훈냉이 계속 우두머리로 있었다.

그러나 많은 주민들의 생각에 그는 너무 권위주의 적이었으며 주민들에게 무관심하다는 것이었다.

결국, 시골풍의 훈냉은 유명해진 동생 훈센만큼 전국적으로는 두각을 나타내지도 못했고 또 권력도 갖지 못하였다.

훈씨네 가족

수상이 되고서 훈센의 입맛이 살짝은 변했다.

그는 인제 호화로운 궁전 같은 집에서 살며 집에서 정치 회합을 하고, 외국 정부 수뇌들을 초청하고, 귀빈들을 접대하고 또 골프도 친다.

그러나 한편 가족들과 뒤뜰 연못의 페리칸에게 먹이를 주거나, 배구를 하거나, 비디오 영화를 보거나하며 시간을 같이 보내고 있다.

그의 식사 기호는 아직도 지극히 간소하며 순수 크메르 음식을 좋아한다.

또 아내의 손맛만 좋아한다.

"어떤 음식이라도 아내가 만든 건지 아닌지 바로 알아 차립니다"라고 가족이 귀띔한다.

아내의 식단은 복잡한 것이 없다.

아침은 거의 매일 밥에 말린 민물 생선 한 조각과 젓국이며 진한 블랙커피 한잔으로 입가심을 한다.

점심이나 저녁은 죽순과 돼지고기를 섞어 튀긴 것을 먹거나 또는 바나나를 넣어 끓인 젓국을 먹는다.

과일은 롱안(龍眼)을 좋아하며 저녁에는 헤네시 코냑을 콜라와 섞어 몇 잔 즐기는 편이다.

아내 분 라니는 수상 관저에 요리사 몇 명을 두었다.

요리사는 재료만 준비를 해 두고 기다리면 라니가 와서 직접 조리한다.

훈 가족은 설탕과 소금을 같이 넣는 요리를 싫어한다.

태국에서는 두 가지를 다 넣는 요리가 많은데 삶은 고추 국수 같은 경우에는 한 숟가락의 설탕을 넣는다.

집에서 항상 싸우는 것은 훈센의 흡연이다.

그는 게릴라 시절부터 하루 두 갑 이상을 피워 댔는데 끊어야 할 이유를 아직 못 찾았다는 것이다.

아이들이 담배를 끊게 하려고 많이 노력하였다.

그러나 금연 약속을 해 놓고는 한번도 지킨 일이 없었다고 한다.

"그는 담배를 많이 빨지는 않아요.

서너 번 빨고는 그냥 타게 재떨이에 내버려둡니다" 처남 "님 찬다라"의 말이다.

또 열중하는 것은 옛 친구들이다.

게릴라 시절 그를 도왔던 사람들에 대한 애정은 매우 진하다.

때로는 그런 손님들 때문에 사생활이 엉망이 되어 버린다.

밀림에서 게릴라 생활을 하고 있을 때 훈센은 노소 여자들에게 제법

P 045 훈센 가족 3 남 2 녀

317

인기가 있어서 (아마 자식을 잃은)많은 중년 부인들이 그를 양자로 삼았었고 또 젊은 여자들은 오빠를 삼았다.

이 양 어머니들과 여 동생(?)들이 타크마우 집에 몰려오면 훈센은 그들을 따뜻하게 맞이하고 옛날 얘기들을 나누고 음식을 나누었다.

분 라니는 이 방문객들이 줄을 이어 가족과 지내야 할 사생활의 시간을 다 빼앗아 버리자 훈센에게 항의를 하였다.

그러나 훈센은 게릴라시절 의지하였던 이사람들에게 등을 돌릴 수가 없다고 하였다.

때로 손님이 너무 많이 와서 이 큰 저택도 모자라면 훈센은 아이들을 호들갑 잘 떠는 여동생 훈 시낫의 집에 가서 자라고 하였다.

분 라니와 훈센은 방학이면 꼭 집에 와서 지내는 대학교를 다니는 아이들과 가능하면 정상적인 가정생활을 영위하려고 노력하였다.

마치 병아리를 보살피는 암탉처럼 그녀는 그간의 보람을 자랑삼아 아이들과 애들 아버지 얘기를 시작하였다.

"애들한테는 참 다정해요.

애들이 어렸을 때 그가 자는 침대에 뛰어들면 목말을 태워주곤 했죠".

또 아이들은 항상 아버지의 안전에 염려를 하였다.

"아버지가 집을 떠나면 아이들은 항상 초조해하고 애를 태웠어요.

특히 애들이 어렸을 적에 아버지가 없으면 애들이 아프기 시작했어요".

오랫동안 고생을 하고 이별을 했었던 가족들은 정말 서로를 사랑하는 마음이 깊어 보였다.

"어렸을 때는 딴 방에서 자려하지 않았어요.

그래서 항상 애들과 같이 잤죠.

크고 나서야 자기들 방을 가지기 시작했는데 특히 마지막 세 아이들은 아직도 우리 침대에서 같이 자는 것을 좋아해요".

그러나 분 라니는 애들의 가정교육은 철저히 시키는 편이었다.

"우리 둘 다 매를 들어야 할 때는 들지만 다행스럽게 애들이 말을 잘 듣고 순종을 하는 편이에요".

"애들이 학교에는 일찍 들어간 편이죠.

다섯 살 때부터 학교에 보냈으니까요.

애들이 일찍부터 집에서 단단히 교육을 받았으므로 친구들과 쓸데없이 돌아다니거나 하지 않아요.

마넷과 마닛이 같이 돌아다니다가 아버지한테 한번 맞았던 기억이 나요.

대체로 주의는 주는 편이지만 심하게 나무라는 편은 아니에요".

살아남은 첫 아들 마넷과 어머니는 당시 너무 심한 고생을 하였기 때문에 모자간의 정은 매우 깊었다.

"마넷은 학교에서 어쩌다가 2 등이나 3 등을 했지만 거의 1 등을 했어요.

어렸어도 스스로 공부 할 줄 아는 애였어요.

마넷은 정말 기특한 아이였는데 내가 새 옷을 사주자 울음을 터뜨린 애였어요".

장남 마넷은 부모님들이 너무 고생한 것을 알고 있었으므로 새 옷을 받고 울음을 터뜨려 버린 것이었다.

그는 부모님들과 고통을 같이 겪었던 것이다.

결심이 대단했던 마넷은 학교 공부 외에도 컴퓨터 공부와 태국어 공부를 하여 부모님들을 놀라게 했다.

"마넷은 놀러 다니지도 않았고 또 돈을 달라고 하는 일도 없었죠.

뉴욕으로 유학 가기 전에 캄보디아에서 시험을 쳤는데 수학은 최고 점수를 받았어요".

1990년 중반에 미국 뉴욕에 있는 "웨스트포인트" 육군 사관학교에 장학생으로 합격을 한 마넷을 훈센은 매우 자랑스럽게 생각했다.

마넷은 1999년에 미국 육군사관학교를 무사히 졸업했다.

정말 미칠 듯이 기뻐한 훈센은 미국으로 달려가 아들의 웨스트 포인트 육군사관학교 졸업식에 참가했다.

베트남전 때 미군에게 첫 번 소대 병력을 다 잃을 만큼 공격을 받았던 훈센이 아들을 미국 육군사관학교에 보낸 것은 역사의 변천인지도 모른다.

마넷에 대한 특별한 애착을 얘기하던 라니는 "마넷에게는 너무 힘든 어린 시절이었어요.

내가 그 아이를 가졌을 때 먹을 수 있는 것이라고는 겨우 죽과 젓국 뿐이었어요.

정말 채소나 고기 따위는 구경조차 못했죠.

그 애가 가장 불쌍해요.

모든 아이들을 똑같이 사랑하지만 마넷은 어렸을 적에 너무 고생을 해서 연민이 커요".

훈센의 정치적 발전은 가족과 지내는 시간을 희생해야 했다.

"애들과 같이 지낼 시간이 정말 얼마 없었습니다.

그런데도 모두들 착하게 자랐어요"라고 어려웠던 옛날을 회상했다.

그녀는 또 싱가포르에서 공부하고 있는 딸 말리에 대해 걱정을 했다.

"나는 딸애 때문에 항상 걱정이 되는데 우리와 같이 살고 있지 않기 때문이에요.

또 삼촌의 엄한 감독 밑에서 지내고 있는데 삼촌이 굉장히 보수적이고 엄해요".

크메르 루지의 잔학한 살육 시대를 겪은 라니는 "이별과 악독한 억압 속에서도 행복하고 또 각자 하는 일에 성공을 한 가정을 꾸리고 있는 것이 정말 큰 행운이라고 봐요"라 했다.

훈센의 다른 가족들도 다 운이 좋았던 것은 아니었다.

형인 훈산은 1979 년부터 1990 년 초 그가 심한 교통사고를 당할 때까지 운수 통신부의 운수국 담당 국장이었다.

훈산은 광적일 정도로 오토바이를 좋아하여 오토바이를 타고 장거리를 자주 다녔다.

그러다가 시내에서 자동차와 크게 충돌을 하여 머리에 심한 부상을입어 더 이상 일을 할 수 없게 되어 버렸다.

여동생 생니는 "메아 소반디"라는 남자와 결혼을 하였는데 그는 국경의 경찰서에서 부서장을 하고 있었다.

소반디는 훈센과 같이 1977 년에 베트남으로 탈출했던 네 명중의 하나인 "넥후언"의 운전사였었다.

또 다른 여동생 시낫은 내무부의 부국장이며 경호대 대장으로 있는 "님 찬다라"와 결혼을 하였다.

그리고 막내 여동생 터은은 전 남편이 죽자 재혼을 하였는데 두 번째 남편은 "께오 속렝"이라는 경찰 경제반 반장이었다.

훈센의 아버지인 훈냉은 아들 훈센을 정말 사랑했었다.

그러나 때때로 부자간에 의견 충돌이 있기도 했었는데, 아버지 훈냉은 수년간 시골에서 고등학교를 짓는 일에 몰두했었다.

그러나 훈센이 학교 이름을 시아누크 고등학교로 하자고 하자 아버지는 매우 화가 났다.

아버지는 "내가 이 학교 짓느라고 얼마나 공을 들이고 애를 썼는데 그런 소리를 하느냐"고 훈센에게 나무랐다.

훈센은 일단 몇 주일은 그 얘기를 꺼내지 않았다.

훈센이 끈질기게 아버지를 달래니 결국 아버지도 성질을 누그러뜨리고 학교 이름을 시아누크로 붙이고 말았다.

그러나 가족들의 얘기는 그 일로 아버지가 매우 불만이 많았다고 한다.

여동생과 남편

콤퐁참 성 스뚱뜨랭 구역의 논으로 덮인 작은 마을 "뻬암 코 스날"은 훈센이 태어난 곳이다.

또 여동생 훈 시낫이 태어난 곳이기도 하다.

명랑한 이 계집애는 물을 만난 송사리처럼 활달하게 공부를 하고 있었는데 내전으로 그만 공부를 그만두어야 했다.

여동생도 1971년에 크메르 루지의 게릴라에 가입을 했다.

시낫은 나중에 훈센이 연대장을 했었던 지역의 병원에서 간호원으로 근무를 했다.

그녀의 의무대(醫務隊)는 훈센의 부대가 론놀의 부대와 전투를 벌이기 위해 진을 치는 전장마다 따라다녔다.

이 험한 시기에 오빠와 여동생은 항상 같이 다녔던 것이다.

훈센이 베트남으로 탈출하자 말자 크메르 루지의 앙카(정치국)는 그녀를 체포하였다.

그리고 그녀를 중 노동장으로 보냈다.

감독은 그녀를 적이라고 불러 고통을 주었다.

그리고 오빠인 훈센은 베트남 튀기라고 하였다.

한편 베트남으로 탈출한 훈센은 가족들이 무척 걱정이 되었다.

훈센은 곧 가족의 수색 및 구출 작전 계획을 세웠다.

1977 년 후반에 그는 베트남에서 특수 대원들을 이끌고 콤퐁참으로 침투를 했다.

그러나 아무 가족도 찾을 수가 없었다.

"가족 아무도 찾지를 못하자 훈센은 자기의 옛 집을 불살랐습니다. 그는 가족들이 모두 죽은 것으로 생각했습니다".

나중에 시낫과 결혼한 님 찬다라의 말이었다.

그가 집에 불을 지른 것은 적의 손에 불 살리어지는 것보다 낫다고 생각했던 것이다.

콤퐁참에서 그리 멀지않은 곳에 한 학식있는 집안에 "님 찬다라" 라는 아이가 있었다.

그는 아버지가 교편을 잡고 있던 타께오 성에서 태어났으며 11 살 때 베트남 국경이 가까운 스베이링 성으로 아버지를 따라 이사를 했는데 이 성에 고등학교와 대학교가 없었으므로 나중에 가족들은 학교 때문에 다시 프놈펜으로 이사를 했다.

찬다라는 프놈펜의 의과 대학에서 1975 년까지 2 년간 공부를 하였는데 크메르 루지가 학교를 없애고는 그의 가족들을 다시 타께오로 보냈다.

의사 출신이었던 아버지와 형은 결국 1977 년에 크메르 루지에게 처형되고 말았다.

해방이 되자 찬다라는 옛 친구들이 있던, 또 어릴 때의 추억이 서린 스베이링으로 갔다.

그러나 프놈펜 친구들이 다시 그를 오라고 하였고, 1979 년 1 월에 그는 훈센의 제 6 대대에 입대를 했다.

1979 년 2 월, 그의 인생은 갑자기 급변을 하였는데, 훈센이 6 대대를 방문했을 때 모든 사병의 학력 기록을 제출하라고 했다.

찬다라의 학력을 본 훈센은 그가 고등 교육을 받은 자라는 것을 단번에 알아차리고 그를 그 부대에서 차출했다.

찬다라는 나중에 훈센의 여동생 생니와 결혼한 정부의 관리 "메아소반디"의 호위병 및 운전병으로 일을 했다.

훈센은 해방이 되고 처음에는 프놈펜의 독립문 근처에 있는 집에 혼자 기거하였다.

가족들은 아직도 실종 상태이었다.

훈센은 찬다라와 일단의 군인들에게 부모님과 여동생 시낫, 터은, 생니 등을 찾아보라고 시켰다.

"처음에 우리는 아버지와 시낫을 스뚱뜨랭에서 찾았습니다.

수색에 어려웠던 점은 모두가 흩어져 버렸고 신분을 바꾸었기 때문입니다.

다음에 우리는 터은과 생니를 찾아냈지요.

그리고 마지막에 영부인 분 라니를 찾아냈습니다" 라고 찬다라가 당시 를 설명하였다.

훈센의 부모님들은 신분을 감추고 조용히 지냈었다고 한다.

"아버지는 영리하셔서 즉시 신분을 위장하셨고 어머니도 역시 슬기가 있는 분이었습니다.

어머니는 무슬렘들과 중국인 친구가 많았어요.

어머니도 스뚱뜨랭에 계셨지만 아버지와 일부러 따로 계셨드랬습니다".

찬다라의 설명이었다.

훈센의 형 훈산은 콤퐁참에서 크메르 루지가 시키는 주택 건축 공사

일을 하고 있었고 여동생 생니도 콤퐁참에서 크메르 루지군의 군복 수리 일을 하고 있었다.

해방이 되고 나서 시낫은 학업을 계속하여 1980년에 졸업을 하고 열정적으로 태국어와 문화 공부를 계속했다.

찬다라는 훈센을 위하여 열심히 일을 하였고 또 신임을 얻게 되었다. 1979년 의외에도 훈센은 찬다라와 여동생 시낫과의 결혼 주선을 한 외무부 관리에게 부탁을 하였다.

"1979년 4월 3일에 훈센은 우리더러 결혼하는 게 어떠냐고 하였고 6일 뒤인 9일 날 우리는 결혼을 했습니다" 찬다라의 말이었다.

"훈센은 내가 외교관이 되었으면 했지만 나는 그 직업이 싫었습니다".

훈센은 찬다라를 독일로 보내 1년 간 어학 연수를 시켰다.

물론 찬다라는 열심히 공부를 했지만 그는 외교관이 되는 것은 싫다고 훈센에게 얘기하였다.

"대신 나는 공군 조종사가 되고 싶다고 했지요".

독일에서 돌아온 후 찬다라는 잠시 외무부에서 근무를 하다가 내무부의 이민국으로 전근하였으며 그 자리에 있으면서 훈센의 보안 경비 임무를 수행했다.

1994년 7월 차크라퐁의 반란이 실패하고 나자 훈센은 찬다라를 경호대 대장으로 임명하였는데 이 경호대는 지금도 캄보디아 주요 인사들의 신변 경호를 담당하는 별동 부대이다.

끔간 우정

훈센이 SOC(Sate of Cambodia)의 수상이 되고 난 뒤 전국적인 지지망을 구축하기 위해 전형적인 방식대로 그 동안 충성심이 강했던 자들을 권력에 앉힘으로서 그의 권력 집중화를 꾀했다.

그 중의 한 명이 "웅판"이었는데 그는 운수, 통신, 우편부의 장관을 맡았다.

그러나 웅판은 야심이 싹트기 시작했다.

그래서 집권당인 캄푸치아 인민혁명당(KPRP-SOC 의 전신)에 도전을 하기로 하고 그 자신의 정당 설립을 시도했다.

그러나 그는 곧 탄로가 나 KPRP 에서 추방을 당하고 1990 년 5 월에 프놈펜의 악명 높은 감옥인 T-3 에서 17 개월을 복역하였다.

죄명은 집권당의 당원으로 있으면서 반당적인 지하 조직을 획책했다는 것이었다.

1990 년 7 월 31 일 정부는 라디오 방송을 통해 이 놀라운 사건을 발표하였는데, "당중앙위원회는 웅판을 당중앙위원회 및 당에서 축출하기로 결정하였다.

그 이유는 그가 당과 국가의 역사적 사명을 배신하였기 때문이다".

그리고 이어서 그의 행위는 태국 국경지대에서 크메르 루지와 전투 중인 정부군의 세력을 분열시키려 하였다고 하였다.

웅판의 축출은 7 월 23-30 일 사이에 65 명의 당 중앙위원들이 모인 자리에서 결정되었다.

그리고 웅판 외에 적어도 다른 5 명의 정부 관리 및 군인들이 별도의 민주당 조직을 꾸민 혐의로 체포되었다.

라디오 방송은 또 정부는 쿠데타 음모를 물리쳤다고 하였는데 공모자들의 이름은 밝히지 않았다.

헌법에는 결사의 자유가 명시되어 있지만 당시는 공산당이 국가를 지배하는 정당이었다.

웅판이 출감한 뒤에도 훈센은 아직 그를 친구로 생각하고 있었다.

그리고 마음속으로 이미 용서하였다.

1992 년 초, 훈센은 웅판에게 은색 도요다 크라운 차를 선물하였다.

그러나 야심이 아직 남은 웅판은 조용히 있기를 거부하였고 정부에 다른 도전을 시작하였다.

이 때 나라의 정치 분위기는 크게 변하고 있었는데, 경직된 일당 국가 체제에서 다당제로 서서히 변화하고 있었던 것이다.

정체불명의 암살자에 의해 정치인 암살이 횡행하던 당시의 상황을 종식시키기 위해 국민 총선거를 준비하고 있던 UNTAC 에 의하여 새로운 자유 민주제도가 만들어지고 있었던 것이다.

판단이 잘 못되었는지는 모르겠지만, 웅판이 캄보디아에서 처음으로 인권을 위한 독립적인 단체를 만든다고 용감하게 선언을 함으로써 드디어 민주주의가 뿌리를 내리는가 싶었다.

그러나 어떤 힘 있는 사람들은 이 짓을 좋아하지 않았다.

1992 년 1 월 타크마우에서 프놈펜으로 어린 아들과 같이 예의 은색 도요다 크라운을 타고 오던 중 그는 정체불명의 저격자로부터 총격을 받고 목과 어깨에 세 발의 총상을 입었다.

극적으로 종이 한 장의 차이로 어린 아들은 총알을 피했다.

그러나 중상을 입은 웅판은 곧 근처 병원으로 옮겨졌고 다행히 서서히 회복을 하였다.

웅판을 수술했던 외과의는 환자의 애기가 이 저격은 정부는 책임이 없는 것으로 알고 있으나 적어도, 정부에 한사람 내지는 정부와 가까운 사람이 사주를 했을 것이라고 했다한다.

병원에서 퇴원을 한 뒤 웅판은 훈센이 개인적으로 보호하여 주었다.

심하게 부상한 41 세의 웅판을 훈센이 옛 우정 때문에 프놈펜의 자기 집으로 옮겨 왔을 때 당원들 중에는 당을 배반한 자를 도와준다고 훈센을 비난한 자도 있었다.

정치 야망을 억제할 수 없었던 웅판은 라나릿드의 푼신팩 당에 입당을 하여 집권당과 훈센간의 가교 역할을 하였다.

1993 년 6 월 임시 연립정부가 수립되자 라나릿드 직속의 부수상으로 발탁되어 투자 유치를 위해 싱가폴과 말레이시아를 두루 다녔다.

그러나 1997 년 4 월 그는 라나릿드가 너무 무능력하다고 발표하고 또 자신도 푼신팩 당 또는 국가를 이끄는데는 적임이 아니라고 하여 제 1 수상 라나릿드와 부수상 웅판간의 밀월은 끝이나 버렸다.

훈센의 CPP 는 재빨리 라나릿드를 비방하였는데 웅판의 주장대로 라나릿드가 보따리를 싸야 한다고 웅판의 발표를 지지하였다.

이 사건은 연립정부의 두 정당 푼신팩과 CPP 간의 곪았던 악감정을 다시 드러내는 꼴이 되었다.

그러나 웅판은 아직도 훈센을 존경하고 있었으며, 1995 년 외무부 장관이었던 노로돔 시리붓 왕자가 꾸민 훈센 암살 음모에 관한 중요한 정보를 미리 알아내고는 즉시 훈센에게 알려주어 그의 충성심을 증명하였다.

마침내 웅판은 1997 년 4 월 푼신팩 당을 탈당하였다.

느끼기에는 웅판은 다시 훈센과 가까워진 것 같고 또 CPP 는 이미 갈등이 생기기 시작한 푼신팩 당의 지도자들을 갈라놓는데 그를 이용한 것 같다.

훈센의 암살 음모를 꾸민 것으로 기소된 시리붓 왕자에 대한 정부측의 입장을 대비하는 데에 웅판은 아주 중요한 역할을 하였다. 프놈펜 법정에서 있은 시리붓에 대한 증인 심문에서 가장 큰 증거는 웅판의 증언으로서 시리붓 왕자가 훈센을 죽이겠다고 직접 이야기 하는 것을 들었다는 증언이었다.

이 때는 웅판이 이미 라나릿드와 헤어진 이후였다.

그는 또 라나릿드가 총선거에 앞서 CPP 와 같은 수준으로 군대를 증강하고 푼신팩이 이끄는 "국가 동맹 전선"을 구축하라는 명령을 내려 국가적인 불안을 조성하였으며 그것은 사실상의 쿠데타나 같다고 비난하였다.

처남 님 찬다라의 말에 의하면 웅판과 훈센은 계속 좋은 친구로 지내고 있으며 1995 년에는 두 사람이 스베이링에 "훈센웅판 고등학교"를 설립했다고 한다.

처남은 훈센이 참 관대한 사람이며 마음이 넓고 부드럽다고 한다.

제 9 장 격동

똔레 강변의 회담

유연하게 손목을 움직이며 훈센은 불쑥 555 담배를 내 밀었다.

담배를 안 핀다고 하자 훈센은 흔히 흡연자들이 비흡연자에게 하듯, 안다는 듯이 빙그레 웃으며 담배 불을 붙여 물었다.

1992 년 1 월 1 일 새해 첫날에, 프놈펜의 국무회의 건물에서 우리는 훈센과 이야기를 나누고 있었다.

검게 그을린 얼굴의 태연한 표정과 부드러운 크메르 억양은 전혀 어제 저녁 망년회 땜에 피곤한 사람 같지가 않았다.

프놈펜의 환락은 상상할 수가 없을 정도이다.

어제 망년회에 캄보디아 사람들이 흥청대야 할 이유는 사실 없었다.

작년 10 월에 파리 평화협정이 체결되었음에도 불고하고 묵은 원한은 깊어만 가고 있었다.

비록 일시적인 평화는 돌아왔지만 절대다수의 캄보디아 사람들은 극심한 가난에 헤매고 있었던 것이다.

평화협정 덕택에 그래도 생활이 조금은 나아지긴 했다.

그 반면에 유엔 임시 통치단(UNTAC-United Nations Transitional Authority in Cambodia) 휘하의 22,000 명 평화유지군들 때문에 쌀과 감자가 시중에 바닥이 나버려 물가는 하늘로 치 솟았다.

대단한 유엔의 새해 선물이었다.

미국 상원의원 "스테판 솔라즈"와 회담 일정이 있는 훈센을 만나기는 매우 힘들었다.

안내를 맡았던 "랭소체아"는 제 2 수상의 수석 보좌관인 참쁘라싯드 옆으로 우리를 밀어 붙였다.

우리는 제 2 수상을 만나고 싶다고 하였고 예의바른 그는 훈센에게 말을 전하겠다고 하였다.

우리는 희망을 갖고 기다렸다.

솔라즈 미 상원의원이 도착하여 훈센의 내각 수행원들을 뒤로하고 국무회의 건물의 입구 계단을 오르자 우리는 카메라를 들이댔다.

그런데 고물 카메라의 플래시가 꺼지지를 않았다.

"여보, 당신 플래시 고장이야!" 솔라즈는 훈센 접견실로 들어서며 우리한테 한 마디를 던졌다.

약 40 분을 밖에서 초조하게 기다리고 있는데 한 공무원이 우리 쪽으로 다가왔다.

그리고는 훈센이 만나는 주겠는데 시간이 많지 않다고 했다.

우리는 얼마나 시간을 가질 수 있겠냐고 물었다.

"한 45 분쯤 요" 공무원이 대답했다.

방안에는 측근으로 보이는 네 명의 고위 공무원들이 앉아 있었는데 모두 흡연자들이었지만 그들의 위대한 지도자 앞에서 꾹 참고 있었다.

훈센은 베트남이 만들어 낸 인물로 통상 알고 있었다.

그런 인식에는 약간의 근거도 있었다.

수백만 캄보디아 극빈자들은 훈센에 대해 양면적인 감정도 가지고 있었다.

많은 사람들은 그가 유일한 희망이라고 생각했고 동시에 또 너무 믿는 거 아니냐고 비꼬기도 했다.

해방군으로 의기양양하게 캄보디아로 돌아온 뒤로 훈센은 정치적인 합법성을 얻기 위하여 몸부림쳤다.

그것은 이미 잃어버린 한쪽눈보다 더 많은 희생을 요구하는 투쟁이었다.

측근들은 건강이 나빠졌다고 걱정들도 하였다.

4 개 당파들 및 유엔의 5 개 상임이사국들과 평화 회담을 진행하는 동안 몇 번 졸도를 하기도 했다.

어떤 참관인들은 그가 동정심을 얻기 위하여 수작을 부린다고도 했다.

그의 대부분의 일들도 그랬듯이 졸도한 것까지도 가짜로 의심을 받았다.

어렸을 적 그의 애처로운 모습은 내전을 치르는 동안 없애버렸고 캄보디아라는 정치 밀림 속 생존 전쟁에서 최후에 살아남은 노련한 정치가 같은, 믿음직한 개성으로 점차적으로 바꾸어 갔다.

적으로 가득찬 국내, 외의 정치 풍토 속에서 오로지 성공을 위해 살아 남아야 했다.

친구는 별로 없는 대신에 서방의 강대국들 뿐 아니라 그의 정부를 하노이의 애완견으로 보는 인근의 반공국가들까지도 적이었으며 또 당의 내부에도 반대 세력이 있었지만 그러한 모든 장애물들은 순풍에 돛단 것 같은 그의 출세 가도에 유성과 같이 사라지는, 일시적인 것에 불과했다.

훈센은 어렵고 난해한 정치 문제에 관한 지혜를 정부의 미숙한 관리들에게 참고가 되도록 제시하여 주기도 하였는데 1991 년 12 월 초, 평화협정이 서명되고 아직 두 달이 안 된 때에 그는 이미 1993 년 5 월의 총선거가 끝나면 CPP 는 왕정파인 푼신팩과 연립정부를 구성해야만 할 것이라는 예견을 하였다.

한번은 시아누크가 훈센과 같이 콤퐁참을 방문함으로써 콤퐁참 주민들에 대한 대민 관계에 있어 하나의 큰 홍보가 되었었고 또 그의 정당이 나중에 정부에서 주요한 위치를 맡을 수 있음을 시아누크에게 재확인 시킬 수 있는 기회가 되었었다.

그 행사에서 시아누크는 콤퐁참 주민들에게 자기가 마지막에 콤퐁참에 왔던 때는 1976 년이었는데 그 때는 크메르 루지에게 끌려 왔었음으로 나는 자유롭지가 못했었다고 했다.

훈센은 시아누크를 기분 좋게 하기 위해 모든 일에 다 신경을 썼다. 프놈펜에서 콤퐁참으로 가는 125km 의 길옆으로 많은 장대를 꽂고 수백 개의 국기를 게양했다.

그리고는 주민들에게 왕자가 방문한다는 것을 알려 길옆에서 왕자를 힐긋이라도 볼 수 있게 하였다.

그러나 이런 대민 홍보의 뒤에 숨은 참상을 시아누크는 알고 있었다.

그 일년 전에 시아누크는 "황혼의 우리 마을"이라는 영화를 만든 일이 있는데 캄보디아 시골의 힘든 생활상을 그린 영화였다.

시아누크는, "나는 행복과 불행이 공존하는 캄보디아 시골의 진정한 모습을 보고 싶었다.

그 마을의 주변에 지뢰가 있을지도 모르는 논과 들이 있고, 용기와 낙심과 또 어떤 이는 희생을, 또 다른 이는 자포자기를 한, 도시와 시골의 현재 있는 그대로의 삶의 차이점, 그리고 국내의 대 화합이 아직 불확실하게 진행하고 있는 상태 하의 캄보디아의 불투명한 미래 등을 직접 느끼고 싶었다" 라고 하였다.

신년 새해에 우리와 얘기하고 있는 그는 아직은 과거의 상처를 치유할 수 있는 명약을 준비하지 못한 것 같았다.

우리는 훈센이 귀빈 접견을 하는 호화로운 방에 있었다.

우리 바로 앞에 그는 별 성과는 없었지만, 솔라즈 미국 상원의원과 회담을 했다.

미국은 아직 어떤 양보나 무역 봉쇄의 철폐를 할 생각이 없었던 것이다.

우리는 정교한 조각을 한 황금색 칠이 칠해진 큰 의자에 앉았다.

짙은 양복에 무게 있는 넥타이를 맨 훈센은 차관급인 통역 "욱키만"을 통해 크메르 인사로 우리를 맞이했다.

비록 학교는 제대로 다니지 않았어도 훈센은 몇 마디의 영어를 제법 구사하였다.

또 프랑스어와 러시아어도 몇 마디를 할 줄 알았다.

그 해는 훈센에게 좀 편한 한해 같기도 했다.

윤이 나는 검은머리를 단정하게 가름을 타서 옆으로 붙이고 혈색이 아주 좋아 보이는 얼굴은 40 세의 나이보다는 훨씬 젊어 보였다.

그러나 그의 정교하게 만들어 넣은 외제 유리 눈알도 흥분을 해서 눈가를 씰룩거리면 이물질처럼 무기력하게 보였다.

그는 연신 담배를 피워댔고 말을 시작하기 전에는 깊이 빨아들이는 버릇이 있었다.

그래서 말을 할 때는 말과 같이 연기가 계속 입에서 뿜어 나왔다.

우리가 주로 질문한 것은,

나라가 현재 당면한 가장 큰 위기는 무엇인가?

크메르 루지를 재판에 회부할 수 있는 방안을 그의 정당이 세우고 있는가?

또 어떤 시점이 되면 크메르 루지의 잔학했던 대 학살을 재판에 회부하는 것을 국민들이 원하리라고 보는가? 하는 등이었다.

"나는 크메르 루지를 재판에 회부하는 일은 절대로 중단되지 않을 것으로 보는데 그 이유는 많은 국민들이 정의의 구현을 보고 싶어 하기 때문입니다.

크메르 루지에 대한 대중의 분노는 희석될 수가 없습니다.

비록 여러 국가들이 크메르 루지를 포함시킨 파리 평화협정에 서명 하였지만 그들 모두 크메르 루지를 심판하기를 원합니다.

내 생각에는 새 정부가 이 일을 결정해야 할 것 같습니다".

그러나 중국이 지원해 준 막대한 양의 무기를 내려놓아야만 하는 무장해제를 거부하여 평화협정을 정면으로 위반하고 있는, 크메르 루지에 대한 그의 인내심은 점차 흐려 가는 것 같았다.

그해 첫날에, 아니 이미 그 전에 유엔의 무장해제 및 군대 해산 요구를 거절하고 평화협정을 철회한 크메르 루지에 대해 그는 엄중한 경고를 하였었다.

"평화협정은 100% 이행되어야 합니다.

물론 과정에 어려움이 있다는 것은 알고 있습니다.

그리고 크메르 루지들이 무기를 은닉하고 군대를 밀림 속에 감추고 있는 것도 압니다.

유엔은 이 임무를 수행해야할 책임이 있습니다".

거느리고 있던 55,000 명의 군대가 유엔에 의해 확인이 되었고 일부는 해산을 위하여 병영 내에 주둔하고 있는 상황에서 훈센은 크메르 루지가 병력 문제에 대해 속이고 있다고 비난하였던 것이다.

그는 매우 현명하였다.

한번도 질문을 피하지 않았다.

대담 중에 시계를 보는 일도 없었다.

또 입회한 네 명의 측근들도 면담시간이 다 되어간다는 암시적인 눈짓조차 하지 않았다.

반대로 국가에 관한 토론이 시작되면 그는 세 번이나 담배를 피우는 여유까지 보였다.

그 주말에 훈센 정부는 "조지 부시" 미국 대통령이 대 캄보디아 경제 봉쇄를 풀어주어 크게 사기를 얻었다.

그렇다고 미국의 행동이 훈센 정부를 지원 내지 인정한다는 암시는 아니었다.

미국의 경제 봉쇄 해제는 시아누크가 귀국하였고 또 인제 캄보디아가 더 이상 건달 국가는 아니라는 것을 세계에 알리는 워싱턴 식의 공식 통보 였다.

이 사실은 또 훈센이 아직 꽉 쥐고 있는 캄보디아 경제 체제에서 사업을 해도 좋을 것이라는 약간 혼란스럽기도 한 암시를 기업 사회에 주었다.

부시 행정부는 경제에는 귀신들이었으므로 캄보디아를 영원히 경제 봉쇄하는 것이 옳지 않고 이제는 풀어줄 때가 되었다고, 또 명분도 있다고 판단했던 것이다.

이 선물은 또 나중 1991 년 11 월에, 1979 년부터 베트남군의 주둔이 있은 이래 캄보디아와 관계를 끊었던 싱가폴이 자체 투자 제재를 해제하는 선물과 함께 훈센에게는 절대 적지 않은 승리였었다.

즐거운 표정으로 훈센은, "정말 좋은 소식이었지요.

싱가폴이 우리나라에 외국인 투자를 촉진하기 위해 경제 제재를 풀어준다는 소식은 우리에게 크게 용기를 주었습니다.

나는 외국인 투자자들만 빨리 와 준다면 우리 스스로 우리 경제를 일으킬 수 있다고 믿었습니다".

경제 제재가 풀리기 전에 이미 여러 싱가폴 투자자들이 호텔과 관광 사업 분야에 경화를 투자하고 있던 상황에서 싱가폴이 캄보디아의 가장 큰 무역 동반자로 떠 오른 것은 훈센에게는 정말 행복했던 일이었다.

이 개척자 같은 투자자들은 훈센 정부와 직접 계약을 하였고 훈센은 오기로 투자 승인을 적극적으로 해 주었던 것이다.

1991 년 말에, 훈센 정부는 태국, 싱가폴, 프랑스, 말레이시아 및 호주 등의 22 개국으로부터 3 억 5 천만 달러의 외국 자본 투자 계약을 했다.

훈센은 동의를 구하는 듯, 우리를 쳐다보고는 다시 방안을 천천히 죽 둘러보면서 말을 이었다.

"우리가 1993 년 선거 때까지 기다릴 필요는 없습니다.

차라리 지금부터 외국인 투자 유치를 시작해야 합니다.

그 긴 전쟁이 끝나고 인제 막 평화협정이 맺어졌으므로 캄보디아가 평화 정착이 완전히 되었다고는 아직 속단할 수는 없겠지만 그래도 외국 투자자에게는 매우 관심이 높은 곳임에 틀림이 없습니다.

그러나 투자법은 완전히 준비해 놓고 있습니다".

그의 방침은 투자자만 유치하는 것이 아니라 정부의 합법성을 확립하는 데에도 크게 치중했다.

훈센이 말은 하지 않았지만 외국 투자자들이 정부의 합법성을 인정하는 결과가 되며 또 노다지를 노리는 외국의 기업가들은 정부의 말을 믿고 또 잘 들을 것이기 때문이었다.

훈센이 가장 힘들었었던 평화 회담 때에 외국의 투자자들은 훈센의 정략적 배경에 좋은 보탬이 되었던 것이다.

외부 세계들이 무모하게 훈센 정부를 벌주고 있었으므로 9 백만 캄보디아 국민들이 고통을 받고 있는 것은 하나의 어이없는 비극이었다.

극심한 기아 속에서 열악하기 그지없는 주거 생활을 하고 있는 이 사람 들은 사실 세계가 큰 타격을 입힌 봉쇄 때문이었다고도 할 수 있다.

훈센은 국가를 고립시키려는 위협에서 벗어났다.

그는 우방국인 소련으로부터 무역 신용과 기름을 긴급 원조 받았고 쿠바로부터는 무상으로 달콤한 하바나 산 설탕을 원조 받을 수 있었다.

그러나 아직 주요한 개발 사업을 위한 자금은 전혀 마련하지 못했다.

그는 신경질적으로 담배를 비벼 끄면서 국가 재건 사업을 위한 자금 확보는 조금도 진전이 없다고 했다.

"당신도 알고 있겠지만 이 문제에 대한 보고를 들었습니다.

나도 걱정을 많이 하고 있습니다.

아직껏 우리는 재건을 위한 자금에 대해서는 아무 대안이 없습니다. UNTAC 의 대규모 작전도 자금 부족의 문제가 생길 것입니다".

훈센이 옳았다.

아직은 모든 것이 시기 상조였고, 평화 정착 계획은 아주 서서히 진행 되고 있었으며 단지 3 개국만이 자국의 군대를 유엔군으로 보냈으므로 자금을 풀기 시작했다.

"프랑스는 프놈펜에 전기와 상수도 복구를 위한 지원을 했으며, 태국은 국경 도시 포이펫에서 시소폰까지의 비포장도로의 정비와 기타 지원을 해 주었고, 일본은 내전 때 폭파되어 버린 프놈펜의 똔레바삭 다리를 건설해 주기 위한 준비를 하고 있습니다".

부유한 선진국들이 캄보디아 지원에 대한 열의가 없음을 깨우친 훈센은, "이러한 현실 때문에 내 생각에는 민간 투자 부분이 경제 재건의 주역을 맡을 것 같습니다". 라고 앞날을 예측했다.

원대한 경제 계획을 펼쳐 보이며 또 말을 이었다.

"정부의 계획부에 의한 초기 사정(査定)평가에는 기간산업 시설 복구에만 12 억 달러가 필요한 것으로 나타났습니다.

우리는 모든 계획에 앞서서 세 가지 사업에 우선권을 두었습니다.

우리나라가 농업 국가이므로 농민이 전 국민의 90% 이상을 차지합니다.

그래서 어떤 집권당이라도 농업 분야의 문제점을 절대로 간과할 수가 없는 것입니다".

두 번째 문제는 운송과 통신에 있었는데 정부가 도로, 교량 및 통신 체제의 복구를 신속히 하지 못하면 경제는 계속 발전을 할 수 없는 것이었다.

세 번째는 전기였는데 전기 없이는 어떤 산업 생산도 할 수 없는 것이다.

훈센의 위치는 골치 아픈 자리임에 틀림이 없었다.

미국, 싱가폴 등이 경제 봉쇄를 하던 당시에 캄보디아의 가장 큰 맹방인 소련 연방은 이미 붕괴가 시작되고 있었다.

1991 년에 이미 소련은 캄보디아에 외상을 제공하던 무역여신 1 억 달러 규모에서 1,200 만 달러로 대폭 삭감을 해 버렸다.

캄보디아의 또 다른 우방인 쿠바도 소련의 원조가 대폭 줄어들었으므로 역시 캄보디아에 더 지원을 해 줄 입장이 못되고 말았다.

그 동안에는 무역여신으로 외상 공급을 받던 소련 기름을 싱가폴로부터 공급받기 위해 접촉을 하니 정유 업자들이 좋은 기회로 보고 쾌히 승낙을 하였다.

이러한 변화 과정은 훈센에게는 골이 아픈 일임에 틀림없었다.

소련 연방의 붕괴는 훈센에게는 지붕이 날라 가 버린것과 같았던 것이다.

"작년에 소련과의 거래는 진전된 것이 없었습니다.

우리 유학생들은 귀국을 해야 했고 또 여기 있던 러시아 교수들도 귀국을 했죠.

소련과 계약된 몇 가지 사업은 제자리에 머물고 있습니다.

그러나 이러한 문제들은 양국간의 정치적 관계로 인해 표면에 나타 내지는 않고 있습니다.

사실, 러시아 사람들이나 소련 연방에서 새로 독립한 각 독립국들은 계속 우리에게 매우 호의적이기 때문입니다".

그러나 다른 나라들보다도 베트남의 지원 삭감은 가장 큰 충격이었다.

하노이 정부는 1989 년 베트남군 철수와 때를 맞추어 원조를 대폭 삭감해 버렸다.

그리고 1991 년 소련이 베트남에 대한 원조를 줄였기 때문에 베트남도 타격이 컸었다.

파리 평화협정에서는 캄보디아의 내전에 주역을 맡았던 중국과 베트남이 더 이상 캄보디아에 간섭하지 못하게 하였으므로 캄보디아와 베트남간의 소위 인도차이나반도 동질성의 정신은 다시 소생하기 어려운 정신이 되고 말았다.

훈센은 이 점을 깊이 생각하면서,

"파리 평화협정의 내용에 위배되는 베트남과의 어떠한 내용의 계약이나 조약도 무효입니다.

평화협정의 내용과 부합되는 것만 효력이 남습니다.

특히, 기술, 과학, 문화 분야의 계약 등입니다.

우리는 베트남하고만 협력하려고 하는 것이 아니라 모든 나라들과 협력을 하고자 합니다".

그 동안 훈센에게 가장 중요했던 베트남과 맺은 방위조약은 파리 평화협정의 내용에 위배되므로 무효가 되었다.

1989 년 베트남군이 완전 철수를 함으로써 훈센에 대한 인상이 매우 좋아졌다.

국제사회의 시각에는 그가 점점 베트남의 손아귀에서 멀어져 독립이 되고 있는 것으로 보였다.

훈센이 겨우 한숨 돌리려고 하는 때에 또 한번 논쟁의 폭풍에 휘말려 들었다.

1991 년 11 월의 평화협정 서명을 한달 앞두고 프놈펜에는 훈센 정부의 장관들이 극도로 부패하였다는 소문이 자자했다.

그러나 그것은 소문뿐이었지 실증을 할 수가 없었다.

한 인력거 운전사는 장관들이 살고 있는 호화 저택을 지나치며 한마디 않을 수가 없었던가 보다.

새로 흰색 벽을 잘 단장한 늘어선 장관들이 사는 고급 주택가를 가리키며, "저 사람들 월급은 쥐꼬리만 한데 어떻게 저렇게 잘 살까요?" 하고 한마디 하였다.

훈센 정부의 한 공무원도 한마디 하기를,

"1979년에는 아무도 개인적으로 돈을 가지고 있지 않았습니다.

또 집이나 차를 가진 사람들도 없었습니다.

그러나 10년도 안되어 높은 분들은 대단한 부를 축적하였고 이런 현실은 우리에게 대다수의 사람들이 아직 지독한 가난에서 헤매고 있는데 이 장관님들이 어떻게 저런 큰 부자가 될 수 있었나하는 의문을 갖게 합니다".

시아누크가 1991년 후반에 귀국하였을 때 그가 처음 느낀 것은 사람들의 사는 모습이 현저한 차이가 있다는 것이었다.

하나는 프랑스식 빌라에서 살고 있는 장관들과 고급 공무원들이었고 다른 하나는 대다수의 가난한 사람들이 자전거 한 대는 커녕 겨우 육신과 영혼을 실 가닥처럼 이어놓을 수 있는 소득으로 연명하고 있는 것이었다.

시아누크는 그냥 참고 있기가 힘들었다.

그래서 그는 훈센 정부의 부패를 비난하는 성명을 내었다.

시아누크 측근의 한 사람인 "쥬리 젤데"는 훈센 정부의 큰 도둑질 에서부터 좀 도둑질까지 광범위한 증거 수집에 나섰다.

그의 말은 공무원들이 국가 소유의 땅과 건물, 공장에서부터 가구까지-전구, 책상, 의자 등등- 모든 것을 팔고 있다고 했다.

그러나 왕실은 어떤 조치를 취할 수 있는 힘이 없었으므로 타격을 주기에는 역부족인 주장만 하였다.

한 가지 놀란 것은 정부가 국영 공장을 운영해 내지 못하고 달세를 받고 외국인 투자자에게 임대를 주고 있는 것이었다.

계획부의 한 담당 공무원은, 적어도 60 개 이상의 국영 공장이 외국인 에게 임대되었으며 임대 계약은 공정하게 하였고 장관들이 임대료를 받고 있다고 주장했다.

훈센은 부패 추방을 위한 가장 큰 무기는 발전이라고 한다.

대화가 끝을 맺자 훈센의 한마디 한마디를 열심히 받아 적고 있던 측근 무리들은 해방이 된 것 같이 보였다.

훈센은 만면에 웃음을 띄우며 이별을 했다.

우리가 훈센과 인터뷰를 할 수 있었음에 안내를 맡았던 소카는 매우 즐거워 보였다.

나중에 소카는 "훈센이 기자들을 만나는 것이 흔하지 않은데 참 믿어지지 않네요"라 했다.

또 훈센이 캄보디아 정부의 새로운 정책 방향에 대해 많은 이야기를 했으므로 인터뷰 내용을 잘 검토해야 될 것 같다고도 했다.

우리가 두 번째로 훈센을 만난 것은 1993 년 1 월 5 일 프놈펜에서였다.

그 때 훈센은 외국 사절의 숙소로 주로 사용하던 크메르식 건물인 시내 "참카몬"(누에밭이란 뜻) 궁에서 일단의 사회봉사 요원들에게 얘기를 하고 있었는데 궁안에는 각국의 NGO(Non Government Organization) 에서 온 봉사 요원들과 유엔 직원들, 그리고 기자들로 붐비고 있었다.

우리가 가까이 다가가자 훈센은 우리를 바로 알아보았다.

"How are you two?" 라고 훈센이 인사를 받아 주었고 인터뷰를 하고 싶다고 하자 쾌히 승낙을 하였다.

"따라 오시오, 조용한 딴 방으로 갑시다"하며 우리를 안내하였다.

훈센은 누구를 만날 때 측근들의 건의를 잘 듣지 않고 혼자 결정하는 스타일이었다.

그는 회의장을 힘차게 걸어 나가서는 외교관들과 언론인들이 북적대는 복도를 지나 다른 큰방으로 통역 욱키만을 데리고 들어갔다.

또 롤렉스 금딱지 시계를 차고 있는 고급 장성 한 명도 데리고 들어갔는데 이 롤렉스 금통 장군은 인터뷰 동안 시종 일관 조용히 앉아 있었다.

방은 매우 우아하게 꾸며져 있었는데 캄보디아의 전통 양식이나 장식은 아니었다.

바닥은 훈센과 친밀한 하노이를 금새 연상케 하는 베트남 풍의 두터운 양탄자가 깔려 있었고 벽에는 캄보디아의 농촌 생활을 그린 큰 그림이 걸려 있었다.

롤렉스 금통 장군은 한마디쯤 얘기를 거들 법도 했지만 훈센은 전혀 그의 조언이 필요하지 않은 것 같았다.

이 시골 청년은 41 세의 나이로 보기에는 너무 성숙한 것 같았다.

그에게는 다른 정치 경쟁자들보다 유리한 점이 하나 있는데 바로 나이가 젊다는 것이었다.

총선거를 5 개월 앞두고 있던 그날 아침, 그는 만약 5 월에 선거를 치르지 못하면 자연히 2000 년까지는 선거가 보류된다고 하면서 그 때가 되면 자기는 48 세 이겠지만 다른 늙은이 정적들은 많이 저 세상 으로 떠나고 난 뒤일 것이라고 했다.

그날 아침은 그에게 또 하나의 힘든 시작이었다.

BBC 방송에서 시아누크가 훈센 정부나 UNTAC 에 협조하지 말라는 대 국민 성명을 발표했다는 뉴스가 나왔다.

시아누크의 분노는 CPP 행동 주의자로 보이는 자들에게 푼신팩 당원이 살해당한 사실 때문이었다.

외교가에서는 훈센은 직접 관계가 없겠지만 훈센의 개혁주의를 싫어하는 CPP 당내의 과격파들이 저지른 일일 것이라고 생각했다.

CPP 안에서는 평화협정 자체가 당의 이익을 팔아버린 것으로 보는 부정적인 자들이 제법 있었고 또 이들은 투표함을 목전에 두고 그들의 정치적 권리를 지키기 위해 투쟁을 계속하기를 원하고 있었던 것이다.

그러나 많은 정치 풍파를 겪은 훈센은 시아누크가 비록 화합의 배를 흔들어댄다는 뉴스에도 조금도 당황하지 않았다.

푸른 재건복 복장을 한 훈센은 1 년 전보다 캐주얼 하게 보였는데 몇 분전에 봉사 요원들이 모인 자리에서 한 연설에서 크메르 루지를 평화협정에서 제외하자고 주장하였고 또 그들을 반란자로 낙인찍고 불법 단체로 규정하여야 한다고 역설하였다.

그러나 유엔군이 진주한 뒤로 캄보디아는 더 이상 훈센의 CPP 가 통치하는 것이 아니었다.

통치자는 인제 UNTAC 이었다.

그래서 훈센은 평화 회담장에서 뛰쳐나가고 무장해제와 군대 해산을 거부하는 크메르 루지 게릴라를 단독으로 불법 단체로 규정할 권한이 없었던 것이다.

UN 은 훈센의 주장을 무시하였다.

그러나 1993 년 5 월의 총선거에 의해 새로 구성될 정부는 크메르 루지의 불법화 문제를 다시 승계 받아 처리해야 했다.

크메르 루지의 입장과는 달리 훈센은 평화협정에 발목을 잡혀야 했다.

그래서 UNTAC 이 요구한 정부의 5 개부서의 행정권을 UNTAC 에 이양했다.

이러한 제스쳐로 훈센은 UN 으로부터 약간의 선물을 얻기도 했다.

UNTAC 에서 많은 급여와 위험수당을 받는 외국 장군들과 또 고급 관리들과 같이 일을 하면서 얻은 경험은 무엇이냐고 묻는 질문에 훈센은 갑자기 점잔을 빼며, "UNTAC 과 협력하는 일은 파리 평화협정의 골격 안에서 우리가 해야 할 임무라고 생각합니다.

재무(財務)적인 문제에 있어서, UNTAC 의 통제는 기술적인 지원으로 생각하고 있는데 UNTAC 의 통제를 보면서 어떻게 통화팽창을 막는지 또 어떻게 공무원들의 부정행위를 예방하는지를 배웁니다".

폐 속에서 니코틴을 즐기는 듯 길게 담배를 빨아들이고는 천천히 다음 질문을 기다리고 있었다.

CPP 는 5 개부서의 행정권을 UNTAC 에게 이양하여 평화협정을 준수하였지만 크메르 루지는 권한 이양을 하지 않았는데 이 것이 평화협정에 끼친 예외적인 영향은 무엇인가? 라고 물었다.

훈센은 갑자기 흥분을 한 듯하며,

"우리는 평화협정에 서명한 모든 다른 단체들에게 UNTAC 이 동등하게 업무 집행을 해 주기를 주장합니다.

물론 우리는 크메르 루지가 말을 듣지 않을 줄 잘 알고 있습니다.

그러나 크메르 루지가 평화협정 준수를 않는다고 시비를 하면서 우리도 평화협정을 준수하지 않으면 결국 크메르 루지의 함정에 빠지는 꼴이 되는 것입니다.

그러므로 우리는 주장하고 또 요구하기를, 크메르 루지를 평화협정 대상에서 제외시켜야 한다는 것입니다".

그는 또 화살을 라나릿드와 손산의 정당으로 돌렸다.

"이 두 정당들도 말이지요, UNTAC 이 비슷한 통제를 가하여야 한다고 우리는 주장합니다.

특히 재정적인 문제에 대해서 감시를 철저히 해야 되는데 선거에 돈 바람이 불어서는 안 되기 때문입니다.

사실 의문은, 이 두 정당들이 선거 운동을 하는데 쓰는 돈이 어디서 나오고 있느냐 하는 것입니다.

예를 들면 고무 농장을 가진 것도 아니고, 제조업을 하는 것도 아니고, 농사를 짓는 것도 아니고 세수(稅收)가 있는 것도 아닌데 도대체 재원(財源)이 무어냐는 겁니다.

그러면 외국에서 지원을 해 주고 있는 가요?

또 만약 그렇다면, 즉 외세에 의존한다면, 그것이 평화협정을 준수하는 겁니까?

이것이 또 유엔이 만들려고 하는 중립적인 정치환경 조성 정책을 준수하는 겁니까?".

그 날 화요일 아침에 훈센의 또 하나의 큰 걱정은 크메르 루지가 점령지역을 확장하고 있다는 소식이었다.

이른 아침에 정부군의 장군은 게릴라가 어떻게 점령지역 확장을 하고 있는지를 보고하였다.

크메르 루지가 투표에 참가하는 사람들의 손목을 실지로 잘라 버릴 것이므로 시골의 일반사람들은 공포에 휩싸이기 시작했다.

시골 멀리 파견 나가 있던 유엔의 선거 관리인들도 공포에 싸이기는 마찬가지였다.

훈센은 "크메르 루지가 더 확산하지 못하게 우리가 적절하고도 신속한 대책을 세운다면 선거에는 아무 지장이 없을 것이다"라고 경고하였다.

문제는 UNTAC 이 벌써 20 억 달러라는 막대한 자금을 소비하고도 5 개월 앞 둔 선거를 집행할 환경조차 조성하지 못하고 있었던 것이다.

사실 그 돈은 유엔 소속 인원의 인건비와 그들의 사치스런 주거비에 큰 지출을 한 것이다.

크메르 루지를 평화 회담장으로 끌고 나오지 못하는 UNTAC 을 비난한 것은 캄보디아 신문 뿐 아니라 외국의 언론도 마찬가지였다.

훈센도 역시 화를 내며, "UNTAC 이 임무를 수행할 용기가 없다면, 그리고 크메르 루지의 위협에 항상 도망만 다닌다면, 또 크메르 루지의 공격에 대한 우리의 자위권을 인정하지 않는다면, 선거 자체가 많은 문제점을 당면하게 될 것이고 심지어 선거를 할 수 없게 될지도 모르는 결과가 될 것이다".

"아직도 때는 늦지 않았다. 아직도 옳은 해결책을 모색할 여유가 있다" 고 하였다

그 조용한 아침에 크메르 루지의 위협은 훨씬 커진 것 같았다.

만약 나라를 분할하지 않을 수 없는 상황까지 갔을 때 크메르 루지에게 조그만 땅덩어리 하나 떼어 주면 어떨까 하고 물어보았다.

"우리는 나라의 분단은 용납할 수가 없습니다.

또 반란도 용납할 수 없습니다.

태국과 말레이시아가 이런 문제를 제기하였고 공통적인 해결 방안을 찾았습니다.

만약 크메르 루지가 무력으로 권력을 탈취를 시도한다면 그의 정부가 다시 무장을 하고 싸울 것인가에 대해, "현재 우리 말고는 크메르 루지의 위협에 맞설 군대가 캄보디아에 없습니다.

우리 군대가 자위권을 행사하지 않았다면 아마 유엔 평화유지군은 벌써 캄보디아에서 도망가 버리고 없을 것입니다.

다른 당들은 크메르 루지의 행동에 대해 잡음만 일으켰지 그들과 맞설수 있는 아무런 능력이 없습니다.

State of Cambodia(SOC)정부가 아직 있는 한, Cambodia People's Party(CPP) 정당이 있는 한, 그리고 행삼린, 치아심, 훈센이 있는 한 크메르 루지는 절대로 그들의 체제를 복귀 할 수 없습니다.

국민들은 정말로 우리 당을 믿고 있는 것이지 다른 정당을 믿고 있는 것이 아닙니다".

그는 또 히죽 히죽 웃으면서 한마디했다.

"캄보디아 사람들이 농담을 시작했는데요,

크메르 루지군이 쳐들어오면 유엔군들이 캄보디아 사람들 보다 더 빨리 도망 한대요.

왜냐하면 도망갈 때 비행기도 있고 차도 많아서 그렇대요.

캄보디아 사람들은 소달구지하고 자전거 밖에 없거든요".

"캄보디아 경제에 대한 UNTAC 의 단기적 영향"이라는 표제의 UNTAC 보고서에서 150% 이상 치솟은 통화팽창이 유엔군 때문이 아니고 훈센 정부 때문이라는 비평을 받아들일 수 있는가 하고 묻자 훈센의 진짜 불평이 터져 나왔다.

UNTAC 은 훈센 정부가 국고가 부족하면 돈을 막 찍어냈기 때문이라고 비난하였는데 일부 전문 경제학자들은 22,000 명의 유엔군이 20 억 달러의 돈을 캄보디아에 쏟아 부은 것 때문에 일반 서민이 도저히 생각지도 못할 정도로 식품이나 주택 값을 상승시켰다고 분석하였다.

훈센은 무분별하게 인쇄기를 돌려서 통화팽창을 유발했다는 주장을 반박하였다.

"경제안정 정책을 이행하기 위하여 우리는 예산의 범위 내에서 자금 집행을 하자는 내부적인 합의가 있었습니다.

벌써 4개월간 돈 찍는 인쇄기를 돌리지 않았습니다.

그리고 가능하면 더 돈을 찍지 않으려고 하고 있습니다".

"UNTAC은요, 전반적인 캄보디아의 경제 문제에 있어서는 책임을 지지 않으려고 합니다.

경제의 불안정과 통화팽창에 UNTAC이 전적으로 책임이 있다고 주장하는 것은 아닙니다.

그러나 그들이 경제안정에 이바지한 것이 없다는 것은 인정해야 합니다.

그들이 현재 주둔하고 있고, 국내에서 소비를 증가시키고 있고, 그래서 물가를 상승시키고 있다는 것입니다.

먹어야 하는 입은 많이 늘어났는데 우리 나라의 식료품 생산은 늘어난 게 없거든요".

진리는 항상 단순한 이론에서 나온다.

당시 유엔군의 주둔과 덩달아 온 언론인들, 심지어 특종을 노리는 파파라치까지 합치면 프놈펜은 3만이 넘는 외국인이 있었다.

물론 이 숫자에는 십만이 넘는 베트남 상인이나 윤락녀들은 포함하지 않은 숫자다.

주택 임대는 월 50달러 방 2개짜리가 500달러에 임대되었고 요즈음 월 700달러쯤 하는 방 5-6개짜리 빌라는 월 5천 달러에도 구할 수가 없었다.

물론 전기나 수도가 제대로 들어오는 것도 아니었다.

또 베트남에서 넘어온 적어도 1 만 명 이상의 젊은 매춘부들이 밤이면 크메르 루지 대신 유엔군 사냥을 위해 온 시내 뒷거리를 뒤지고 다녔다.

유엔군들은 낮에는 크메르 루지에게, 밤에는 베트콩 여자에게 시달렸다.

베트남에서는 한 달에 10 달러 벌기가 힘들었는데 유엔군을 상대하면서 월 2 천 달러 이상을 벌어서 고향에 집사고 논밭 사고 혼다 오토바이 산 여자들이 수천 명은 넘었다.

지금도 그렇지만 베트남 사람들은 2-3 달러만 주면 쉽게 국경을 넘어올 수가 있었다.

또 동남아에서 온 유엔군들이 캄보디아에 HIV 를 선물하고 간 것도 사실이다.

"통화팽창의 또 다른 중요한 원인은 유엔군과 유엔 민간 고문단들이 미국 달러를 우리 돈 "리엘"로 바꾸지 않고 바로 달러를 사용했기 때문입니다.

이 일은 우리 화폐 "리엘"의 신용 가치를 떨어트렸습니다.

이것은 매우 중요한 문제인데 돈을 믿지 않으니 정책도 못 믿는 거죠. 그래서 피해가 대단히 컸습니다".

UNTAC 의 아카시 단장에게 유엔 소속 사람들이 리엘 화폐를 쓰도록 해달라고 부탁 했었나요?

"나는 1992 년 8 월부터 두 번이나 이 문제를 아카시 단장에게 제시 했습니다.

그리고 그는 검토해 보겠다고 약속했습니다".

"또 이틀 전에도 나는 아카시 단장에게 메모를 서명하여 보냈는데 유엔의 예산이나 유엔 소속 사람들의 급료에서 10%만이라도 리엘로 바꿔서 국내 시장에서 쓰도록 해 달라는 내용이었습니다.

그런데 아직까지 회답을 못 받고 있습니다".

드디어 일본인 아카시 단장으로부터 회신이 왔다.

아무리 봐도 UNTAC 이 캄보디아에 해를 끼쳤다는 주장이나 그 책임 소재에 UNTAC 이나 자기는 전혀 관계가 없다는 대답이었다.

채소 장사의 말은 유엔군이 싹쓸이를 해가므로 해서 감자 값이 종전 250 리엘에서 1992 년 12 월에는 450 리엘을 주고도 사기가 어렵다고 했다.

또 장사꾼들이 머리가 깨치자 매점 매석을 시작하여 쌀값은 다섯 배로 올라 버렸다.

아카시 단장은 이런 시급한 상황에서도 전혀 관심을 주지 않다가는 1993 년 4 월에야 유엔이 캄보디아로 쌀 수입을 고려 중이라는 말을 했다.

훈센의 머리 속에는 더 큰 문제가 자리잡고 있었다.

정부 예산에서 30%의 적자가 날것 같다고 고백했다.

이 말은 개발 계획의 3 분의 1 에 대한 자금이 부족하다는 뜻이었다.

"World Bank 의 보증에는 1993 년에 캄보디아에 7,500 만 달러의 원조가 있기로 되었는데 그 중에서 3,500 만 달러를 내수용 소비재 수입으로 돌릴 것이라 합니다.

만약 이러한 원조를 정말 준다면 우리의 적자가 줄어들겠지요"하며 빙그레 웃는다.

발전소와 관개수로 개발 자금으로 책정된 8,000 만 달러어치의 장기 저리 융자를 아시아개발은행(ADB)은 선뜻 결재해 주었지만 세계은행 (WB)의 융자는 쉽지가 않았다.

훈센이 세계은행에 융자를 해 달라고 신청을 했지만 실패하고 말았다.

며칠 뒤 UNTAC 의 경제담당 부 고문으로 있던 세계은행 소속 마이클 와드는 7,500 만 달러의 융자가 초기 승인은 났었는데 마지막에 결재가 부결되었다고 했다.

그는, "세계은행이 캄보디아에 7,500 만 달러의 융자를 해 주면 세계 자본시장에서 바로 알게 되는데, 만약 캄보디아의 정치적 안정이 악화되면 자본시장에 대 혼란이 생기게 됩니다"라고 냉정하게 말했다.

세계은행의 고급 간부가 1993 년 1 월에 캄보디아를 방문하기로 예정되었었는데 캄보디아에 융자해 주는 것이 너무 위험부담이 크다고 은행측이 판단함에 따라 방문이 취소되었었다.

와드는 또 변명같이 융자가 취소된 다른 이유도 있다고 했는데 그것은 북경에 암 치료를 위해 가 있는 시아누크와 UNTAC 이 협상을 하기가 쉽지 않았다는 것이었다.

융자를 재가(裁可)받기 위해서는 국가최고회의(SNC)의 의장인 시아누크의 서명과 날인이 필요했는데 그 때 시아누크는 그 서명을 거절했었다고 한다.

이런 사실의 폭로는 그가 국민들의 참상에 무관심하였다는 것을 나타내었고 국민들은 좀 더 긴 시간을 고통으로 보내야 했던 것이다.

한시간 정도의 대담은 인제 끝을 맺을 때가 되어 우리는 훈센과 또 크메르 루지와의 땅 따먹기에 지고 있는 롤렉스 금통 장군과 악수를 하고 헤어졌다.

5 월 3 일 크메르 루지가 앙코르 왓 유적지가 있는 시엠립을 대대적

으로 공격하자 불안해진 기업들의 의욕은 계속 바닥으로 떨어졌다.

크메르 루지군들은 시엠립 시내를 휘저으며 B-40 로켓을 쏘고 중국제 수류탄을 던지며 도시 경제를 마비시키고 또 그달 말의 총선거를 방해하였다.

UNTAC 의 대변인인 "에릭팔트"는 지난 2 년 동안 이 지역에서 가장 큰 공세였다고 발표하였으며 훈센 정부는 또 약 300 명의 게릴라들이 공항과, 발전소와, 시장과 지역 군부대를 공격하였다고 발표하고 5 시간을 끈 시가전에서 14 명의 게릴라를 사살하고 2 명을 포로로 잡았으며 1 명의 정부군과 또 다른 1 명의 푼신팩 측 사람이 사망 하였다고 발표했다.

그러나 에릭팔트는 4 명의 크메르 루지와 1 명의 정부군 그리고 2 명의 민간인이 전투 중에 사망하였다고 발표하였다.

유엔 평화유지군 소속의 뉴질랜드 군이 즉각 반격을 하였고 결국 크메르 루지군을 물리쳤다.

그 후에 시엠립은 다시 정부군이 장악하였다.

이 대 공세의 목적은 결국 경제적인 타격이었는데 캄보디아에서 가장 큰 관광 수입원인 앙코르왓에 관광객들이 가지 못하게 하자는 것이 크메르 루지의 의도였다.

대 공세 이전에도 관광 경기는 침체되어 이미 전년도의 시엠립 시내 호텔 객실 가동률 90%에서 1993 년에는 50%로 떨어져 있었다.

다음날 아침, 캄보디아나 호텔에서 새벽잠을 즐기던 우리를 한 정부 관리가 와서 급히 깨웠다.

그는 몇달 전에 손산의 KPNLAF(Khmer People's National Liberation Armed Forces) 군대에서 이탈하여 훈센의 군대에 가담한 "판타이" 장군을 지금 만날 수 있다고 귀띔하였다.

353

훈장과 금색의 견장으로 장식한 카키색 군복을 차려입은 장군은 시엠립의 공격에 라나릿드의 군대가 가담하였다고 주장하면서 라나릿드의 군대 ANKI(National Army of Independent Kampuchea) 소속 중령 한 명과 사병 한 명을 포로로 잡았다고 하였다.

만약 이 사실이 확인된다면 라나릿드의 푼신팩 당은 아직도 게릴라와 동맹을 맺고 있다는 비난을 받게 되는 것이다.

UNTAC 대변인인 "에릭팔트"는 확인하지도 않고 "확인할 수 없다"는 흔한 대답만 하였다.

그렇지만 UNTAC의 한 유엔군 장교는 년 초에 콤퐁참에서 사살된 크메르 루지군들의 소지품에서 푼신팩 당원증을 발견하였다고 했다.

타이 장군은 또, "우리는 시엠립 전투에서 한 푼신팩 장교가 수류탄을 던지는 것을 목격하였고 또 다른 푼신팩 군인은 그를 오토바이에 태우고 시내를 돌아다녔는데 우리가 사살했습니다.

그리고 한 푼신팩 중령이 중국제 찝차를 타고 시내를 달리며 마구 총질을 하는 것을 사로잡았습니다"라고 하였다.

그러나 타이 장군은 그 포로로 잡은 중령의 이름을 기억하지 못했고 또 그 시간도 기억을 못 했다.

그는 포로로 잡은 중령을 취조하기 위해 프놈펜으로 데리고 올 수 있도록 훈센에게 허락을 요청했다고 했다.

"우리는 그를 2-3일 더 잡아둘 생각입니다"라고 덧붙였다.

훈센의 통역인 욱키만 차관도 그 자리에 있었는데,

"그 전에도 푼신팩 장교들을 현행범으로 잡은 일이 있어요.

그래서 우리는 푼신팩과 크메르 루지가 서로 한패라는 것을 알았지요".

그는 또 시엠립 공세 때 푼신팩 군인들이 크메르 루지들이 쓰는 군용 워키토키를 이용하여 통신 방해를 하였다고 했다.

정치 폭력의 불은 밀림과 도시에서 모두 타올랐다.

캄보디아나 호텔 방안에서도 간간이 들리는 총소리는 흔히 길에서 훈센의 군인들이 장난 삼아 쏴 대는 공포를 듣는 것처럼 선명했다.

1993년의 3월 1일부터 5월 14일 사이에는 선거를 목전에 두고 유달리 폭력이 심했다.

5월 7일에는 "쁘리아 비히르" 성의 "초암크산"에 주둔하고 있던 파키스탄 부대에 크메르 루지가 박격포 공격을 하여 한 병사가 파편에 등을 심하게 부상당했다.

또 전에는 크메르 루지가 아무런 명분이 없는 잔악한 도발을 한 일도 있는데 동료를 콤퐁참 시의 병원으로 데리고 가던 한 콜롬비아인 민간 경찰을 그냥 사살해 버린 일도 있었다.

192년 7월부터 1993년 5월 중순까지 주로 크메르 루지의 공격에 의하여 13명의 유엔 평화유지군과 유엔 민간인이 생명을 잃었으며 54명이 부상당했다.

그러나 몇 건의 사건은 크메르 루지의 짓이라고 하기에는 증거가 불충분한 사건도 있었다.

유엔 소속의 피해자들은 방글라데시, 불가리아, 캄보디아, 콜롬비아, 일본 그리고 필리핀 사람들이었다.

생색 낼 일이 없는 일만 하던 유엔군들만 피해를 입은 것은 아니었다.

정치적 보복 살인의 수라장 속에 캄보디아인들이 캄보디아인들을 죽이고 있었다.

5월 10일에 콤퐁참의 "뜨봉크뭄" 지역에 있던 푼신팩 사무실에서 일하던 한 직원은 훈센의 SOC 정부 요원에게 납치당한 후 살해되어 우물에서 시체로 발견되었다.

UNTAC 의 조사로는 8 명의 푼신펙 당원들이 계속적으로 정치 살인을 저지르는 SOC 요원들에 의하여 살해되었다고 폭로하였다.

같은 시기에 크메르 루지도 3 명의 SOC 요원들을 살해하였다.

유일하게 푼신펙 당원이 SOC 사람을 한 명 쏴 죽였는데 그것은 또 개인적인 다툼이 있어서 그랬다고 했다.

폭력은 기업들을 위축시켰고 투자자들에게 겁을 주었다.

무역 회사들의 이윤은 70%로 줄어들었다.

프놈펜에서 사업을 하는 "리처드 떼오"라는 싱가폴 사람은 50 명 남짓하던 싱가폴 투자자들이 사업을 축소하거나 또 일부는 귀국을 하였다고 하며 그러나 그는 계속 남아 있겠다고 하면서 배짱 없이 돈을 벌 수 있느냐고 반문하였다.

관광 사업은 그야말로 치명타를 받았다.

미국 정부가 캄보디아 여행은 더 이상 안전을 보장할 수가 없다고 발표하자 미국에서 오던 단체 관광객이 뚝 끊어져 버렸다.

또 일본의 단체 관광도 발을 끊자 일본인과 캄보디아인이 공동 투자로 운영하던 한 관광 회사도 문을 안 닫을 수가 없게 되어 버렸다.

다른 일본 회사도 정리, 축소하였고 지점장은 동경으로 가 버렸다.

민간 항공부의 차관인 "텝헨"은 캄푸치아 항공회사의 전무로도 재직하고 있었는데 프놈펜에서 시엠립으로 가는 항공편을 하루 7 회 에서 2 회로 줄였다고 괴로워하였다.

"우리가 얼마나 손해를 보고 있는지 아실 거예요".

미국의 대기업인 "Otis" 엘리베이터 회사에 기사로 근무하는 "칸찬다라"는 1992 년 미국의 경제 봉쇄가 풀린 이후 5 대의 승강기를 팔았는데 금년에는 한 대도 팔지 못했다고 울상을 지었다.

싱가폴 사람들이 전쟁의 공포에 잘 대처하고 있었는데 "우리 회사들은 재고를 줄이고 만약의 경우에 상황이 나빠지면 바로 철수할 수 있게끔 기동성 있게 대기하고 있었다"고 하였다.

공포는 캄보디아 사람들에게도 마찬가지였다.

캄보디아 사람들은 "리엘"을 보유하지 않고 비상용으로 황금이나 미국 달러를 사 모았다.

그러나 프놈펜에 사무실을 개설한 대부분의 일본 큰 상사들은 이런 폭력 사태에도 매우 침착하였다.

한 일본 회사의 상무인 "쯔기오 고부리"는 중국 기업들은 눈앞의 단기적인 이익을 위해 캄보디아에 왔지만 17 개의 일본 회사들은 일본 정부의 원조로 진행되는 주요 기간산업 시설의 공사 입찰을 위해 경쟁하고 있으므로 그대로 남아있을 것이라고 했다.

크메르 루지들은 그들의 저돌적인 군사 행동으로 공포를 조성하는 것 뿐 아니라 파괴적인 발언도 서슴치 않았다.

크메르 루지의 수상인 키우삼판은 1993 년 말에 UNTAC 의 철수와 또 외국 기업들의 철수를 앞두고 발생한 화폐의 평가 절하 현상에 대해 신랄하게 정부를 비난하는 성명을 발표하였다.

삼판은, "프놈펜 시장이 철시를 하고, 상점과 점포들은 약탈을 당할 것이며 시내는 곳곳에서 수류탄이 터질 것이므로 화폐가치는 곤두박질 을 칠 것이다.

아무 가치 없는 "리엘"화폐에 모두 불평을 할 것이며 모두들 프놈펜 괴뢰 도당이 극도로 썩어빠졌다는 것을 알게 될 것이다.

그들은 즉각적인 달러의 원조가 없으면 하루도 지탱할 수 없다.

그러나 그러한 원조에 앞서 법적인 장애물이 먼저 제거되어야 할 것이다".

또 삼판은 세계은행의 7,500 만 달러 융자의 중지를 언급하였다.

"선거가 끝날 때까지는 세계의 어떠한 금융기관도 훈센 도당들과 거래를 하여서는 안 될 것이다".

삼판은 또 세계은행의 융자 건을 "죽음 직전의 통화 위기에서 붕괴되기 시작한 프놈펜 집단을 경솔하게도 살리려고 했다"며 UNTAC 이 "화를 자초할 문제를 야기"했다고 비난하였다.

선거가 시작도 하기 전에 외국 기업인들이 떠나기 시작하고 절망의 먹구름이 프놈펜에 드리우기 시작할 때 훈센은 5 월 7 일에 태국 외무부 장관 "브라송 순시리"를 방문하였는데 그와 만난 자리에서 만약 CPP 가 선거에 승리한다면 캄보디아의 4 개 당파와 계약한 모든 태국 기업의 계약서를 준수해 줄 것이며 특히 크메르 루지와 태국 기업간의 계약서도 인정해 주겠다고 보장하였다.

대신에 그는 만약 CPP 가 선거에 승리할 경우 태국이 그 사실을 인정하고 또 지지해 주겠다는 보장을 얻어냈다.

그것은 참 훌륭한 거래였다- 정치적인 인정과 사업 계약서 보증을 맞바꾼 것이었다.

태국이 방향을 바꾸기 시작했다.

라나릿드 및 크메르 루지와 그 동안 매우 가깝게 지내던 태국이 이제 훈센에게 접근을 시도하려는 줄타기를 시작한 것이다.

라나릿드 쪽 사람들은 거래에서 믿을 수가 없었다.

태국은 사업의 이권을 옛 거래처에 우선 주었었다.

수억 달러에 달하는 각종 민간의 거래 계약을 제쳐놓고서 태국 정부는 방콕에서 시엠립으로 가는 직항 항공 노선을 개설하여 관광 사업을 촉진하려는 생각을 갖고 있었다.

이러한 항공 협정의 가치는 태국으로는 대 성공을 바라볼 수 있는, 적어도 3억 달러 이상의 각종 호텔업, 금융업, 관광업 그리고 기타 제조업 등에 자연히 영향을 줄 수 있는 것으로 태국은 분석하고 있었다.

훈센과 거래를 하는 것 이 외에도 태국은 은밀하게 크메르 루지와의 거래에서도 조용히 큰 돈을 벌고 있었는데, 만약 태국 기업이 크메르 루지와 체결한 모든 벌목 계약과 보석 채굴 계약이 성사된다면 크메르 루지는 적어도 10억 달러의 돈을 벌 수 있는 것으로 추정되었다.

SOC와 합법적인 사업 거래 외에, 태국은 또 캄보디아에서 원목의 수출을 금지한 1993년 1월 1일자 유엔의 규정을 가장 크게 위반하고 있었다.

1993년 2월 5일까지의 집계에는 이 규정을 위반한 태국 기업들은 21개 업체였으며 모두 21,800 입방미터의 원목을 밀 반출해 나갔다.

캄보디아는 왕국, 식민지, 모택동 식의 집단 학살 수용소, 공산주의 국가 그리고 자유 민주주의 국가로 각종 국가 형태를 완전히 섭렵하였다.

법으로 정해진 6주간의 선거 운동 기간은 4월 중순부터 시작이지만 훈센, 라나릿드, 손산 등은 1월부터 벌써 각 지방으로 나가 유권자들을 유혹하는 선거 운동에 열을 올리고 있었다.

사전 선거 운동의 설득력은 출마자의 매력에 달려있다.

라나릿드는 훈센 정부의 부패를 신랄하게 꼬집었고 훈센은 푼신팩 당이 크메르 루지의 고용인이라고 TV 방송에서 주장하였다.

한편, 크메르 루지는 선거를 위협하고 나섰다.

UNTAC의 선거 관리인은 "크메르 루지가 투표인 명부를 훼손한 사실은 20 여건 정도라고 우리는 알고 있다"고 했다.

크메르 루지의 위협 수법은 투표인 카드를 반으로 찢어 유권자의 이름이 적힌 반쪽을 가져가면서 만약 투표를 하면 와서 죽여 버리겠다고 하였다.

이름이 알려졌으니 그들의 말을 어기면 나중에 색출하여 고문하고 죽일 것이라는 공포가 마을 사람들을 사로잡았다.

그런데도 5 월 23-28 일 사이의 투표에 등록한 470 만 명 유권자 중 자그마치 420 만 명이 투표에 참가하는 열성을 보였다.

그것은 시아누크의 걸작 드라마였다.

시아누크 왕자는 크메르 예복을 입고 왕궁의 왕좌에 앉아 1960 년대 이래 처음으로 자유선거에 의해 선출된 120 명의 국회의원들과 새 정부 각료들에게 연설을 하고 있었다.

1993 년 7 월 2 일 장장 네 시간에 걸쳐 그는 쉬지 않고 그의 인생과, 이루지 못한 포부와 또 왜 일부 장관들에게 훈장을 주고 또 장군 계급을 주었는지 등등을 애기하였다.

시아누크는 또 한달 전 동부 3 개성과 이탈 반란을 하려다가 포기한 아들 차크라퐁 왕자에게 3 성 장군 계급을 주려고 생각했었다고 했다.

그런데, "차크라퐁은 2 성 장군이었는데 오랫동안 진급을 하지 않았으므로 4 성 장군을 달라고 했다.

그래서 나는 아들을 기쁘게 해 주려고 4 성 장군으로 진급시켜 주었다.

나는 돈은 가진 것이 없지만 별은 얼마든지 갖고 있기 때문이다".

한국도 한 때 별 달려면 돈을 썼다는데 캄보디아도 그랬을것 같다.

왕궁의 호화로운 예식 홀에서 우리는 지루한 왕실 의전 절차를 지켜보았다.

새 옷들을 입은 새로 선출된 의원들은 딱딱한 의자에 앉아서는 꾸벅꾸벅 졸고들 있었다.

의전 행사가 끝이 나자 모두들 기뻐했으며 연설을 끝낸 시아누크는 시종이 든 양산 밑으로 햇빛을 피하며 점심이 준비된 큰 야외 천막 속으로 양떼들을 모는 목양자(牧羊者)처럼 들어갔다.

거기서 우리는 훈센을 만나 선거에서 패한 정치인으로서의 삶에 대해 질문을 퍼부었다.

비록 그의 정당이 선거에서 제 2 의 득표를 한 정당이었지만 그 자신은 정치적 영향력을 조금도 잃지 않고 있었다.

전국에 많은 사람들이 그가 어떤 바람에도 굽히지 않는, 믿을 수 있는 정치인으로 존경하고 있었다.

또 한편, 그의 권력 팽창에 경각심을 갖고 지켜보던 그만큼의 다른 사람들로부터 비판을 받은 것이었다.

라나릿드와 얄궂게도 동반자가 되어, 훈센은 1993 년 8 월에 새 왕국정부가 수립될 때까지 나라를 통치할 캄보디아 임시국가정부(PNGC-Provisional National Government of Cambodia)의 공동대통령 으로의 새 역할에 안착을 막 하고있는 것이었다.

우리가 천막 안으로 들어서자 훈센은 더듬거리는 영어로 "우리 당과 푼신팩 당은 같이 일하기로 하고 서로 손을 잡았습니다.

인제 우리 사이는 좋은 사이입니다".라고 하였다.

약 1 주쯤 전에 라나릿드도 비슷한 언질을 주었었다.

훈센과 라나릿드의 이러한 발언은 23 년을 끌어 온 내전이 끝나고 있다는 신호였고 국민의 요구에 부응한 국가적 화합인 연립정부 출범의 첫 발을 내딛는 것이었다.

캄보디아 정치는 폭탄주 같은 것이었다.

비록 선거에 승리한 라나릿드도 주 장애물인 국회의 3 분의 2 석 확보를 하지 못하였으므로 단독 정부를 구성할 수가 없었다.

캄보디아 정치 현실을 재빨리 간파한 라나릿드는 캄보디아에서 만약 승자가 단독 정부를 구성할 수 있다면 또 다른 내전을 야기할 수가 있으므로 국가적 화합의 참 뜻은 권력을 공유하는 것이라는 것을 터득하게 되었다.

왕궁의 잔디밭에서 훈센에게 PNGC 가 현재의 경제 법령을 그대로 계속 집행 할 것인지를 묻자, "외국인의 직접 투자 및 금융 관계법은 그대로 지속합니다.

기본법은 변경하지 않을 것이며 단, 약간의 손질은 있을 수 있겠지요".

훈센 정부가 잘 나갈 때 외국인 투자 업무를 담당하는 국가 위원회가 만들어졌었는데 이 위원회 사무실은 그대로 남아서 계속 투자 승인을 해주고 있었다.

그러나 라나릿드가 새 정부를 구성하자 말자 대폭 수정을 하여 명칭을 바꾸었다.

선거에는 졌지만 CPP 는 그래도 11 개 정부 부서의 장관직을 받았고 푼신팩 당은 10 개의 장관 의자를, 손산의 BLDP 당은 3 개의 장관직을, 그리고 양념 같은 소수 정당인 "몰리나카"당은 1 개의 장관직을 받았다.

왜 푼신팩 당이 CPP 보다 장관자리가 1 개 적냐고 라나릿드에게 물으니, 원래 두 당이 11 개 씩 나누어 가지려고 했는데 푼신팩 당이 몰리나카 당에 1 개 양보하였다고 한다.

그리고 그것은 평화를 위한 배려였다고 덧붙였다.

라나릿드는 파리에서 공부한 삼랑시를 재무부 장관에, 미국에서 공부한 "포우 소티락"을 산업자원동력부 장관에 앉혔다.

훈센은 "체아찬토"를 계획부에, "바홋"을 상업부에 그리고 "콩삼올"을 농림수산부에 앉혔다.

시아누크가 주최한 왕궁의 축제 분위기 같은 점심 파티 장을 향해 손을 흔들며 훈센이 자리를 뜨자 마치 선거 운동 중에 있었던 각 정당간의 폭력, 적개심, 무모한 태도 등도 모두 사라져 버린 것 같았다.

케이크가 잘려졌다.

훈센의 경제 개혁을 "아주 서툰 경제 자유화"라고 비방하던 라나릿드는 인제 훈센과 같이 일하게 된 것을 다행스럽게 생각하고 있었다.

과거의 정부인 SOC의 정책을 대부분 그대로 답습한 새 정부의 국가 계획은 훈센의 영향력이 그대로 있음을 폭로한 셈도 되었다.

임시 정부 PNGC는 국내 정책의 가장 중요한 것은 국가의 안전을 보장할 수 있는 국군의 창설에 있다고 하였다.

국군 창설의 기본 정신은 인근 국가들과 대립하지 않는다는 기본 바탕 위에 법적으로 독립된 국군을 창설한다는데 있었다.

대부분의 정부 발표는 아주 고무적이었는데, 가난한 시골 사람들을 위하여 정부가 약속한 것들은, 관개수로 시설의 복구, 비료와 농약의 수입, 종자 공급, 산림 보호, 산란기 어업 금지법 보강, 그리고 태국 국경의 난민촌에서 귀향하는 많은 피난민들에게 토지 분배 등이었다.

나중에 곰곰이 생각해 본 이 거창한 계획을 입안한 자는 혹 정부가 그대로 실천할 수 없는 경우에 자신들을 보호하기 위하여 이 계획을 신중히 검토하는 것으로 간주한다고 발뺌을 하였다.

"이 계획을 집행하는데 있어서 PNGC 는 향 후 3 개월 이내에 꼭 시행해야 할 임무만 중점 집행하기로 한다"고 발표하였다.

PNGC 의 우두머리들은 또 개혁에 앞서, 나라가 무정부 상태의 혼란으로 휘말리지 않도록 하는 데에 더 신경을 썼다.

그들은 공무원, 군인 그리고 정당의 당원들에게 공공 재산의 보호에 만전을 기하라고 지시하고 만약 투기를 하는 경우가 발각되면 처벌하지 않을 수 없을 것이다 라고 했다.

아직 정부가 들어서지 않은 당시의 과도기를 이용하여 사람들이 국유지나 공공 재산을 불법 점유 내지는 탈취하는 우려가 실지로 많이 있었다.

1993 년 12 월, 싱가폴로 가고 있던 훈센의 마음에는 외교 이상의 기대가 가득 차 있었다.

첫째, 그는 싱가폴의 지도자들을 만나고, 오래 전부터 캄보디아에 맥주 공장을 세우려 하던 회사를 만나기로 했다.

두쨰는, 건강 진단을 받아 볼 계획이었다.

1980 년대 평화 회담 때 가끔 실신을 하기도 했던, 스트레스를 많이 받는 정치가인 훈센의 정기 신체 검사였다.

그는 그 해에 4 개의 직함을 거쳤다.

5 월까지는 SOC 정부의 수상으로, 하루가 좀 못되는 시간 동안은 불운한 시아누크가 지명한 부수상으로, 8 월까지는 PNGC 의 공동 대통령으로, 그리고 9 월부터는 제 2 수상으로 주저앉았던 것이다.

캄보디아는 인제 동남 아시아지역의 거대한 가능성에 눈을 뜨기 시작 했다.

훈센보다 몇 달 앞선 8 월에 제 1 수상 라나릿드는 경제 전문가를 발탁하기 위하여 이미 싱가폴을 방문하였었다.

당시에는 라나릿드가 나라를 어떻게 꾸려나갈지 그 방향 설정이 정확하게 나타나지 않았었다.

훈센에게는 싱가폴 방문이 비록 처음이었지만, 그에 앞서 CPP 의 몇몇 장관들이 이미 이 섬나라와 외교의 다리를 놓고 있었다.

치아심, 차크라퐁, 그리고 전 외무부 장관이었던 호남홍 등이 이미 방문을 했었던 것이다.

12 월 17 일 훈센이 묵고 있던 호텔에 찾아가니, 그는 욱치만이 아닌 "분삼보"라는 다른 신참 통역을 데리고 애기를 시작하였다.

욱치만은 그 사이 외무부에 차관급으로 승진하였다 한다.

그러나 욱치만은 직접 인터뷰를 준비해 주었고 간간이 상세한 부분에는 훈센을 거들어 주었다.

방에는 또 양국의 협력 위원회를 이끄는 미국에서 건축을 공부하고 싱가폴 영주권을 가진 "맘소파나"가 같이 참석했다.

애기를 근본부터 시작하기 위하여 우리는 훈센에게 내각의 어떤 장관직들을 원하고 있으며 또 라나릿드와 의견 충돌은 없느냐고 물었다.

"그런 장관직에 대한 안배는 아직 없습니다" 그는 노련한 외교관 같이 말을 했다.

"대체적으로 두 수상은 전체 국가에 대한 책임이 있습니다.

우리는 모든 일들에 의견을 규합할 것입니다".

우리는 그의 어벌쩡한 체면치레의 답변에 만족하지 않고 "조만 간에 연립정부 내의 두 당이 서로 반목하여 돌아서 버릴 가능성은 없느냐"고 노골적인 질문을 다시 던졌다.

"그 문제에는 내가 바로 한쪽 당사자군요.

나는 별 이견이 서로 없을 것 같습니다.

우리들은 발상도 거의 같고 또 생각도 거의 같습니다.

우리들의 국내 정책 과 국제 정책 및 크메르 루지를 포함한 남은 문제들에 대한 정책 방향은 모두 같은 것 같습니다.

그러므로 두 당을 갈라놓은 만한 이유가 없는 것 같아요.

국내와 국외에서도 두 당은 오늘 뿐 아니라 앞으로 적어도 몇 년간은 같이 일을 하여야 하는 운명인 것입니다".

이 이야기는 마치 다음 1998 년의 선거에서도 어느 정당이 설사 우승한다고 하더라도 국회 의석의 3 분의 2 를 차지하지 못하면 결국 단독 내각 구성은 할 수 없다는 얘기와 같았다.

더 복잡한 일은 모든 일반 행정 공무원들이 소속 당으로 갈라져 배치되어 있는 것이었다.

그래서 당내와 정부 내부, 그리고 일반 공무원들의 소속 당별 분리 방침을 없애 버렸다.

전에는 일반 공무원들과 장관들은 당적을 가지고 있도록 되어 있었으며,

이것 때문에 정부의 조직과 행정 체계는 정치 도구화되었었고 정치와 끊을 수 없는 연계를 가지고 있었던 것이다.

이 때, 또 왕의 후계자 문제가 불확실한 상태에 있었다.

1993 년 9 월 24 일 나라를 왕국으로 하면서 즉위한 시아누크 왕은 북경에서 암 치료를 받고 있었다.

군림은 하지만 통치는 하지 않는 71 세의 시아누크 왕은 때로 후계자 문제를 언급은 하였어도 그 때까지 아직 후계자를 정하지 않고 있었다.

한번은 라나릿드에게 왕 하겠느냐고 물었었는데 정치가의 밝은 미래를 꿈꾸는 라나릿드는 왕은 않겠다고 거절하였던 것이다.

우리는 훈센에게 이것은 후계자가 아직 불투명하다는 뜻이니 혹 옛날 앙코르 시대처럼 또 왕좌를 두고 왕자들 간에 전쟁이 일어나지는 않겠는가 라고 물었다.

"국가의 단결을 위하여 왕께서 장수하시는 것이 우리들의 바램입니다.

우리는 그를 1-2 년 만 필요로 하는 것이 아니라 더 오랫동안 왕이 필요합니다.

그것이 나의 소망입니다".

이거 동문서답?

왕가의 문제에는 애써 대답을 피하며 훈센은 많이 좋아진 투자 환경에 대한 얘기를 끄집어냈다.

그는 인제 캄보디아가 더 이상 무상원조만은 바랄 수 없다는 것을 느끼고 있을 만큼 성숙해졌다.

1992 에 그는 외국의 원조가 너무 느리다고 불평을 한 적이 있었는데 다시 그 얘기가 나온 것이다.

"세계는 소말리아, 유고슬라비아, 아프가니스탄, 앙골라 같은 너무 많은 골칫거리가 있는 것 같아요.

나는 세계의 다른 쪽에 많은 문제들이 있다는 사실에 걱정이 아니, 그래서 그 쪽으로도 많은 원조가 가야한다는 사실에 걱정이 됩니다.

우리가 원하는 것은 책정된 지원 자금은 빨리 집행하라는 겁니다.

일본 같은 좋은 나라는 벌써 자금의 지출을 시작했습니다".

훈센은 두 개의 상을 가지고 프놈펜으로 돌아갔다.

의사로부터 건강 진단서 합격증을 받았고, 싱가폴 정부로부터는 프놈펜 에서 시아누크빌 구간의 300km 의 고속도로 공사를 위한 종합 계획서 작성 자금 - 이름을 "개발 관문을 위한 고속도로"로

하는- 을 지원 받았던 것이다.

이 도로는 그 전에 건설되었었는데 크메르 루지들이 이 도로 주변에서 공격을 자주 하였으며 도로와 평행하게 같이 달리는 철도로 여행하던 외국인 3 명이 크메르 루지에게 납치되어 나중에 고문 및 처형당한 일도 있었다.

1994 년 10 월 20 일 국회가 열렸다.

의제는 국회 재편성이었다.

재무부 장관인 삼랑시가 주요 문젯거리였다.

삼랑시 및 그 외 몇몇 장관들을 경질하는 투표가 국회에서 절대다수로 끝나자 훈센과 라나릿드가 삼랑시에게 낮은 목소리로 얘기하는 것을 볼 수 있었다.

국회가 끝나자 우리는 회의장을 가로질러 훈센을 만나러 갔다.

"요즈음 참 바빴어요.

수 일내 자리를 한번 같이 하죠".

몇 달 뒤 우연히 싱가폴로 가는 비행기 안에서 훈센을 만났다.

그는 만면에 웃음을 띄우며 등에 난 조그만 혹 같은 것을 수술하러 싱가폴로 간다고 했다.

"별거 아니에요. 나는 아마 오래 오래 장수할 거 같아요".

1995 년 훈센이 공약한 민주주의가 의혹을 사게 되었는데 왜냐하면 정부가 처리한 시리붓 왕자 사건 때문이었다.

시리붓왕자는 시아누크왕의 이복동생인데 1994 년 외무부 장관직을 사임하였으며 훈센이나 라나릿드와는 아주 딴판으로 의견이 맞지 않았다.

그런데 이상한 사건이 생기면서 1995 년 11 월에 그는 훈센 암살기도에 연루되어 자택 연금을 당하게 되었다.

시리붓 왕자는 그 혐의를 부인하였지만 내무부는 시리붓 왕자가 음모에 가담했다는 "납득할 만한 증거"를 확보하였다고 했다.

내무부는 시리붓이 한 기자와 대화한 내용이 담긴 녹음 테이프를 공개했는데 그 기자의 생각은 달랐다.

기자는 시리붓이 그 당시 농담같이 그 얘기를 했다는 것이었다.

인권 단체들과 외교가에서는 캄보디아가 다시 억압적인 나라로 되돌아가고 있다고 경고하였다.

캄보디아의 법조계에서는 만약 시리붓이 유죄로 판결을 받으면 10년의 징역형을 받을 것으로 보았다.

시리붓이 재판을 받고 나서 3주가 되자 시아누크는 이 사건에 대한 해결 방안을 제시하였는데 그를 프랑스로 추방을 하여 재판의 굴욕에서 벗어나게 하자는 것이었다.

이 정적을 힘 안들이고 눈앞에서 사라지게 할 수 있는, 또 인권 단체들의 비난도 피할 수 있는 왕의 묘안에 대해 훈센과 라나릿드는 재빨리 동의하였다.

비평가들은 정부가 혐의를 날조하여 정적을 없애고 있다고 했다.

시리붓은 몇몇 유럽 국가들로부터 그의 주장에 대한 지지를 받았으며 미국의 몇몇 상원의원들은 이 사건으로 인하여 캄보디아는 미국의 무역 MFN(최혜국대우) 혜택을 받기가 어려울 것이라고 했다.

훈센은 단호하게 미국은 다시는 캄보디아에 내정간섭을 하지 말라고 경고했다.

결국 캄보디아는 1996년에 미국으로부터 무역 관세 특혜를 받아냈고 시리붓 사건은 무대 뒤에서 잊혀지고 말았던 것이다.

얼마 가지 않아서, 훈센과 라나릿드간에 예기치 않은 사건이 발생했다.

문제는 라나릿드가 각 지방의 행정부에 근무하는 공무원을 CPP 와 푼신팩 당이 같은 숫자로 근무토록 하자고 요구 한데서 비롯되었다.

훈센은 단호하게 거절하여 그들의 연립정부를 위험하게 만들었다.

캄보디아의 실권은 훈센이 가지고 있고 라나릿드는 보좌하는 역할에 있음은 누구나 알고 있는 자명한 사실이었던 것이다.

1997 년 11 월에 훈센의 본부에서는 8 개월 앞 둔 선거를 준비하고 있었다.

요새(要塞)와 같은 타크마우의 집에 앉아서 훈센은 다시 한번 나라를 투자 기업들에게 개방한다고 선언하였다.

7 월에 라나릿드가 축출된 후에 겁을 먹었던 외국 투자자들은 다시 돌아오기 시작 하였고 3,600 만 달러의 원유 개발 계약이 성립되었다.

훈센의 지도력이 안정의 근원임을 기업가들이 알게 된 것 같았고 세계 5 대 메이저 정유 회사들이 시아누크빌 항구 바깥 바다에서 원유와 천연가스 탐사 계약을 맺은 것이다.

희색이 만면한 그는, 총액 1 억 달러가 넘는 투자 신청들을 승인해 주었다고 했다.

동시에, 야당을 이끄는 삼랑시는 투자자들에게 캄보디아를 피해가라고 충고하였다.

훈센은 공격적인 어투를 사용하여 "미국은 우리가 인권을 존중하지 않는다고 비난합니다.

우리는 언론 출판의 자유가 있고 다당제 민주주의입니다.

나는 어떤 나라도 캄보디아에 인권을 지도할 나라가 없다고 봅니다.

그러나 경제 부분이나 기술적인 부분에는 그들이 선생이 되어도 좋지만 정치나, 인권이나 민주주의 분야는 아닐뿐더러 나도 그들의 학생이 되고 싶지는 않은 것입니다".

캄보디아에 가장 큰 파괴를 자행했던 폴폿이 미국 기자 나테 타이어와 독점 인터뷰를 하고 나자 다시 한번 모든 신문의 1 면 톱을 차지하였다.

훈센이 폴폿을 1979 년에 축출하였지만 그를 죽이지도 못했고 또 활동도 막지는 못했던 것이다.

왜 훈센이 그를 체포할 수 없었을까?

"사람들이 폴폿이 살아있기를 원한다면 그는 살아있을 수 있습니다. 또 그를 끝내 버리기를 원한다면 끝내 버릴 수도 있습니다.

폴폿을 미워하는 사람들도 많지만 또 그가 살아있기를 원하는 사람들도 있습니다.

폴폿은 사실 1979 년에 죽었어야 했지만 그가 어떻게 그렇게 길게 (정치적으로)살아 있을 수 있었습니까?

그것은 그를 미워했던 사람들과 또 그를 지원했던 사람들 때문입니다.

만약 아무도 폴폿을 지원하지 않았고, 아무도 폴폿을 유엔에 데려가지 않으려하고, 아무도 그가 3 두 연립정부를 세우는데 도와주지 않았다면 그것으로 그는 종말을 고했을 것입니다.

우리는 폴폿을 끝내고 싶지만 다른사람들이 동조하지 않으면 할 수가 없습니다.

라나릿드도 같은 입장입니다.

그는 폴폿이 싸우도록 도와줍니다.

폴폿은 자신을 라나릿드의 뒤에 줄을 세웠습니다.

그래서 라나릿드를 보호하는 것은 폴폿을 보호하는 것과 같은 것입니다".

1998 년 4 월 15 일, 의문 속에서 폴폿은 숨을 거두었다.

73 세의 이 테러리스트는 평소 지병이었던 심장병에 의한 심장 마비로 생을 마감했다.

그가 죽은 것은 저녁에 폴폿의 방에 모기장을 치러 왔던 그의 아내에 의해 발견되었다.

집단 학살을 자행했던 그는 수척한 모습으로 눈을 감은 채, 휘하의 간부들로부터 격리와 혐오와 의혹을 받으며 시체로 1 주일을 있었다.

그가 죽기 직전 마지막에 그는 크메르 루지의 부수상을 지냈던 손센과 그 가족 모두를 살해했다는 죄명으로 간부들에 의하여 체포되었고 인민 재판을 받은 뒤에 가택 연금 상태로 있었던 것이다.

죽어있는 그의 주름진 얼굴에는 깊은 상처의 흔적이 있었고 코는 솜으로 틀어막아 부은 것 같았다.

폴폿의 갑작스런 죽음은 동남아시아의 역사상 가장 큰 범죄를 저질렀던 그를 기소할 수 없게 된 캄보디아 사람들에게 큰 실망을 주었다.

1998 년 6 월에 선거를 한달 앞두고 훈센을 만나보니, 경쟁 정당인 푼신팩 당은 불안을 감추기 위해 전전긍긍하는 대신에 그는 자신감에 넘치고 있었다.

훈센은 그의 당이 이기고 분열되어 있던 푼신팩 당이 진다는 이론을 간단한 산수로 설명한다.

"지금 우리는 51 석을 가지고 있는데 1 로 나누면 그대로 51 석입니다.

그런데 58 석을 가진 푼신팩은 9 로 나누어야 하니 그러면 얼마가 되지요?".

푼신팩은 그 때 거의 9 개 파로 갈라져 있었으며 국회의원들도 각기 파들이 달랐다.

이 수학 공식이 7월 22일에 122석의 국회 의석을 놓고 벌어지는 선거에 훈센을 자신감 넘치게 만들었다.

만약 1993년 때처럼 두 당이 또 비슷한 의석을 차지하게 된다면 CPP는 연립정부 구성에 동의할 것인가? 하는 질문에 훈센은,

"우리가 과반수, 아니 3분의 2 이상을 차지한다고 하더라도 연립정부를 구성할 생각입니다".

그러나 7월의 선거가 끝나고 가장 큰 변화는 공동 수상 제도를 없앤 것이다.

그 이후에는 헌법으로 정하여 수상실을 하나만 만들기로 하였던 것이다.

새 수상은 가장 많은 국회의원이 당선된 당에서 지명하기로 하였고, 다른 당과 연합하여 의석을 늘리는 것은 인정하지 않기로 하였다.

이 문제도 훈센은 겁이 없었다.

CPP에 도전하는"국가 연합전선"(NUF-National United Front) 4개의 정당은 라나릿드, 삼랑시, 손산 그리고 1개의 양념 정당이 있었다.

호의적인 제스처를 쓰며 훈센은 "만약 우리가 의석수가 모자라면 당연히 다른 당에서 수상을 모셔 와야지요" 했다.

1998년 선거는 1993년 때보다 더 복잡하였다.

더 많은 정당들이 생겨 각축을 벌였고 의석수도 더 늘었다.

또 비용도 훨씬 더 적게 들었다.

1993년에는 2년 동안의 선거 준비 기간 동안 유엔이 20억 달러를 썼지만 1998년 선거는 캄보디아인들에 의해 진행되어 모두 3,200만 달러의 비용이 들었는데 이 비용은 EU, 일본, 중국, 대한민국 등이 부담하였고 그리고 유엔이 약간 보탰었다.

지난번 선거 때는 20 개의 정당이 등록을 했었는데 이 번 1998 년 선거에는 39 개의 정당이 등록을 하였다.

크메르 루지가 장악하고 있던 "안롱벵"과 "켑" 지역이 탈환되었으므로 의자도 2 개가 늘어나 120 에서 122 석이 되었다.

훈센은 투표가 시작도 되기 전부터 승리를 느끼고 있었다.

제 10 장 집권

승리

계산을 아무리 하고 또 해 봐도 답은 똑 같았다.

1998 년 선거에는 분명히 CPP 가 승리할 것으로 보였다.

계산이라는 산술적 수치는 때로 믿을 수가 없다는 전례 아래, 훈센에게는 그의 당이 "질 수도 있다"는 공포가 따라다녔다.

그런 걱정은 실지로 가능하였다.

한 여론 조사의 결과는 푼신팩과 CPP 간에 아슬아슬한 피 튀기는 접전을 예상하였다.

훈센은 구식의 CPP 를 근대화하기 위해 모든 수단을 다 동원하였다.

심지어 1997 년 후반에는 인터넷에 홈페이지까지 만들어 당의 이미지를 부드럽게 하고 또 부각시키려 하였다.

이 홈페이지 사이트 발상은 그해 7 월, 제 1 수상 라나릿드를 무력으로 축출한 프놈펜의 시가전 이후에 당 중앙 위원회에서 건의하였던 것이다.

컴퓨터가 절대 부족한 캄보디아에서는 소수의 사람들만 이런 사이트를 볼 수가 있었는데 당은 전 세계의 인터넷 가족들로부터 친구를 얻는 것이 목적이라고 하였다.

라나릿드의 푼신팩 당은 이미 홈페이지가 있었고 훈센을 당시 독재자로 알려진 이라크 수상의 이름과 비슷하게 "사담 훈센'이라고 불렀다.

또 CPP 가 유권자들을 협박하고 반대당을 공격하며 반대당들이 국영 방송을 이용하지 못하게 한다는 등의 혐의로 비난을 받았다.

가까워진 투표일을 앞두고 선거 운동이 절름거리는 동안, 갑자기 훈센이 맹장 수술을 위해 프놈펜의 병원에 입원을 하게되자 CPP 는 불똥이 떨어졌다.

맹장 제거 수술은 캄보디아 의사들이 집도했다.

선거 운동의 막바지 단계에 이 급성 맹장 수술 때문에 활동을 할 수 없게 되었다.

그러나 훈센은 며칠 안에 다시 일어났고 투표 날 투표장에 가서 자신의 표를 던졌다.

뒷골목 이발소에서 어깨 너머로 복잡 미묘한 서양장기를 배운 이 장기 선수는 단호히 한판의 승부를 걸었던 것이다.

그는 선거를 4 개의 단계로 싸우는 장기 게임에 비유하였다.

우선 유권자 등록, 투표, 개표 그리고 내각의 구성 단계 등이었다.

결과는 한편 괴로우면서도 즐거운 승리였다.

훈센이 태어났고 또 훈냉이 성장을 하고 있던 콤퐁참과 현재 훈센이 살고 있는 깐달 성에서는 CPP 는 푼신팩에 지고 말았던 것이다.

자신의 아성으로 믿고 또 그 동안 막대한 개발 지원 자금을 퍼부어 넣었던 이 두 성에서의 패배는 훈센에게 개인적으로 무척 큰 실망을 안겨주었다.

조용하게 진행된 투표는 무성하게 떠돌던 협박 주장을 잠재웠다.

EU, 일본, 호주, 미국 등은 이 선거가 자유롭고 공정하게 진행되었다고 확인하였다.

CPP는 41.4%를 얻었고 푼신팩은 31.7% 그리고 삼랑시가 14.3%를 얻었다.

개표의 결과는 애당초 3파전으로 예상한 것을 뒤엎어 버린 것이다.

유권자들은 훈센을 좋아하였고 그 다음으로 라나릿드와 삼랑시 순이었다.

이 결과는 이해하기가 쉬웠다.

1993년 패배 이후로 훈센은 서민들의 왕자인 로빈후드를 닮기로 하고 수백만 달러의 CPP 자금을 동원하여 전국에 학교, 병원, 관개수로를 건설하였던 것이다.

그의 작전은 매우 간단한 것이었다.

사람들의 마음속으로 파고들어 한 가족으로 느끼게 만든 것이었다.

논두렁에 앉아 농부들과 담배를 나누어 피며 그들의 하소연을 진지하게 들어주었다.

다른 쪽에는, 라나릿드는 불법 무기 수입 때문에, 또 크메르 루지와 동맹을 하여 물의를 일으키는 바람에 인상을 흐려 버린 것이었다.

또 삼랑시의 너무 지나친 부정적인 발언은 사람들의 귀에 거슬리었고 외국 기업가들에게 캄보디아에서 사업을 하지 말라고 수시로 경고하는 행동에 실망을 하였던 것이다.

나라는 신기루 같은 희망과 허구(虛構)만의 개발에 너무 오랫동안 상처를 받아왔었다.

새로운 평화 시대는 항상 눈앞에 있는 것 같이 보였다.

풍요의 신시대는 금방 나타날 것 같기만 했다.

그러다가 항상 불행한 일들이 발생하여 나라를 절망의 구렁텅이로 내 던지고 말았던 것이다.

7 월의 선거가 끝나자, 캄보디아는 새로운 강력한 지도자 밑에 새 출발을 할 수 있는 신선한 기회가 온 것 같았다.

그러나 호사다마(好事多魔), 항상 방해를 하는 사람들이 있었다.

선거에서 참패를 한 라나릿드와 삼랑시는, 일찍이 국제 참관인들이 인정해 버린 투표 자체를 부정하였다.

CPP 당은 1993 년도 선거에 비하면 큰 비약을 한 것이었지만 그래도 단독 내각 수립을 할 수 있는 확실한 득표 수준인 예의 3 분의 2 에는 미치지 못하였다.

도토리 키재기 식으로 이번에는 훈센이 라나릿드보고 연립정부를 구성하자고 제의했는데 라나릿드는 퇴짜를 놓으며 이번 선거는 기만 술책이었다고 비난하였다.

반대당들의 불평에 의해 선거 관리 위원회는 조사를 했으며 결과는 처벌하기에는 불충분(?)하다고 했다.

결국 라나릿드와 삼랑시의 불평은 외교가에서 무시되어 버렸다.

800 명의 외국인 선거 참관인들과 2 만 명의 국내 선거 관리인들은 비록 행정 체제가 CPP 에 유리하게 조직되어 있기는 했어도, 대규모 부정행위에 관한 증거는 찾지 못했다고 하였다.

선거를 참관한 미국 정부의 한 관리도 "국민 스스로 결정한 성공적인 선거"였다고 칭찬하였다.

등록한 540 만 명의 유권자들 가운데 90%가 투표에 참가했으며 훈센을 가장 좋아한 것 같았다.

결과는 라나릿드와 삼랑시에게 참패를 주었는데 외교가의 뒷얘기는 이들은 당선 외에는 어떤결과도 받아들이지 않을 사람들이라고 했다.

승리한 훈센은 더 큰 영광을 안게 되었는데 국민들로부터 그가 합법적인 정부라는 것을 인정받게 된 것이었다.

드디어 아세안 회원국으로 가입할 날이 얼마 남지 않은 것이다.

또 1997 년 무력으로 라나릿드를 축출한 이후부터 공석으로 비어 있던 유엔 의석을 다시 차지할 날도 얼마 남지 않았으므로 정부의 기대는 대단하였다.

길가에서 배워 열성적인 장기 플레이어가 된 그는 몇 수 앞을 내다보는 전략으로 그와 당을 승리로 이끌 계획을 세웠던 것이다.

1993 년 선거에 패했던 그가 라나릿드의 밑에 후임 동반자로 아무 불평 없이 연립정부를 수립할 때, 이미 장기 말 하나를 희생시켰던 것이다.

그 때부터 승리에 도취한 상대는 흐트러지고 있는 동안에, 그는 신속하게 장기 알을 이동시키면서, 수비와 공격을 했던 것이다.

첫째, 정부를 비판하던 삼랑시를 1994 년에 해임하고, 푼신팩의 총서기장이었던 시리붓 왕자를 훈센 암살기도 죄로 다음 해에 추방하여 상대의 차(車), 포(包)를 없앴다.

1997 년 동안 또 훈센은 크메르 루지의 외무부 장관을 지냈던 소위 3 호 동지 이엥사리를 정략적으로 회유하여 이탈시켜 크메르 루지를 와해시키기 시작하여 마(馬), 상(象)을 죽였다.

그리고는 7 월에 전광석화 같은 군사력으로 왕정파인 푼신팩 당을 풍비박산을 내 버린 것이다.

한 달 뒤에는 폴폿이 북쪽 태국 국경 밀림 속 안롱벵 마을에서 자신의 당원들에 의해 인민재판을 받았으며 결국 크메르 루지가 뿔뿔이 흩어져 버리는 결과로 이어져 버렸다.

인제 마지막 장군 한 수!

훈센은 선거가 가장 자유롭고 공정하게 치러질 수 있도록 최선을 다했다.

그래서 그가 왕족들 보다 더 인기가 있다는 것을 전 세계에 증명하여야 했던 것이다.

인제 잠재적인 위험이 하나만 남았다.

변덕 심하신 시아누크 왕 영감님이었다.

그런데 대왕 마마께서는 의외로 중립을 지켜 주셨다.

옥체가 불편하신 왕은 훈센이 가장 힘센 자라고 대중에 공개 확인하였다.

그리고는 훈센에게 존경을 표하며 천하장사로 대우하였다.

라나릿드가 축출된 후에 왕은 더 이상 라나릿드를 지지하지 않았고 오히려 훈센이 유엔 의석을 차지하는 일을 도와주었다.

또 라나릿드가 연립정부 구성을 거절하자 훈센은 왕의 도움을 받았다.

왕은 아들 라나릿드와 삼랑시를 강력히 설득하여 국가의 큰 이익을 위하여 훈센을 도와 연립정부를 구성하라고 호통을 쳤다.

선거의 결과가 발표되자 훈센은 정말 기뻤다.

심지어 들쭉날쭉하던 화폐 "리엘"마저 안정을 찾았으며 기업가들은 드디어 풍요의 시절이 다가왔음을 예견하였다.

환율은 안정에 대한 새로운 희망에 힘입어 선거 전 1 달러 당 4,200 리엘에서 3,000 리엘로 올랐다.

라나릿드, 삼랑시 및 그 지지자들의 항의는 점점 흥분이 더 해갔고, 재 개표 또는 심지어 재선거의 요구를 주장하는 시위대들이 조용한 프놈펜 거리를 휩쓸기 시작했다.

반면에 떠오르는 강자는 국제 사회가 그에게 주는 지지의 축하와 신임 속에서 즐거워하고 있었다.

훈센에게 사임을 요구하는 반대당들의 압력은 선거의 결과에 승복하고 훈센을 주축으로 한 연립정부를 구성하라는 국제 사회의 압력에 부딪치고 말았다.

필리핀의 외무상인 "도밍고 시아존"은 아세안 회원국이 되려면 우선 연립정부부터 빨리 구성하라고 훈센과 라나릿드에게 경고하였다.

"개인의 야망 때문에 연립정부의 구성을 하지 않는 캄보디아의 정치 지도자들은 지극히 부도덕하거나 무책임한 사람들이다"라고 시아존 외무상이 말하였다.

프랑스 대통령 Jacques Chirac 도, "국제 참관인들은 선거가 공평하고 자유로웠다고 평가하였다.

이 선거는 캄보디아와 캄보디아 국민들에게 처음으로 승리를 안겨다 준 것이었다.

오늘, 주요 정치인들은 당연히 캄보디아 국민들이 원하는 데로 일을 해야 할 것이다" 라고 하였다.

앞으로 정치적인 분쟁은 시아누크 왕만 예측 불허의 개입을 하지 않으면 별로 없을 것으로 훈센은 생각했다.

선거를 몇 주 앞둔 8월 초, 시아누크는 3당의 대표들과 선거 관리 위원회(National Election Commission-NEC)를 초청하여 미국처럼 3당과 NEC 간에 열띤 논쟁을 하도록 토론회를 주선하였다.

이 토론회는 정치에 관심이 높은 사람들에게는 효과가 있었다.

시가지에 훈센의 사임을 요구하는 시위대가 연일 시위를 해 대자 훈센은 더 이상 보고만 있어서는 안 되겠다고 생각했다.

훈센은 필요하다면 혼자서 수상을 할 수 있게 헌법을 뜯어 고치겠다고 하고는, 당원들이 새로 선출된 의원들로부터 서명을 받아 국회

의석 3 분의 2 석이 넘는 찬성이 있어야 하는 수상 임명 제도를 없애 버렸다.

9 월 1 일 NEC 는 CPP 의 승리를 공식 발표하였다.

반대당들이 아우성치기 시작했다.

최고 의결 기관인 헌법 위원회는 부정선거나 기만 선거에 대한 항의를 기각시켜 버렸다.

개표 결과는 CPP 가 2 백만 표 이상을 얻어 총 투표자 490 만 명의 41%를 조금 넘어서서 국회 의석의 64 석을 차지할 수 있게 했다.

2 위는 푼신팩 당으로 150 만 표를 얻어서 32%의 득표 율을 보였고 43 개의 의석을 가지게 되었다.

삼랑시 당도 70 만 표를 얻어서 14%에 15 석을 가지게 되었다.

그러나 삼랑시는 선거 결과에 불만이 많았다.

그는 한계를 넘어서서 군대가 훈센을 몰아내야 한다고 선동하고 또 미국은 CPP 본부에 미사일과 스마트 폭탄을 떨어트려야 한다고 주장했다.

이 말을 들은 프놈펜 주재 미국 대사관은 "삼랑시의 그러한 주장은 여러 외교관들의 입장에서 볼 때는 괜히 훈센의 성질을 건드려서 무력을 사용케 하여 자칫 선거 전체를 무효로 만들려는 술책으로 밖에 보이지 않는다"고 일축했다.

승리는 훈센이 예견했던 것이었다.

전에도 해 봤었지만, 인제 정식으로 수상의 입장에서 생각하고, 계획 하였다.

그는 통화의 안정과 팽창을 억제하고 예산의 결손을 막기 위하여 "경제적인 정부"를 꾸려나가기로 각오하였다.

"Asia Wall street Journal"지와의 인터뷰에서 훈센은 놀라운 고백을 했다.

그는 국토를 황폐시키는 무절제한 벌목에 대한 비난을 감수한다고 하고 더 이상 벌목 허가를 팔아서 예산을 확보하는 일은 없을 것이라고 하였다.

또 더 이상 크메르 루지의 위협이 없으므로 군대를 반으로 감축하겠다고 했다.

정부는 20만 명이 넘는 군대를 유지하기가 너무 힘이 들기 때문에 7만 명의 정예군대로 축소할 것이라고 했다.

게릴라 출신의 이 젊은이는 선거를 통하여 드디어 합법적인 정부의 수상이 되었다.

그리고 서서히 사냥할 먹이를 한 쪽 눈으로 찾기 시작했다.

1998년 12월에는 틀림없이 아세안의 회원국이 되리라고 확신하였다.

"두 가지 조건을 가지고 하노이에 갈 것입니다.

첫 번 가능성은, 우리 정부가 회원 가입 통보를 받은 다음에 아세안 회의에 공식 참가하는 것이며, 두 번째 가능성은 회원 가입 승인을 받기 위해 아세안 회의에 참석하는 것입니다".

아세안 가입의 가능성이 높아졌다는 것을 느낀 훈센은 8월 31일에 태국 수상 "추안릭파이"에게 편지를 보내어 회원국 가입 신청을 했다.

편지에는 "모든 아세안 국가가 하나의 가족이라는 아세안 창립 정신을 실천하기 위하여 우리 캄보디아는 항상 회원국이 되고자 하는 강한 염원을 가지고 있습니다"라고 하였다.

아세안에는 9개국이 가입되어 있었는데 캄보디아가 10번째로 가입을 하면 창립 목표였던 아세안 10개국이 되는 것이었다.

그래서 그런 창립 정신에 입각하여 8 월 말 뉴욕에서 있을 아세안 외상 회담에서 캄보디아 선전을 잘 해 달라고 태국 수상에게 부탁 편지를 보낸 것이었다.

그런데 크게 실망을 하게 되었다.

8 월 말 아세안 회의에서 미역국을 먹은 것이다.

아세안 외상들의 말은 아직 합법적인 캄보디아 정부가 구성이 덜 되었으므로 회원 가입을 보류하였다고 했다.

국가의 최고 결정 기관인 헌법 위원회는 누적된 훈센의 불만에 공감을 가지고 반대당들의 요구인 개표 재 집계 요구를 9 월 1 일자로 기각 하였다.

당연히, 만오천 여명의 라나릿드와 삼랑시 당의 시위대는 거리로 몰려 나왔다.

삼랑시의 광신적 애국주의와 반 베트남 연설에 자극을 받은 시위대는 극도로 고무되어 1979 년 베트남의 캄보디아 해방을 기념하여 만든 기념탑을 불 질렀다.

정부는 민주주의를 억압한다는 비난을 받는 것이 두려워서 공원에 연좌시위를 하고 있는 군중들을 방해하지 않고 그냥 두었다.

그런데 9 월 7 일, 정체불명의 한 인사가 훈센의 집에 수류탄을 던진 사건이 생기자 정부는 더 그냥 있을 수가 없다고 생각했다.

오래된 중국제나 소련제 수류탄은 불발이 많으므로 주로 두 세 개를 같이 던진다.

두발의 수류탄이 훈센의 집 벽과 유리창을 깨었다.

훈센의 아버지가 그 때 집에 있었는데 다행히 인명 피해는 없었다.

훈센은 다시 가족들의 안전을 생각해야 했다.

드디어 경찰이 공원에 진을 친 시위대를 해산하기 위해 투입되자 충돌이 시작되었다.

여러 명의 시위 군중들이 부상을 하였고 1 명의 승려가 죽은 것으로 알려졌다.

훈센은 시위대 문제에 시종 조용히 있었는데 이 시위는 단지 반대당들이 새 연립정부의 내각 구성을 위한 교섭에서 유리한 위치를 확보하려는 의도임을 알고 있었기 때문이었다.

심지어 시위 도중에도 네 명의 푼신팩 사람들이 관광부 장관직을 서로 노리고 있었다.

훈센의 정세 판단이 맞았다.

9 월 중순이 되자 라나릿드와 삼랑시는 두 가지 조건만 내 세우고 다른 요구들은 모두 철회하였는데, 사용했거나, 안 했거나 또 예비로 있던 투표용지의 전체 집계만 다시 하는 것으로 하고 또 국회 의석 배당의 수학적 공식을 좀 바꾸자는 것이었다.

그들의 주장은 집권당에 유리하게끔 선거전에 이미 의석 배당 방식을 불법으로 바꾸었다는 것이었다.

훈센은 자신이 승자이므로 CPP 는 세 가지 조건을 내 세우겠다고 반대당들에게 경고하면서, "라나릿드의 푼신팩 당하고만 연립정부를 구성하겠다.

헌법의 3 분의 2 석 조항을 없애고 단독으로 수상을 하겠다.

아니면 간단히 현 정부의 집권을 계속 연장한다" 등의 조건을 달았다.

훈센은 천명(天命)을 가지고 있었다.

9 월 24 일 시엠립에 있는 시아누크 왕의 처소를 방문하러 갈 때 그는 저격을 받았지만 상처 하나 없이 돌아올 수 있었다.

근처에서 훈센의 차를 겨냥한 B-40 로켓 포탄이 날라 와서는 훈센의 차에서 겨우 10m 쯤 되는 곳의 집에 맞았다.

불행하게 그 집에 있던 12 살 어린이가 죽고 가족 3 명이 부상을 당했다.

나중에 훈센은 앙코르왓의 폐허에서 있은 새로 선출된 국회의원들의 선서식에 참가했다.

"이 사건은 확실히 나를 죽이려고 한 짓이었습니다".

훈센의 얘기는 이 사건을 크메르 루지 잔당들이 한 것처럼 꾸민 야당들의 소행일 것이라고 했다.

"훈센을 죽인다고 문제가 끝나는 것이 아닙니다.

더 악화될 것입니다.

내 생각에는 훈센이 죽으면 며칠 안되어 반대당 지도자들도 시체가 될 것입니다.

만약 반대당의 지도자들이 그들의 부하들에게 이런 식의 행동을 부추긴다면 그들의 미래는 좋지 않을 것입니다" 라고 화난 훈센이 경고를 했다.

경찰청장 "혹룬디"는 야당들을 저격범으로 지명했다.

"푼신팩 당과 삼랑시 당의 지도자들은 항상 경찰과 군인들이 훈센을 죽여야 한다고 주장해 왔다.

그리고는 두발의 수류탄을 훈센 수상의 집에 투척하였다.

이들은 훈센을 죽이기 위하여 여러 수단을 동원하고 있으며 우리는 삼랑시가 그 배후 인물인 것으로 알고 있다.

우리는 100% 이 사건의 배후에 야당이 있다는 것을 알고 있으며 야당들은 훈센을 죽이기 위해 서로 협력하고 있는 것이다"라고 혹룬디가 발표하였다.

삼랑시와 라나릿드는 이런 저격 사건에 대해서는 아무것도 아는 바가 없다고 하였다.

나중에 폭발 현장 근처에서 세 발의 로켓탄이 발견되었다.

경찰의 조사 발표에는 이 수동 발사 로켓탄들에 원격 조종 장치가 되어 있었다고 한다.

그리고 그 중에 한발만 터진 것은 그 전날 비가 많이 와서 나머지는 뇌관 충격이 약하여 불발이 되었다고 한다.

건전지 통에서 또 쪽지가 발견이 되었는데, "왕벌(王蜂)은 국가의 모든 독재자들을 단계적으로 처단 할 것이다.

오늘 국가의 가장 큰 독재자는 처단되어야 한다".

훈센은 이 사건을 월초에 있었던 사건과 연결을 지었다.

그리고 저격을 했던 자들이 배후 인물을 고백하면 20 만 달러의 상금을 주겠다고 했다.

"야당 지도자들이 그들의 부하들에게 내 생명을 위협하는 이러한 저격 행위를 중지하라고 지시하지 않는다면, 그들은 가장 지독한 고통 끝에 죽게 될 것이다.

뱀을 보라, 바로 대가리를 치지 않으면 뱀이 다시 물어 버릴 것이다.

우리는 뱀 대가리를 바로 쳐야지 뱀 꼬리를 쳐서는 안 된다".

게릴라 출신다운 훈센의 얘기였다.

그는 새 국회의원들의 선서식이 끝나고 있은 공식 만찬에는 참가하지 않고 헬리콥터를 타고 떠났다.

이튿날 아침 라나릿드와 삼랑시는 당원에게 정부가 그들을 가만두지 않고 어떤 강경한 조치를 취할 것 같아서 겁이 난다는 말을 남기고 황급히 방콕으로 떠났다.

경찰은 두 명의 혐의자를 추적하고 있었는데 그 중 하나는 삼랑시 당과 연계가 있는 전 크메르 루지군이었다.

1996 년에도 훈센을 노린 저격 사건이 있었다.

훈센의 차가 타크마우 집에서 출발하여 "깐달"시에 있는 한 봉제 공장 앞을 지날 때 두 명의 저격수가 사격을 가했다.

총탄은 오토바이 경호원의 헬멧에 맞아 경호원이 부상을 했고 멀쩡한 훈센은 계속 프놈펜의 참카몬 성으로 갔었다.

태국으로 떠나기 직전에 라나릿드는 푼신팩 당은 새 연립정부의 한 쪽이라고 확언을 하였다.

겁에 질린 푼신팩 당내의 과격파들은 라나릿드에게 훈센이 요청한 연립정부 구성을 수락하라고 압력을 주었다.

라나릿드는 그의 당이 여러 파로 분열되고 있음을 느꼈다.

그리고 그의 학교 선생님 같은 일방적인 발언을 당내 영향력 있는 여러 사람들이 싫어하고 있는 것도 느꼈다.

심지어 몇몇 당원들은 장래 정부에서 그들이 어떤 요직에 앉을 수 있겠는지 몰래 CPP 와 대화를 하는 당원들도 있었다.

시아누크 왕도 라나릿드를 심하게 꾸짖었다.

국왕은 만약 그의 아들이 훈센과 빨리 연립정부를 구성하지 않으면 푼신팩 당 자체를 없애버리겠다고 하였다.

아버지의 호통에 라나릿드는 마지못해 연립정부 구성의 기본 안에만 동의하였다.

훈센의 고문인 "쁘락 소콘"은 "라나릿드는 한날은 동의했다가 다음날은 동의 안 한다고 한다"고 귀띔하였다.

반대당들은 그들의 요구가 수용되지 않으면 교섭을 시작 않겠다고 우기고 있으므로 장래 정부는 위태로운 상황에 있었다.

10 월 7 일 훈센은, 그러면 라나릿드와 합의가 될 때까지 과거 정부를 그대로 유지하겠다고 배짱을 내 밀었다.

과거 정부란 라나릿드 대신 "웅헛'이 제 1 수상을 맡아 있는 것이다.

훈센은 장관들과 공무원들에게 새로운 인사 발령이 있을 때까지 흔들림 없이 전처럼 계속 근무를 하라고 지시했다.

그러자 삼랑시 당에서 또 반발이 튀었는데 새 국회의원에 당선되지 못한 옛 국회의원들 중에 장관자리에 남아 있는 자들은 더 근무할 권리가 없다고 주장하였다.

그렇다고 새 국회의원 선거의 결과를 인정하는 것도 아니었는데 말이다.

참다못한 시아누크 왕이 드디어 몽둥이를 들었다.

11월 14일에 CPP와 푼신팩은 그 동안의 대치를 풀고 복잡한 교섭을 시작해야 했다.

삼랑시는 메콩강 오리알처럼 장외로 빠져 버렸다.

훈센이 단독 수상을 차지하고 라나릿드는 국회 의장직을 맡았다.

먼저처럼 라나릿드는 제2수상을 맡으려 했지만 훈센은 그런거 더 필요없다고 일축하였다.

아차! 그러다보니 CPP 원로인 치아심 형님이 자리를 빼앗기게 되었다.

그래서 이 작은 나라에 상원을 만들기로 하고 치아심에게 상원 국회 의장직을 주기로 했다.

다른 나라는 상원 의장이 존경받는 좋은 자리라고 달랬다.

푼신팩의 장군 닉분차이가 무사히 돌아와 상원 부의장을 맡았다.

흥정이 대충 끝나자 CPP는 우선 선택권을 가지고 외무부, 재무부, 상업부, 농업부 그리고 통신부를 맡아 국제적인 분야와 경제적인 분야를 석권했다.

푼신팩 당은 법무부, 정보부, 민간 항공부 및 그 외 한직의 장관 자리를 맡았다.

훈센은 라나릿드와 교섭을 마무리 짓기 위해 제법 괜찮은 자리들을 푼신팩에 내어 준 것 같았다.

그 결과로 푼신팩은 더 이상 시끄러운 반대당이 아니었다.

마치 훈센에게 흡수되어 버린 것 같았다.

그러나 연립 상대 당이 계속 만족하게 할 수 있게 하기 위하여, 내지는 조용하게 만들기 위하여 훈센은 계속 살얼음 위를 걷듯, 조심하였다.

가분수 같은 형태의 새 정부는 많은 예산 지출이 발생하였다.

타협을 성공시키기 위하여 CPP 는 공동 장관 및 공동 차관 직을 만들어 여러 명에게 자리를 내어 주었다.

정부는 예산 확보와 지출 감소를 위한 여러 가지 방안을 모색하여야 했다.

공무원들은 더 이상 승용차를 면세 수입 할 수 없게 했다.

공무원의 봉급에도 소득세를 부과했다.

그리고 나누어주었던 모빌폰도 회수하였다.

훈센도 앞장을 섰다.

그를 둘러싸고 있던 고문 100 여명을 10 명으로 축소하였다.

예정대로 훈센 수상과 새 연립정부의 법적 신임을 11 월 30 일 국회에서 승인 받았다.

며칠 안 가서, 유엔도 캄보디아 의석을 훈센의 대표단에게 내 주었다.

그러나 하루 빨리 아세안에 가입하고 싶어 안달인 훈센에게 싱가폴, 태국, 필리핀은 12 월초에 또 딱지를 놓아 힘이 빠지게 만들었는데, 이유인 즉은, 새 상원의원의 구성을 먼저 보고 싶다는 것이었다.

반면에 베트남, 말레이시아, 인도네시아, 미얀마 등은 귀중한 아세안 의 의견일치가 위험으로 치닫고 있다며 캄보디아의 즉각적인 아세안

가입을 지지하였었다

어쨌든, 아세안은 계속 훈센에게 문을 열어 놓고 있었다.

1998 년 12 월 하노이에서 열린 아세안 정상회담에 귀빈으로 초청을 받았다.

그는 이 기회를 최대한 이용하였다.

영리한 말재주로 캄보디아는 지역단체에 꼭 가입하여야 한다고 역설하면서 캄보디아의 좋은 면을 골라 설명하였는데 듣는 이들은 조금 의심쩍어하였다.

또 캄보디아의 총선거가 제대로 진행되었으며 39 개 정당이 참가하였고 90%의 투표율을 보였다고 하여 나라가 안정되었음을 과시하였다.

또 총선거는 700 명의 외국 참관인들의 평가에 자유롭고 공정하게 진행되었다고 강조하고 일부 외국 언론은 "메콩강의 기적"이라고 표현하기까지 했다고 침을 튀기었다.

또 결국에는 푼신팩과 CPP 가 협정을 맺어 연립정부를 구성하고 공통적인 정치 기반을 다지기로 하여 정치적 안정을 확립하였다고 강조하였다.

국가적인 상황의 설명에 들어가서는, 세계 및 동남아시아에 불어 닥친 대 공황의 여파로 1997 년에는 경제 성장률이 2%에 머물렀다고 하고 같은 해에 IMF 여파로 인해 태국은 1.7%의 성장률을 보였다고 비교까지 하였다.

1998 년 첫 9 개월간에 외국 및 내국의 기업 투자 금액은 8 억 달러를 넘어섰으며, 그 전년도에도 같은 수준을 유지하였었고 특히 강조한 것은 1997 년의 라나릿드를 축출했던 그의 무력 분쟁에도 국가의 신임도가 전혀 떨어지지 않았었다고 했다.

그리고 훈센은 당면한 아시아 국가들의 약점인 경제적 위기를 이용하여, 아세안은 동남아시아 국가들의 가난을 이기기 위하여 단결을 강화해야 한다고 주장하였다.

훈센은 또 캄보디아는 시장 개혁을 강력히 진행할 것이며 아세안 가입이 가장 중요한 과제이므로 자유롭고 투명한 법제도를 만들겠다고 약속하였다.

훈센은 정말 필사적이었다.

아세안 정부의 수뇌들은 훈센의 열정적인 연설을 여념 없이 들었으며 그의 소박한 진실성에 감동을 받았다.

4 개월 뒤에 훈센의 가장 큰 꿈이 그대로 이루어졌다.

그의 깊은 맹방이며, 정치적인 출발지이며, 또 정계에서 일어서게 도와준 하노이에서 1999 년 4 월 30 일, 캄보디아의 아세안 가입이 확정 되었다.

2 년에 걸친 논쟁 끝에, 캄보디아 외무부 장관 호남홍과 다른 9 명의 기존 회원국 외무상들은 공식적으로 캄보디아를 아세안에 가입시키는 서류에 서명을 했다.

정치적인 합법성을 갖기 위해 긴 세월을 투쟁한 끝에 얻은, 훈센에게는 최고의 전리품이었다.

아세안 회원국 중 그의 적이었던 나라들도 인제 훈센을 껴안았고 훈센 역시 그들을 껴안은 것이다.

검은 구름이 훈센의 과거를 얼룩 지우고 있었다.

그의 크메르 루지군 지휘관 시절에 상부의 지시대로 훈센이 무고한 양민들을 죽였다는 소문이 떠돌기 시작했다.

1975-1979 사이에 170 만 명이 넘는 무고한 사람들이 도시와 시골에서 크메르 루지에 의해 아사, 병사, 고문 및 학살되었었다.

이런 집단 학살의 희생자들은 주로 승려, 소수민족인 베트남계, 중국계, 태국계 그리고 모슬렘을 믿는 챰족 들이었다.

"그런 질문은 나한테 묻는 것 보다 그 지역의 주민들에게 물어보세요. 어떤 주장에도 나는 대답하지 않을 테니 진실을 알고 있는 사람들에게 물어보세요.

그 피해 지역의 사람들은 시아누크를 비난하지 훈센을 비난하지는 않습니다.

그들은 나를 지지합니다.

살인을 한 사람을 지지할 일이 있나요?

내가 주둔했던 지역의 사람들은 나를 기억합니다.

그 지역에 직접 가서 주민들에게 직접 확인하세요".

미국 국무성의 자금으로 예일대학의 학사들이 실시한 독자적인 집단 학살 조사 과정에서 훈센이 학살에 가담했었다는 증거는 결국 찾아내지 못하였다.

그 이유는 크메르 루지에서 훈센의 위치는 고립된 군부대 지휘관이었기 때문이다.

군의 장교로서 그는 통치를 하던 정치 간부들과는 접촉 자체가 금지되어 있었다.

훈센은 폴폿, 눈체아(공산당 부 서기장), 키우삼판(대통령, 수상) 등과는 한번도 만난 일이 없었다.

단, 시아누크의 해외 특별 수행원이었던 이엥사리는 1972 년 후반에 그가 론놀군으로부터 탈취한 지역을 방문한 일이 있어서 만난 일이 있었다.

1990 년대의 중반을 통해, 훈센은, 논쟁의 여지는 있었지만, 크메르 루지의 고위층들을 회유하여 정부측으로 가담을 하게 함으로써

크메르 루지를 와해시키는 작전을 썼다.

폴폿 통치 때에 크메르 루지군은 50,000 명의 병력을 가지고 있었는데 1993 년에는 4,000 명으로 줄어들었고 1997 년에는 1,000 명 남짓 남아있었다.

이엥사리를 정부 측으로 넘어오게 하고 왕으로부터 사면을 받아내어 훈센이 분열 작전에 불을 붙이자, 이 후 그와 비슷한, 처벌을 면할 수 있는 방법을 찾던 크메르 루지들은 계속 소그룹으로 나뉘어 투항해 왔다.

사실 이엥사리에게 주어진 사면은 확실한 것이 아니었다.

캄보디아 사람들이 크메르 루지들을 법정에 내 세우라고 아우성치고 있는 때에, 사면은 일시적인 집행유예 밖에 되지 않았다.

그것은 크메르 루지를 붕괴시키려는 훈센 특유의 "페인트 모션"이었던 것이다.

1998 년 12 월에, 키우삼판과 눈체아가 캄보디아 정부에 항복을 해 오자 이들을 재판에 회부하라는 여론이 들끓기 시작했다.

이 두 명은, 그들이 저지른 범죄에 대해 "sorry"라고 간단히 말함으로써 피해자들에 대해 또 무례를 범했지만, 정작 그들이 투숙해야 할 T-3 형무소가 아닌, 프놈펜 최고의 호텔 Le Royal 의 하루 105 달러 짜리 방으로 재빨리 피해 버렸다.

이 호텔은 영화 "킬링필드"에서 나오는, 크메르 루지가 프놈펜을 점령할 당시에 기자들과 피난민들이 모여 있던 호텔이었다.

그들은 정말 대량 학살의 책임으로부터 피해 나가고 있었다.

어떤 사람들은 문제를 자꾸 파헤치는 것은 아무 득이 없다는 부정직한 말을 했다.

그리고 나라의 상처를 치유하는 것은 과거를 잊고 재판 문제를 더 거론하지 않는 것이라고도 했다.

그러나 이러한 주장은 악질적인 범죄에 대한 도의에 어긋나는 나쁜 전례를 남길 뿐 아니라 자칫 나라를 위험 속에 빠트릴 가능성도 있는 것이었다.

상처받은 사람들을 치유하는 방법이란 지나간 과거를 드러내놓고 시비를 가린 다음, 죄를 벌하는 예를 남겨야 하는 것이다.

이러한 처벌의 전례가 없으면 모든 무법자들은 법을 무서워하지 않고 총을 들것이다.

또 크메르 루지의 잔당들도 다시 결집하여 그들의 이념을 유지하려 할 것이다.

크메르 루지의 재판이 캄보디아의 법정에서 진행되어야 하는 것도 중요한 일이다.

캄보디아의 비극은, 큰 의미에서는, 시아누크 왕자의 중립 국가를 미국이 파괴해 버린데서 시작이 되었다고도 볼 수 있다.

캄보디아에 비밀 폭격을 감행하여 캄보디아인들을 화나게 만든 것은 리처드 닉슨 미국 대통령이며, 폴폿과 크메르 루지 같은 광신자들이 자랄 수 있는 무대를 만들어 준 것이다.

폴폿은 나라를 파괴한 서구인들을 경멸하였으며 캄보디아 사회에서 서구의 모든 흔적을 없애버리는 과정에서 자국민들도 그렇게 죽여 버린 것이다.

미국도 캄보디아 정치판에 활발하게 또 실질적으로 가담을 했었다고 봐야한다..

2 차 세계대전 중의 일본 본토 폭격보다 세배나 되는 양의 폭탄을 불쌍한 나라에 무차별 폭격을 하였고 시아누크를 축출하는 론놀 쿠데타의 뒤에 그림자같이 있었다.

근대 캄보디아의 법정에 워싱턴도 위선의 도덕적 권위를 벗고 나서야 할지 모른다.

폴폿의 뒤에 비밀스럽게 지원을 하고 있었던 강대국들 때문에 크메르 루지 지도자들의 재판이 자칫 난항을 거듭할 위험에 빠지기 시작했다.

누가 크메르 루지를 지원했는지는 세상이 다 아는 사실이다.

1980 년대에 훈센 정부를 없애기 위해 중국, 유럽 그리고 아세안 국가들이 크메르 루지를 지원했다.

특히 중국은, 공공연히 재판을 반대하였는데 그들의 의심스러웠던 행동들이 노출되는 것을 꺼려하였다.

만약 몇몇 국가들의 작은 이익을 위해 크메르 루지를 도와주었던, 비난받을 만한 일들을 눈 감아 버린다는 것은 참 터무니없는 얘기일 뿐 아니라 자칫 재판 자체가 탈선될 수도 있는 것이다.

훈센이 1977 년 베트남으로 탈출할 때까지 크메르 루지에 있었으므로 그도 법정에 서야 하지 않느냐는 주장도 있었다.

사실은 그는 크메르 루지의 정책을 결심할 수 있는 위치에 있은 것이 아니었다.

그는 군대 지휘관이었고 또 무고한 사람들을 처단하라는 지시를 받고 탈주를 했었다.

만약 훈센이 법정에 나간다면 폴폿 시대에 국가 원수를 지낸 시아누크 왕자는 당연히 나가야 하겠지만 대량 학살을 조사한 국제 수사관들은 두 사람이 다 연루될만한 이유는 없다고 발표하였다.

장기 선수의 마음

그는 동부의 총잡이였고, 또 가끔 총에 맞아 죽을 번도 했다.

총알을 피해 다녔던 이 사춘기의 게릴라는 다 큰 수상이 되었어도 로켓과 수류탄을 피해 다녀야 하니 사실 조금도 달라진 게 없었다.

적들은 계속하여 그를 죽이려 했다.

그러나 그에게 상처를 입히지는 못했다.

어렸을 때 몸담았던 피비린내 나는 격렬한 전투는 그가 중년이 될 때까지 따라 다녔다.

그는 평화를 몰랐으며 모든 상황에 게릴라처럼 대처하였다.

그가 만들어 낸 논쟁으로 자멸을 초래할 수도 있었으나 그래도 살아났다.

"아무도 힘으로는 나를 밀어낼 수 없다".

"만약 나를 이기려면 나보다 더 영리한 정치 놀음을 할 줄 알아야 한다".

불안전한 그의 신변은 그를 없애려는 크메르 루지, 왕정파, 반대당의 지도자들 같은 단체로 둘러싸여 있었다.

이러한 신변의 불안에 그는 스스로 주의 깊게 선별한 경호원들이 에워싸고 있었으며 또 그 뒤에는 정부를 지원할 수 있는 군대가 있었다.

훈센을 때로 폴폿이나 스탈린에 비유하여 비평하는 경향이 있다.

그러나 잠재적인 훈센의 근본을 볼 때, 이런 비유는 그럴 듯 하기는 하지만 잘못된 것인데, 대량 학살에 반대하여 반란을 일으키고 그들로부터 탈주하였기 때문이다.

그는 작은 모슬렘 마을을 없애라는 폴폿의 명령을 거역하였다.

그러나 결국 그는 폭력 통치의 시대를 살았었고 또 그런 환경이 그를 권위 주의자로 만들었는지도 모른다.

훈센은 의도적으로 그것을 원했으며 더 약한 것은 싫었다.

권위 주의자만이 폭력을 다스릴 수 있었고 내전으로 갈기갈기 찢어진 사회를 다스릴 수 있다고 믿었기 때문이다.

서방국가들은 그에게 잔인했다.

그가 양순한 민주주의자이기를 원했다.

훈센은 서양인들의 설교에 관대하지를 못하다.

또 난세의 벼랑에 선 극도로 불안정한 아시아 국가가 미국식을 따르는 것은 큰 실수를 하는 것이라고 보았다.

중국도 미국식을 받아서는 안 되겠지만 캄보디아의 현실도 미국식을 닮아서는 될 일이 아니었다.

훈센은 도전의 자세로 서양인들과 맞닥뜨렸다.

"나는 강한 사람이 되어 조국을 위하여 무언가 해야 합니다'.

여운이 있는 말이다.

그러나 그는 전형적인 강자는 사실 아니었다.

그는 살인이나 대량 학살이 사회질서를 유지할 수 있다고는 생각하지 않았고, 또 나라를 번성하게 한다고는 더더욱 생각하지 않았다.

대신에 그는 권위주의적 민주주의의 구도를 그렸다.

그는 국민들이 그를 존경하기를 바랬고, 경제 회생의 기적을 역설 하였지만 민주주의의 한계를 넘지는 않았다.

다른 어떤 정치가보다도 권력을 원했다.

틀에 박힌 일상적인 일에 항상 경고를 주었고 목이 쉴 때까지 먼지투성이의 시골에서 군중들에게 얘기하였다.

선거 운동은 민주주의자처럼 하였다.

공약을 하여 주민들을 설득하였으며 또 실지로 전국에 걸쳐 학교를 지어주고, 수로를 파주고, 길을 닦아주었다.

그에게 표를 던지지 않은 마을에 복수하려는 생각은 아예 하지도 않았다.

오히려 그런 마을일수록 자주 가서 학교, 길, 수로 등을 건설 해 주고, 같이 담배를 나누어 피고 얘기를 나누었으며 결국에는 주민들이 그를 좋아하게 만들었다.

그의 마음속에는 아직도 어린애의 마음이 남아 있었다.

마음속에 있는 어린이의 말을 듣고, 어린이처럼 생각도 했다.

그의 어린 시절 생활이나 당시에 겪은 어려움을 많은 사람들은 모르고 있다.

그는 어릴 때의 고통을 잊지 않았으며, 배고픔과 집 그리움의 추억을 갖고 있다.

사춘기 때에 겪은 살인 현장의 목격은 그에게 악몽의 괴로움을 주었을 것이다.

그 잔인했던 광경은 뇌리에 남아있었을 것이며 공포 영화의 주인공처럼 밤에 악몽을 꾸다가 땀에 흠뻑 젖어 놀라 깨기도 했을 것이다.

이런 악몽은 일찍 시작되었다.

부모님이 어려워지자 콤퐁참의 따뜻하고 아늑했던 집을 어려서 떠나 스님의 배려로 절에서 동자승 생활을 하여야 했다.

그 연약했던 어린 나이에 그는 삶이 얼마나 힘든 것이라는 것을 배웠다.

스님과 또 자신이 먹어야 할 밥을 매일 구걸다녔고, 무거운 물지게를 오후 내내 져야 했다.

마루 바닥에서 새우잠을 자며 아프도록 모기에 물려야 했다.

두 번째 고향이나 같은 똑 같은 프놈펜의 뒷길을 매일 다니며 시주를 받아왔다.

부랑아 같았던 이 아이는 서양장기에 유달리 관심이 컸다.

길거리 이발소에서 어깨 너머로 장기를 배웠고 곧 어른들은 이 어린이가 장기의 명수가 되었다는 것을 알았다.

비록 배가 고파 뱃속에서 쪼르륵 소리가 나도 소년은 책을 놓지 않았다.

밤늦게 호롱불에도 공부를 했고 새벽의 여명에서도 책을 읽었다.

그래서 학교에서도 성적은 뒤지지가 않았다.

선생님들은 유심히 소년을 지켜보았고 그가 너무 조용하다는데 걱정을 하기도 했다.

내전이 확산되자 그의 인생이 뒤집어졌다.

전쟁은 그를 절에서 나가게 했고 또 험한 밀림 속으로 들어가게 만들었다.

론놀이 시아누크를 축출하자 그는 다시 시아누크를 복권시켜 주기 위하여 게릴라에 가입을 했다.

안타까운 것은, 젊은이들에게 호소한 시아누크의 마력에 이끌렸고, 어렸을 때 본 시아누크의 영화(직접 주연을 맡은)를 머리 속에 떠올리며 훈센은 이 젊은 왕자를 위하여 목숨을 버릴 각오를 했었던 것이다.

훈센에게 시아누크는 정치 지도자 이상의, 연예인으로서의 우상이었다.

인생이란 얄궂기도 한 것, 훈센은 결국 시아누크와 얽히게 되고 어릴

적 인기 연예인으로 숭배했던 시아누크를 평화 회담장에서 적으로 만나야 했던 것이다.

훈센은 단지 촌각(寸刻)의 명예도 없이 살고 죽을 수 있는 전쟁터의 무명 용사로 자칫 사라질 수도 있었다.

그러나 그는 생존하는 법을 배웠다.

게릴라 전술의 비법을 터득했고 수없이 다가온 죽음의 순간들을 피해 갔다.

그가 게릴라에 가입했을 때는 크메르 루지가 지휘하는 줄 몰랐다.

아니, 사실 1976년 후반까지도 폴폿은 표면에 나타나지 않았었다.

그들은 시아누크 왕자 뒤에서 숨어 있었던 것이다.

어쨌든, 훈센에게는 미운 론놀 정권을 무너뜨리기 위한 게릴라를 누가 이끌고 있는가 하는 것은 의미가 없었다.

크메르 루지가 정권을 잡기 전에 이미 훈센은 그가 용감한 게릴라라는 것을 증명 하였었다.

그는 또 편협한 면도 없지 않아 있었다.

여자같이 간섭을 하거나 크메르 루지의 버릇인 망상증 등이다.

크메르 루지는 분 라니와의 결혼에 온갖 방해를 하였다.

그러나 타오르는 그들의 열정은 크메르 루지가 꺼 버리기엔 너무 강렬하였다.

크메르 루지와의 결별 작전이 진행되었다.

젊은 부부는 이 저항 단체가 그들이 원하는 단체가 아님을 알았다.

그 체제는 너무 변질되어 있었고, 억압적이었고, 또 야만적이었다.

크메르 루지가 시작한 피의 잔치에 훈센과 그의 친구들은 놀라 당황하였다.

그에게 모슬렘마을을 공격하라는 명령을 받은 때가 전환점이 되었다.

그는 항명을 하였고 결국 베트남으로 탈출하였다.

그도 피의 잔치에 손에 피를 묻혔나?

미국무성의 자금으로 예일대학이 조사한 대량 학살 진상 조사에는 훈센이 연관되지 않았다고 밝혔다.

훈센은 조사단을 기꺼이 환영하였고 어떤 조사도 협조한다고 했다.

대신에 집단 학살과는 그가 연관되지 않았음이 증명되었다.

학살에 혐오감을 느끼고 크메르 루지를 떠나야 한다는 생각에 사로 잡혔으며 폴폿이 그를 죽이기 위해 체포대를 보냈을 때 베트남으로 탈출했던 것이다. 크메르 루지 게릴라에 가입하여 론놀의 불법에 맞서 싸우던 소년은 인제 어른이 되었고 또 그 크메르 루지의 불법에 맞서 그는 베트남으로 탈출했던 것이다

베트남으로의 탈출만이 유일한 선택이었다.

그 당시 캄보디아에는 크메르 루지와 맞서 싸울만한 조직은 아무것도 없었다.

그는 친한 외국의 힘을 빌려야 했다.

그것은 목숨을 건 도전이었다.

개인과 국가에 다 위험부담이 있었다.

첫 번 위험은 월경(越境) 중에, 또는 잡혀서 베트남군에게 사살되어 버리는 것이었다.

두 번째 위험은 강력한 이웃에게 조국의 해방을 맡겼다가 거꾸로 먹혀서 자칫 조국에 해를 끼치는 일이었다.

그가 살아난 것도, 또 조국의 이익이 보호된 것도 기적이었다.

기아와 고통에 신음하던 국민들은 마침내 베트남군과 캄보디아 해방군의 동맹군에 의해 집단 학살에서부터 구출되었던 것이다.

게릴라가 되기 위한 고된 훈련과 크메르 루지 고급 지휘관 학교에서

배운 협상의 기술이 그를 살려냈다.

그리고 수백만 캄보디아인의 목숨도 살려냈다.

그는 자시의 귀국 길을 항상 구원자로서의 임무로 생각했고 또 실천하였다.

아주 간단히 모든 일이 연기처럼 사라질 수도 있었는데, 만약 그를 잡은 베트남군이 그의 캄보디아 말에 귀를 기울이지 않고 씩 웃으며 한방 총알로 그를 끝내 버릴 수도 있었던 것이다.

만약 훈센이 그런 식으로 죽어 버렸다면, 캄보디아의 역사는 완전히 다른 방향으로 흘러갔을 것이다.

대 학살은 점점 더 확산되어 갔을 것이며 170 만이 아니라 단지 만연한 질병과 기아만으로도 적어도 4 백만은 숙청, 처형되었을 것이다.

그리고 폴폿이 계속 킬링필드 영화를 진행했다면 인구의 반은 분명히 사라졌을 것이다.

그래서 캄보디아는 더 큰 인명의 재앙이 들이닥쳤을 것이다.

이러한 추측은 당시 크메르 루지의 "앙카"는 아무런 뚜렷한 경제 개발의 징조가 없었으며 방안도 없었기 때문이다.

오히려 계획한 집단 영농 사업은 엉망이 되어 있었던 것이다.

훈센은 베트남 감옥의 독방에 있었고 수백만 캄보디아인들의 희망이 그와 같이 살아있었다.

수천의 캄보디아 피난민들이 해방군에 가담하였다.

국민과 국가가 수년간 굶주림을 겪은 이후 그들은 오로지 폴폿 축출의 그날이 오기를 기도하고 있었다.

캄보디아의 해방을 지원할 수 있게끔 베트남군의 지휘자들에게 설득 시킬 수 있었던 훈센의 웅변술은 정말 칭찬 받을 만 했다.

베트남의 입장에서는 여러 개의 사단 병력을 동원해야 했고, 엄청난 인명의 손실을 감수해야 했으며, 또 침공에 따른 국제적인 비난까지도 감수해야 했던 어려운 결정이었던 것이다.

그러나 훈센은 그들에게 많은 사람들을 지옥에서 구할 수 있는 길은 결국 오직 해방 뿐이라는 것을 성공적으로 설득하였던 것이다.

처음에는 내키지 않아 했으나 폴폿이 베트남 국경 마을을 공격하기 시작하자 베트남은 결국 복수를 하지 않을 수 없었던 것이다.

비록 훈센이 대표자 격이었지만 그는 연합전선의 구축에 단결해 준 행삼린, 치아심, 뺀소반 및 그 외 동료들의 도움이 없었으면 그런 대규모 작전을 성공할 수 없었다.

특히 행삼린과 치아심은 동부 국경지대에서 분노의 칼을 갈고 있던 수천 명의 군사를 동원하여 지원하여주었던 것이다.

반격은 의외로 쉽게 진행되었다.

참 어리석고도 무모한 짓인 베트남을 공격한 폴폿의 군대는 자체 방어도 하지 못할 정도로 쉽게 무너져 체제의 속이 텅 비어 버린 것을 노출시켰다.

세계는 그 체제가 얼마나 우스꽝스런 체제였는지를 알 수가 있었다.

승리의 나팔이 울린 후 훈센과 그의 동료들은 베트남 비행기로 호치민 시에서 프놈펜으로 날아갔다.

이 때 그들의 마음에는 또 새로운 걱정이 있었는데 베트남군이 얼마나 캄보디아에 주둔하려 할 것인가 이었다.

크메르 루지를 축출하고 그들이 철수를 할 것인가 아니면 계속 남아있을 것인가?

훈센은 캄보디아의 정부군이 재정비하고 무장을 제대로 갖출 때까지 크메르 루지군을 태국 국경에 묶어 달라고 베트남군에 요청했었다.

베트남군이 너무 일찍 철수를 해 버려도 크메를 루지군이 다시 역습을 할 기회를 줄 수 있었기 때문이었다.

KPRP 당이 어리고 경험이 없는 이 젊은이를 외무부 장관에 임명했을 때 그것은 그가 국가를 구해내고 보호한 중대한 임무를 수행했다는 것을 인정한 것이다.

그가 수상으로 임명될 때는 또 그의 비할 바 없는 업적에 충분히 보답한 것이었다.

그러나 이 젊은 수상이 야심에 찬 국가 개발을 하려해도 그의 국가가 반공국가들에게 인정을 받지 못하게 되자 중지되어 버렸다.

훈센이 가장 크게 유감스러웠던 것은 도로, 항만, 발전소, 교량, 공항 등의 기간 산업시설의 복구에 캄보디아가 융자를 받을 수 없었던 것이다.

그가 국민들을 죽음으로부터 구하기는 했어도 그 후에 나은 삶을 위해서는 별 일을 할 수 없었던 것이었다.

이러한 어려움은 강경한 게릴라 출신의 그를 적과 타협하지 않을 수 없게 만들었다.

다음 단계는 시아누크와의 평화 회담이었는데 당시 피곤에 지친 왕자보다는 유리한 위치에 있었고 또 왕자는 나중에 훈센이 문제 해결을 위해 노력을 아끼지 않았다고 칭찬하였던 것이다.

마침내 1991년에 평화협정은 맺어졌고 그 때 훈센, 행삼린, 치아심 등은 선거를 위해 공산주의를 버리고 당을 운영해야 할 필요를 느끼게 되었다.

여기서 이해해야 할 것은 이들이 철저한 마르크스 레닌주의를 공부한 공산주의자들이 아니라 왕정의 독재나 론놀의 독재에 항거하여 자연히 월맹의 지원을 받는 과정에서 공산주의자의 옷을 입었다는 것이다.

그래서 하루아침에, 한 사람의 낙오도 없이, 또 반대도 없이 새로 산 민주주의의 옷으로 바꾸어 입을 수 있었다는 것이다.

평생 선거라고는 한번 본 일도 없는 훈센은 갑자기 선거 운동에 나서기 시작하였고 마을 마을의 유세에 앞장을 섰고 다른 당을 제치고 나아갔다.

그는 민주주의를 무조건 시작해 놓고는 민주주의를 어떻게 하는지 배워 나갔으니, 1993 년의 선거에서 국민들의 심판을 받을 준비는 당연히 미숙하였다.

졌다. 분명히 져 버렸다.

라나릿드가 이기고 제 1 수상을 맡았다.

훈센은 2 수상으로 지명이 되었다.

이들의 어색한 연립정부는 라나릿드가 크메르 루지와 손을 잡고 불법으로 무기를 수입할 때까지 유지되었다.

훈센의 입장에서 라나릿드는 국가의 안정을 위협하는 것으로 보였으므로 1997 년 유혈 시가전을 거쳐 쫓아 버렸다.

갑자기 라나릿드의 그림자에 가렸던 천하장사가 튀어 나왔다.

그는 권력을 검어 쥐고 조여 나갔다.

동부의 총잡이는 존 웨인처럼 재빨리 총을 뽑아 상대를 쓰러트렸고 총구의 연기를 훅! 불고는 다시 총집에 넣었다.

그러나 훈센의 이미지는 때로 캄보디아 제일의 갑부와 연루되었다는 소문으로 손상이 되었었다.

타이 분 롱 그룹의 총수 탱분마.

태국은 그에게 1998 년 6 월 22 일자로 가명으로 태국 여권을 만들어 불법 소지하고 있다는 죄명으로 체포 영장을 발부하였다.

또 홍콩도 그가 위조 여권으로 그의 회사-타이분롱-를 등록하였다는 혐의로 수사를 하고 있었다.

그러나 프놈펜에서 탱분마는 계속 거물로 행세하고 있었다.

그는 프놈펜 제일의 인터콘티넨탈 호텔을 소유한 것으로 알려졌고, 또 상공회의소 회장을 맡고 있다.

분마는 부정하고 있지만, 또 미국 입국이 금지되어 있는데, 미국은 그의 마약 밀매 혐의에 대한 증거를 갖고 있다고 했다.

한 때 그는 훈센의 정치 자금으로 수백만 달러를 기부하였다고 공언하고 다니기도 했었다.

분마의 장외 소동에도 동요하지 않고 훈센은 1998년 선거에 손바닥 가득히 득표를 안고 있었다.

CPP는 안전한 선으로 승리를 하였지만 역시 헌법의 3분의 2석 규정은 채우지 못했다.

그는 민주주의 게임을 한번 해 보았고 전국을 다 석권하지는 못했지만 국제 참관인들의 눈에 공정하게 보이는 선거를 하였다.

훈센에게 다른 선택의 여지는 없었다.

그는 크메르 루지 잔당, 강도, 납치범 등에 의하여 상처받은 나라를 다스려야 만 했다.

그와 당 수뇌인 행삼린, 치아심 등이 나라의 통치를 맡았다.

한 때 캄보디아 국민은 크메르 루지로부터 새로 태어나게 해 준 훈센의 손에 미래를 맡기는 도박을 했었다.

1988년의 선거 결과는 국민들이 한 번 더 그들의 미래를 훈센 손에 맡기는 도박을 할 준비가 되어있음을 보여 주었다.

그것이 바로 훈센이 원하고 있던 기회였다.

캄보디아는 힘센 자만이 통치할 수 있다.

훈센은 바로 그 요구에 부응하였다.

캄보디아 사람들은 의문의 질문을 한다.

훈센이 통치하는 캄보디아의 장래는 어떤 것일까?

그는 과거의 잘못을 깨끗이 단절할 수 있을까?

행정부를 더 이상 부정부패가 없도록, 또 불법이 없어지도록 만들 수 있을까?

1999년 초의 여론은 아마 훈센은, 그와 CPP 내의 측근과 절친한 소수 권력자들은 제외하고 문제를 야기하는 많은 인원을 정리할 것으로 보였다.

그것은 그 자신의 이익을 위한 것이고 또 국제사회에 그가 과거와의 인연을 끊고 그가 공약한 투명성 있는 정치를 하고자 한다는 것을 보여주기 위해서라도 그렇게 진행할 것으로 보였다.

믿음직하고 충성스런 사람들을 하루아침에 모두 잘라 버리는 것은 훈센에게는 매우 힘든 일로 보였다.

그러나 다가오는 2003년의 선거를 위하여 그의 가까운 조직 내의 일부 인사들을 정리하기 시작해야 한다는 생각을 훈센이 시작해야만 할 것 같다.

캄보디아의 유권자들은 비판적인 눈초리로 그의 수상 재임 기간을 평가할 것이다. 유권자들은 생활의 질이 나아진 것만 감시하지 않고 정부 내의 공무원들의 질이 나아졌는지도 감시할 것이다.

그는 국민들의 요구를 경각심을 가지고 보아야 하고 또 그의 일거수 일투족을 국민들이 냉혹하게 감시하고 있다는 것을 알아야 할 것이다.

그는 수상직의 시작을 많은 시골사람들의 지지와 성원 속에 시작을 하였지만 그들이 훈센의 참모들의 행동까지 인정하고 또 지지하고 있는 것은 아닌 것이다.

오랫동안 충성을 바쳤던 측근들을 해고하는 것은 말처럼 쉬운 일이 아닐진대, 그는 쫓아내는 것보다는 개혁하는 것이 더 쉬울 것으로 보았다.

1999년 중반, 그는 당원들에게 부정과 불법을 일소하라고 지시했다. 200명이 모인 당 대회 밀실 회의에서 훈센은, 만약 잘못을 저지르는 당원이 있으면 그들은 즉시 잘못을 수정하여야 할 것이며 그렇지 않으면 사표를 써야 한다"고 하였다.

그의 원대한 정책은 세 가지 요소로 균형을 잡는 것인데, 정치적 안정, 원조, 외국인 투자였다.

국내 및 해외의 기업가들이 요구한 정치적인 안정은 그가 확실히 이행을 하여 제공을 하였다.

또 정치적 안정을 해 칠 수 있는 정치적 분규를 허용하지 않을 것이 분명하였다.

캄보디아의 주요 원조국인 미국, 일본, 유럽 등이 인제 그의 정부를 지지하고 있으므로 곧 도로, 항만, 교량, 공항 등의 기간산업 시설을 위한 수십 억 달러의 원조가 물밀 듯이 들어오는 것은 시간 문제였다. 정치적인 안정의 바탕 위에 원조로 기간산업 시설이 복구되고 나면, 민간 투자자들이 들어와 고용을 증대하고 캄보디아 사람들에게 평화와 번영의 꿈을 현실로 만나게 할 수 있는 것이었다.

"나는 다른 동남아시아의 강자들이 해 냈듯이 우리 경제를 일으키고 싶다" 그는 캄보디아를 새로운 아시아의 호랑이 경제 국가로 만들려고 한다. 캄보디아 사람들은 그에게 한 번 더 말의 약속을 지킬 수 있는 기회를 주었다.

당시의 주요 인물들

노로돔 시아누크 : 1922 년 생으로 1941 년 왕위에 오르면서부터 캄보디아 정치를 주도. 1955 년 정치활동에 제약이 많은 왕위를 버리고 참정, 1960 년에 국가의 최고 통치자로 군림한다. 1970 년 "론놀" 수상의 쿠데타로 권력을 상실하고는 20 여 년간 망명 생활을 하다가 유엔에 의하여 새로이 정권 수립을 한 1993 년에 다시 왕위에 오른다. 1980 년대의 파리 평화 회담 때에는 훈센의 수석 자문을 해 주었고 서서히 훈센을 좋아하기 시작하였으며 그의 직책을 존중해 주었다. 이 힘센 자가 국가에 필요한 안정을 되찾아 주었음을 알게되었고 정치권에서 훈센을 배제할 수 없음을 안다.

공산 베트남군 장성들; 반띵융, 짠번짜, 레득안; 이 세 명의 공산 베트남군 장성들이 훈센이 군사를 일으킬 수 있게 도와주었으며 1978-1979 년 크메를 루지에 대한 베트남군의 공격을 계획, 집행하였다. "레득안" 장군은 나중 베트남의 대통령이 되었고 훈센과는 계속 가까이 지나는 사이가 된다. 또 훈센이 베트남에 있는 동안 정치적으로 도와주었으며 다른 베트남군 장군들과도 친할 수 있게 해 주었다.

행삼린: 1934 년 생으로 1976-1978 년 사이 크메르 루지군의 제 4 보병 사단 지휘관을 지냈다. 그는 폴폿을 상대로 한 쿠데타에 실패를 하고 1978 년 베트남으로 망명하였다. 그는 1979 년 베트남군이 폴폿 정권을 무너뜨린 뒤에 캄보디아를 통치하던 인민 혁명 위원회의 의장을 맡았으며 이 후 몇 년간 국가 원수를 맡았다. 행삼린은 훈센에 대한 몇몇 조언자 중의 한 명이며 떠오르는 별을 키워낸 자 중의 하나이다.

치아심: 1932 년에 콤퐁참 성의 "뽀니아 끄렉" 마을의 빈농에서 태어났다. 1950 년대에 베트남 공산당이 프랑스와 싸울 때 베트남군에 가담 했었다. 이 후 크메르 루지에 가담하여 "뽀니아 끄렉" 마을을 대표하는 공산당 위원회 서기로 근무하였으며 폴폿이 축출된 이 후에는 내무부 장관을 지내다가 나중에 캄보디아 국회의장을 맡았다.

유엔군에 의해 1993 년 5 월 새로이 정부를 세운 뒤에도 계속 국회 의장직을 고수하였으며 1999 년에 상원 의장이 되었다. 행삼린과 마찬가지로 그는 훈센이 정부의 중요한 위치를 차지하는데 조력한 사람이다. 소문에는 치아심과 훈센 사이에 경쟁의식이 있다, 훈센이 선임자인 치아심을 존경하지 않는다는 말이 떠돌았다. 그러나 사실은 당 서열로는 치아심이 훈센보다 상급 서열이었으며 그럼에도 불고하고 둘은 매우 친한 친구같이 지냈었다. 현재 CPP(Cambodia People's Party) 당총재이다.

뺀 소반: 1935 년 생으로 13 세에 "이싸락" 독립운동에 가담하였으며 1951 년에 인도차이나 공산당에 가입하였다. 집단 대학살의 주범으로 지목되는 크메르 루지군의 흉악한 "타목" 장군의 호위병으로도 한 때 근무를 하다가 1953 년 캄보디아가 프랑스로부터 독립을 하자 "타목" 곁을 떠나 베트남으로 가서 공산당 교육을 받고 라오스 국경지대에 사는 캄보디아인들에게 폴폿 정권을 반대하는 선동을 하였었다. 크메르 루지 정권을 축출한 다음 베트남은 그를 인민혁명당의 총 서기장으로 임명하였다. 1981 년에 수상으로 선출되었으나 행삼린과의 정치적 이견으로 곧 사임하였다. 그는 베트남에 不忠하다는 이유로 이 후 7 년간 "하노이"에서 구금 생활을 했으며 훈센이 자기를 투옥시킨 책임이 있다고 주장하였다. 1992 년 다시 프놈펜으로 돌아와 CPP 당에 입당을 하였으나 반대당인 "삼랑시"당에 관계가 있다는 소문에 다시 축출된다.

훈냉: 훈센의 형으로 1949 년 콤퐁참 성에서 출생. 훈센의 출세 가도에 편승하여 같이 떠오른다. 1970 년대 중반에 크메르 루지군에 잡혀 투옥을 당하였으며 9 개월간 콤퐁톰의 밀림에 유배당한다. 콤퐁참 성에서 크메르 루지군의 격퇴에 앞장을 섰으며 나중에 프놈펜에서 경제학을 공부하고 콤퐁참 성의 경제 자문위원으로 일한다. 그는 마을의 면장으로 선발되었다가 1985 년 훈센이 수상이 되면서 성장으로 발탁된다. 훈센과 훈냉은 형제 이상으로 정치적 동료나 같았다.

폴폿: 폴폿의 출생 일은 정확치가 않다. 어떤 역사가는 1925 년 생이라 하지만 프랑스의 식민지 때 기록은 1928 년으로 되어있다. 본명은 "사롯사"였으며 콤퐁톰 성의 한 부유한 농가에서 자랐다. 국비 장학생으로 라디오 전기학을 배우러 프랑스에 갔었지만 공산주의에 더 이끌리었고 결국 학위를 받지 못하고 귀국하였다. 1953 년 귀국하여 캄보디아 공산당에 가입을 하고 1962 년에 총 서기장이 된다. 그는 자신의 이름을 "벙 폴"(폴兄)이라고 개명하였다가 나중에 "폿"을 덧붙였다. 크메르 루지 정권의 최고 지도자로 170 여만 명의 무고한 캄보디아 국민을 죽게 하는데 앞장선 그는 지식인의 정신병적인 면을 들어 낸 한 예로 평가하고 있다. 1970 년 훈센은 크메르 루지군에 가담하였지만 한번도 폴폿을 볼 수가 없었다. 1977 년 훈센이 크메르 루지군을 이탈하자 그는 크메르 루지에게 가장 크고 위협적인 적이 되었다. 크메르 루지군은 훈센을 체포, 사살하려고 계속 노력하였지만 실패하였다. 결국 1979 년 훈센은 베트남군의 지원으로 폴폿을 축출하고 만다. 캄보디아 정치권의 한 쪽에 겨우 맥을 이어서 폴폿은 태국 국경의 밀림지대에서 망명자 같은 생활을 하게된다. 그는 결국 1998 년 4 월 부하 "타목"에게 잡혀 동료를 살인한 죄목으로 인민재판을 받고 자택 연금을 당하다가 원인 모르게 죽는다. 그의 죽음은 온 국민이 기대하고 있던 악명 높은 그의 범죄 심판의 기회를 없애버리었다.

키우삼판: 1932 년 "스베이링" 성에서 태어났다. 파리에서 대학을 마치고 귀국하여 불어로 된 신문 "전망대"를 출간하였다. 시아누크의 정당인 "상쿰 레스뜨 니움"당원으로 국회 의원을 지냈으며 국가 경제담당 서기장이 된다. 1967 년 크메르 루지에 가입하여 여러 번 국가원수 직을 맡았으며 1979-1991 년 사이에는 베트남에 대항하는 크메르 루지 정권 수상을 맡았다. "삼판"은 항상 훈센에 대한 맞적수 중 한 명이었으며 1990 년 초 파리 평화협상 때도 팽팽한 주장으로 맞섰었다.

손산: 1911 년 프놈펜에서 태어났으며 역시 파리에서 공부하였다. 1954-1968 년 사이에는 캄보디아 국립은행 총재직을 지냈고 1961-1962 년에는 재무 및 국가경제부 장관을 지냈다. 크메르 루지 정권이 붕괴한 뒤에는 "크메르 인민의 국가 해방 전선"을 조직하였다. 1982-1991 년 사이 망명정부인 "민주 캄푸치아 연립정부"의 수상을 지냈다.
CPP 당이 캄보디아에 있는 것은 불행하다는 주장을 하여 훈센에게는 정적으로 간주된다.

노로돔 라나릿드: 1944 년 생으로 시아누크의 아들이며 파리에서 공부하였다. 법학 박사 학위를 가지고 있으며 1993 년 유엔에 의한 선거에서 수상으로 선출되었다. 당시에 훈센은 제 2 수상으로 둘은 잘 협조하는 것으로 보였다. 그러나 곧 사이가 벌어지기 시작하여 1997 년 훈센과의 무력 충돌에서 군사적인 힘에 밀려 축출되었고 나중에 1998 년 재선거를 통하여 수상은 훈센에게 내어주고 국회의장을 맡으며 두 당은 다시 연립정부 내각을 구성한다. 2006 년까지 푼신팩 (FUNCINPEC) 당총재였다.

노로돔 차크라퐁: 1945 년 생으로 "시아누크"의 아들이며 유성같이 떴다가 사라진다. "라나릿드"와는 이복 형제로 정치

판에서는 서로 경쟁자 적인 입장이다. 1990 년에는 아버지의 정당을 떠나 훈센의 정당에 가입하였으며 선거에서 왕가 쪽의 지지표를 얻어내야 하는 훈센과는 금새 친해질 수 있었다. 그러나 1993 년 선거가 끝나자 그는 일부 지역을 자치구로 만들려고 시도하는 바람에 융화하지 못하여 훈센과 헤어졌다. "차크라퐁"은 훈센과 "라나릿드" 모두에게 원수나 같아서 그를 축출하려고 했고 "차크라퐁"은 CPP 에 배신당했다고 주장한다.

노로돔 시리붓: 1952 년 생으로 시아누크와는 이복 동생이며 역시 잠시 떴다가 사라지는 별과 같았다. 푼신팩 (FUNCINPEC)당원으로 1993 년 외무부 장관을 맡았다가 1994 년 10 월에 제 2 수상인 훈센과 의견이 너무 맞지 않는다는 이유로 사직을 한다. 1995 년 훈센을 암살하려 했다는 이유로 프랑스로 추방당하며 그 이후 훈센과 그 정부에 대해 반대하는 냉혹한 비판을 한다. 1999 년 그는 정치에 참여하지 않겠다는 약속을 하고 다시 캄보디아로 돌아온다.

삼랑시: 1949 년 생으로 부친 "삼사리"는 한 때 고위 관직을 지냈던 분이다. 1965 년 프랑스로 유학을 갔으며 정치과학, 경제, 회계 및 경영학 분야의 학위를 받았다. 1970 년대 중반 프랑스에서 공부하면서 아내 "티우롱 사무라"와 같이 크메르 루지의 잔학성을 고발하는 "The Voice of Free Cambodia"란 잡지를 발행하였다. 당시 그는 미쉘린 회사가 소유한 은행에 근무를 하였다. 1991 년 그는 캄보디아로 돌아와 "라나릿드"의 푼신팩 당에 가입을 하여 정치계에 입문한다. 처음에는 재무부 장관에 임명되었으나 1994 년에 바로 해임되었고 다음해에는 당에서도 쫓겨나고 국회의원직도 박탈되었다. 그는 훈센에게도 악평을 하는 입장이었으므로 곧 그 자신의 당인 "삼랑시"당을 창당하였다.

야수시 아카시: 일본 정계의 거물로서 "캄보디아 유엔 임시 통치단" (United Nations Transitional Authority in Cambodia – UNTAC)의 단장으로 임명되었다. Untac 의 임무는 1993 년 총선거를 조직 및 감독하는 임무로 "아카시"의 정식 관직은 "유엔 안전보장이사회 특별대표" (Special Representative of the Secretary General)이었다.

캄보디아에서의 그의 임무가 끝나자 그는 유고슬라비아의 유엔 대표로 간다. 그는 훈센 및 기타 정치단체 대표들 사이에서 중립을 유지하였다.

죤 샌더슨 중장: 호주 육군의 현역 장군으로 캄보디아 주재 유엔군 총사령관을 맡았다.

국내 및 국제 단체들

Sihanoukist National Army: 1982 년 캄보디아 내의 베트남군과 싸우기 위하여 조직. 나중에 캄보디아 독립 정부군으로 알려졌으며 푼신팩 당의 군대가 됨.

Buddhist Liberal Democratic Party: 1993 년 선거에 앞서 손산이 KPNLF 를 개명한 정당으로 국민들 사이에 잠재하고 있는 불교 사상을 깨우치기 위한 목적을 두고 국내 정치에 있어 비폭력 노선을 주장함.

Cambodian People's Party: CPP 로 많이 부르고 있으며 "치아심", "행삼린" 및 훈센이 이끄는 정당으로 KPRP (크메르 인민혁명당)과 SOC(State of Cambodia)에서 발달되었음.

당의 지도부는 1993 년 선거 이전에 조금 있었던 당의 독재적인 나쁜 인상을 없애고 또 공산주의 사상의 냄새를 지워 버리며 좀더 민주주의적인 분위기를 내세우기 위하여 당의 이름을 바꾸기로 하였다.

Cambodian People's Armed Forces; CPAF 로 알려져 있으며 CPP 당 소속의 군대임.

Democratic Kampuchea Party; 폴폿이 이끄는 크메르 루지군의 정치적 정식 명칭.

Funcinpec; National United Front for an Independent, Neutral, Peaceful and Cooperative Cambodia(캄보디아의 독립, 중립, 평화 및 협력을 위한 국가 연합전선)의 불어식 약자 . "행삼린" 정권과 베트남을 상대로 싸우기 위하여 1981 년 "시아누크"가 창당한 정당으로 1991 년 평화협정이 서명된 이후에 아들 "라나릿드" 왕자에게 총재직을 넘겨주었다.

Kampuchean People's Revolutionary Party; KPRP 는 인도차이나 공산당(ICP)에서 파생된 당으로 프랑스 식민 정책과 일본군의 점령에 대항하여 중요한 역할을 담당하였다. 1951 년에 ICP 가 분해되면서 베트남, 캄보디아, 라오스 3 국의 공산당으로 나누어질 때 KPRP 가 창당되었다. 그러나 1962 년에 친 중국파와 친 소련파로 다시 분열되었으며 친 중국파(또는 반 소련파)는 폴폿이 이끌게 되었고 1979 년 1 월 "뻰소반"이 이끄는 친 소련 및 친 베트남파가 프놈펜에서 폴폿을 축출함에 따라 이 분열은 영원해져 버렸다.

Khmer People's National Liberation Front; KPNLF 캄보디아 내 베트남군과 싸우기 위하여 1979 년 손산이 조직.

Khmer People's National Liberation Armed Forces; KPNLF 의 군대

National Army of Democratic Kampuchea; NADK, 크메르 루지로 부르는 게릴라 부대.

Paris Peace Accord; "Agreements on a comprehensive political settlement of the Cambodia conflict" (캄보디아 분규의 포괄적 정치화해 협약) 1991 년 10 월 23 일 서명을 마쳤으며 무력 분쟁 중이던 4 개의 캄보디아 내 단체들이 유엔의 감독 하에 총선거를 하기로 합의함.

State of Cambodia; SOC 로 알려져 있으며 1979 년부터 1993 년 선거 때까지 더러 명칭이 바뀌기도 했지만 캄보디아를 실질적으로 통치한 정부로 KPRP 에서 시작이 되었고 또 그 KPRP 의 전문가들이 참여했다.

Supreme National Council of Cambodia; "캄보디아 국가 최고 회의" SNC 는 파리 평화협정에 의하여 조직되었는데 총선거 때까지 유엔 임시 통치기간 동안 캄보디아의 자주권을 대표하는 4 당 연합체이다. 국제적으로 캄보디아를 대표하며 유엔에 의석을 가진다.

United Nations Transitional Authority in Cambodia; UNTAC 은 파리 평화협정에 의하여 캄보디아의 총선거를 조직, 감독하고 캄보디아 내 무장 단체들의 무기를 접수, 비무장 시키는 임무를 위하여 조직되었다. 1991 년 후반부터 1993 년 후반까지 위임통치 하였으며 그 이후 1994-1995 년에는 일부가 잔류하였다.

약자표

ANKI	National Army of Independent Kampuchea
ASEAN	Association of Southeast Asian Nations
BLDP	Buddhist Liberal Democratic Party
CPP	Cambodian People's Party
FUNCINPEC	National United Front for an Independent, Peaceful, Neutral and Cooperative Cambodia.
FUNK	National United Front for Kampuchea
ICP	Indochinese Communist Party
KPNLF	Khmer People's National Liberation Front
KPNLAF	Khmer People's National Liberation Armed Forces
KPRP	Kampuchean People's Revolutionary Party
NEC	National Election Commission
NG	National Government of Cambodia
PNGC	Provisional National Government of Cambodia
RCAF	Royal Cambodian Armed Forces
SNC	Supreme National Council
SR	Sangkum Reastr Niyum
AZ	Samdech Euv Autonomous Zone
UNTAC	United Nations Transitional Authority in Cambodia
VCP	Vietnam Communist Party
VP	Vietnam People's Army

훈센의 약력

1952 년 : 콤퐁참 성의 "스뚱뜨랭" 구 "뻬암꼬스나" 마을에서 4 월 4 일 출생.

1965-1969 년 : 프놈펜의 "인드라 데비" 중등학교에서 공부. 숙소는 "나가밧" 절에서 동자승으로 기거.

1970 년 : "시아누크"의 후원 하에 크메르 루지가 이끄는 반공화국정부 지하운동 (유격대)에 참가, "론놀" 정권의 군대와 전투 중에 5 번 부상을 당함.

1975 년 : 크메르 루지군의 동부지역 특수연대 참모장으로 발령, 프놈펜 최후 공격 중 왼쪽 눈을 실명. "분 삼 히엥"("분 라니"로 알려짐)과 결혼. (이들 부부는 아들 셋과 딸 셋을 두었는데 그 중 하나는양녀이다. 첫 아기는 사내로 "훈 마넷"인데 1977 년 10 월 10 일에 태어났고 다른 아이들, 즉 "훈 마나"는 딸로 1980 년 9 월 20 일 태어났으며 1981 년 10 월 17 일에 아들 "훈 마닛" 1982 년 11 월 17 일에, 아들 "훈 마니"를, 1983 년 12 월 30 일에 딸 "훈말리"를, 그리고 여섯 번째의 딸 "훈 말린"은 양녀로 입적 하였다).

1977 년 : 크메르 루지군의 동부지역 특수연대 부연대장으로 발령,폴폿에 의해 숙청되기 전에 남부 베트남의 "송베" 성으로 탈출, 베트남에 피난해 있던 2 만여 명의 캄보디아인을 모아 강력한군대를 조직, 크메르 루지 정권 전복을 준비.

1979 년 : 크메르 루지 정권을 축출하고 프놈펜 입성. 캄푸치아 인민 공화국 정부의 외무부 장관으로 발탁됨.

1981 년: 부수상으로 임명됨.

1985 년: 4 대 수상으로 임명됨.- 세계에서 최연소 수상으로 기록. 국회의 비밀 투표에서 100% 지지를 받음.

1986 년: 수상직에 전념하기 위하여 외무부 장관직을 사임.

1987 년:파리 평화 회담에 앞서 실력을 쌓기 위하여 다시 외무부 장관을 역임.

파리에서 있은 1 차 회담에서 시아누크 왕자를 만남.

1989 년: 캄보디아에서 베트남군의 최종 철수를 계획 및 집행함.

1991 년 :10 월에 파리에서 "시아누크" 및 다른 두 캄보디아 의 대표들과 평화협정을 서명하여 내전을 종식함.

1993 년:선거에서 낙선하였으나 연립정부를 구성하여 라나릿드를 제 1 수상으로 하고 훈센은 제 2 수상을 맡음.

1996 년: "라나릿드" 제 1 수상과 사이가 벌어지기 시작함.

1997 년: 프놈펜에서 "라나릿드"의 군대와 훈센의 군대간에 무력 충돌 발생. 훈센의 군대에 밀려난 "라나릿드"는 불법 무기 수입의 죄명을 받고 망명을 하였으며 국제사회는 훈센이 실권자로 부상함을 확인.

1998 년: "라나릿드"는 왕의 사면을 받고 7 월의 재선거에 출마 하기 위해 귀국, 그러나 수상 선거는 훈센 단독 승리로 끝남.

1999 년:훈센의 통치하에 캄보디아는 아세안 회원국에 10 번째 회원국으로 가입, 정통성을 얻기 위한 10 년이 넘는 투쟁 끝에 드디어 국제적인 인정을 얻음.

2003 년: 선거에서 승리, 단독 수상 피선

2008 년: 선거에서 2 선 승리

힘센 훈센

原名 : Hun Sen Strongman of Cambodia

原著 : Harish C. Mehta & Julia B. Mehta

英文 初版 : 1999 年 發行

編譯本 初版 2008 年 8 月 發行

編譯者 : 權 台仁

사진 제공 :
캄보디아 문공부,
훈센 수상,
Documentation center of Cambodia,
오스만 하산 의원,
그 외 정부기관

그 외 참고 자료 :
Cambodian Diary -Jacques Bekaaert
Side show-William Shawcross
Brother enemy-Nayan Chanda
Brother Number one-David P. Chandler
Strongman of Cambodia Hun Sen-Harish C. Metha & Julie B. Metha
Phnom Penh Post,
Cambodia Daily,
Documentation Center of Cambodia
Asia wall street journal,
Far eastern economic review,
Asia week,
Country study-US Congress library,
Indo-China issues.
Reuters,
New strait times,
Agence France-Presse,
Business times-Singapore,
Bangkok post,
The Los Angeles Times,
Asia week,
UPI.
Reports of Funcinpec, PK, KPNLF, CPP Parties,
CIA country report